作者简介

陈勇阳，四川省营山县人，现为重庆工商大学财政金融学院金融系副主任。主要承担"金融学"、"信用评估学"、"个人信用管理实务"、"商业银行经营学"、"信用管理"、"银行营销"等课程的教学工作，主要研究方向是信用理论与信用管理、金融机构经营与管理。近年来主持各类研究课题7项，参与研究课题3项，发表论文20余篇，参编教材2部，出版专著1部。其中有关信用的代表成果有《信息不对称与信贷噪声交易现象分析》、《信用与和谐社会》、《论信用权的价值》、《现代信用管理中信用权的使用与维护》、《商业银行信用管理功能缺位的成因及补救》、《信用缺失现象与信用环境优化研究》、《商业银行信用管理功能缺位导致的失信行为及其防范》、《征信体系建设与信用环境改善问题研究》（课题）、《个人信用理论与管理实践》（专著）。同时，《金融学》、《国际金融》、《信用管理》教学课件分别获得教育部、重庆市和校级优秀多媒体课件奖。

高等院校金融学核心课程教材

信用评估——理论与实务

（修订本）

陈勇阳　主编

清华大学出版社

北京交通大学出版社

·北京·

内 容 简 介

本书共分 12 章。第 1 章至第 5 章为理论部分。第 1、2 章解释信用、信用风险、信用评估等相关概念，描述风险及信用风险的分类和类型，分析信用评估的特点、特殊性和作用，回顾了古典信用分析方法，介绍信用评估的基本程序和流程，总结我国信用评估业的发展。第 3、4 章介绍财务信用分析过程中，财务信息的收集渠道与审查及评价方法，阐述企业财务信用信息的真实性、合法性与公允性分析的方法及在信用评估中的重要性。第 5 章介绍当前信用评估业所运用到的有关信用风险评估模型，以及信用模型创新的思考。第 6 章至第 11 章为信用评估实务操作部分，主要涉及不同性质企业的信用评估、个人信用评估、国家信用评估、不同类型金融机构信用评估、各种证券的信用评级、企业合同信用评估。第 12 章介绍与信用管理和评估有直接关系的征信、征信业及管理制度。

本书可作为金融学、管理学、经济贸易、信用管理等经济管理类专业本科学生的教材，可以作为从事信用管理的组织和个人提高专业水平和管理能力的学习资料，也可作为从事信用评估、资信评级、信用管理从业人员的培训教材，还可作为广大的社会公众深入了解社会信用体系建设的通识读本。

图书在版编目（CIP）数据

信用评估：理论与实务／陈勇阳主编. — 北京：清华大学出版社；北京交通大学出版社，2011.11（2018.3 修订）

（高等院校金融学核心课程教材）

ISBN 978－7－5121－0781－6

Ⅰ. ① 信… Ⅱ. ① 陈… Ⅲ. ① 信用评估－高等学校－教材 Ⅳ. ① F830.5

中国版本图书馆 CIP 数据核字（2011）第 222926 号

责任编辑：赵彩云

出版发行：清 华 大 学 出 版 社　　邮编：100084　　电话：010－62776969
　　　　　北京交通大学出版社　　邮编：100044　　电话：010－51686414
印 刷 者：北京时代华都印刷有限公司
经　　销：全国新华书店
开　　本：185×260　 印张：20　　字数：509 千字
版　　次：2011 年 11 月第 1 版　　2018 年 3 月第 1 次修订　　2018 年 3 月第 3 次印刷
书　　号：ISBN 978－7－5121－0781－6/F·924
印　　数：4 001～5 000 册　　定价：39.00 元

前言

"人无信而不立，事无信而不成。"市场经济就是信用经济，信用作为企业和个人的"经济身份证"，发挥着越来越重要的作用，信用等级的高低逐渐成为社会经济交往中的有效"通行证"。

信用评估就是要为信用交易活动提供一种新的服务，也是加强信用建设的一项重要措施，它可以为投资者选择投资途径提供决策信息，它可以推动和促进商业信用活动的发展与规范，它可以为筹资者开拓融资渠道提供信用证明，它可以为全社会增强信用意识起到宣传作用。在我国市场经济逐步完善的过程中，信用评估将有很大的发展空间。近年来，编者承担了信用管理、信用评估学、个人信用管理实务等课程的教学，负责有关信用与征信的课题研究，发表了系列信用管理和征信的文章，对国内信用评估业的发展进行了长期跟踪和关注，广泛收集有关资料，着重对信用评估理论和方法进行论述，详细介绍了不同对象信用评估指标及其要素，实务操作性强。全书其分 12 章。

第 1、2 章介绍信用的含义、特点和分类，对信用风险及其成因与类型进行了分析，介绍信用评估的内涵、特点、程序和作用，为信用评估实务奠定理论基础。

第 3、4 章介绍财务信用分析过程中，财务信息的收集、审查和评价，论述企业财务信用信息的真实性、合法性与公允性在信用评估中的重要性。

第 5 章着重介绍当前信用评估业所运用到的有关信用评估模型，以及信用模型创新的思考。

第 6、7、8、9、10、11 章是实务操作部分，主要涉及不同性质企业的信用评估、个人信用评估、国家信用评估、不同类型金融机构信用评估、各种证券的信用评级、企业合同信用评估。

第 12 章具体介绍与信用管理和评估有直接关系的征信及管理制度，这是信用评估信息来源的主渠道，也是提高信用等级的"第二只眼睛"。

希望本书对广大读者有所启发和帮助。

编　者

2011 年 10 月

目录

第1章

信用与信用风险

本章导读

本章介绍了信用的含义、特征、基本形式、产生和发展以及经济功能，引申出信用交易中面临的信用风险的成因和类型。第一部分为信用概述，第二部分为信用风险。

导读案例

农夫和蛇

一个农夫干完农活，看见一条蛇冻僵了，就把它拾起来，小心翼翼地揣进怀里，用暖热的身体温暖着它。那蛇彻底苏醒过来后，便以迅雷不及掩耳的速度用尖利的毒牙狠狠地咬了农夫一口。农夫临死的时候痛悔地说："我可怜恶人，不辨好坏，结果害了自己，遭到这样的恶报，我真是活该！"

这个故事是我们再熟悉不过的了，但在我们的深刻记忆中"农夫和蛇"的故事说的是"做人一定要分清善恶，只能把援助之手伸向善良的人。对那些恶人即使仁至义尽，他们的本性也是不会改变的。"

问题：农夫在拾起蛇的时候是否考虑过有风险？有什么样的风险？

关键词语

信用　风险　系统风险　非系统风险　信用风险　道德风险　逆向选择

1.1　信用概述

人类历史发展到今天，"信用"这个词已经包含着极其丰富的内涵。它可能是人类认识中最为复杂、最难以捉摸的概念之一，一些事物仅存在于人们的头脑中，在所有的这些事物中，没有哪一件比信用更加古怪，更加微妙；信用从来不是强迫的，而是自觉自愿的，依赖于期望与担心这样一些感情；信用常常不用争取而自行出现，又总是无缘无故地消失；而且信用一旦丧失，就很难完全恢复。

1.1.1 信用的内涵

1. 对信用的基本认识

言忠信而行正道者，必为天下人所心悦诚服。要有信用，信人也要信己。人人有信能使自己和他人的独立自尊得以实现。做到言出必行，你的话才有信用。《狼来了》的故事告诉了我们说谎是一种不好的行为，既不尊重别人，也会失去别人对自己的信任。

《左传·宣公十二年》："王曰：'其君能下人，必能信用其民矣，庸可几乎？'"——"信用"谓以诚信使用人。

唐·韩愈《顺宗实录四》："吾谏官也，不可令天子杀无罪之人，而信用奸臣。"陈天华《猛回头》："荣禄之外，还有那太监李莲英，皇太后最信用他，最相好的。"——"信用"谓信任和委用。

《三国志·魏志·董卓传》"悉发掘陵墓，取宝物"裴松之注引司马彪《续汉书》："《石苞室谶》，妖邪之书，岂可信用？"《二十年目睹之怪现状》第五五回："恰好这荀鲞楼是最信用西药的。"——"信用"谓以相信和采用。

鲁迅《书信集·致李霁野》："听说未名社的信用，在上海并不坏。"曹禺《日出》第四幕："我们都是多年在外做事的人，我想，大事小事，人最低应该讲点信用。"沙汀《替身》："深恐坏了信用，以后没有人来投宿了。"——"信用"谓以"以能履行跟人约定的事情而取得的信任。"

不需要提供物资保证，不立即支付现金，而凭信任所进行的。——"信用"谓之以"信用贷款"或"信用交易"。

2. 对"信用"的概念性解释

信用（Credit）是指我们过去的履行承诺的正面记录，它还是一种行为艺术，是一种人人可以尝试与自我管理的行为管理模式。

在《新帕格雷夫经济大辞典》中，对信用的解释是："提供信贷意味着把对某物（如一笔钱）的财产权给以让渡，以交换在将来的某一特定时刻对另外的物品（如另外一部分钱）的所有权。"

《牛津法律大辞典》的解释是："信用，指在得到或提供货物或服务后并不立即而是允诺在将来付给报酬的做法。"

《货币金融学》对信用的解释是："信用这个范畴是指借贷行为。这种经济行为的特点是以收回为条件的付出，或以归还为义务的取得；而且贷者之所以贷出，是因为有权取得利息，后者之所以可能借入，是因为承担了支付利息的义务。"

3. 对信用的多角度理解

对"信用"的真正内涵的认识，仁者见仁，智者见智，可以从不同的角度进行探究，通常意义可以从 4 个角度来理解。

（1）从伦理的角度。从伦理角度理解"信用"，它实际上是指"信守诺言"的一种道德品质。人们在日常生活中讲的"诚信"、"可信"、"讲信用"、"一诺千金"、"答应的事一定办到"、"君子一言，驷马难追"实际上反映的就是这个层面的意思。从这个层面来看信用，它对一个国家、一个民族都是至关重要的，因为一个社会只有讲信用，才能够形成一个良好的社会"信任结构"（Trust Structure），而这个信任结构是一个社会正常运转的重要基础。

从企业的商业伦理角度来看信用的含义，诚信行为既指与自身所接受的最高行为规范相一致的行为，也是指将伦理道德要求的规范加于自身的行为。

（2）从经济的角度。从经济的角度理解"信用"，它实际上是指"借"和"贷"的关系。信用实际上是指"在一段限定的时间内获得一笔钱的预期"。你借得一笔钱、一批货物（赊销），实际上就相当于你得到了对方的一个"有期限的信用额度"，你之所以能够得到了对方的这个"有期限的信用额度"，大部分是因为对方对你的信任，有时也可能是因为战略考虑和其他因素不得已而为之。从经济的角度理解信用有着丰富的层次，至少可以从国家、银行、企业、个人几个层次来理解。

（3）从法律的角度。从法律的角度理解"信用"，它实际上有两层含义：一是指当事人之间的一种关系，但凡"契约"规定的双方的权利和义务不是当时交割的，存在时滞，就存在信用；二是指双方当事人按照"契约"规定享有的权利和肩负的义务。

（4）从货币的角度。在信用创造学派的眼中，信用就是货币，货币就是信用；信用创造货币；信用形成资本。

1.1.2　信用的基本特征

1. 人格性
信用作为一种资格，它表明一种特定的法律和社会身份、地位，信用是一种道德上的人格利益，信用体现为一种人格权。

2. 财产性
信用以财产为基础，信用本身是一种无形资产，也是一种再生资源，侵害商事信用主要承担财产责任。

3. 信息性
信用由信息构成，信用是可以量化的信息，是一种信息服务机制，也是一种信息监督机制。

4. 偿还性和付息性
经济范畴中的信用有其特定的含义，它是指一种借贷行为，表示的是债权人和债务人之间发生的债权债务关系。这种借贷行为是指以偿还为条件的付出，且这种付出只是使用权的转移，所有权并没有转移，偿还性和支付利息是其基本特征。

5. 单向性
信用是以偿还为条件的价值单方面让渡，它不同于商品买卖。在商品买卖中，价值进行对等转移和运动，一手交钱，一手交货：卖者售出商品，获得等值的货币；买者付出货币，得到商品。但是在信用即借贷活动中，贷者把一部分货币或商品给予借者，借者并没有同时对贷者进行任何形式的价值补偿。

1.1.3　信用的产生与发展

私有制和社会分工使得劳动者各自占有不同劳动产品，剩余产品的出现则使交换行为成为可能。随着商品生产和交换的发展，商品流通出现了矛盾——"一手交钱、一手交货"的方式由于受到客观条件的限制经常发生困难。例如，一些商品生产者出售商品时，购买者可能因自己的商品尚未卖出而无钱购买，于是，赊销即延期支付的方式应运而生。赊销意味着卖方对买方未来付款承诺的信任，意味着商品的让渡和价值实现发生时间上的分离。这样，买卖双方除了商品交换关系之外，又形成了一种债权债务关系，即信用关系。当赊销到期、支付货款时，货币不再发挥其流通手段的职能而只充当支付手段。这种支付是价值的单方面转移。正是由于货币作为支付手段的职能，使得商品能够在早已让渡之后独立地完成价值的实现，从而确保了信用的兑现。整个过程实质上就是一种区别于实物交易和现金交易的交易形式，即信用交易。后来，信用交易超出了商品买卖的范围。作为支付手段的货币本身也加入了交易过程，出现了借贷活动。从此，货币的运动和信用关系联结在一起，并由此形成了新的范畴——金融。

现代金融业正是信用关系发展的产物。在市场经济发展初期，市场行为的主体大多以延期付款的形式相互提供信用，即商业信用；在市场经济较发达时期，随着现代银行的出现和发展，银行信用逐步取代了商业信用，成为现代经济活动中最重要的信用形式。总之，信用交易和信用制度是随着商品货币经济的不断发展而建立起来的；进而，信用交易的产生和信用制度的建立促进了商品交换和金融工具的发展；最终，现代市场经济发展成为建立在错综复杂的信用关系之上的信用经济。

专栏 1－1   信用典故

1596 年，荷兰的一个船长带着 17 名水手，被冰封的海面困在了北极圈的一个地方。8 个月漫长的冬季，8 个人死去了。但荷兰商人却做了一件令人难以想象的事情，他们丝毫未动别人委托给他们运输的货物，这些货物中就有可以挽救他们生命的衣物和药品。冰冻时节结束了，幸存的商人终于把货物几乎完好无损地带回荷兰，送到委托人手中。荷兰人有充分的理由权变，他们可以先打开托运箱，把能吃的东西吃了，等到了目的地，可以加倍偿还托运者。任何人都会同意这种人道的做法。但是，荷兰人没有这样做。他们把商业信用看得比自己的生命更重要。他们用生命作代价，守住信用，创造了传之后世的经商法则。在当时，荷兰本来只是个 100 多万人口的小国，却因为商誉卓著，而成为海运贸易的强国，福荫世世代代的荷兰人。

资源来源：中国公共信用信息网，2010 年 12 月 15 日．

1.1.4   信用的基本形式

信用可以分为公共（政府）信用、企业（包括工商企业和银行）信用和消费者个人信用。

也有将信用划分为公共信用和私人信用的，这种划分方法适用于没有国有企业存在的资本主义国家。从本质上讲，不论对商业信用和消费者信用怎样分类，不外乎是企业法人对企业法人、企业对个人、金融机构对企业、金融机构对个人的某种形式的短期融资。如果受信对象是个体工商户或者消费者个人，信用自然可以被划分为私人信用了。从授信人角度而论，信用可以分为银行信用、投资信用和商品信用等。

1. 公共信用

公共信用也称政府信用，是指一个国家各级政府举债的能力。政府为对人民提供各种服务，诸如国防、教育、交通、保健及社会福利，需要庞大的经费支应。但是政府税收的增加往往赶不上支出的增加，因此，政府每年出现庞大的赤字。为弥补财政赤字，政府发行或出售各种信用工具。这些信用工具代表政府对持有人所作出的将来偿还借款的承诺。这种偿还债务的承诺来自公共机关，因此称为公共信用。

2. 私人信用

（1）企业信用。企业信用泛指一个企业法人授予另一个企业法人的信用，其本质是卖方企业对买方企业的货币借贷。它包括生产制造企业在信用管理中，对企业法人性质的客户进行的赊销，即产品信用销售（又称商业信用）。

银行等金融机构也是一种企业，而且是专门经营信用的企业。银行信用是由商业银行或其他金融机构授给企业或消费者个人的信用。在产品赊销过程中，银行等金融机构为买方提供融资支持，并帮助卖方扩大销售。商业银行等金融机构以货币方式授予企业信用，贷款和还贷方式的确定以企业信用水平为依据。

（2）消费者个人信用。消费者信用是指消费者以对未来偿付的承诺为条件的商品或劳务的交易关系。诸如分期付款、赊购证、信用卡等。消费者信用的出现扩大了市场的规模并使消费者可以提前享受到他们所要的东西。

① 零售信用。零售信用是指零售商向消费者以赊销的方式提供产品与劳务，是消费者直接用来向零售商购买最终产品的一种交易媒介。通过这种方式，企业或零售商增加了销售，争取了更多的消费者。在现代市场经济条件下，零售信用已经成为市场竞争的一种手段。

② 现金信用。现金信用即现金贷款。当消费者由于各种理由需要现金，都可以向金融机构申请贷款，消费者得到的是现金，授信主体是金融机构。现金信用比零售信用进步了很多。零售信用将交易限定在具体的商品上，而现金信用则可以使消费者购买任意的商品以及更广泛的用途。与零售信用一样，现金信用因偿还方式不同，可以分为分期付款贷款、单笔付款贷款及一般用途信用卡三种。

1.1.5 信用的经济功能

信用在现代经济中的作用既有积极的一面也有消极的一面。

1. 信用的积极作用

（1）现代信用可以促进社会资金的合理利用。通过借贷，资金可以流向投资收益更高的项目，可以使投资项目得到必要的资金，资金盈余单位又可以获得一定的收益。

（2）现代信用可以优化社会资源配置。通过信用调剂，让资源及时转移到需要这些资源的地方，就可以使资源得到最大限度的运用。

（3）现代信用可以推动经济的增长。一方面通过信用动员闲置资金，将消费资金转化为生产资金，直接投入生产领域，扩大社会投资规模，增加社会就业机会，增加社会产出，促进经济增长；另一方面，信用可以创造和扩大消费，通过消费的增长刺激生产扩大和产出增加，也能起到促进经济增长的作用。

2. 信用的消极作用

信用对经济的消极作用表现为信用风险和经济泡沫的出现。在现代社会，信用关系已经成为最普遍、最基本的经济关系，社会各个主体之间债权债务交错，形成了错综复杂的债权债务链条，这个链条上有一个环节断裂，就会引发连锁反应，对整个社会的信用联系造成很大的危害。经济泡沫是指某种资产或商品的价格大大地偏离其基本价值，经济泡沫的开始是资产或商品的价格暴涨，价格暴涨是供求不均衡的结果，即这些资产或商品的需求急剧膨胀，极大地超出了供给，而信用对膨胀的需求给予了现实的购买和支付能力的支撑，使经济泡沫的出现成为可能。

1.2 信用风险

1.2.1 风险概述

"风险"一词的由来，最为普遍的一种说法是，在远古时期，以打鱼捕捞为生的渔民们，每次出海前都要祈祷，祈求神灵保佑自己能够平安归来，其中主要的祈祷内容就是让神灵保佑自己在出海时能够风平浪静、满载而归；他们在长期的捕捞实践中，深深地体会到"风"给他们带来的无法预测无法确定的危险，他们认识到，在出海捕捞打鱼的生活中，"风"即意味着"险"，因此有了"风险"一词的由来。

而另一种经过多位学者论证的"风险"一词的"源出说"称，风险（Risk）一词是舶来品，有人认为来自阿拉伯语，有人认为来源于西班牙语或拉丁语，但比较权威的说法是来源于意大利语的"Risque"一词。在早期的运用中，也是被理解为客观的危险，体现为自然现象或者航海遇到礁石、风暴等事件。大约到了 19 世纪，在英文的使用中，"风险"一词常常用法文拼写，主要是用于与保险有关的事情上。

1. 风险的定义

风险大致有两种定义：一种定义强调了风险表现为不确定性；而另一种定义则强调风险表现为损失的不确定性。若风险表现为不确定性，说明风险只能表现出损失，没有从风险中获利的可能性，属于狭义风险。而风险表现为损失的不确定性，说明风险产生的结果可能带来损失、获利或是无损失也无获利，属于广义风险，金融风险属于此类。风险和收益成正比，所以一般积极性进取的投资者偏向于高风险是为了获得更高的利润，而稳健型的投资者则着重于安全性的考虑。

2. 风险的构成要素

（1）风险因素。风险因素是风险事故发生的潜在原因，是造成损失的内在或间接原因。根据性质不同，风险因素可分为物质风险因素、道德风险因素（故意）和心理风险因素（过失、疏忽、无意）三种类型。

（2）风险事故。风险事故是造成损失的直接的或外在的原因，是损失的媒介物，即风险只有通过风险事故的发生才能导致损失。就某一事件来说，如果它是造成损失的直接原因，那么它就是风险事故；而在其他条件下，如果它是造成损失的间接原因，它便成为风险因素。比如，下冰雹路滑发生车祸，造成人员伤亡和冰雹直接击伤行人，前者属风险因素，后者属风险事故。

（3）损失。在风险管理中，损失是指非故意的、非预期的、非计划的经济价值的减少。通常我们将损失分为两种形态，即直接损失和间接损失。直接损失是指风险事故导致的财产本身损失和人身伤害，这类损失又称为实质损失；间接损失则是指由直接损失引起的其他损失，包括额外费用损失、收入损失和责任损失。

（4）风险构成要素之间的关系。风险是由风险因素、风险事故和损失三者构成的统一体，三者的关系为：风险因素是风险事故发生的潜在原因，风险事故是造成生命财产损失的偶发事件，是造成损失的直接的或外在的原因，是损失的媒介，损失是风险事故的经济价值的减少。

3. 风险的分类

基于风险分析、风险管理的需要，我们必须对风险加以分类。从不同的角度出发，可以对风险作出不同的分类。

（1）按照风险产生的社会环境分类，可将风险分为静态风险和动态风险。

（2）按照是否有获利机会（风险的性质）为标准分类，可以将风险分为纯粹风险（Pure Risk）和投机风险（Speculative Risk）。

（3）按照潜在的损失形态（标的）分类，可将风险分为财产风险（Property Risk）、人身风险（Personal Risk）和责任风险（Liability Risk）。

（4）按照形成损失的原因分类，可将风险分为自然风险（Physical Risk）、社会风险（Social Risk）、经济风险（Economic Risk）和政治风险（Political Risk）。

（5）按照风险来源和影响的可控制程度两个维度分类，可将风险分为自生性风险、他生性风险、天生性风险和地生性风险。

（6）按照承担风险的主体分类，可将风险为个人风险（Personal Risk）、家庭风险（Family Risk）、企业风险（Business Risk）、国家风险（Country Risk），其中个人风险、家庭风险和一般企业风险也可谓之个体风险（Micro-risk），而国家（政府）风险和跨国企业的风险则称为总体风险（Macro-risk）。

（7）按照风险所涉及的范围分类，风险可分为基本风险（Fundamental Risk）和特定风险（Particular Risk）；按照能否预测和控制，风险可分为可管理风险（Manageable Risk）和不可管理风险（Non-manageable Risk）；还可将风险分为主观风险和客观风险。

可见，风险分类并无绝对的标准。既然分类的目的是为了认知、评估和控制风险，那么，只要有利于风险认知和管理需要的分类即可确定。

1.2.2 信用风险

1. 信用风险的定义

信用风险（Credit Risk）又称违约风险，是指交易对手未能履行约定契约中的义务而造成经济损失的风险，即受信人不能履行还本付息的责任而使授信人的预期收益与实际收益发生偏离的可能性，它是金融风险的主要类型。在借贷活动中，信用风险是借款人因各种原因未能及时、足额偿还债务或银行贷款而违约的可能性。发生违约时，债权人或银行必将因未能得到预期的收益而承担财务上的损失。

2. 信用风险的成因

信用风险是借款人因各种原因未能及时、足额偿还债务或银行贷款而违约的可能性。发生违约时，债权人或银行必将因未能得到预期的收益而承担财务上的损失。信用风险是由三方面的原因造成的。

（1）信息不对称。在社会政治、经济等活动中，一些成员拥有其他成员无法拥有的信息，由此造成信息的不对称，能产生交易关系和契约安排的不公平或者市场效率降低问题。

（2）经济运行的周期性。在处于经济扩张期时，信用风险降低，因为较强的盈利能力使总体违约率降低。在处于经济紧缩期时，信用风险增加，因为盈利情况总体恶化，借款人因各种原因不能及时足额还款的可能性增加。

（3）对于公司经营有影响的特殊事件的发生。这种特殊事件发生与经济运行周期无关，并且与公司经营有重要的影响。例如，美国安然事件、中国的三鹿奶粉事件。

3. 信用风险的类型

（1）道德风险。道德风险是20世纪80年代西方经济学家提出的一个经济哲学范畴的概念，即"从事经济活动的人在最大限度地增进自身效用的同时做出不利于他人的行动"。或者，当签约一方不完全承担风险后果时所采取的自身效用最大化的自私行为。道德风险亦称道德危机。

道德风险一般存在于下列情况：由于不确定性和不完全的或者限制的合同使负有责任的经济行为者不能承担全部损失（或利益），因而他们不承受其行动的全部后果；同样的，也不享有行动的所有好处。

（2）逆向选择。"逆向选择"在经济学中是一个含义丰富的词汇，它的一个定义是指由交易双方信息不对称和市场价格下降产生的劣质品驱逐优质品，进而出现市场交易产品平均质量下降的现象。逆向选择的典型表现是"二手车现象"或"柠檬现象"。

伯克莱加州大学经济学教授乔治·亚瑟·阿克洛夫（George Arthur Akerlof）通过对美国旧车市场的分析于1970年发表了文章《"柠檬"市场：品质不确定性与市场机制》，得出了"柠檬"原理（"柠檬"来源于美国口语对"缺陷车"、"二手车"的经验称呼），并且开创了逆向选择（Adverse Selection）理论。在旧车市场上，既定的卖者和关心旧车质量的买者之间存在着信息的非对称性，卖者知道车的真实质量，买者不知道，在他不能确知所购车辆内在质量的前提下，他愿意接受的价格只能是所有旧车价值按概率加权计算的一个平均值，因而只愿意根据平均值来支付价格，但这样一来，质量高于平均值水平的卖者就会退出交易，只有质量低的进入市场。也就是说只有低质量旧汽车出售，而没有高质量的旧汽车交易，结果是低质量旧汽车将高质量旧汽车挤出交易市场。由此，阿克洛夫解释了为什么即使是只使用过一次的"新"汽车，在柠檬市场上也难以卖到好价钱——它是"逆向选择"的必然结果，即由于消费者所处的信息劣势而被迫作出的反向选择。这一过程不断持续，最后市场上只剩下损坏最严重的旧车，所有好一点的旧车都会从市场上消失。于是，市场上只剩下了劣质商品——"柠檬"。

一个市场经济的有效运行，需要买者和卖者之间有足够的共同的信息。如果信息不对称非常严重，就有可能限制市场功能的发挥，引起市场交易的低效率，甚至会导致整个市场的失灵。

4. 信用风险的特征

信用风险既有一般风险的共性，也有其自身的特殊性，归纳起来信用风险有以下特征：

（1）客观性。信用风险客观存在于各种信用交易活动中，不以人的意志为转移，尽管交易的场所、交易对象、交易品种、交易的方式有所不同，但信用风险是客观存在着的。

（2）传染性。一个或少数信用主体经营困难或破产就会导致信用链条的中断和整个信用秩序的紊乱。

（3）可控性。信用风险是可以进行有效控制的，可以通过信用评估、信用管理进行科学决策，实施风险控制措施，将信用风险降到最低。

（4）周期性。经济周期和交易活动的周期变化，信用扩张与收缩也会交替出现。

（5）潜在性。很多逃废银行债务的企业，明知还不起也要借。据调查，一些企业资产负债率高达 80% 左右，其中有 70% 以上是银行贷款。这种高负债造成了企业的低效益，潜在的风险也就与日俱增。

（6）长期性。观念的转变是一个长期的、潜移默化的过程，尤其在当前中国从计划经济向市场经济转变的这一过程将是长久的阵痛。切实培养银行与企业之间的"契约"规则，建立有效的信用体系，需要几代人付出努力。

（7）破坏性。思想道德败坏了，事态就会越变越糟。不良资产形成以后，如果企业本着合作的态度，双方的损失将会减少到最低限度；但许多企业在此情况下，往往会选择不闻不问、能躲则躲的方式，使银行耗费大量的人力、物力、财力，也不能弥补所受的损失。

（8）艰巨性。当前银行的不良资产处理措施，都具滞后性，这与银行不良资产的界定有关，同时还与银行信贷风险预测机制、转移机制、控制机制没有完全统一有关。不良资产出现后再采取种种补救措施，结果往往于事无补。商业信用活动中，债务链也是一个值得长期关注的问题。

由于信用风险会对公司或个人的利益产生很大的影响，因此信用风险管理变成很重要的工作，特别是商业银行，针对各个交易对象的信用状况进行评估，来衡量可能的损益以及减低可能的损失。

5. 信用风险的影响

信用风险对形成债权债务双方都有影响，主要对债券的发行者、投资者和各类商业银行和投资银行有重要影响。

（1）对债券发行者的影响。因为债券发行者的借款成本与信用风险有直接联系，债券发行者受信用风险影响极大。计划发行债券的公司会因种种不可预料的风险因素而大大增加融资成本。例如，平均违约率的升高消息会使银行增加对违约的担心，从而提高了对贷款的要求，使公司融资成本增加。即使没有什么对公司有影响的特殊事件，经济萎缩也可能增加债券的发行成本。

（2）对债券投资者的影响。对于某种证券来说，投资者是风险承受者，随着债券信用等级的降低，则应增加相应的风险贴水，即意味着债券价值的降低。同样，共同基金持有的债券组合会受到风险贴水波动的影响。风险贴水的增加将减少基金的价值并影响到平均收益率。

（3）对商业银行的影响。当借款人对银行贷款违约时，商业银行是信用风险的承受者。银行因为两个原因会受到相对较高的信用风险。首先，银行的放款通常在地域上和行业上较为集中，这就限制了通过分散贷款而降低信用风险的方法的使用。其次，信用风险是贷款中的主要风险。随着无风险利率的变化，大多数商业贷款都设计成是浮动利率的。这样，无违约利率变动对商业银行基本上没有什么风险。而当贷款合约签订后，信用风险贴水则是固定的。如果信用风险贴水升高，则银行会因为贷款收益不能弥补较高的风险而受到损失。

本章小结

本章主要讲述信用的内涵、特征、形式与作用，介绍了风险的定义和类型，对信用风险的形成原因、类型及影响进行了全面描述。

本章的重点是信用的内涵、特点和作用，信用的基本形式，风险的特点及类型，信用风险的成因及其影响。

本章的难点是风险的认识和信用风险成因及影响。

思考题

1. 经济学意义上的信用有什么特点？
2. 风险有什么特点？
3. 信用风险和其他风险相比有什么明显的特征？
4. 信用风险是什么原因形成的？它对社会经济活动产生哪些影响？
5. 在经济、金融活动中如何辨别存在何种风险，并找到其形成原因？

案例分析

山东华远公司（以下简称华远公司）2004年11月接到广东惠达公司（以下简称惠达公司）的认购货物通知，随即惠达公司马上派专人前往华远公司所在地江苏省南京市商洽购买货物的具体事宜。由于贸易涉及的总金额高达200万元，华远公司的管理者以及整个决策层对此事十分重视，先后与惠达公司的代表多次洽谈，商讨合同的具体细则和以后合作的意向。在双方洽谈中，惠达公司的代表告之，由于惠达公司的决策层认为距离货物销售的旺季尚早，提出前期购买小批量的货物来试探市场走向，一旦该货品市场反应良好，惠达公司将按上述金额大批量购买。

惠达公司的代表向华远公司提出先期购买价值为30万元的货物，要求华远公司能够给予30天的赊销期，华远公司的决策层经过商谈，认为双方的合作前景良好，同时又能够给公司带来相当大的利润，同意了惠达公司的要求，签署了售货合同。

经过了1个月的放账后，华远公司开始向惠达公司催款，但惠达公司称华远公司的货物在市场上反馈不佳，购买华远公司的货物积压十分严重，并向华远公司提出该货物的质量与合同规定不符等理由，以此为借口要求降低还款金额。华远公司先后派人前往惠达公司商谈还款事宜，发现惠达公司以往的货物积压十分严重，员工士气低落，情况不佳。通过专业机构得出的分析结果来看，该公司财务十分混乱，其供货商早在3个月前已取消了授予的信用限额，并正在追讨欠款。该公司根本没有能力偿还30万元的货款，其主要负责人更以破产相威胁。经过近几个月的追讨努力，华远公司在我中心商账部的协助下，在当地法院通过诉讼保全，拿回了40%的货款，惠达公司也随即破产。

问题：1. 华远公司遭受损失的根本原因是什么？
2. 本案中所发生的信用风险属何种类型？
3. 本案对我们有何启示？

第 **2** 章

信用评估概述

本章导读

本章主要内容是介绍信用评估的有关理论和常识。第一部分为信用评估分类、功能及作用，第二部分为信用评估的特点，第三部分为信用评估的程序和流程，第四部分为古典信用分析法，第五部分为信用评估业的发展。

导读案例

主权信用评估越来越重要

中国经济网 2011 年 6 月 23 日讯，我国本土评估公司大公国际信用评估公司（本书后面部分简称"大公"）先后下调美国、英国、日本信用评估，维持法国信用评估负面观察，在国际上引起一片哗然。发达国家潜在的风险是巨大的，经济增长动力出了问题。

此次下调及时地揭示了这些债务国的信用风险，发达国家经济增长动力问题特别是在金融危机之后更加凸显，它们承担债务的经济基础发生了重大变化。此外，提醒债权国、债权人向这些国家投资的时候要小心，要看它的风险状况如何。投资人在这个过程中得到的信息，可以作为其投资的重要参考。

关键词语

信用评估　信用分析　资产评估　财务审计　企业诊断　信用调查

2.1　信用评估分类、功能及作用

信用评估起源于信用等级评定。信用等级评定（Credit Rating）是一种社会形态中介行为，将为社会形态供给信用信息，或者为机构自身提供决策参考。信用评估最初孕育发生于20 世纪初的西方国家。

2.1.1　信用评估的含义

信用评估是由专门的中介机构，运用科学的指标体系，采用定量和定性的方法，通过对企业、债券发行者、金融机构等市场参与主体的信用记录、企业素质、经营水平、外部环境、财务状况、发展前景以及可能出现的各种风险进行客观、科学、公正的分析研究，就其信用能力作出评价，并用特定的等级符号标定其信用等级。

信用评估可从狭义和广义两个方面来认识。狭义信用评估是对企业的偿债能力、履约状况、守信程度的评价。广义信用评估是指各类市场的参与者及各类金融工具的发行主体履行各类经济承诺的能力及可信程度。

2.1.2 信用评估的分类

1. 信用评估按照评估对象，可以分为企业信用评估、证券信用评估、国家主权信用评估和其他信用评估

（1）企业信用评估。包括工业、贸易、外贸、交通、修建、房地产、驴友等公司，企业和企业集团的信用评估，商业银行、保险机构、信托投资公司、证券公司等各类金融机构的信用评估，金融机构与公司企业的信用评估要有差别。一般公司企业出现违约了，虽有风险，但容易辨认，企业的偿债能力和盈利能力也易测算；而金融企业，容易受经营决策环境影响，是经营钱币借贷和证券交易的企业，涉及面广，风险大，在资金运用上要求盈利性、流动性和安全性的协调统一，要实施资产负债比例合理，要受当局有关部门监管。

（2）证券信用评估。包括持久债券、短时间融资券、优先股、基金、各类贸易单据等的信用评估。债券信用评级，在我国已形成一定规制，国家已有相关规定，企业发行债券要向承认的债券评级机构申请信用等级评级。关于股票评定等级，除优先股外，国家不要求对普通股票进行等级评定，但对普通股票发行后上市公司的业绩评定等级，即对上市公司经营业绩综合排序，并且编印成册公开发行。

（3）国家主权信用评估。又称国家主权等级评定，反映一国偿债意愿和能力。主权等级评定除对一国总产值增加趋向、对外贸易、国际出入环境、外汇储蓄、外债总量及布局、财政收支、政策实施等影响国家归还能力等因素的评估外，还要对金融系统体制创新、国企创新、社会形态保障系统体制创新所带来的财务负担进行评估，按照国际惯例，国家主权等级为该国境内对外发行债券的信用等级上限，不得超出该国的国家主权信用等级。

（4）其他信用评估。如项目信用评估，即对某一特别指定项目进行的信用评估。

2. 信用评估按照评估公开程度，可以分为公开评估和内部评估

（1）公开评估。一般指独立的信用评估公司开展的评估，评估成果要向社会发布，向社会供给信用信息，评估成果具备公正性。这就要求信用评估公司必须独立，不带行政色彩，不受任何单位或组织的干涉，评估依据切合国家有关法规政策，具有客观公正性。

（2）内部评估。评估结果不向社会发布，内部掌握。例如，银行对借款人的信用等级评估就归属这一种，由银行信贷部门自己进行，作为审查核定贷款的内部参考，不向外提供信用信息。

3. 信用评估按照评估收费与否，可以分为有偿评估和无偿评估

（1）有偿信用评估。由独立的信用评估公司接管客户委托进行的信用评估，一般都要收费，归属有偿等级评定。有偿等级评定特别要求做到客观公正。

（2）无偿信用评估。信用评估机构有时候为了向社会提供信用信息，有时候为了内部掌握，没有报酬的等级评定通常只能按照有关单位的公开财务报表和资料进行，不去进行深入现场查询拜访，故而信用信息比较单一，评估步骤和要领也较简略。

2.1.3 信用评估的意义

信用评估在市场经济中具有重要的作用，作为市场经济社会监督力量的主力军，其对经济的影响是不言而喻的。信用等级是一个企业履约状况和偿债能力的综合反映，低等级的企业较难获得金融机构和投资者的支持，在融资的难易程度和融资成本方面都处于不利的地步。

1. 融资市场的通行证

债券评估是企业获准发行债券的先决条件，企业债券发行时要在大众媒体上公告其信用等级，只有级别高的企业才容易得到投资者的青睐；贷款企业信用评估是一定贷款规模以上的企业通过贷款卡年审、获取银行贷款的必需条件；公开信用评估的结果直接影响上市公司在货币市场融资的能力。

2. 降低融资成本的工具

高等级的信用可以帮助企业较方便地取得金融机构的支持，得到投资者的信任，能够扩大融资规模，降低融资成本。信用等级高的企业的融资成本将大为降低，能获得优先信贷支持和优惠贷款利率，以及对其商业承兑汇票优先贴现，对公司市场竞争力的提高有很大帮助。

3. 市场经济中的"身份证"

信用评估有助于企业防范商业风险。对客户的信用政策，成为企业竞争的有效手段之一。这些信用政策，包括信用形式、期限金额等的确定，必须建立在对客户信用状况科学评估分析的基础上，才能达到既从客户的交易中获取最大收益，又将客户信用风险控制在最低限度的目的。企业可以通过信用评估了解到竞争对手和合作伙伴的真实情况，降低企业的信息收集成本。良好的信用等级可以提升企业的无形资产，高等级的信用是企业在市场经济中的"身份证"，它能够吸引投资人与客户大胆放心地与之合作，在市场经济中信誉正日益成为企业的生命。

4. 改善经营管理的外在压力和内在动力

企业发行债券时要在大众媒体上公告其信用等级，只有级别高的企业才容易得到投资者的青睐；贷款企业信用等级要登录"银行信贷登记咨询系统"，向各家金融机构通报或向社会公告。这种公示行为本身就对企业有一定压力，将促进企业为获得优良等级而改善经营管理。从信用机构客观的评价中，企业还可以看到自己在哪些方面存在不足，从而有的放矢地整改。还可以通过同行业信用状况的横向比较，获得学习的榜样。

2.1.4 信用评估的作用

信用评估是建立社会信用体系的重要内容和基础。在一种信息不对称的经济环境中，客观、公正的信用评估能够大大降低信息不利一方的合约风险和交易双方的交易成本，提高交易双方的成交意愿。信用评估结果已在政府审批、企业合作、商品交易、项目招商、投标招标、融资投资等方面得到广泛的应用，政府部门和其他社会组织在行使管理职能时也逐步重视信用品质。

(1) 信用评估是树立企业良好信誉形象的有效途径，有利于展示企业信用品质，提高企业的社会知名度，放大宣传效应，积累无形资产。

（2）信用评估是企业赢取市场特别是国际市场的通行证，有利于提高企业和产品的社会信任度，使客户、消费者、交易对象消除戒备心理，降低交易成本。

（3）信用评估可为企业提供客观公正的信用等级和综合竞争力的证明。信用级别的高低直接代表着企业的信用品质和竞争力，通过信用评估的信用企业，不仅可得到政府扶持，同时也是企业履约能力、投标信誉、综合竞争力最有力的证明。

（4）信用评估是强化企业管理和防范风险的必要手段。信用评估可以督促企业增强信用观念，维护企业信誉，受评企业也可以从信用评估的客观评价中，看到自身的不足，从而有的放矢地进行强化管理、改善经营和加强风险防范。

（5）信用评估可拓展受评企业融资渠道，稳定资金来源，降低筹资成本，提高债券、融资券发行的效率。同时，还可以提高投资透明度，减少投资盲目性和投资风险。

2.2　信用评估的特点

信用评估（也称信用评价、信用评级、信用评定等）是社会信用体系的重要内容和基础。信用评估是信用评估机构以独立的第三方立场，根据规范的评估指标体系和标准，运用科学的评估方法，履行严格的评估程序，对市场参与者的信用记录、内在素质、管理能力、经营水平、外部环境、财务状况、发展前景等进行全面了解、考察调研、研究分析后，就其在未来一段时间履行承诺的能力及可能出现的各种风险给予综合判断，并以一定的符号表示其优劣的一种经济活动。

2.2.1　信用评估的特点

信用评估有着自身的特殊性，该经济活动所呈现的特点可概括为八个方面：

1. 简洁性

信用评估结果以简洁的字母数字组合符号揭示企业的信用状况，是一种对企业进行价值判断的简明工具。

2. 可比性

各信用评估机构的评估体系使同行业受评企业处于同样的标准之下，从而昭示受评企业在同行业中的信用地位；同一授信机构对个人客户的信用评估更是如此。

3. 服务对象的广泛性

除了给评估对象自身对照加强改善经营管理外，主要服务对象有投资者、商业银行、证券承销机构、社会公众与大众媒体、与受评对象有经济往来的商业客户、金融监管机构等。

4. 全面性

信用评估就受评企业的经营管理素质、财务结构、偿债能力、经营能力、经营效益、发展前景等方面全面揭示企业的发展状况，综合反映企业的整体状况，非其他单一的中介服务所能做到。

5. 公正性

信用评估由独立的专业信用评估机构作出，评估机构秉持客观、独立的原则，较少受外来因素的干扰，能向社会提供客观、公正的信用信息。

6. 监督性

通过信用评估，能够很好地对信用交易主体起到监督约束作用。一是投资者对其投资对象的选择与监督；二是大众媒体的舆论监督；三是金融监管部门的监管。

7. 形象性

信用评估是受信者在资本市场的通行证，信用级别的高低，不但影响到其融资渠道、规模和成本，更反映了受信者在社会上的形象及生存与发展的机会，是其综合经济实力的反映，是其在经济活动中的"身份证"。

8. 社会信用的基础性

当今社会信用基础较为薄弱，通过信用评估，使社会逐步重视作为微观经济主体的企业的信用状况，从而带动个人、其他经济主体和政府的信用价值观的确立，进而建立起有效的社会信用管理体制。

2.2.2 信用评估与相关活动的区别

信用评估是对企业信用状况的综合评价，它不同于资产评估、财务审计、企业诊断和信用调查。信用评估和资产评估、财务审计、企业诊断、信用调查等都不同，它们有着各自的特点。

1. 信用评估与资产评估的区别

信用评估和资产评估截然不同。首先从评估内容来说，资产评估的内容是企业的资产价值，企业资产在产权让渡时要对资产的现时价值重新评定，其目的是为了保证资产交易公平合理，国有资产不受损失。而信用评估的内容是企业和证券的信用状况，企业在融通资金时要评定企业的信用等级，其目的是为了显示企业的经济实力和偿债能力，保护贷款人和投资人的利益。从评估的范围来说，资产评估主要对资产的外在形态、技术性能、质量状况、生产能力、新旧程度等进行具体鉴定和分析，把资产的价值客观公正地评定出来。而信用评估主要对企业素质、盈利能力、偿债能力、经营能力、发展远景等进行具体调查和分析，把企业的信用状况用等级表示出来。从评估的方法来说，资产评估要以当前的市场价格来评估资产的价值，采用的方法均为定量计算，有收益现值法、重置成本法、现行市价法、历史成本法等；而信用评估要对评估对象的资金信誉状况用等级加以表示，这就必须进行综合分析，要采用定性分析和定量分析方法，通过专业判断，确定信用等级，而定性分析方法有时要起到主导作用。从评估的依据来说，两者都要公正客观地加以评价，都有一定的依据，防止主观片面，从目前我国情况来说，资产评估的法制建设已经逐步完善，资产评估的方法和程序已逐步走向规范化；但信用评估的法制建设还没有受到重视，评估规则和方法由各评估机构自行制定，还没有统一起来。信用评估与资产评估的比较见表 2-1。

表 2-1 信用评估与资产评估的比较

对比项	信 用 评 估	资 产 评 估
评估内容	企业或证券信用状况	资产现时价值
评估目的	显示偿付债务能力	保证资产公平交易
评估范围	企业素质、盈利能力、偿债能力、经营能力、发展远景等	性能、状态、质量、新旧、生产能力等
评估方法	定性与定量相结合	定量计算
评估依据	还没有规范的、统一标准	已形成规范的评估方法和程序

2. 信用评估与财务审计的区别

两者既有共性，又有个性。信用评估和财务审计都要对企业的会计报表和财务状况进行分析，作出结论，但两者存在较大区别。财务审计主要对企业的财务活动和会计核算是否符合会计准则和有关会计制度进行审查，强调合法性和真实性，注册会计师提出的审计报告要对被审单位会计报表的合法性、公允性及会计处理方法的一贯性发表审计意见，并要承担法律责任，但不评定等级。信用评估的范围要广阔得多，不仅包括财务状况，还包括企业素质和管理水平，并且要分析企业的发展远景和经营风险，最后要对企业信用状况评定等级。通常信用评估是在财务审计的基础上进行的。而从国际惯例来说，信用评估报告是对投资人或贷款人提供的建议书，只承担道义上的责任，一般不承担法律责任。两者的比较见表 2-2。

表 2-2　信用评估与财务审计的比较

对比项	信　用　评　估	财　务　审　计
评估内容	企业或证券信用状况	财务活动和会计核算
评估目的	显示偿付债务能力	合法性、真实性
评估结论	信用报告、授信建议书	审计意见
等级确定	是	否
法律责任	道义上的责任	法律责任
评估依据	还没有规范的、统一标准	已形成规范的评估方法和程序

3. 信用评估与企业诊断的区别

企业诊断是改进管理的有效措施，企业诊断就像医生看病一样，先要进行经营分析，找出问题，然后对症下药，找出治病方案。企业诊断的目的是为了帮助企业解决问题，改进经营管理，提高经济效益。而信用评估也要进行分析，也要对企业各个方面进行调查了解，肯定成绩，指出问题，最后还要评定信用等级，但不必提出改进方案。同时，企业诊断侧重于企业的经营管理和经济效益，企业诊断的方式灵活多样，有整个企业的诊断，有某一部门的诊断，还有专门问题的诊断，可以根据需要决定。而信用评估侧重于企业的资金信誉和偿债能力，是一种综合评价，两者的侧重点不同。两者的比较见表 2-3。

表 2-3　信用评估与企业诊断的比较

对比项	信　用　评　估	企　业　诊　断
内容	企业或证券信用状况	经营分析
目的	显示偿付债务能力	找问题和不足，改进管理、提高效益
等级	是	否
结论	不做方案	制订方案
侧重	企业资金信誉和偿债能力	企业经营管理和经济效益
方式	综合评价	方式灵活多样

4. 信用评估与信用调查的区别

信用评估和信用调查的内容都是企业的信用状况，只是了解的深度和程序不同。信用调查主要是由于企业赊销、分期付款等销售方式，可以扩大销售，增加利润，但应收账款会增加，有可能造成坏账损失。因而必须对赊销客户企业的信用情况进行调查，可以直接调查，也可间接调查。前者直接去现场收集资料，了解情况；后者根据财务资料加工整理形成。信用调查不一定要评定等级，主要是为企业制定信用政策提供参考。而信用评估不同，必须去现场调查了解，要按照一定的评估程序进行，最后要评定信用等级，有时还有可能对外公开披露。两者的比较见表 2-4。

表 2-4　信用评估与信用调查的比较

对比项	信　用　评　估	信　用　调　查
评估对象	所有客户	赊销客户
评估内容	企业或证券信用状况	企业信用状况
等级确定	是	不一定
评估目的	申请贷款或发行债券	制定信用政策作参考
侧重点	企业资金信誉和偿债能力	企业经营管理和经济效益
评估方式	定性与定量综合评价	直接调查或间接调查

2.3　信用评估的程序和流程

信用评估是一项十分严肃的工作，评估的结果将决定一个企业的融资生命，是对一个企业或证券信用状况的鉴定书。因此，必须具有严格的评估程序加以保证。评估的结果与评估的程序密切相关，评估程序体现了评估的整个过程，没有严格的评估程序，就不可能有客观、公正的评估结果。评估程序通常可以分为以下七个阶段，如图 2-1 所示。

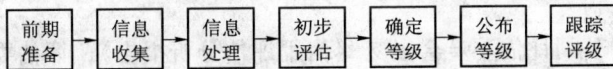

前期准备 → 信息收集 → 信息处理 → 初步评估 → 确定等级 → 公布等级 → 跟踪评级

图 2-1　信用评估程序图

2.3.1　前期准备阶段（约一周时间）

（1）评估客户向评估公司提出信用评估申请，双方签订《信用评估协议书》。协议书内容主要包括签约双方名称、评估对象、评估目的、双方权利和义务，出具评估报告时间、评估收费、签约时间等。

（2）评估公司指派项目评估小组，并制订项目评估方案。评估小组一般由 3～6 人组成，其成员应是熟悉评估客户所属行业情况及评估对象业务的专家组成小组，负责人由具有项目经理以上职称的高级职员担任。项目评估方案应对评估工作内容、工作进度安排和评估人员分工等作出规定。

（3）评估小组应向评估客户发出《评估调查资料清单》，要求评估客户在较短时间内把评估调查所需资料准备齐全。评估调查资料主要包括评估客户章程、协议、营业执照、近三年财务报表及审计报告、近三年工作总结、远景规划、近三年统计报表、董事会记录、其他评估有关资料等。同时，评估小组要做好客户情况的前期研究。

2.3.2 信息收集阶段（约一周时间）

（1）评估小组去现场调查研究，先要对评估客户提供的资料进行阅读分析，围绕信用评估指标体系的要求，哪些已经齐备，还缺哪些资料和情况，需要进一步调查了解。

（2）就主要问题同评估客户有关职能部门领导进行交谈，或者召开座谈会，倾听大家意见，务必把评估内容相关情况搞清楚。

（3）根据需要，评估小组还要向主管部门、工商行政部门、银行、税务部门及有关单位进行调查了解及核实。

2.3.3 信息处理阶段（约三天时间）

（1）对收集的资料按照保密与非保密进行分类，并编号建档保管，保密资料由专人管理，不得任意传阅。

（2）根据信用评估标准，对评估资料进行分析、归纳和整理，并按规定格式填写信用评估工作底稿。

（3）对定量分析资料要关注是否经过注册会计师事务所审计，然后上机进行数据处理。

2.3.4 初步评估阶段（约四天时间）

（1）评估小组根据信用评估标准的要求，将定性分析资料和定量分析资料结合起来，加以综合评价和判断，形成小组统一意见，提出评估初步结果。

（2）小组写出《信用评估分析报告》，并向有关专家咨询。

2.3.5 确定等级阶段（约十天时间）

（1）评估小组向公司评估委员会提交《信用评估分析报告》，评估委员会开会审定。

（2）评估委员会在审查时，要听取评估小组详细汇报情况并审阅评估分析依据，最后以投票方式进行表决，确定信用等级，并形成《信用评估报告》。

（3）公司向评估客户发出《信用评估报告》和《信用评估分析报告》，征求意见，评估客户接到报告后应于五日内提出意见。如无意见，评估结果以此为准。

（4）评估客户如有意见，提出复评要求，提供复评理由，并附必要资料。公司评估委员会审核后给予复评，复评以一次为限，复评结果即为最终结果。

2.3.6 公布等级阶段

（1）评估客户要求在报刊上公布信用等级，可与评估公司签订《委托协议》，由评估公司以《信用等级公告》形式在报刊上刊登。

（2）评估客户如不要求在报刊上公布信用等级，评估公司不予公布。但如评估公司自己办有信用评估报刊，则不论评估客户同意与否，均应如实报道。

2.3.7 跟踪评估阶段

（1）在信用等级有限期内（企业评估一般为两年，债券评估按债券期限），评估公司要负责对其信用状况跟踪监测，评估客户应按要求提供有关资料。

（2）如果评估客户信用状况超出一定范围（信用等级提高或降级），评估公司将按跟踪评估程序更改评估客户的信用等级，并在有关报刊上披露，原信用等级自动失效。

以上是独立的信用评估公司接受评估客户委托进行信用评估的一般程序，至于银行信贷部门评定企业信用等级或独立的信用评估公司对外进行无偿评估，评估程序就比较简单，不必征求客户意见，也不一定去现场召开座谈会，可以根据需要灵活掌握。

2.4　古典信用分析法

2.4.1　"6C" 要素法

信用评估中传统的 "6C" 要素法就是通过 "6C" 系统来分析顾客或客户的信用标准。

1. 起源

西方商业银行在长期的经营时间中，总结归纳出了 "6C" 原则，用以对借款人的信用风险进行分析，有些银行将分析的要素归纳为 "4W1H" 因素，即借款人（Who）、借款用途（Why）、还款期限（When）、担保物（What）及如何还款（How），还有的银行将其归纳为 "5P" 因素，即个人因素（Personal）、借款目的（Purpose）、偿还（Payment）、保障（Protection）和前景（Perspective）。

2. 演变

"6C" 最初是从 "3C" 开始的，即品格（Character）、能力（Capacity）、资本（Capital），是金融机构对客户作信用风险分析时所采用的专家分析法之一，逐渐演变为 "4C"，再到 "5C"，最后到现在的 "6C"。如图 2-2 所示。它主要集中在借款人的品格（Character）、能力（Capacity）、资本（Capital）、担保（Collateral）、状况（Condition）和保险（Coverage Insurance）六个方面进行全面的定性分析以判别借款人的还款意愿和还款能力。

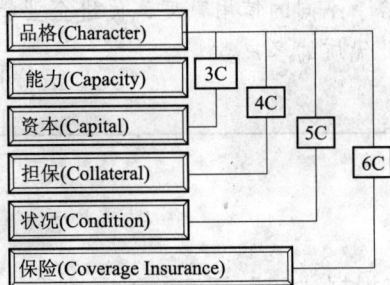

图 2-2　"6C" 要素形成过程

近些年，"6C" 要素法被更广泛地应用于企业对客户的信用评价，如果客户达不到信用标准，便不能享受企业的信用或只能享受较低的信用优惠。

3. 应用

对顾客或客户进行信用分析有六方面内容。

（1）品格（Character）：指顾客或客户努力履行其偿债义务的可能性，是评估顾客信用品质的首要指标，品质是应收账款的回收速度和回收数额的决定因素。

（2）能力（Capacity）：指顾客或客户的偿债能力，即其流动资产的数量和质量以及与流动负债的比例。

（3）资本（Capital）：指顾客或客户的财务实力和财务状况，表明顾客可能偿还债务的背景，如负债比率、流动比率、速动比率、有形资产净值等财务指标等。

（4）担保（Collateral）：指顾客或客户拒付款项或无力支付款项时能被用做抵押的资产，一旦收不到这些顾客的款项，便以抵押品抵补，这对于首次交易或信用状况有争议的顾客或客户尤为重要。

（5）状况（Condition）：指可能影响顾客或客户付款能力的经济环境，如顾客或客户在困难时期的付款历史、顾客或客户在经济不景气情况下的付款可能。

（6）保险（Coverage Insurance）：指借款人或抵押物投保状况、承保状况。

授信机构了解客户"6C"的三种途径：第一种途径，总结以往跟客户交易的经验，从主观上对客户的信用品格作出判断；第二种途径，由管理人员亲自对客户进行调查，广泛收集有关情报，上门登记来取得直接信息；第三种途径，通过专门的信息机构，或是从其他企业或机构对该客户的评价获取间接信息。

专栏 2-1　信用增级

江苏某家大型物资贸易公司，在物资市场饱和、以赊销为主的经营状况下，其2010年的销售收入为4亿元，而呆账损失只有4 000多万元。这个成绩来自于该企业的信用等级管理。他们根据6C要素法对客户进行评估后将其分为三类：A级客户，公司可以继续满足其赊销的要求；B级客户，即有回款不及时的客户，他们提出的赊销要求，公司要严格调查以往的销售记录和原始档案后决定；C级客户，即让公司出现呆账的，公司则拒绝交易。

通过对客户进行信用等级管理，企业可以对不同信用等级的客户投入不同的人力和物力，采取不同的服务方式和给予不同的信用额度，促进企业销售额的增长和信用风险的降低，同时也为公司积累了一批优质的客户。

资料来源：百度文库

2.4.2　"5F"要素法

美国人米尔顿·德·里克根据"6C"要素的不同性质，又将"6C"要素重新分类归纳，把品格、能力归纳为管理要素，把资本、担保归纳为财务要素，把状况、保险归纳为经济要素，于是产生了"5F"要素法。如图2-3所示。

2.4.3　"6A"要素法

美国复兴开发银行将企业要素归纳为以下六项：经济要素（Economic Aspects）、技术要素（Technical Aspects）、管理要素（Managerial Aspects）、组织要素（Organizational Aspects）、商业要素（Commercial Aspects）和财务要素（Financial Aspects），合称"6A"要素。

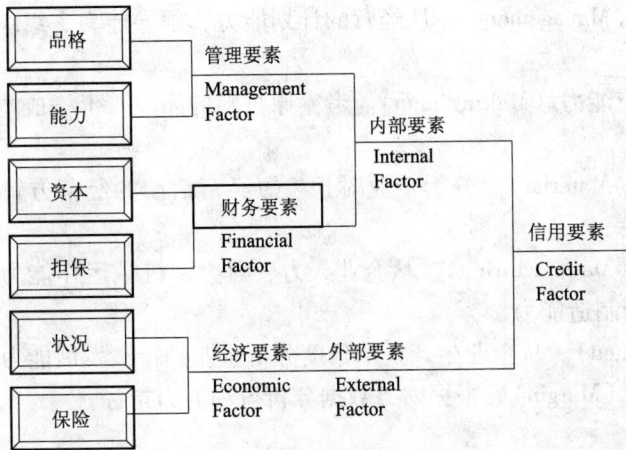

图 2-3 "5F" 要素结构图

（1）经济要素。主要考察市场经济大环境是否有利于受信对象的经营和发展。

（2）技术要素。主要考察受信对象在技术先进程度、生产能力、获利能力上是否有利于还款。

（3）管理要素。主要考察受信对象内部各项管理措施是否完善，管理者经营作风和信誉状况的优劣。

（4）组织要素。主要考察受信对象内部组织结构是否健全。

（5）商业要素。主要考察受信对象原材料、动力、劳动、设备是否充分，产品销售市场价格竞争力等方面是否具有优势。

（6）财务要素。主要从财务角度考察受信对象资金运用、资本结构、偿债能力、流动性、获利能力等水平高低。

2.4.4 "5P" 要素法

"5P" 要素法从不同角度将信用各要素重新划分，更为清晰、明确地描述了信用要素的各项特点，虽在内容上与 "6C" 要素法大同小异，但条理更加通顺、更便于理解。

"5P" 具体包括人的要素（Personal Factor）、目的要素（Purpose Factor）、还款要素（Payment Factor）、保障要素（Protection Factor）、展望要素（Perspective Factor）。

2.4.5 "10M" 要素法

"10M" 要素法包括十个方面的内容。

（1）人力（Man）。从经营者的品格、能力、经验、作风和企业技术水平等方面分析。

（2）财力（Money）。从财务角度分析受信企业的资产结构、资金流动性、安全性和收益性，并辅助考察资金长、短期运用计划。

（3）机器设备能力（Machinery）。从机器设备的品质、效能、新颖程度、数量等方面分析对企业经营者的影响。

（4）销售能力（Market）。销售能力强弱影响企业收益能力，应分析其销售途径是否健全、销售网络是否完备、市场占有率高低、客户分布广度等。

（5）管理能力（Management）。从经营的计划能力、领导能力、组织能力、协调能力等方面分析。

（6）原材料供应能力（Making plan）。考察原材料的品质、价格成本、存量等对企业造成的影响。

（7）计划能力（Material）。分析企业对长、短经营活动的经营方针有无制定及是否适合企业的经营和发展。

（8）制造能力（Manufacturing）。从企业人力、财力、机械运作能力、原煤材料供应能力等多方面综合分析制造能力。

（9）方法（Method）。从企业生产技术角度分析企业的持续发展能力。

（10）获利能力（Margin）。根据财务数据分析盈利能力指标。

2.5　信用评估业的发展

2.5.1　国际信用评估业的发展

1. 初始阶段（1840—1920 年）

1800—1850 年美国开始盛行发行国债、州债和铁路债，债券的发行创造了债券投资者对债券统计信息和债券统计分析的需求。债券的发行和债券市场的发展为评估提供了物质基础，这是评估产生的前提。

1841 年路易斯·塔班（Lewis Tappan）在纽约建立了第一个商人信用评估机构 Mercantile Credit Agency，旨在帮助商人寻找信用良好的顾客与商业伙伴。

1849 年约翰·布拉斯特创立 Bradstreet Co.。

1857 年 Dun 成为纽约商业信用评估公司（Dun&Co.）总裁，并出版了第一本信用评估指南。

1909 年穆迪公司 Moody's Investors service 出版一本各家铁路公司债券的刊物以供投资者参考。

1913 年惠誉公司 Fitch Investors service 成立。

2. 发展阶段（1920—1970 年）

1916 年普尔出版公司成立。

1922 年标准统计公司合并。

1933 年 Duff & Phelps 成立。

1933 年纽约商业信用评估公司（Dun & Co.）与布托斯特信用评估公司（Bradstreet Co.）合并成为邓白氏（Dun & Bradstreet）。

1941 年 Standard 与 Poor 合并为标准普尔 S & P'S。

3. 普及阶段（1970 年以后）

1962 年 Dun & Bradstreet 吞并穆迪。

1966 年标准普尔被 McGraw Hill 公司收购。

1972 年以前只有美国有评估机构，此后其他国家的评估机构陆续诞生。

2000 年 Fitch IBCA 与 Duff & Phelps 合并成为 Fitch，2000 年 Fitch 收购 Thomson Bank

Watch。

2.5.2 中国信用评估业的发展历程

1. 起步阶段（1987—1989 年）

1987 年 2 月，国务院发布了《企业债券管理暂行条例》，同年，人民银行总行各地地方企业发行债券下达发行额度。1988 年 3 月，中国人民银行金融研究所在北京召开信用评估问题研讨会。此次研讨会就信用评估的理论、制度、机构、方法等问题进行了较为广泛的探讨。此时，无论从中央还是地方，都为组建信用评估机构创造了条件。在此阶段，人民银行系统（各分行）成立了 20 多家评价机构，专业银行（即现在的国有独资商业银行）的咨询公司、调查统计部门等机构也开展了信用评估活动。

2. 整顿阶段（1989—1990 年）

在此阶段，中央实行了"双紧"政策，同时，中国人民银行总行为了贯彻国务院关于清理整顿金融性公司的决定，于 1989 年 9 月下发了《关于撤销人民银行设立的证券公司、信誉评价公司的通知》。至此，人民银行各分行和专业银行成立的信用评价公司一律撤销，评价业务由信誉评估委员会办理，信用评价业务发展步入低谷。

3. 恢复发展阶段（1990—1992 年）

1990 年 8 月中国人民银行下发了《关于设立信誉评估委员会有关问题的通知》，就信誉评估委员会的有关归口管理、机构的性质、业务范围等问题，作了明确的规定。至此，信用评价机构的组织问题得到解决。信用评价业务也相对规范化和制度化，初步形成了我国自己的比较完整的信用评价指标体系，信用评价工作的严肃、权威性有了相当程度的提高。人民银行所属的信誉评估委员会主要开展短期融资券的评估工作。

4. 快速发展阶段（1993—1999 年）

随着企业债券信用评估市场的形成和发展，商业银行对贷款企业进行评估，逐步建立了银行内部客户信用评估体系，进一步发展到对银行、保险、证券等金融机构的评估。

5. 竞争和规范阶段（2000 年至今）

对信用评估机构的监管体制正在酝酿着比较大的变化。

我国信用评估机构广泛加强与国际知名信用评价机构的业务合作，引进国外的先进评估体系，国际评估机构积极进入我国信用评估市场。

全社会开始关注社会信用问题，各界都积极参与到建设我国社会信用制度的工作中来。国际上《新巴塞尔资本协议》的讨论和我国的积极应对，都将对我国信用评估业产生广泛而深刻的影响。

专栏 2－2 中国信用评估业大事记

1987 年 3 月，"信用对话：银行评估国际准则与中国"会议在北京召开。

1987 年 3 月，国务院发布了《企业债券管理暂行条例》。

1987 年，中国第一家银行系统信用评估机构——吉林省信用评估公司成立。

1988 年 3 月，中国第一家独立于金融系统的信用评估机构——上海远东信用评估公司成立。

1992 年 7 月，上海新世纪投资服务有限公司成立。

1992 年 10 月，中国人民银行总行批准中国诚信证券评估有限公司成立。

1993 年，中国人民银行致函国家工商行政管理局《中国人民银行关于企业信用、证券评估机构审批管理问题的函》（银函［1993］408 号），明确企业信用、证券评估属金融服务性机构，由中国人民银行负责审批管理。

1993 年 3 月，深圳市信用评估公司成立。

1993 年 3 月，厦门金融咨询评信公司成立。

1993 年 6 月，远东信用与亚洲开发银行合作在上海举办"中国有价证券信用评估国际研讨会"。

1993 年 8 月，国务院颁布《企业债券管理条例》，规定发行企业债券，可以向认可的债券评信机构申请信用评估。

1993 年 11 月，《中共中央关于建立社会主义市场经济体制若干问题的决定》中提出，资本市场要积极稳妥地发展债券、股票融资，建立发债机构和债券信用评估制度，促进债券市场健康发展。

1994 年 3 月，大公国际信用评估有限责任公司成立。

1996 年 3 月，中国人民银行《贷款证管理办法》施行，规定信用评估机构对企业作出的信用等级评定结论，可作为金融机构向企业提供贷款的参考依据。

1996 年 5 月，《上海证券交易所企业债券上市管理规则》和《深圳证券交易所企业债券上市管理规则》发布，规定申请债券上市的公司（企业），须经本所认可的评估机构评估，且债券信用等级不低于 A 级。

1996 年 6 月，中国人民银行《贷款通则》施行，规定根据借款人的人员素质、经济实力、资金情况、履约记录、经营效益和发展前景等因素，评定借款人的信用等级，评估可由贷款人独立进行，内部掌握，也可由有权部门批准的评估机构进行。

1996 年 11 月，中诚信与上海证券交易所、国泰证券有限公司联合主办"企业债券发行与上市研讨会"。

1997 年 3 月，上海贷款企业评估开始试点。

1997 年 3 月，《可转换公司债券管理暂行办法》实行，对评估未作出强制性要求。

1997 年 12 月，中国人民银行认可了 9 家可从事全国范围内企业债券评估业务的评估公司，包括中国诚信证券评估有限公司、大公国际信用评估有限责任公司、深圳市信用评估公司、云南信用评估事务所、长城信用评估有限公司、上海远东信用评估有限公司、上海新世纪投资服务有限公司、辽宁省信用评估公司、福建省信用评估委员会。

1997 年 12 月，联合信用评估有限公司成立。

1998 年 3 月，全国各地信用评估机构自愿参加的会员制协作组织——中华信用评估联席会成立。

1998 年 9 月，第一家中外合资评估机构——中诚信国际信用评估有限责任公司成立，外方股东包括了国际三大评估机构之一的惠誉国际。

1999 年 4 月，《上海市"贷款证"企业信用等级评估暂行办法》公布，人民银行上海市分行正式推行贷款企业评估，认可的评估机构为远东信用、新世纪和中诚信。

1999 年 7 月，人大常委会《证券法》施行，规定可以设立专业的信用评估机构，设立条件、审批程序和业务规则，由国务院证券监督管理机构规定信用评估机构的业务人员，必须具备证券专业知识和从事证券业务 2 年以上经验。

1999 年 7 月，大公和穆迪进行技术合作。

1999 年 8 月，远东信用与国际著名评估机构标准普尔共同举办"住房抵押贷款证券化国际研讨会"。

2000 年 5 月，《上海证券交易所企业债券上市规则（2000 年修订版)》和《深圳证券交易所企业债券上市规则（2000 年修订版)》施行，将债券的信用等级不低于 A 级作为企业申请债券上市的条件之一，企业债券信用评估报告是企业申请债券上市须向证交所提交的文件之一。

2000 年 5 月，中诚信与中国人民银行合作举办"信用评估国际研讨会"。

2000 年 9 月，国务院发展研究中心、大公国际信用评估有限责任公司、穆迪投资者服务公司在上海举办了中国首届"银行资本管理与风险控制国际合作研讨会"。

2000 年 11 月，中央经济工作会议和《国民经济和社会发展十五规划》首次提出加快建立健全社会信用制度。

2001 年 2 月，中华信用评估联席会会刊《中华信用》（季刊）创刊。

2001 年 3 月，财政部《中小企业融资担保机构风险管理暂行办法》施行，规定建立对担保机构信用的定期评估制度，担保机构定期聘请经财政部认可的信用评估机构进行信用评估，并向社会公布评估结果。

2001 年 3 月，人民银行上海分行修订公布《上海市贷款企业信用等级评估管理办法》。

2001 年 4 月，国家经贸委、人民银行等十部委发布《关于加强中小企业信用管理工作的若干意见》，提出要重视发挥中介机构在提升中小企业信用中的作用，制定中小企业和中介机构信用评价标准。

2001 年 4 月，中国证监会颁布《上市公司发行可转换公司债券实施办法》，规定发行人可委托有资格的信用评估机构对本次可转换公司债券的信用或发行人的信用进行评估，信用评估的结果可以作为确定有关发行条款的依据并予以披露，未对评估作出强制性规定。

2002 年 2 月，远东信用推出上市公司公开信息评估。

2002 年 6 月，人行深圳分行颁布了《深圳市贷款企业信用等级评估管理办法》，规定了评估主管机关、评估对象、评估原则、评估内容、评估机构的认定及罚则等有关内容。

2002 年 6 月，远东信用、中诚信、大公等信用评估机构联合全国 16 家信用中介机构在广西柳州签署了我国第一份行业自发组织的全国社会信用中介机构同业公约——《信用公约》。

2002 年 8 月，大公和穆迪结束技术合作。

2002 年 11 月，《上海证券交易所可转换公司债券上市规则》和《深圳证券交易所可转换公司债券上市规则》规定有资格的信用评估机构对可转换公司债券的信用或发行人的信用进行评估，并已出具信用评估结果的应当及时报告并公告。

2002 年 11 月，国务院公布《征信管理条例》（征求意见稿）。

2003 年 2 月，北京穆迪风险信息技术服务有限公司成立。

2003 年 5 月，中国保监会发布《保险公司投资企业债券管理暂行办法》，相继认可了中诚信、大公、联合、远东信用、新世纪 5 家评估公司，保险公司可以买卖经上述 5 家评估机构评估在 AA 级以上的企业债券。

2003 年 7 月，中诚信和惠誉决定终止合资行为。

2003 年 7 月，中国证券业协会发出通知，要求信用评估机构员工必须通过证券业从业人员资格考试。

2003 年 9 月，国家发改委要求企业债券须经过 2000 年以来承担过国务院特批企业债券评估业务的信用评估机构评估，按此要求，具备债券评估资格的机构为中诚信、联合、远东信用、大公和新世纪。

2003 年 8 月，中国证监会颁布《证券公司债券管理暂行办法》，规定发行人应当聘请证券信用评估机构对本期债券进行信用评估并对跟踪评估作出安排。其配套文件《信用评估机构出具证券公司债券信用评估报告准则》规范了评估机构出具证券公司债券信用评估报告的原则、评估报告的内容与格式、跟踪评估等问题。

2003 年 9 月，中国人民银行征信管理局成立。

2003 年 10 月，中共十六届三中全会《关于完善社会主义市场经济体制若干问题的决定》提出"按照完善法规、特许经营、商业运作、专业服务的方向，加快建设企业和个人信用服务体系，建立信用监督和失信惩戒制度，逐步开放信用服务市场"，为我国信用中介机构的发展指明了方向。

2003 年 10 月，中外企业信用联盟在人民大会堂举行成立大会。

2003 年 12 月，远东信用加入设在亚洲开发银行总部的亚洲信用评估协会（ACRAA）。

2003 年 12 月，标准普尔北京代表处成立。

2004 年 1 月，《国务院关于推进资本市场改革开放和稳定发展的若干意见》指出积极稳妥发展债券市场，制定和完善公司债券发行、交易、信息披露、信用评估等规章制度。

2004 年 2 月，温家宝总理在全国银行、证券、保险工作会议上强调，必须加快信用体系建设，加快全国统一的企业和个人信用信息基础建设，积极发展专业化的社会征信机构，有步骤、有重点地开放征信服务市场，规范社会征信机构业务经营和征信市场管理。

2004 年 3 月，中国信用评估专家峰会在上海召开，会议形成了"中国信用评估上海宣言"和"中国信用评估业发展白皮书"。

2004 年 4 月，中诚信国际发布对 15 家商业银行综合财务实力评估结果。

2004 年 5 月，由中国人民银行和世界银行联合主办的"征信与中国经济"国际研讨会在上海举行。

2004 年 5 月，中国人民银行第一次征信管理会议在上海召开。

2004 年 6 月，大公国际发布"大公上证 50 指数成分股信用级别"。

2004 年 6 月，人行上海分行发布《上海市贷款企业信用评估业务考核管理准则》，附有专家评审、现场调研和业务收费三个工作指引。

2004 年 6 月，中国人民银行和中国银监会联合发布《商业银行次级债券发行管理办法》，规定商业银行发行次级债券应聘请证券信用评估机构进行信用评估，证券信用评估机构对评估的客观、公正和及时性承担责任。

2004 年 7 月，中国银监会发布《商业银行授信工作尽职指引》，商业银行可委托独立的、资质和信誉较高的外部评估机构完成对客户的信用等级评定。

2004 年 8 月，中诚信国际发布 14 家商业银行个体财务实力等级。

2004 年 8 月，由标准普尔和《财经时报》联合主办"信用对话：银行评估国际准则与中国"会议在北京召开。

2004 年 9 月，中国保监会《保险公司次级定期债务管理暂行办法》施行，规定可以聘请信用评估机构对本次次级债券进行信用评估，信用评估机构应当客观、公正地出具有关报告文件并承担相应责任。

2004 年 9 月，中国人民银行征信管理局主办的"中国信用评估发展前景论坛"在西安召开。

2004 年 9 月，中国人民银行和世界银行在北京联合举办"征信体系公共政策"国际研讨会。

2004 年 11 月，中国人民银行《证券公司短期融资券管理办法》施行，规定拟发行短期融资券的证券公司应当聘请信用评估机构进行信用评估。

2004 年 12 月，中国人民银行发布 [2004] 第 22 号公告，指出拟在银行间债券市场发行债券的机构（以下简称拟发债机构）和发行的债券，均应经过在中国境内工商注册且具备债券评估能力的评估机构的信用评估，并指出人民银行对信用评估结果进行事后检查，对信用评估机构的评估能力进行评价。中国人民银行有关负责人指出人民银行要管理信用评估业。这表明中国信用评估业的管理部门最终得以确定。

2005 年 1 月，中国银监会公布了《信托投资公司信息披露管理暂行办法》，《办法》规定信托投资公司年度报告必须包括信用风险管理内容。信托投资公司应披露可能面临的信用风险和相应的控制策略，风险评估及使用外部评估公司的名称、依据等。

2005 年 1 月，人行上海分行和上海市促进小企业发展协调办公室发布了《关于组织开展中小企业信用评估试点工作的说明》。首批确定 200 家中小企业进行信用评估试点，评估由远东信用、新世纪、中诚信和大公 4 家公司负责。

2005 年 2 月，《国务院关于鼓励支持和引导个体私营等非公有制经济发展的若干意见》公布，指出要"改进对非公有制企业的信用评估制度"。

2005 年 2 月，中国人民银行、财政部、国家发展和改革委、中国证监会 [2005] 第 5 号公告规定，国际开发机构申请在中国境内发行人民币债券应"经在中国境内注册且具备人民币债券评估能力的评估公司评估，人民币债券信用级别为 AA 级以上"。

2005 年 4 月，中国人民银行、中国银行业监督管理委员会公告 [2005] 第 7 号："资产支持证券在全国银行间债券市场发行与交易应聘请具有评估资质的信用评估机构，对资产支持证券进行持续信用评估。"

2005 年 4 月，中国人民银行公布了《全国银行间债券市场金融债券发行管理办法》，规定金融债券的发行应由具有债券评估能力的信用评估机构进行信用评估。金融债券发行后信用评估机构应每年对该金融债券进行跟踪信用评估。如发生影响该金融债券信用评估的重大事项，信用评估机构应及时调整该金融债券的信用评估，并向投资者公布。

2005 年 5 月，中国人民银行［2005］第 2 号令和［2005］第 10 号公告分别发布了《短期融资券管理办法》以及《短期融资券承销规程》、《短期融资券信息披露规程》两个配套文件。《办法》规定企业发行融资券，均应经过在中国境内工商注册且具备债券评估能力的评估机构的信用评估，并将评估结果向银行间债券市场公示。

2007 年 11 月 27 日，中国人民银行发布了《中国人民银行信用评级管理指导意见》，29 日又发布了《信贷市场和银行间债券市场信用评级业务规范》。

资料来源：根据相关文献资料整理而成

本章小结

本章主要介绍了信用评估的含义、信用评估的特点以及信用评估程序，比较了信用评估与资产评估、财务审计、企业诊断、信用调查的差异，介绍了古典信用分析方法，回顾了国际国内信用评估业的发展。

本章的重点是信用评估的特点、特殊性及意义，熟悉国际国内信用评估业的发展过程。本章的难点是对信用评估意义的认识。

思考题

1. 信用评估有何特点？
2. 当今社会经济活动中，大力开展信用评估活动有什么现实意义？
3. 信用评估与资产评估、财务审计、企业诊断、信用调查有什么区别？
4. 古典信用分析方法有哪些？其考察内容是什么？
5. 我国信用评估业的现状如何？
6. 国际信用评估的影响力有多大？

第3章

信用信息收集与审查

本章导读

本章主要介绍财务分析法中财务信用信息收集与审查方法。第一部分为信用信息概述，第二部分为信用信息收集的渠道，第三部分为财务信息的审查与评价，第四部分为财务信息真实性分析与评价，第五部分为财务信息合法性分析与评价，第六部分为财务信息公允性分析与评价，第七部分为财务信息审计报告。

导读案例

亿元假账颠覆黎明股份

2001年1月8日，财政部驻辽宁省财政监察专员办事处对黎明股份1999年虚假年报事件向有关部门出具了处理意见，建议追究有关违规违纪责任人。按照规定，黎明股份应当在15日内将这一可能影响股价的信息如实披露，然而迟至4月21日，黎明股份才在媒体上发表1999年度会计报告有关数据调整的公告，告之虚增主营业务收入1.5亿多元，虚增利润8 679万元，并发出了2000年预亏公告。

检查发现，这些造假数字除少部分采取少提少转成本等财务违规行为，绝大多数系人为编造假账、虚假核算炮制出来。

通过其他企业对开增值税发票，虚拟购销业务，在回避增值税的情况下，虚增收入和利润。如公司所属的黎明毛纺织厂通过与11户企业对开增值税发票，虚增主营业务收入1.07亿元，虚转成本7 812万元，虚增利润2 902万元。

虚开增值税发票、产品销售发票，虚增收入和利润。如该公司所属的营销中心，1999年6月和12月虚拟了两个销售对象——沈阳红尊公司和宜昌盛泰服饰公司，通过虚开增值税发票，虚增主营业务收入2 269万元，虚增利润1 039万元。

利用出口优惠政策，虚增收入和利润。如公司所属的进出口公司通过虚拟外销业务，分别虚增收入和利润500多万元。

审计发现，黎明股份采用了"一条龙"造假手段。假购销合同、假货物入库单、假出库单、假保管账、假成本计算单等一应俱全，而且采取假账真算的办法，根据假的原始凭证，"认认真真"进行了核算。

问题： 1. 企业财务信息造假的动机是什么？

2. 企业财务信息失真可能带来哪些危害？

3. 如何评价企业财务信息的真实性、合法性和公允性？

关键词语

信用信息　信用记录　财务错漏　财务舞弊　财务欺诈　资产失真率　负债失真率　所有者权益失真率　收入失真率　成本费用失真率　利润失真率　综合失真率

3.1　信用信息概述

信用信息是指企业和消费者个人在其社会活动中所产生的、与信用行为有关的记录，以及有关评价其信用价值的各项信息。一个信用主体的信用可分解为主观和客观两个方面。主观方面主要指主体的信用观念和守信的意愿，客观方面涉及主体的守信能力，主要包括主体的履约能力、经营能力、资本和资产等。

3.1.1　信用信息的特征

1. 查询性

信用档案和信用信息数据库是社会信用信息的重要资源之一，是对受信者进行信用状况客观评价的重要依据。向社会公开并为社会服务是政府政务信息公开的必然选择，因此信用信息应是可以查询的。

为了方便公众查询，还应该考虑通过某个接口，查询到政府其他部门或行业组织关于企业和个人信用状况的相关信息，达到"一站式"全程了解的目的。

2. 警示性

向社会公开企业的信用信息，特别是开放预警性公告，是提高行政管理工作的社会认知度和权威性的重要举措，也有利于建立公平、竞争、有序的信用环境。为了使企业瞬息万变的信用行为及时让社会知晓，行政执法部门内部之间和其他部门之间要通过有效沟通方式，如通报制度、转告制度、联席会议制度等，及时将本部门处理的企业信用行为预警性信息抄告社会。

3. 维权性

信用维权也是行政管理部门推进信用管理体系建设中的重要内容。既要建立多渠道、立体式维权网络，运用现代信息技术手段实现辖区与辖区之间、有形市场与无形市场的网络覆盖，又要运用多种多样的监管手段，对企业和个人信用行为进行有效监控。

3.1.2　信用信息来源

（1）从企业信用信息的主要来源来看，既有从公开的信息渠道获得的，如政府、报纸、互联网等新闻媒体，也有专业化信息公司提供的，如有专门从事收集地方法院判决信息的专业化信息服务公司；还有许多是向银行、金融公司、投资者和各种工商企业采集的，如银行贷款情况、账款拖欠的记录等，特别是拖欠账款的信息一般是由债权企业提供，需要征信公司向债务企业核实后录入数据库。

（2）从消费者的信用信息来源来看，主要包括三个部分：一是包括银行、信用卡公司、零售企业、租赁商、住房抵押贷款机构等授信机构提供的消费者信用交易和付款记录；二是政府机构或公共部门的公开信息，如税务机构的欠税名单、法院对个人拖欠借款、破产、犯罪等方面的审判和裁决信息、公用事业部门的收费记录等；三是其他信用信息报告机构提供的信息，如住房租赁者协会提供的消费者房屋租赁信息等。

3.1.3 信用信息的内容

信用信息的全面性和完整性还体现在信用信息内容与来源的多样化方面。

1. 消费者信用信息的内容

消费者的信用信息主要涉及四个方面的内容。

（1）消费者的身份信息。包括姓名、住址、电话、社会保障号码及征信公司赋予的个人代码。

（2）消费者的信用记录。包括信用卡、消费贷款、住房抵押贷款、分期付款、租赁等信用交易及其付账记录，既包括正面信息，也包括拖欠、收账等负面信息。

（3）公共记录信息。如涉及个人财产、犯罪的法院判决记录、个人破产信息、欠税信息等。

（4）查询信息。这是根据美国《公平信用报告法》要求设置的，用于记录和监督消费者信用信息的使用者及其使用目的，以保障消费者信用信息的使用符合法律规定的用途，避免消费者的权益受到不必要的侵害。

2. 企业信用信息的内容

相比较而言，企业的信用信息内容比较复杂，其信用数据包括了三个组成部分。

（1）企业的基本信息。

① 身份信息。如企业名称、地址、电话及 ID。

② 自然状况信息。如企业的规模、雇员人数、业务范围、年销售收入等。

③ 组织信息。如企业的总部、主要投资者、分支机构及企业的部门结构等。

（2）企业的信用记录和状况

① 企业的财务状况。包括企业的资产负债表、各种收益率、发展趋势和信用等级评定情况。

② 企业的付款和银行记录。主要包括企业各种应付账款情况、付款记录与特点、银行开户及贷款情况等。

③ 法院及其他公共信息。包括诉讼、判决等法院记录、欠税情况、破产记录以及企业在政府的登记注册信息。

（3）企业经营管理活动方面的信息。如企业高级管理人员的情况、主要业务领域、品牌等。

3.2 信用信息收集的渠道

由于信用信息的来源渠道十分广泛，因而收集信用信息的途径多种多样。眼光敏锐的信用评估师会利用一切机会去收集已有的信用信息，发掘出未被人知晓的信用信息。

3.2.1 来源于企业经营活动

1. 客户内部的管理信息

在与客户打交道的过程中，应当时刻记录在客户的信息系统中，如对客户的表面印象、客户的产品概述、客户的产品市场与产品需求、市场竞争的环境、最终消费者以及客户的管理能力等。

2. 以往与客户交易的经验

市场经济中的交易经验是企业的宝贵财富，应当记录在案，包括对客户的信用认识、客户的付款记录、客户最新动态以及最及时的信息。但经验有时又不是那么可靠，利用经验信息应当经过核实、分析与取舍。

3. 与调查人员的广泛联系

资信调查工作的横向联系是十分重要的。资信调查机构之间、工作人员之间，互相都保持着密切的联系。工作人员往往是从多个相关部门得到各方面的资料，再综合评定，去伪存真，得出较为准确的判断。采用迂回方式，由第三者获取对资信调查对象有关信用资料，有时是很有效的方法，所以广泛的联系与交流是必要的。

4. 与同业信用部门之间的信息交换

企业既要与客户做生意也要和同行打交道。同行是竞争对手，也是使用伙伴，绝非势不两立。在收集信用信息量时，既要依靠自身的力量，还应当加强与同业信用部门的交流，从对方获取自己所需的信息资料。

5. 对客户进行实地考察和信用调查

采用直接访问及勘察被调查对象的方法可以正面直接地了解客户的信用状况。通常可以从以下几个方面来调查企业信用管理工作及其有关情况，具体包括企业信用管理基础建设情况、企业交易前期信用管理、调查企业交易中期信用管理、调查企业交易后信用管理。

3.2.2 来源于专业机构

这种信息来源也属外部信用来源渠道，主要有以下几个方面：

（1）通过大众传播媒介收集信息，如报纸、杂志、广播、电视和网络；

（2）要求公开信息披露的客户的财务会计报告与审计报告；

（3）商业资信证明和银行资信证明书；

（4）向政府有关机关查询，如工商管理部门、税务部门、房地产登记管理部门、法院等；

（5）向专门的信用评估机构订购信用评估报告；

（6）购买信用评估手册和相关出版物。

通常，一份完整的信用分析报告的资料来源相当广泛，资料收集工作十分烦琐。而单个调查者在调查过程中由于受到各种条件限制，有时靠自身的力量无法完成。在社会分工细化的今天，这些工作应该交由专业资信调查机构去完成。成熟的专业调查机构内部都建立着各种通畅的调查渠道，把各个相关部门和信息联系起来。

财务信息是信用信息的重要组成部分，企业的财务会计报表在企业信用评估中发挥着至关重要的作用。财务会计报表是企业向政府部门、投资者、债权人等与本企业有利害关系的组织或个人提供的，反映企业在一定时期内财务状况、经营成果、现金流量以及影响企业未来经营发展的经济事项的文件。提供财务会计报表的目的在于为报告使用者提供财务信息，为其进行财务分析、经济决策提供充足的依据。企业的财务会计报表主要包括资产负债表、利润表、现金流量表和其他附表以及财务情况说明书。这些报表及财务情况说明书集中系统、概括地反映企业的财务情况和经营成果等信息。对其进行分析，可以了解企业的财务状况、偿债能力、资产管理水平、现金流量状况、获利能力等，对信用分析十分有用。

3.2.3 财务会计信息控制要求

企业财务会计报表是企业会计核算的最终成果，是企业对外提供财务会计信息的主要形式。企业的日常会计核算工作就是为期末编制财务会计报表积累资料，做好前期准备工作。任何企业都应当按照《企业财务会计报告条例》的规定编制和对外提供真实、完整的财务会计报告，并符合以下三点总体要求。

1. 合法性

企业编制和对外提供财务会计报告应符合《会计法》等有关法律法规的规定，并遵循《企业财务会计报告条例》、《企业会计制度》的规定和《会计准则》的要求。

2. 真实性

企业的财务会计报告应该如实地反映企业的财务状况、信用现状，揭示经济事实，而不应该弄虚作假、肆意粉饰。

3. 完整性

企业的财务会计报告必须完整地反映企业的生产经营情况及其成果，不能残缺不全，不能设账外账，更不能故意隐瞒、遗漏。任何部门、机构和个人不得改变会计要素的确认和计量标准。

企业应当按照国家统一的会计制度所规定的原则，对会计报表上各项会计要素进行合理的确认和计量。

3.3 财务信息的审查与评价

3.3.1 财务信息错误与财务舞弊

1. 财务信息错误

财务信息错误是指会计报表中存在的非故意的错误或漏报。主要表现为以下几个方面：

（1）原始记录和会计数据的计算、抄写错误；

（2）对事实的疏忽和误解；

（3）对会计政策的误用。

2. 财务舞弊

财务舞弊是指导致会计报表产生不实反映的故意行为。"财务舞弊"从 20 世纪 90 年代末为我们所熟知，美国《审计准则公告第 16 号》明确规定，舞弊就是故意编制虚假的财务报表。中国《独立审计具体准则第 8 号》中对舞弊定义为"导致会计报表产生不实反映的故意行为"。

财务舞弊主要表现如下：

（1）伪造、变造记录或凭证；

（2）侵占资产；

（3）隐瞒或删除交易或事项；

（4）记录虚假的交易或事项；

（5）蓄意使用不当的会计政策。

财务舞弊实质上是一种欺诈行为。

3.3.2 财务欺诈行为及其存在的可能性

财务欺诈行为导致会计报表反映不实，对会计报表使用者产生巨大的危害。以下因素可能导致企业进行财务欺诈，或表明企业存在财务欺诈行为，应当对此予以充分关注，保持应有的职业谨慎。

1. 财务稳定性或盈利能力受到威胁

（1）因竞争激烈或市场饱和，主营业务毛利率持续下降。

（2）主营业务不突出，或非经常性收益所占比例较大。

（3）会计报表项目或财务指标异常或发生重大波动。

（4）难以适应技术变革、新产品更新或利率调整等市场环境的剧烈变动。

（5）市场需求急剧下降，所处行业的经营失败日益增多。

（6）持续的或严重的经营性亏损可能导致破产、资产重组或被恶意收购。

（7）经营活动产生的现金流量净额连年为负，或虽然账面盈利且利润不断增长，但经营活动没有带来正的现金流量净额。

（8）与同行业的其他企业相比，获利能力过高或增长速度过快。

（9）新颁布的法规对财务状况或经营成果可能产生严重的负面影响。

（10）已经被证券监管机构特别处理（ST）。

2. 管理当局承受异常压力

（1）管理部门、大股东、机构投资者、主要债权人、投资分析人士等对公司获利能力或增长速度的不合理期望。

（2）管理当局对外提供的信息过于乐观而导致外界对其产生不合理的期望。

（3）为了满足增发、配股、发行可转换债券等对外筹资的条件。

（4）可能被证券监管机构特别处理或退市。

（5）急于摆脱特别处理或恢复上市。

（6）为了清偿债务或满足债务约束条款的要求。

（7）不良经营业绩对未来重大交易事项可能产生负面影响。

（8）为了实现设定的盈利预期目标、销售目标、财务目标或其他经营目标。

3. 管理当局受到个人经济利益驱使

（1）管理当局的薪酬与公司的经营成果挂钩。

（2）管理当局持有的公司股票即将解冻。

（3）管理当局可能利用本公司股票价格异常波动牟取额外利益。

4. 特殊的行业或经营性质

（1）科技含量高，产品价值主要来源于研发而非生产过程。

（2）市场风险很大，很可能在投入了巨额研发支出后却不被市场接受。

（3）产品寿命周期短。

（4）大量利用分销渠道、销售折扣及退货等协议条款。

5. 特殊的交易或事项

（1）不符合正常商业运作程序的重大交易。

（2）重大的关联交易，特别是与未经审计或由其他注册会计师审计的关联方发生的重大交易。

（3）资产、负债、收入、费用的计量涉及难以证实的主观判断或不确定事项，如八项减值准备的计提。

（4）尚未办理或完成法律手续的交易。

（5）发生于境外或跨境的重大经营活动。

（6）母公司或重要子公司、分支公司设在税收优惠区，但不开展实质性的经营活动。

6. 公司治理缺陷

（1）董事会被大股东操纵。

（2）独立董事无法发挥应有的作用。

（3）难以识别对公司拥有实质控制权的单位和个人。

（4）过于复杂的组织结构，或涉及特殊的法人身份或管理权限。

（5）董事、经理或其他关键管理人员频繁变更。

7. 内部控制缺陷

（1）管理当局凌驾于内部控制之上。

（2）有关人员相互勾结，致使内部控制失效。

（3）内部控制的设计不合理或执行无效。

（4）会计人员、内部人员或信息技术人员变动频繁，或不具备胜任能力。

（5）会计信息系统失效。

8. 管理当局态度不端或缺乏诚信

（1）管理当局对公司的价值观或道德标准倡导不力，或灌输了不恰当的价值观或道德标准。

（2）非财务管理人员过度参与会计政策的选择或重大会计估计的确定。

（3）公司、董事、经理或其他关键管理人员曾存在违反证券法规或其他法规的不良记录，或因涉嫌舞弊或违反法规而被起诉。

（4）管理当局过分强调保持或提高公司股票价格或盈利水平。

（5）管理当局向政府部门、大股东、机构投资者、主要债权人、投资分析人士等就实现不切实际的目标作出承诺。

（6）管理当局没有及时纠正已发现的内部控制重大缺陷。

（7）管理当局出于逃税目的而采用不恰当的方法减少账面利润。

（8）对于重要事项，管理当局采用不恰当的会计处理方法，并试图将其合理化。

9. 管理当局与注册会计师的关系异常或紧张

（1）频繁变更会计师事务所。

（2）在重大的会计、审计或信息披露问题上经常与注册会计师发生意见分歧。

（3）对注册会计师提出不合理的要求，如对出具审计报告的时间作出不合理的限制。

（4）对注册会计师施加限制，使其难以向有关人士进行征询、获取有关信息、与董事会进行有效沟通。

（5）干涉注册会计师的审计工作，如试图对注册会计师的审计范围或审计项目小组的人员安排施加影响。

在市场经济和利益的驱动下，信息提供者的利己动机是普遍存在且难以从根本上消除的，但动机不一定会转化为现实的行为。如果能对虚假信息提供者进行有力的监督，使造假行为不仅不现实、不经济，而且会受到严惩和重罚，那么造假者在理智的权衡中也会放弃造假。

3.3.3 常见信用信息舞弊行为

从理论上来说，舞弊最终必然要通过财务报告体现出来，掩盖舞弊也就是掩盖真实的财务报告。财务报表舞弊手段的产生思路并没有超出会计原理，而且也和其动机紧密相连。了解财务报表舞弊的主要手段，可以为注册会计师审计提供值得关注的重点区域。

1. 虚增销售收入

通过收入来粉饰财务报表是舞弊者最常用的手法，而且虚增销售收入也有多种不同的手段，最常见的虚增销售收入的舞弊手法是：① 提前确认收入；② 扩大销售核算范围，虚增收入；③ 通过三角交易虚增收入。

2. 多计应收账款

通常债权人比较关心企业的偿债能力，企业能否按期还本付息直接决定着债权人的信贷决策。企业的偿债能力并不是孤立的，它是和企业的营运资金状况、资本结构状况等密切相关的。多计应收账款和虚增销售收入是紧密相连的，一般的情况就是在虚增销售收入的同时多计应收账款。但是这种舞弊手法很容易被审计人员发现，因此，在这种情况下，经常伴随着应收账款的转移，具体的做法是将应收账款让售给专门的财务公司，伪造金融单证或者在金融机构配合下，以虚构的银行存款"收回"应收账款。

3. 隐瞒重要事项

利用关联方交易虚增利润、粉饰报表是中国上市公司常用的伎俩。但是大额的关联方交易易于被审计人员察觉，小额的关联方交易又不能起到粉饰报表的作用，因此，上市公司通过各种手段使关联交易非关联化，以此来迷惑审计人员。

4. 其他舞弊手段

前面几种舞弊手段都是涉及收入和费用的利润舞弊手段，任何一种舞弊行为都是牵一发而动全身，虚增收入势必要增加资产，而虚增现金最为便利。因此，近年来越来越多的企业对现金舞弊造假手法情有独钟且乐此不疲。现金流量指标和利润指标在衡量企业的价值创造能力上处于同等重要的地位，利润用于衡量一定会计期间内企业创造的价值，现金流量用于衡量企业创造价值的真实程度。现金舞弊的手段主要有三种：① 高现金舞弊；② 受限现金舞弊；③ 现金流水舞弊。此外，还有其他舞弊手段，如递延当期收入、漏列负债等。

专栏 3 - 1　美国安然事件

　　安然公司由美国休斯敦天然气公司和北方内陆天然气（InterNorth）公司合并而成，公司总部设在美国得克萨斯州的休斯敦，从 1990 年到 2000 年的 10 年间，安然公司的销售收入从 59 亿美元上升到了 1 008 亿美元，净利润从 2.02 亿美元上升到 9.79 亿美元，其股票成为众多证券评估机构的推荐对象和众多投资者的追捧对象，2000 年 8 月，安然股票攀升至历史最高水平，每股高达 90.56 美元，与此同时，评估媒体对安然公司也宠爱有加，2000 年，在美国《财富》杂志的"美国 500 强"大排队中位列第 7 名，在世界 500 强中位列第 16 位，并在《财富》杂志的调查中连续 6 年荣获"最具创新精神的公司"称号。

　　安然公司的成功，即使是在美国这样敢于冒险、富有创新精神、奇迹频生的国家，也绝对称得上是个商业神话。它吸引了无数羡慕的眼光，也寄托了众多投资者发财的希望。然而，这一切是如此的短暂，当安然公司发表 2001 年第三季度亏损的财务报表后，安然帝国的崩塌就开始了。2001 年 10 月 16 日，安然公司公布第三季度的财务状况，宣布公司亏损总计达到 6.18 亿美元，从安然公司走向毁灭的整个事件看，这次财务报表是整个事件的"导火索"。

　　在政府监管部门、媒体和市场的强大压力下，2001 年 11 月 8 日，安然向美国证监会递交文件，承认做了假账：从 1997 年到 2001 年间共虚报利润 5.86 亿美元，并且未将巨额债务入账。

资料来源：新浪网财经频道，http：//www.sina.com.cn

3.4　财务信息真实性分析与评价

3.4.1　财务状况真实性评价指标

　　反映企业财务状况的会计信息质量的评价指标主要有资产失真率、负债失真率、所有者权益失真率等。必要时，可根据具体情况增加长期投资、应收账款、银行借款、实收资本失真率等具体资产、负债和权益项目指标。

1. 资产失真率

　　资产失真率是指资产不实金额（取绝对值，以下所有"金额"同此）与资产总额的比率。它反映企业总资产来源、存在及变动情况的真实程度。该指标比率越大，说明实际资产与报告资产差额越大；反之，说明实际资产与报表资产差额越小。

$$资产失真率 = 资产不实金额/资产总额 \times 100\%$$

2. 负债失真率

　　负债失真率指负债不实金额与负债总额的比率。它反映企业对内、对外负债的真实程度。

$$负债失真率 = 负债不实金额/负债总额 \times 100\%$$

3. 权益失真率

$$权益失真率 = 所有者权益不实金额/所有者总额 \times 100\%$$

所有者权益不实金额包括确认、计量和违纪违规造成的不实金额，具体指审计前报表数与审计后报表数的差额。它反映企业对所有者权益或净资产的真实程度。

以上三项指标越大，说明实际数与报告数差额越大，反之说明实际数与报告数差额越小。

3.4.2　经营成果真实性评价指标

反映企业经营成果的会计信息质量的评价指标主要有收入失真率、成本费用失真率、利润失真率等。

1. 收入失真率

收入失真率指收入不实金额与收入总额的比率。它反映企业在销售商品、提供劳务等活动中所取得的各种收入的真实程度。

$$收入失真率 = 收入不实金额/收入总额 \times 100\%$$

2. 成本费用失真率

成本费用失真率指成本费用不实金额与成本费用总额的比率。它反映企业一定时期内在销售商品、提供劳务等交易活动中各种耗费的真实程度。

$$成本费用失真率 = 成本费用不实金额/成本费用总额 \times 100\%$$

3. 利润失真率

利润失真率指利润不实金额与利润总额的比率。它反映企业一定时期内盈亏的真实程度。

$$利润失真率 = 利润不实金额/利润总额 \times 100\%$$

以上三项指标比率越大，说明实际数与报表数差额越大；反之，说明实际数与报表数的差额越小。

3.4.3　评价方法与评价结论

根据会计信息真实性的计算结果，可以得出会计信息质量优劣的结论。一般说来，评价结论有两种：一种是定性结论，用事实说话；另一种是定量结论，用指标、数据佐证。

1. 单项评价结论

单项评价结论是依据资产、负债、所有者权益、收入、成本费用、利润等六个指标计算结果，对其所反映的会计信息内容的真实程度作出的结论。一般来说，单项评价财务信息的真实程度可以分"真实、基本真实、不真实、严重不实"四个等级：失真率≤5%，真实；5%＜失真率＜10%，基本真实；10%≤失真率＜30%，不真实；失真率≥30%，严重失实。

2. 综合评价结论

综合评价结论是在单项评价定量结论的基础上，考虑单项评价指标所反映的会计信息内容在整个会计信息的权重后，对企业提出的会计信息的真实程度作出的总体结论。综合评价定量结论也分为"真实、基本真实、不真实、严重不实"四个等级。其计算过程如下。

第一步，确定单项指标的权重。通过数据测算，会计报表要素各自对整体会计信息真实性的影响程度就是权重。如表 3 - 1 所示。

表 3 - 1 会计信息权重分布

指标	资产	负债	所有者权益	收入	成本费用	利润
权重①	20%	10%	10%	10%	10%	40%
权重②	20%	10%	10%	—	—	60%
权重③	20%	20%	20%	—	—	40%

说明：可根据具体的审查对象和要求选择其中的一种权重。

第二步，将确定的资产、负债、所有者权益、收入、成本费用、利润权重分配于相对应的单项指标值内。

第三步，将已分配的单项指标值相加，求得综合定量指标值，即综合失真率：

$$综合失真率 = \sum(单项失真率 \times 权重)$$

第四步，根据综合失真率作出综合定量评价结论：综合失真率≤5%，真实；5% <综合失真率<10%，基本真实；10% ≤综合失真率<30%，不真实；综合失真率≥30%，严重失实。

应当说明的是，以上评价时所涉及的比例仅供参考，由于各企业的规模、现状、考核时期与考核要求不一，应有所区别。

例如，某公司某年度会计决算报表反映，资产100 亿元，负债75 亿元，所有者权益25 亿元，实现利润2.5 亿元。经审计核实，资产106 亿元，负债82.2 亿元，所有者权益23.8 亿元，实现利润1.3 亿元。那么，该公司会计信息失真率计算如下：

$$资产失真率 = |100 - 106| \div 100\% = 6\%$$
$$负债失真率 = |75 - 82.2| \div 75\% = 9.6\%$$
$$所有者权益失真率 = |25 - 23.8| \div 25\% = 4.8\%$$
$$利润失真率 = |2.5 - 1.3| \div 2.5\% = 48\%$$
$$综合失真率 = 6\% \times 0.2 + 9.6\% \times 0.2 + 4.8\% \times 0.2 + 48 \times 0.4\% = 23.28\%$$

说明该公司提供的财务信用信息综合失真率在区间［10%，30%）内，属于"不真实"。

3.4.4 不实信息的行为特征

会计信息不实行为具体表现为以下几个方面。

（1）随意调整企业利润导致企业年度会计报表利润失实，其不实利润一般占到年度利润总额的10% 以上。包括随意改变成本、费用的确认标准或计量方法，虚列、多列、不列或者少列成本费用，虚列或者隐瞒收入，推迟或者提前确认收入，随意调整利润的计算、分配方法、编造虚假利润或者隐瞒利润。

（2）随意调节资产、负债、所有者权益，导致企业年度会计报表的资产负债和所有者权益反映失实，其不实资产或不实负债一般占到资产总额或负债总额的5% 以上，或者不实所有者权益占到所有者权益总额的1% 以上。包括随意改变资产、负债、所有者权益的确认标准或者计量方法，虚列、多列、不列或者少列资产、负债、所有者权益。

（3）未如实向审计机关提供会计资料，存在账外资产（负债）或所有者权益（损失），隐瞒本企业对外提供的经济担保或未决诉讼案等或有事项的。

（4）其他会计信息不实行为。

3.5　财务信息合法性分析与评价

3.5.1　分析与评价企业提供的信用信息是否合法

企业提供的信用信息应当符合《会计法》、《企业会计准则》和《企业会计制度》以及《企业财务会计报告条例》的规定，这些文件都是专门用以规范企业的财务会计报告等会计信息的法规，是企业编制会计报表和提供信息的具体规定和行动指南。

3.5.2　分析与评价财务会计政策是否稳健

（1）公司资产减值准备（包括短期投资跌价准备、委托贷款减值准备、坏账准备、存货跌价准备、长期投资减值准备、固定资产减值准备、在建工程减值准备、无形资产减值准备等）的提取是否与公司资产质量状况相符，是否存在利用资产减值准备的提取和冲回调节利润的情况。

（2）公司固定资产折旧的提取方法与比例是否符合会计制度的规定，是否存在漏提与少提折旧的情况。

（3）公司广告费用、研发费用、利息费用等的确认与摊销是否符合会计制度、会计准则等的规定，是否存在将收益性支出挂账作为资本性支出的情况，此外，还应特别关注开办费的确认与计量。

（4）公司收入确认是否符合会计准则规定，是否存在提前确认和虚计收入的情况。

（5）公司资产置换收益、资产转让收益等非经常性损益的确认是否符合会计制度和会计准则的规定，相关的法律文件和批准程序是否满足收益确认的要求。

（6）或有事项的确认、计量及披露是否符合会计制度和会计准则的规定。

3.5.3　分析与评价公司资金管理现状

（1）公司最近三年资金闲置的金额。

（2）公司用于委托理财的金额、委托理财所涉及的投资内容、是否经过公司内部适当的程序批准、委托理财合同是否受法律保护。

（3）资金存放是否安全，公司是否能够有效控制。

（4）公司的资产负债率是否过高或过低，公司是否有明确的投资方向，资金是否出现剩余。

3.5.4　分析与评价公司或有事项（风险）

（1）公司或有负债水平，主要是指公司对外担保（包括抵押）情况，担保金额占公司总资产的比重，该项担保对公司正常经营是否必要，被担保方是否具备相关履行义务能力。

（2）公司是否存在重大仲裁或诉讼，其可能承担的仲裁或败诉风险对公司是否影响重大，或裁决结果及执行情况对公司是否影响重大。

3.5.5 分析与评价公司的内部控制制度

公司内部控制制度是否完整、合理和有效，关注注册会计师在评价报告中的陈述意见，以及公司根据会计师的建议所进行的整改情况。

3.5.6 分析与评价公司重大重组事项

（1）其重组工作是否已全部完成，相关的债权、债务关系，产权手续是否已办理完毕，对价是否已结清，不存在遗留问题。

（2）有关重组的信息披露内容、程序是否符合相关规定。

（3）重组后的公司与控制方之间是否做到"三分开"，且不存在同业竞争问题。

（4）公司重组后是否业务方向明确、经营状况已发生实质性好转。

（5）公司管理层是否稳定。

（6）置换到公司的资产经具有业务资格的注册会计师审计，财务状况是否良好。

3.5.7 分析与评价公司可持续发展能力

对于公司未来是否具有可持续发展能力，经营是否存在重大不确定性，应当考虑以下因素。

（1）公司所处行业是否具有良好发展前景。

（2）公司是否具备竞争优势。

（3）公司是否具有良好的成长趋势。

（4）募集资金投入项目是否经过充分论证，预期效益是否良好。发行筹资计划与募集资金投资项目的资金需要及实施周期是否相匹配，募集资金投入的项目如涉及跨行业经营，公司是否在管理、技术、人才、市场等方面做好准备，是否具有竞争优势，具备跨行业经营的能力，公司是否有明确的发展战略、规划及实施办法。

（5）公司受政策性限制等因素的影响，经营是否存在重大不确定性。对于上市公司还应当进一步关注上市公司履行信息披露义务的情况，应当关注公司最近一年内是否因违反信息披露规定或未履行报告义务受到中国证监会公开批评或证券交易所公开谴责。关注上市公司董事会是否履行其向全体股东所作出的承诺，观察以往承诺的履行情况以及公司是否又出现类似问题，如公司是否继续存在控制方占用公司资金、人员未分开等问题。关注监管当局及派出机构向上市公司发出限期整改通知书，观察公司是否进行整改及在其后的运营中是否出现类似的问题。关注上市公司最近三年所聘请的会计师事务所发生变更，观察公司是否提出充足的理由，以及前任会计师对解聘原因是否作出不同解释等。

3.6 财务信息公允性分析与评价

对财务会计报告比较典型的公允性评价应当是注册会计师的审计意见。注册会计师根据收集的审计证据对被审单位在一定时期内财务状况、经营成果和现金流量发表的各种不同的审计意见，一般可以分为四种：无保留意见、保留意见、否定意见和拒绝表示意见，它们各自适用不同的情况，公允地反映了对会计信息的看法。

3.6.1　无保留意见

无保留意见是注册会计师认为被审单位的经营活动和会计报表不存在重要错误或问题而给予的一种肯定的评价。发表无保留意见应符合以下条件。

（1）会计报表的编制符合《企业会计准则》和国家其他有关财务会计法规的规定。

（2）会计报表在所有重要方面公允地反映了被审单位的财务状况、经营成果和资产变动情况。

（3）会计处理方法的选用符合一贯性原则。

（4）审计人员按照审计准则的要求，完成了预定的审计程序，在审计过程中未受阻碍和限制。

（5）不存在影响会计报表反映的重大的或有损失。

（6）不存在应调整而被审单位未予调整的重要事项。

满足以上条件，注册会计师可以发表无保留意见，注册会计师要有证据表明被审单位采用的会计处理方法遵循了会计准则及有关规定，会计报表反映的内容符合被审单位的实际情况，会计报表内容完整，揭示充分，无重要遗漏，报表项目的分类和编制方法符合规定要求，不存在重要的不确定事项等，否则就不能轻易发表无保留意见。因为发表无保留意见，表明注册会计师认为被审单位会计报表不存在重要错误或问题，会计报表使用者就会对会计报表予以充分信赖，作为其决策的依据。如果会计报表事实上存在重要错误或问题，就可能给报表使用者的决策造成损失，从而增加注册会计师承担法律责任的风险。

3.6.2　保留意见

保留意见是注册会计师认为被审单位经营活动和会计报表在整体上是公允的，但在个别方面存在重要错误或问题而给予的一种大部分肯定、局部否定或不表态的评价。具备下列情况之一时，注册会计师可发表保留意见。

（1）个别重要会计事项的处理、个别重要会计报表项目的编制不符合《企业会计准则》和国家其他有关财务会计法规的规定，被审单位拒绝进行调整。

（2）因审计范围受到局部限制，无法按照审计准则的要求取得相应的审计证据。

（3）个别会计处理方法的选用不符合一贯性原则。

（4）存在影响会计报表反映的个别重大或有损失。

注册会计师发表保留意见，意味着被审单位存在对会计报表会产生重大影响的重要事项，因此要在审计报告中加以限定，以提请会计报表使用者注意。自然，这种保留意见对被审单位来说并不利，因为把重要问题揭示出来了。但是，为了对会计报表使用者负责，降低注册会计师本身的审计风险，注册会计师遇到上述情况，还是应该发表保留意见。

3.6.3　否定意见

否定意见是注册会计师对被审单位在经营活动中存在严重违法乱纪行为或会计处理严重违反会计准则和国家其他有关财务会计法规，致使会计报表严重歪曲财务状况和经营成果而给予的一种否定的评价。在下列情况下，注册会计师可对被审单位的会计报表发表否定意见。

（1）会计处理方法的选用严重违反《企业会计准则》和国家有关财务会计法规的规定，被审单位拒绝进行调整。

（2）会计报表严重歪曲了被审单位的财务状况、经营成果和资金变动情况，被审单位拒绝进行调整。

上述两种情况，前者是指被审单位采用了会计准则和国家其他财会法规不允许采用的会计处理方法，而且对会计报表产生了严重的影响；后者是指被审单位的经济业务没有得到如实的反映，以致企业的财务状况和经营成果及资金变动情况在会计报表中受到严重歪曲，并且未得到调整。

否定意见与保留意见的区别在于：保留意见适用于个别重要事项存在严重错误、违反一致性原则，或存在或有事项，而预期结果不能合理估计或不很严重，以致会计报表总体上还能接受；否定意见适用于较多的重要事项或特别重要的事项存在严重错误、违反一致性原则，或存在或有事项，而且预期结果能够合理估计并很严重，以致严重歪曲会计报表，使会计报表总体上不能接受。

3.6.4 拒绝表示意见

拒绝表示意见是指注册会计师在审计过程中因未收集到足够的审计证据，无法对被审单位的会计报表发表审计意见，所表示的一种不作评价的意见，也即对会计报表不发表无保留、保留或否定的审计意见。

注册会计师在审计过程中，由于审计范围因种种原因受到严重限制，以致无法对会计报表在总体上作出确切的评价，可以拒绝表示意见。审计范围受到严重限制，可能是因为时间过于紧张而不能实施重要的审计程序，或被审单位未能提供必要的会计资料使审计工作无法进行，或技术条件限制而难以对多项重要业务进行查证，或注册会计师对被审单位主要业务不熟悉或不了解而难以对被审单位的经济业务进行审查，等等。由于审计范围受到严重限制，就使审计人员不能完成必要的审计程序，得不到必要的审计证据，因而就不能对会计报表发表审计意见。

3.7 财务信息审计报告

审计报告是指注册会计师根据独立审计准则的要求，在实施审计工作的基础上对被审单位年度会计报表发表意见的书面文件。审计报告可以分为标准审计报告和非标准审计报告两类。标准审计报告是指包括标准措辞的引言段、范围段和意见段的无保留意见的审计报告，不附加任何说明段、强调事项段或修正性用语。标准审计报告以外的其他审计报告统称为非标准审计报告。标准审计报告一般由八个要素构成。

（1）标题：审计报告。

（2）收件人：ABC 股份有限公司全体股东。

（3）引言段：我们审计了后附的 ABC 股份有限公司（以下简称 ABC 公司）201×年12月31日的资产负债表以及 201×年度的利润表和现金流量表。这些会计报表的编制是 ABC 公司管理当局的责任，我们的责任是在实施审计工作的基础上对这些会计报表发表意见。

（4）范围段：我们按照中国注册会计师独立审计准则计划和实施审计工作，以合理确信会计报表是否不存在重大错报。审计工作包括在抽查的基础上检查支持会计报表金额和披露的证据，评价管理当局在编制会计报表时所采用会计政策和作出的重大会计估计，以及评价会计报表的整体反映。我们相信，我们的审计工作为发表意见提供了合理的基础。

（5）意见段：我们认为，上述会计报表符合国家颁布的企业会计准则和《××会计制度》的规定，在所有重大方面公允地反映了 ABC 公司 201×年 12 月 31 日的财务状况以及 201×年度的经营成果和现金流量。

（6）会计师事务所的名称、地址及盖章。

（7）注册会计师的签名及盖章

××会计师事务所（盖章）　　　　　　　中国注册会计师：×××（签名并盖章）

　　　　　　　　　　　　　　　　　　中国注册会计师：×××（签名并盖章）

地址：中国××

（8）报告日期　　　　　　　　　　　　　　　　　201×年×月×日

如果注册会计师要发表保留意见、否定意见或拒绝表示意见，应当写在意见段之上。

本章小结

本章主要内容有信用信息概述，信用信息收集的渠道，信用信息的审查与评价，财务信息真实性分析与评价，财务信息合法性分析与评价，财务信息公允性分析与评价财务信息审计报告。

本章的重点是对财务信息真实性、合法性和公允性的分析与评价。

本章的难点是如何判断企业财务信息是否存在错漏、舞弊和欺诈行为。

思考题

1. 信用信息包括哪些内容？
2. 获取信用信息的途径有哪些？
3. 如何审查和评价财务信息的真实性？
4. 如何审查和评价财务信息的合法性？
5. 如何审查和评价财务信息的公允性？

第 4 章

企业信用信息的财务分析

本章导读

本章主要内容是信用信息财务分析的内容和主要方法，第一部分为信用信息财务分析的主要内容，第二部分为财务状况的分析与评价，第三部分为信用信息财务分析报告。

导读案例

上海邮通 2010 年度财务报告：净资产收益率为 10.6%，销售净利率为 6.72%，资产周转率为 58.22%，资产负债率为 66.11%，权益乘数为 2.95。数据显示，公司的净资产收益率大幅度增长，这得益于公司销售能力、资产管理运营能力的增长，以及负债的增加，但这三方面的贡献是不尽相同的。权益乘数的增长率最大，达到了 35.32%，说明公司通过大幅举债有效提高了净资产收益率；其次是销售净利率，增长率为 34.94%，公司的盈利能力提高较快。而公司的资产周转率一直是比较低的，虽然这和公司所处行业有一定关系，但从 2009 年到 2010 年，这个比率从未达到过 60%，说明公司的资产管理和运营能力尚需提高。

问题：财务信息反映企业的哪些情况？

关键词语

趋势分析法　比率分析法　因素分析法　比较分析法　偿债能力指标　营运能力指标盈利能力指标

4.1　信用信息财务分析的主要内容

利用财务会计报告进行信用能力分析时主要关注报表项目分析、财务指标分析、信用要素分析、对合同管理进行现状分析。本节主要分析会计报表的具体项目。

4.1.1　主要资产项目的分析与评价

资产质量的高低、流动性的大小、变现能力的强弱与企业偿债能力休戚相关。

1. 应收账款

分析应收账款主要是看其账龄长短、金额大小和来源如何。如果应收账款集中于少数大客户，贷款不还的内在风险就会比它们分布于众多中小客户时大得多；如果许多应收账款都是过期的，对这些逾期应收账款必须进行详细分析，并建立相关的足额的坏账准备；如果应收账款已作抵押或已被作为诉讼的对象，就存在着或有损失的可能性。

2. 存货

要注意存货库存时间的长短、流动性、价格的稳定性、变陈旧或变质风险的程度、是否投保、企业存货所采取的会计方法等，还应特别了解企业对存货是否进行实地盘查、计价方法以及企业存货数量是否过多和成本是否高于售价等情况。

3. 固定资产

在正常情况下，企业是不期望出售固定资产以作偿还贷款资金来源的。但是，如果贷款是中长期的，而且固定资产又用作贷款的担保品，固定资产分析就显得比较重要。首先，应分析固定资产的生产效益与能力；其次，应确认固定资产净值，分析固定资产是否已提足折旧且已足额保险；再次，应考虑各项财产的可售性。

4. 投资

企业进行联营投资以及购买股票和债券，就构成了企业投资的内容。要注意企业购买的有价证券的市场行情、信用等级及其流动性。同时，也要注意该企业与所投资企业之间的相互关系，并从这些关系中分辨出哪些是可能影响借款人偿债能力的财务关系或约定义务等。

4.1.2　负债和所有者权益项目分析

分析负债与所有者权益是为了了解企业负债与所有者权益的数量和结构，借以判断企业自身的实力和负债经营的风险。

1. 负债

分析时，首先应看企业是否有优先债权人，如果有，再看企业对这些债权人的负债额有多大。其次应将企业的应付账款等与其经营规模相比较，如果负债过大，就需要增加资本。假如企业所欠的应付账款与应付票据数额很大，应特别注意寻找原因，还要求查明应付税金和其他应付费用的数额，并分析它们能否足额支付。或有负债也是要注意的，企业或有负债往往产生于诉讼中的财产、担保抵押的财产、保证别人的债务和申报中的应税收益等，应尽可能分析这种或有负债的潜在风险。

2. 所有者权益

这是审查企业信用条件时必须特别重视的。首先需要查明其是否真实，有无虚假成分；企业是否虚列资产或少计一些应计负债，从而夸大所有者权益数额等。其次要考虑资源的共享结构，亏损企业会吞食企业的资本，应引起足够的重视。

对上述内容进行分析时，应当充分关注到会计报表附注的有关说明以及审计报告披露的有关事项。

4.2　财务状况的分析与评价

财务分析是企图了解一个企业经营业绩和财务状况的真实面目，从晦涩的会计程序中将会计数据背后的经济含义挖掘出来，为投资者和债权人提供决策基础。由于会计系统只是有选择地反映经济活动，而且对一项经济活动的确认会有一段时间的滞后，再加上会计准则自身的不完善性，以及管理者有选择会计方法的自由，使得财务报告不可避免地会有许多不恰当的地方。虽然审计可以在一定程度上改善这一状况，但审计师并不能绝对保证财务报表的真实性和恰当性，他们的工作只是为报表的使用者作出正确的决策提供一个合理的基础，所以即使是经过审计，并获得无保留意见审计报告的财务报表，也不能完全避免这种不恰当性。这使得财务分析变得尤为重要。

4.2.1 财务分析方法

一般来说，财务分析的方法主要有趋势分析法、比率分析法、因素分析法、比较分析法等四种。

1. 趋势分析法

趋势分析法又称水平分析法，是将两期或连续数期财务报告中相同指标进行对比，确定其增减变动的方向、数额和幅度，以说明企业财务状况和经营成果的变动趋势的一种方法。

趋势分析法的具体运用主要有以下三种方式。

（1）重要财务指标的比较。

它是将不同时期财务报告中的相同指标或比率进行比较，直接观察其增减变动情况及变动幅度，考察其发展趋势，预测其发展前景。

对不同时期财务指标的比较，可以有两种方法。

① 定基动态比率。它是以某一时期的数额为固定的基期数额而计算出来的动态比率。其计算公式为：定基动态比率 = 分析期数额 ÷ 固定基期数额。

② 环比动态比率。它是以每一分析期的前期数额为基期数额而计算出来的动态比率。其计算公式为：环比动态比率 = 分析期数额 ÷ 前期数额。

（2）会计报表的比较。

会计报表的比较是将连续数期的会计报表的金额并列起来，比较其相同指标的增减变动金额和幅度，据以判断企业财务状况和经营成果发展变化的一种方法。

（3）会计报表项目构成的比较。

这是在会计报表比较的基础上发展而来的。它是以会计报表中的某个总体指标作为100%，再计算出其各组成项目占该总体指标的百分比，从而来比较各个项目百分比的增减变动，以此来判断有关财务活动的变化趋势。

但在采用趋势分析法时，必须注意以下问题：

① 用于进行对比的各个时期的指标，在计算口径上必须一致；

② 剔除偶发性项目的影响，使作为分析的数据能反映正常的经营状况；

③ 应用例外原则，应对某项有显著变动的指标作重点分析，研究其产生的原因，以便采取对策，趋利避害。

2. 比率分析法

比率分析法是指利用财务报表中两项相关数值的比率揭示企业财务状况和经营成果的一种分析方法。根据分析的目的和要求的不同，比率分析主要有以下三种。

（1）构成比率。构成比率又称结构比率，是某个经济指标的各个组成部分与总体的比率，反映部分与总体的关系。其计算公式为：构成比率 = 某个组成部分数额/总体数额。

利用构成比率，可以考察总体中某个部分的形成和安排是否合理，以便协调各项财务活动。

（2）效率比率。它是某项经济活动中所费与所得的比率，反映投入与产出的关系。利用效率比率指标，可以进行得失比较，考察经营成果，评价经济效益。

（3）相关比率。它是根据经济活动客观存在的相互依存、相互联系的关系，以某个项目和与其有关但又不同的项目加以对比所得的比率，反映有关经济活动的相互关系。如流动比率。

比率分析法的优点是计算简便，计算结果容易判断，而且可以使某些指标在不同规模的企业之间进行比较，甚至也能在一定程度上超越行业间的差别进行比较。但采用这一方法时对比率指标的使用应该注意以下几点。

① 对比项自的相关性。计算比率的子项和母项必须具有相关性，把不相关的项目进行对比是没有意义的。

② 对比口径的一致性。计算比率的子项和母项必须在计算时间、范围等方面保持口径一致。

③ 衡量标准的科学性。运用比率分析，需要选用一定的标准与之对比，以便对企业的财务状况作出评价。通常而言，科学合理的对比标准有预定目标、历史标准、行业标准、公认标准。

3. 因素分析法

因素分析法也称因素替换法、连环替代法，它是用来确定几个相互联系的因素对分析对象——综合财务指标或经济指标的影响程度的一种分析方法。采用这种方法的出发点在于，当有若干因素对分析对象发生影响作用时，假定其他各个因素都无变化，顺序确定每一个因素单独变化所产生的影响。

4. 比较分析法

比较分析法是为了说明财务信息之间的数量关系与数量差异，为进一步的分析指明方向。这种比较可以是将实际与计划相比，可以是本期与上期相比，也可以是与同行业的其他企业相比。

4.2.2　财务比率分析法

财务比率最主要的好处就是可以消除规模的影响，用来比较不同企业的收益与风险，从而帮助投资者和债权人作出理智的决策。它可以评价某项投资在各年之间收益的变化，也可以在某一时点比较某一行业的不同企业。由于不同的决策者信息需求不同，所以使用的分析技术也不同。

一般来说，财务比率的分类，用三个方面的比率来衡量风险和收益的关系。

（1）偿债能力：反映企业偿还到期债务的能力。

（2）营运能力：反映企业利用资金的效率。

（3）盈利能力：反映企业获取利润的能力。

上述这三个方面是相互关联的。例如，盈利能力会影响短期和长期的流动性，而资产运营的效率又会影响盈利能力。因此，财务分析需要综合应用上述比率。

1. 短期偿债能力分析

短期偿债能力是指企业偿还短期债务的能力。短期偿债能力不足，不仅会影响企业的资信，增加今后筹集资金的成本与难度，还可能使企业陷入财务危机，甚至破产。一般来说，企业应该以流动资产偿还流动负债，而不应靠变卖长期资产，所以用流动资产与流动负债的数量关系来衡量短期偿债能力。

（1）流动比率：流动比率 = 流动资产/流动负债。

流动比率可以反映短期偿债能力。一般认为生产企业合理的最低流动比率是 2。

影响流动比率的主要因素是营业周期、流动资产中的应收账款数额和存货周转速度。

（2）速动比率：速动比率 =（流动资产 – 存货）/流动负债。

由于种种原因存货的变现能力较差，因此把存货从流动资产中减去后得到的速动比率反映的短期偿债能力更令人信服。一般认为企业合理的最低速动比率是 1。但是，行业对速动比率的影响较大。比如，商店几乎没有应收账款，比率会大大低于 1。影响速动比率可信度的重要因素是应收账款的变现能力。

（3）保守速动比率（超速动比率）。

保守速动比率 =（货币资金 + 短期投资 + 应收票据 + 应收账款）/流动负债

进一步去掉通常与当期现金流量无关的项目如待摊费用等。

（4）现金比率：现金比率 = 货币资金/流动负债。

现金比率反映了企业偿还短期债务的能力。

流动资产既可以用于偿还流动负债，也可以用于支付日常经营所需要的资金。所以，流动比率高一般表明企业短期偿债能力较强，但如果过高，则会影响企业资金的使用效率和获利能力。究竟多少合适没有定律，因为不同行业的企业具有不同的经营特点，这使得其流动性也各不相同；另外，还与流动资产中现金、应收账款和存货等项目各自所占的比例有关，因为其变现能力不同。为此，可以用速动比率（剔除了存货和待摊费用）和现金比率（剔除了存货、应收款、预付账款和待摊费用）进行辅助分析。一般认为流动比率为 2，速动比率为 1 比较安全，过高有效率低之嫌，过低则有管理不善的可能。但是由于企业所处行业和经营特点的不同，应结合实际情况具体分析。

2. 长期偿债能力分析

长期偿债能力是指企业偿还长期利息与本金的能力。一般来说，企业借长期负债主要是用于长期投资，因而最好是用投资产生的收益偿还利息与本金。通常以负债比率和利息收入倍数两项指标衡量企业的长期偿债能力。

（1）资产负债比率。

$$资产负债比率 = 负债总额/资产总额 \times 100\%$$

反映总资产中有多大比例是通过借债得来的。负债比率又称财务杠杆，由于所有者权益不需偿还，所以财务杠杆越高，债权人所受的保障就越低。这并不是说财务杠杆越低越好，因为一定的负债表明企业的管理者能够有效地运用股东的资金，帮助股东用较少的资金进行较大规模的经营，所以财务杠杆过低说明企业没有很好地利用其资金。

（2）利息收入倍数。

利息收入倍数 = 经营净利润/利息费用 =（净利润 + 所得税 + 利息费用）/利息费用

利息收入倍数考察企业的营业利润是否足以支付当年的利息费用，它从企业经营活动的获利能力方面分析其长期偿债能力。一般来说，这个比率越大，长期偿债能力越强。

（3）股东权益比率。

$$股东权益比率 = 股东权益总额/资产总额 \times 100\%$$

反映所有者提供的资本在总资产中的比重，反映企业的基本财务结构是否稳定。一般来说，比率高是低风险、低报酬的财务结构，比率低是高风险、高报酬的财务结构。

$$权益乘数 = 资产总额/所有者权益 \times 100\% = 1/(1 - 资产负债率)$$

$$产权比率 = 负债总额/所有者权益 \times 100\% = 权益乘数 - 1$$

（4）长期负债比率。

$$长期负债比率 = 长期负债/资产总额 \times 100\%$$

判断企业债务状况的一个指标。它不会增加企业的短期偿债压力，但是它属于资本结构性问题，在经济衰退时会给企业带来额外风险。

（5）有息负债比率。

$$有息负债比率 = （短期借款 + 一年内到期的长期负债 + 长期借款 + 应付债券 +$$
$$长期应付款）/股东权益期末数 \times 100\%$$

无息负债与有息负债对利润的影响是完全不同的，前者不直接减少利润，后者可以通过财务费用减少利润。因此，公司在降低负债率方面，应当重点减少有息负债，而不是无息负债，这对于利润增长或扭亏为盈具有重大意义。在揭示公司偿债能力方面，100%是国际公认的有息负债对资本的比率的资本安全警戒线。

3. 营运能力分析

营运能力是以企业各项资产的周转速度来衡量企业资产利用的效率。周转速度越快，表明企业的各项资产进入生产、销售等经营环节的速度越快，则其形成收入和利润的周期就越短，经营效率自然就越高。一般来说，包括以下五个指标。

（1）应收账款周转率。

$$应收账款周转率 = 赊销收入净额/应收账款平均余额$$

表示年度内应收账款转为现金的平均次数。如果周转率太低则影响企业的短期偿债能力。

$$应收账款周转天数 = 360 \text{ 天}/应收账款周转率$$

表示年度内应收账款转为现金的平均天数。如果应收账款周转天数越大，那么流动资金被占用越久。

（2）存货周转率。

$$存货周转率 = 销售成本/存货平均余额$$

（3）流动资产周转率。

$$流动资产周转率 = 销售收入净额/流动资产平均余额$$

（4）固定资产周转率。

$$固定资产周转率 = 销售收入净额/固定资产平均净值$$

（5）总资产周转率。

$$总资产周转率 = 销售收入净额/总资产平均值$$

由于上述周转率指标的分子、分母分别来自资产负债表和损益表，而资产负债表数据是某一时点的静态数据，损益表数据则是整个报告期的动态数据，所以为了使分子、分母在时间上具有一致性，就必须将取自资产负债表上的数据折算成整个报告期的平均额。通常来讲，上述指标越高，说明企业的经营效率越高。但数量只是一个方面的问题，在进行分析时，还应注意各资产项目的组成结构，如各种类型存货的相互搭配、存货的质量、适用性等。

（6）净资产调整系数。

净资产调整系数 =（调整后每股净资产 − 每股净资产）/每股净资产

（7）调整后每股净资产。

调整后每股净资产 =（股东权益 − 三年以上的应收账款 − 待摊费用 − 待处理财产净损失 − 递延资产）/普通股股数

减掉的是四类不能产生效益的资产。净资产调整系数越大说明该公司的资产质量越低。特别是如果该公司在系数很大的条件下，其净资产收益率仍然很高，则要深入分析。

（8）营业费用率和财务费用率。

营业费用率 = 营业费用/主营业务收入 ×100%

财务费用率 = 财务费用/主营业务收入 ×100%

反映企业财务状况的指标。

（9）三项费用增长率。

三项费用增长率 =（上期三项费用合计 − 本期三项费用合计）/本期三项费用合计

三项费用合计 = 营业费用 + 管理费用 + 财务费用

三项费用之和反映了企业的经营成本，如果三项费用合计相对于主营业务收入大幅增加（或减少），则说明企业产生了一定的变化，要引起注意。

4. 盈利能力分析

盈利能力是各方面关心的核心，也是企业成败的关键，只有长期盈利，企业才能真正做到持续经营。因此，无论是投资者还是债权人，都对反映企业盈利能力的比率非常重视。一般用下面几个指标衡量企业的盈利能力。

（1）毛利率：毛利率 =（销售收入 − 成本）/销售收入 ×100%。

（2）营业利润率：

营业利润率 = 营业利润/销售收入 =（净利润 + 所得税 + 利息费用）/销售收入 ×100%。

（3）净利润率：净利润率 = 净利润/销售收入 ×100%。

（4）总资产报酬率：总资产报酬率 = 净利润/总资产平均值 ×100%。

（5）权益报酬率：权益报酬率 = 净利润/权益平均值 ×100%。

（6）每股利润：每股利润 = 净利润/流通股总股份。

上述指标中，毛利率、营业利润率和净利润率分别说明企业生产（或销售）过程、经营活动和企业整体的盈利能力，越高则获利能力越强；资产报酬率反映股东和债权人共同投入资金的盈利能力；权益报酬率反映股东投入资金的盈利状况。权益报酬率是股东最为关心的内容，它与财务杠杆有关，如果资产的报酬率相同，则财务杠杆越高的企业权益报酬率也越高，因为股东用较少的资金实现了同等的收益能力。每股利润只是将净利润分配到每一份股份，目的是为了更简洁地表示权益资本的盈利情况。衡量上述盈利指标是高还是低，一般要通过与同行业其他企业的水平相比较才能得出结论。

对于上市公司来说，由于其发行的股票有价格数据，一般还计算一个重要的比率，就是市盈率。

$$市盈率 = 每股市价/每股收益$$

它代表投资者为获得的每一元利润所愿意支付的价格。它一方面可以用来证实股票是否被看好，另一方面也是衡量投资代价的尺度，体现了投资该股票的风险程度。

假设 A 公司为上市公司，股票价格为 25 元，每股收益为 0.68 元，则：

$$市盈率 = 25/0.68 = 36.76 倍$$

该项比率越高，表明投资者认为企业获利的潜力越大，愿意付出更高的价格购买该企业的股票，但同时投资风险也高。市盈率也有一定的局限性，因为股票市价是一个时点数据，而每股收益则是一个时段数据，这种数据口径上的差异和收益预测的准确程度都为投资分析带来一定的困难。同时，会计政策、行业特征以及人为运作等各种因素也使每股收益的确定口径难以统一，给准确分析带来困难。

在实际当中，我们更为关心的可能还是企业未来的盈利能力，即成长性。成长性好的企业具有更广阔的发展前景，因而更能吸引投资者。一般来说，可以通过企业在过去几年中销售收入、销售利润、净利润等指标的增长幅度来预测其未来的增长前景。

$$销售收入增长率 = (本期销售收入 - 上期销售收入)/上期销售收入 \times 100\%$$

$$营业利润增长率 = (本期销售利润 - 上期销售利润)/上期销售利润 \times 100\%$$

$$净利润增长率 = (本期净利润 - 上期净利润)/上期净利润 \times 100\%$$

从这几项指标来看，ABC 公司的获利能力和成长性都比较好。当然，在评价企业成长性时，最好掌握该企业连续若干年的数据，以保证对其获利能力、经营效率、财务风险和成长性趋势的综合判断更加精确。

5. 现金流分析

分析现金流要从两个方面考虑。一个方面是现金流的数量，如果企业总的现金流为正，则表明企业的现金流入能够保证现金流出的需要。但是，企业是如何保证其现金流出的需要的呢？这就要看其现金流各组成部分的关系了。这方面的分析在前面已经详细论述过，这里不再重复。另一个方面是现金流的质量。这包括现金流的波动情况、企业的管理情况，如销售收入的增长是否过快，存货是否已经过时或流动缓慢，应收账款的可收回性如何，各项成本控制是否有效等。最后是企业所处的经营环境，如行业前景，行业内的竞争格局，产品的生命周期等。所有这些因素都会影响企业产生未来现金流的能力。

6. 投资收益分析

（1）市盈率：市盈率 = 每股市场价/每股净利润。

（2）净资产倍率：净资产倍率 = 每股市场价/每股净资产值。

（3）资产倍率：资产倍率 = 每股市场价/每股资产值。

7. 现金保障能力分析

（1）销售商品收到现金与主营业务收入比率 = 销售商品、提供劳务收到的现金/主营业务收入 ×100%。

正常周转企业该指标应大于 1。如果指标较低，可能是关联交易较大、虚构销售收入或透支将来的销售，都可能会使来年的业绩大幅下降。

（2）经营活动产生的现金流量净额与净利润比率 = 经营活动产生的现金流量净额/净利润 ×100%。

（3）净利润直接现金保障倍数 = （营业现金流量净额 - 其他与经营活动有关的现金流

入＋其他与经营活动有关的现金流出)/主营业务收入×100%。

（4）营业现金流量净额对短期有息负债比率＝营业现金流量净额/(短期借款＋一年内到期的长期负债)×100%。

（5）每股现金及现金等价物净增加额＝现金及现金等价物净增加额/股数。

（6）每股自由现金流量＝自由现金流量/股数。

自由现金流量＝净利润＋折旧及摊销－资本支出－流动资金需求－偿还负债本金＋新借入资金。

8. 利润构成分析

为了让投资者清晰地看到利润表里面的利润构成，应由股份有限公司会计制度规定必须有的损益项目（含主营业务收入、其他业务收入、折扣与折让、投资收益、补贴收入、营业外收入、主营业务成本、主营业务税金及附加、其他业务支出、存货跌价损失、营业费用、管理费用、财务费用、营业外支出、所得税、以前年度损益调整）对净利润的比率列一个利润构成表。

4.3 信用信息财务分析报告

4.3.1 财务分析报告的种类

1. 财务分析报告按其内容、范围不同，可分为综合分析报告，专题分析报告和简要分析报告

（1）综合分析报告。

综合分析报告又称全面分析报告，是企业依据会计报表、财务分析表及经营活动和财务活动所提供的丰富、重要的信息及其内在联系，运用一定的科学分析方法，对企业的经营特征，利润实现及其分配情况，资金增减变动和周转利用情况，税金缴纳情况，存货、固定资产等主要财产物资的盘盈、盘亏、毁损等变动情况及对本期或下期财务状况将发生重大影响的事项作出客观、全面、系统的分析和评价，并进行必要的科学预测而形成的书面报告。它具有内容丰富、涉及面广，对财务报告使用者作出各项决策有深远影响的特点。它还具有以下两方面的作用。

① 为企业的重大财务决提供科学依据。由于综合分析报告几乎涵盖了对企业财务计划各项指标的对比分析和评价，能使企业经营活动的成果和财务状况一目了然，及时反映出存在的问题，这就给企业的经营管理者作出当前和今后的财务决策提供了科学依据。

② 全面、系统的综合分析报告，可以作为对今后企业财务管理进行动态分析的重要历史参考资料。

综合分析报告主要用于半年度、年度进行财务分析时撰写。撰写时必须对分析的各项具体内容的轻重缓急作出合理安排，既要全面，又要抓住重点。

（2）专题分析报告。

专题分析报告又称单项分析报告，是指针对某一时期企业经营管理中的某些关键问题、重大经济措施或薄弱环节等进行专门分析后形成的书面报告。它具有不受时间限制、一事一议、易被经营管理者接受、收效快的特点。因此，专题分析报告能总结经验，引起领导和业务部门对所分析问题的重视，从而提高管理水平。

专题分析的内容很多，比如关于企业清理积压库存，处理逾期应收账款的经验，对资金、成本、费用、利润等方面的预测分析，处理母、子公司各方面的关系等问题，从而为各级领导作出决策提供现实依据。

（3）简要分析报告。

简要分析报告是对主要经济指标在一定时期内存在的问题或比较突出的问题，进行概要的分析而形成的书面报告。

简要分析报告具有简明扼要、切中要害的特点。通过分析，能反映和说明企业在分析期内业务经营的基本情况，企业累计完成各项经济指标的情况并预测今后发展趋势。主要适用于定期分析，可按月、按季进行编制。

2. 财务分析报告按其分析的时间，可分为定期分析报告与不定期分析报告

（1）定期分析报告。

定期分析报告一般是由上级主管部门或企业内部规定的每隔一段相等的时间应予编制和上报的财务分析报告。如每半年、年末编制的综合财务分析报告就属定期分析报告。

（2）不定期分析报告。

不定期分析报告，是从企业财务管理和业务经营的实际需要出发，不做时间规定而编制的财务分析报告。如上述的专题分析报告就属于不定期分析报告。

4.3.2　财务分析报告格式

第一部分，提要段。

即概括公司综合情况，让财务报告接受者对财务分析说明有一个总括的认识。

第二部分，说明段。

是对公司运营及财务现状的介绍。该部分要求文字表述恰当、数据引用准确。对经济指标进行说明时可适当运用绝对数、比较数及复合指标数。特别要关注公司当前运作上的重心，对重要事项要单独反映。公司在不同阶段、不同月份的工作重点有所不同，所需要的财务分析重点也不同。如公司正进行新产品的投产、市场开发，则公司各阶层需要对新产品的成本、回款、利润数据进行分析。

第三部分，分析段。

是对公司的经营情况进行分析研究。在说明问题的同时还要分析问题，寻找问题的原因和症结，以达到解决问题的目的。财务分析一定要有理有据，要细化分解各项指标，因为有些报表的数据是比较含糊和笼统的，要善于运用表格、图示，突出表达分析的内容。分析问题一定要善于抓住当前要点，多反映公司经营焦点和易于忽视的问题。

第四部分，评价段。

作出财务说明和分析后，对于经营情况、财务状况、盈利业绩，应该从财务角度给予公正、客观的评价和预测。财务评价不能运用似是而非、可进可退、左右摇摆等不负责任的语言，评价要从正面和负面两方面进行，既可以单独分段进行，也可以将评价内容穿插在说明部分和分析部分。

第五部分，建议段。

即财务人员在对经营运作、投资决策进行分析后形成的意见和看法，特别是对运作过程中存在的问题所提出的改进建议。值得注意的是，财务分析报告中提出的建议不能太抽象，而要具体化，最好有一套切实可行的方案。

专栏 4 – 1　四川长虹电器股份有限公司（1999—2001 年）财务分析报告

（一）公司简介

1. 公司基本情况

公司法定中文名称：四川长虹电器股份有限公司

公司法定英文名称：SICHUAN CHANGHONG ELECTRIC CO. , LTD

公司法定代表人：倪润峰

公司注册地址：四川省绵阳市高新区绵兴东路 35 号

公司股票上市交易所：上海证券交易所

股票简称：四川长虹

股票代码：600839

公司选定的信息披露报纸名称：《中国证券报》、《上海证券报》

股份总数：216 421.14（万股）

其中：

尚未流通股份 121 280.91（万股）；

已流通股份 95 140.23（万股）。

截至 2001 年 12 月 31 日，公司共有股东 707 202 名。

拥有公司股份前十名股东的情况如下。

名次	股东名称	年末持股 持股占总股 所持股份数量（股）	股本比例（%）	类别
1.	长虹集团	1 160 682 845	53.63	国有法人股
2.	涪陵建陶	6 399 120	0.30	社会法人股
3.	杨香娃	5 990 400	0.28	流通股
4.	嘉陵投资	4 752 384	0.22	社会法人股
5.	雅宝中心	2 517 459	0.12	流通股
6.	海通证券	2 372 832	0.11	流通股
7.	成晓舟	2 252 164	0.09	流通股
8.	满京华	2 036 736	0.09	社会法人股
9.	四川创联	2 015 520	0.09	社会法人股
10.	华晟达	1 950 000	0.09	社会法人股

2. 公司历史介绍

四川长虹电器股份有限公司（简称四川长虹）是 1988 年经绵阳市人民政府（绵府发〔1988〕33 号）批准进行股份制企业改革的试点。同年人民银行绵阳市分行（绵人行金

[1988] 字第 47 号）批准四川长虹向社会公开发行了个人股股票。1993 年四川长虹按《股份有限公司规范意见》有关规定进行规范后，国家体改委（体改 [1993] 54 号）批准四川长虹继续进行规范化的股份制企业试点。1994 年 3 月 11 日，中国证监会（证监发审字 [1994] 7 号）批准四川长虹的社会公众股 4 997.37 万股在上海证券交易所上市流通。

1992 年，四川长虹在全国同行业中首家突破彩电生产百万台大关。1995 年 8 月，第 50 届国际统计大会授予四川长虹"中国最大彩电生产基地"和"中国彩电大王"殊荣；四川长虹龙头产品"长虹"牌系列彩电荣获了我国国家权威机构对电视机颁发的所有荣誉。1997 年 4 月 9 日，长虹品牌荣获"驰名商标证书"。1999 年 3 月 8 日，四川省科学技术委员会颁发了四川长虹高新技术企业证书，统一编号为 QN－98001M。

根据国家统计局国家行业企业信息发布中心提供的资料显示，长虹彩电市场占有率高达 17.34%，继续位居彩电行业第一名；"精显王"背投影彩电成为市场的亮点，市场占有率一度高达 18.5%。长虹空调、视听产品、电池等产品的市场占有率也稳步上升。

四川长虹目前正在努力打造世界级企业、拓展国际市场，目前已在海外设立多家办事处，产品辐射东南亚、欧洲、北美、非洲、中东等地区。

3. 公司主营业务介绍

四川长虹主营包括：视屏产品、视听产品、空调产品、电池系列产品、网络产品、激光读写系列产品、数字通信产品、卫星电视广播地面接收设备、摄录一体机、通信传输设备、电子医疗产品的制造、销售，公路运输，电子产品及零配件的维修、销售，电子商务、高科技风险投资及国家允许的其他投资业务，电力设备、安防技术产品的制造、销售。

4. 公司近三年财务报表

详见分析模型（略）。

5. 审计报告意见类型

四川长虹聘请的会计师事务所均为四川君和会计师事务所。

四川君和会计师事务所的注册会计师对四川长虹公司 1999 年、2000 年、2001 年年报均出具了无保留意见的审计报告。

（二）财务比率分析

1. 营运能力分析

总资产周转率：总资产的周转速度越快，反映销售能力越强。长虹的资产周转速度处于行业的平均水平，应该进一步采取措施，加速资产的周转，增加利润。

应收账款周转率和周转天数：周转率越高，周转天数越短，说明应收账款收回得越快。如果比较慢，说明企业的资金过多地呆滞在应收账款上，影响资金的获利能力。长虹的周转率比较低，应该加强应收账款的管理工作，加快周转。

存货周转率和周转天数：存货的周转率和周转天数反映存货转化为现金或应收账款的能力。周转越快，存货的占用水平越低，变现能力越强，长虹的存货周转率比较低，应该加强存货的管理，在保证生产连续性的前提下，尽可能减少存货占用经营资金，提高资金使用效率。

2. 盈利能力分析

销售净利率：销售净利率反映了企业每单位的销售收入所产生的净利润，这个指标和净利润成正比，与销售收入成反比。销售收入如果增长了，利润率没有增长，说明费用过高，可能管理上存在问题。四川长虹 2000 年和 2001 年的比率分别为 2.56%、0.93%，2001 年比 2000 年有所下降，但是还保持着一定的获利能力。

投资报酬率（资产净利率）：它表明资产利用的综合效果，比率越高，说明企业在增加收入、节约资金方面效果越好。长虹 1.66% 和 0.52% 的比率超过了行业的平均水平，对于家电行业竞争如此激烈的环境来说还是不错的。

权益报酬率：长虹的这个指标还是比较低的，应该进一步加强管理，挖掘其获利潜力。

（三）比较分析

1. 结构百分比分析

从资产负债结构表分析，四川长虹的应收款和存货占总资产比例较高，1999 年应收账款及其他应收款净额占总资产的比例为 29.26%，2000 年为 15.58%，2001 年为 24.67%；存货净额的比例 1999 年为 37.21%，2000 年为 38.89%，2001 年为 33.69%，表明企业产品集压过多，由于四川长虹主要经营电子产品，而电子产品发展速度很快，产品更新换代也很快，过高的产品存货容易降低产品的市场价值，增加企业的经营风险。四川长虹的流动资产占总资产比例很高，1999 年比例为 83.59%，2000 年为 76.58%，2001 年为 80.77%；而固定资产占总资产比例较低，1999 年比例为 14.05%，2000 年为 19.08%，2001 年为 15.67%；表明企业的资金主要由流动资产占用，因而扩大销售，加快存货和应收款的周转速度显得尤为重要。

长虹的短期负债占比 1999 年和 2000 年为不到 22%，2001 年为 27.7%，增加的幅度较快，但比例相对较低，长期负债所占比例也很低，表明资产的结构比较安全。

2. 定基百分比分析

从四川长虹三年资产负债表的趋势来看，总资产呈增长趋势。2000 年略增加 0.59%，增长的原因主要是固定资产和无形资产增加增快，其中：固定资产增加 36.63%，无形资产增加 173.02%；同时，流动资产 2000 年下降 7.84%，下降的原因主要是由于应收账款和其他应收款净额和货币资金减少较多。其中：应收款减少 46.45%，货币资金减少 19.69%。还可看到 2000 年负债减少 4.31%，造成以上情况的原因可能是四川长虹用流动资产投资于固定资产和无形资产，并偿还了部分债务。

2001 年总资产比 1999 年增加 6.85%，其中：流动资产比 1999 年增加 3.25%，固定资产增加为 19.23，无形资产增加为 124.68%；而负债比 1999 年增加 36.40%，增加的幅度较大，结果导致了股东权益下降 1.42%，原因可能是资产的利用效果不好，其产生效益的速度慢于负债增加的速度。

从利润来看，净利润呈明显下降趋势。1999 年为 52 532 万元，2000 年为 27 424 万元，减少 47.80%，2001 年减少 81.15%；2000 年，主营业务收入增加 6.06%，，但是主营成本增加 7.49%，导致主营业务利润减少 1.5%；同时销售费用增加较大，达到 16.00%，其他业务利润下降 39.10%，因此，即使投资收益增加 202.02%、补贴收入增加 5 093.84% 和营业外收入增加 44.39%，也未能控制净利润下降趋势。2001 年基本上也是同样的情况，主要是由于主要业务成本和销售费用、管理费用增加较大和各项准备提取增加造成的。

3. 环比百分比分析

环比分析实际上是对基比分析的进一步补充和细化，是为了更好地说明财务状况的趋势。

2001年长虹总资产为1 763 751万元，比2000年增加6.22%，其中：流动资产增加12.04%，主要原因是应收款净额增加68.25%和应收票据增加15.50%以及货币资金增加7.99%；2001年由于折旧和资产清理增加，固定资产下降12.74%；而长期待摊费用下降导致无形资产及其他资产下降17.71%；与此同时负债有42.54%的增加，导致了股东权益比2000年下降了3.29%。

（四）杜邦财务体系分析

1. 权益净利率分析

权益乘数越大，企业负债程度越高，偿还债务能力越差，财务风险程度越高。这个指标同时也反映了财务杠杆对利润水平的影响。财务杠杆具有正反两方面的作用。在收益较好的年度，它可以使股东获得的潜在报酬增加，但股东要承担因负债增加而引起的风险；在收益不好的年度，则可能使股东潜在的报酬下降。当然，从投资者角度而言，只要资产报酬率高于借贷资本利息率，负债比率越高越好。

从2000年至2001年四川长虹公司的资产负债率始终低于同行业平均水平，一方面说明公司偿债能力较强；另一方面也反映企业的筹资能力不是很强，但有上升的趋势。通过分析，权益乘数的上升在于公司资本结构的调整。

2. 销售净利率分析

从企业的销售方面看，销售净利率反映了企业净利润与销售收入之间的关系。其中销售收入2001年比2000年下降了11%，减少近12亿元，销售成本率从97%升到100.7%，销售成本及税金、营业费用、财务费用均有一定的下降，但管理费用却上升了近30%。虽然在其他利润上增加了1.32亿元，但由于销售收入减少的基数太大，所以净利润下降了68%。

销售净利润的下降一方面与整个家电行业的情况有关，另一方面也与其公司的经营管理有关。近几年来，频繁的价格战使主营产品彩电的售价不断下降，进一步缩小了彩电的盈利空间；同时，由于公司的规模越来越大并且所涉及的产业不断增多，而公司在近两年对高层领导进行了调整，增加了公司的磨合费用，导致管理费用不断攀升，结果造成利润的急剧下滑。

（五）综合财务分析

综合财务分析是结合会计报表附注，对一些重要的会计报表项目进行补充说明，以增强分析报告使用人对于会计报表的全面了解。

1. 长期投资分析

四川长虹2001年度投资收益较2000年度投资收益上升631.67%，主要是当年取得债券投资收益和股权转让收益所致。

2. 主营业务收入分析

四川长虹2001年度主营业务收入较2000年度减少1 192 595 419.33元，下降11.14%，主要是电视机价格下降所致。

四川长虹2001年彩电业务销售收入1 070 721万元，2000年为951 462万元，同比降低12.53%。这是造成长虹公司主营业务收入降低的主要原因。

3. 利润分析

四川长虹 2001 年利润总额实现 11 160.76 万元，与 2000 年相比下降 33.69% 。长虹认为利润下降的主要原因是由于中国家电市场日益激烈的竞争，使利润空间越来越小，已处于微利状态。但是，从利润结构分析表中可以看到造成利润率下降的原因是主营业务成本和管理费用有较大的增加。

（六）本次财务分析的局限

（1）本次财务分析的财务数据不一定反映真实的情况。比如会计报表的许多项目和数据是估计的，历史成本的计账原则也可能使一些项目与实际情况未必相符。

（2）本次分析对四川长虹在同行业内的财务状况进行了解析，但是不同企业可能采用不同的会计政策，使得行业内的财务数据丧失可比性。

（3）在本次分析中，我们假设四川长虹的会计报表符合合法性、公允性、一致性的原则，但是由于我们没有一一看到行业内其他上市公司的审计报告，所以，不能说我们依据真实的财务数据作出了正确的财务分析。

（4）由于时间的原因，在本次分析中我们没有对现金流进行分析，但是在以上的各项分析中，大体已反映了企业的现金流状况和偿债能力。

资料来源：百度文库，http://wenku.baidu.com

本章小结

本章主要内容是信用信息财务分析的内容和主要方法，重点是财务指标的比率分析及应用。

本章的重点内容是财务报表比率分析，各项比率的准确计算和应用。

本章的难点是如何写好一份合格的财务分析报告。

思考题

1. 财务信用信息分析的主要内容有哪些？
2. 信用信息财务分析的方法有哪些？
3. 财务指标体系是如何构成的？
4. 财务报表之间的钩稽关系是怎样的？
5. 撰写财务分析报告的基本格式是怎样的？拟定过程中应注意哪些问题？

案例分析

大江工业是集研发、生产、销售为一体的中型专业化三轮摩托车、三轮电动车制造生产企业。主营"大江"品牌的三轮摩托车、三轮电动车。公司下设 2 个生产车间和 2 个直属配套厂，累计占地面积 330 多亩，厂房面积 10 万余平方米，总资产 840 万元。公司现拥有全自动生产流水线 1 条，具有整体冲压、二氧化碳气体保护焊、酸洗磷化、汽车阴极电泳、汽车金属烤漆、自动流水线等现代生产工艺，现已形成年生产 2 万辆的产能规模。公司现拥有快乐王子系列、风暴系列、路虎系列、猎豹系列、老年车系列、电动货车和电动客车等系列产品共十多个品种。

公司先后通过了 ISO9001：2000 国际质量管理体系认证及 ISO14001 环境管理体系认证和国家强制性产品"3C"认证，是国家摩托车生产准入企业。目前产品销往全国各地。

公司拥有一流的品牌营销策划能力、一流的客户服务保障能力、一流的产品创新与技术研发能力、一流的产品制造及质量保障能力、一流的专家型领导团队、一流的企业文化与经营理念。公司始终不渝地坚持"创造完美满意与感动"的经营理念和"精雕细琢，精益求精，谨出精品"的质量方针，同时把"为伙伴谋发展，为企业谋辉煌，为员工谋福利，为商家谋利润，为用户谋满意"的"五赢目标"作为企业未来的发展愿景，大江工业是大江人使命感和社会责任感的综合体现！

近年来生产与销售稳定增长，2009 年实现主营业务利润 110 万元，2010 年度实现主营业务收入 125 万元。该公司 2010 年编制的会计报表如下，对该公司财务会计报表进行分析评价，并编写一份财务分析报告。

资产负债表

编制单位：大江公司　　　　　　　　　　2010 年 12 月 31 日　　　　　　　　　　单位：元

资　产	行次	期初数	期末数	负债及所有者权益	行次	期初数	期末数
流动资产：				流动负债：			
货币资金	1	1 406 300	820 745	短期借款	22	300 000	50 000
短期投资	2	15 000		应付票据	23	200 000	100 000
应收票据	3	246 000	46 000	应付账款	24	953 800	953 800
应收账款	4	300 000	600 000	其他应付款	25	50 000	50 000
减：坏账准备	5	−900	−1 800	应付工资	26	100 000	100 000
应收账款净额	6	299 100	598 200	应付福利费	27	10 000	80 000
预付账款	7	100 000	100 000	未交税金	28	30 000	205 344
其他应收款	8	5 000	5 000	其他应交款	29	6 600	6 600
存货	9	258 000	2 574 700	预提费用	30	1 000	
待摊费用	10	10 000		一年内到期的长期负债	31	1 000 000	
流动资产合计	11	4 751 400	4 144 645	流动负债合计	32	2 651 400	1 545 744
长期投资				长期负债：			
长期投资	12	250 000	250 000	长期借款	33	600 000	1 160 000
固定资产：				长期负债合计	34	600 000	1 160 000
固定资产原价	13	1 500 000	2 401 000				
减：累计折旧	14	400 000	170 000				
固定资产净值	15	1 100 000	2 231 000				
在建工程	16	1 500 000	728 000				
固定资产合计	17	2 600 000	2 959 000	所有者权益：			
无形及递延资产：				实收资本	35	5 000 000	5 000 000
无形资产	18	600 000	540 000	盈余公积	36	150 000	185 685.15
递延资产	19	200 000	200 000	其中：公益金	37		11 895
无形及递延资产合计	20	800 000	740 000	未分配利润	38		202 215.85
				所有者权益合计	39	5 150 000	5 387 901
资产总额	21	8 401 400	8 093 645	负债及所有者权益总额	40	8 401 400	8 093 645

注：短期投资年初数 15 000 元为股票投资。

利 润 表

编制单位：大江公司　　　　　　　　　　2010 年　　　　　　　　　　单位：元

项　　目	行　次	本年累计数
一、主营业务收入	1	1 250 000
减：主营业务成本	2	750 000
主营业务税金及附加	3	2 000
二、主营业务利润	4	498 000
加：其他业务利润	5	0
减：营业费用	6	20 000
管理费用	7	158 000
财务费用	8	41 500
三、营业利润	9	278 500
加：投资收益	10	31 500
补贴收入	11	0
营业外收入	12	50 000
减：营业外支出	13	19 700
四、利润总额	14	340 300
减：所得税	15	102 399
五、净利润	16	237 901

现金流量表

编制单位：大江公司　　　　　　　　　　2010 年　　　　　　　　　　单位：元

项　　目	行　次	金　　额
一、经营活动产生的现金流量：		
销售商品、提供劳务收到的现金	1	1 181 000
收到增值税销项税额	2	161 500
现金流入小计	3	1 342 500
购买商品、接收劳务支付的现金	4	349 800
支付给职工以及为职工支付的现金	5	300 000
支付的增值税款	6	142 466
支付的所得税款	7	97 089
支付的除增值税、所得税以外的其他税费	8	2 000
支付的其他与经营活动有关的现金	9	70 000
现金流出小计	10	961 355
经营活动产生的现金流量净额	11	381 145
二、投资活动产生的现金流量：		
收回投资所收到的现金	12	16 500
分得股利或利润所收到的现金	13	30 000
处置固定资产而收回的现金净额	14	300 300
现金流入小计	15	346 800
购建固定资产所支付的现金	16	451 000
现金流出小计	17	451 000
投资活动产生的现金流量净额	18	- 104 200

续表

项　目	行　次	金　额
三、筹资活动产生的现金流量		
借款所收到的现金	19	400 000
现金流入小计	20	400 000
偿还债务所支出的现金	21	1 250 000
偿还利息所支付的现金	22	12 500
现金流出小计	23	1 262 500
筹资活动产生的现金流量净额	24	−862 500
四、现金及现金等价物净增加额	25	−585 555

补充资料	金　额
一、不涉及现金收支的投资和筹资活动	
二、将净利润调节为经营活动现金流量	
净利润	237 901
加：计提的坏账准备或转销的坏账	900
固定资产折旧	100 000
无形资产摊销	60 000
待摊费用摊销	100 000
处置固定资产的收益	−50 000
固定资产报废损失	19 700
财务费用	21 500
投资收益	−31 500
存货减少	5 300
经营性应收项目的增加	−49 000
经营性应付项目的减少	−52 690
增值税净增加额	19 034
经营活动产生地现金流量净额	381 145
三、现金和现金等价物的净增加情况：	
货币资产的期末余额	820 745
减：货币资金的期初余额	1 406 300
现金等价物的期末余额	0
减：现金等价物的期初余额	0
现金和现金等价物的净增加额	−585 555

第5章

信用风险度量与方法

本章导读

　　本章主要介绍信用风险的度量模型，从定量分析的角度对信用风险进行量化，特别介绍了经营风险、财务风险和行业风险的度量方法。第一部分为信用风险模型，第二部分为经营风险度量，第三部分为财务风险度量，第四部分为行业风险分析评价。

关键词语

　　信用风险模型　　KMV 模型　　Credit Metrics 模型　　Credit Portfolio View 模型　　Credit Risk + 模型　　神经网络模型　　Z 值计分模型　　巴萨利模型　　营运资产分析模型　　特征分析模型　　VaR 计量模型　　经营杠杆系数　　财务杠杆系数　　资产定价模型法

5.1　信用风险模型

　　信用风险对于银行、债券发行者和投资者来说都是非常重要的影响决策的因素。若客户违约，则银行和投资者都得不到预期的收益。

5.1.1　信用风险度量模型的创新

1. 信用风险度量模型创新的原因

　　信用风险度量模型创新不断，品种繁多，创新的背景和原因大致有：① 企业破产和违约机会的增加；② 资本市场的发展；③ 银行利润率的下降；④ 抵押品价值下降，波动性增加；⑤ 资产负债表外交易量增加；⑥ 科技及金融工程的进步；⑦ 计算以风险为基础的资本。

2. 信用风险度量模型的种类

　　按照建模应用的理论或技术的不同，创新模型主要可以分为如下几类。

　　（1）KMV 模型（或 EDF 模型）。

　　该模型是由 KMV 公司于 1995 年开发的违约预测模型，以估算借款企业的预期违约概率（EDF）而见长。其经济思想是：若企业的资产价值超出负债价值则企业有动力偿还债务；否则，企业将会违约。该模型认为违约过程是内生的过程，即违约概率是公司资本结构、资产回报波动性和当前资产价值的函数。它利用股票的市场数据和默顿的期权定价理论，估计企业资产的当前市值和波动率，然后由公司负债计算出公司的违约点。并计算借款人的违约距离，最后根据企业的违约距离与预期违约率 EDF 之间的对应关系计算出该企业的预期违约率。

该模型是个动态模型，利用实时变化的上市公司的股票价格计算公司的预期违约率，在国外已经得到了广泛的应用。但该模型不适用于非上市公司，这限制了其在发展中国家新兴股票市场的应用。该模型假定利率不变，这限制了其在长期贷款或利率敏感性信用工具上的运用。另外，该模型假定资本结构静态不变以及资产收益正态分布都可能与实际情况不符。

KMV 模型在我国银行信用风险的管理中应用条件还相当不成熟，因为该模型需要大量的上市公司数据。虽然其在理论上比较完善，但在我国现行的市场体制下，市场的有效性问题和如何确定市场上大量非流通股的价值问题成为应用该模型的主要障碍，并且我国上市公司披露的信息质量不高，股价指数和经济增长相背离，这都促成了该模型在我国应用的局限性。

（2）Credit Metrics 模型。

该模型是由 J. P. Morgan 在 1997 年开发的，也得到国外众多金融机构的广泛应用。该模型通过运用风险价值（VaR）对贷款和私募债券等非交易资产进行股价和风险计算，衡量投资组合的风险暴露程度，认为信用风险由债务人的信用状况决定，将借款人的信用评估、评估转移矩阵、违约贷款的回收率、债券市场上的信用风险价差纳入一个统一的框架并计算出贷款的市场价值和波动性，得出个别贷款或贷款组合的 VaR 值。

该模型即可应用于信用风险的计量，还可应用于市场风险和操作风险的计量，并用统一的计量口径表达。该模型率先提出资产组合信用风险的度量框架，是多状态模型，能更精确地计量信用风险的变化和损失值并且能看出各信用工具在整个组合的信用风险中的作用，为投资者的科学决策提供量化依据。但该模型假定无风险利率是不变的，未反映出市场风险和潜在的经济环境变化。

不管怎样，该模型将 VaR 方法应用于信用风险度量，有利于商业银行准确合理地衡量准备金和银行经济资本水平。但该模型严格依赖于由评估公司提供的信用评估及国家和行业长期的历史数据，然而我国商业银行在现阶段不论是信用评估还是数据库建设都处于起步阶段。因此，在目前状况下，该模型应用于我国的信用风险管理的实际操作性不强。

（3）Credit Portfolio View 模型。

该模型是 Wilson 发展的一个风险模型，是从宏观经济环境的角度来分析借款人的信用等级变迁，并建立麦肯锡模型。与其他模型相比，该模型中决定违约概率的不是资产价格、经验参数和随机模拟结果，而是 GDP 增长率、失业率、长期利率水平、汇率、政府支出及总储蓄率等宏观经济变量。该模型认为迁移概率在不同类型的借款人和不同商业周期之间是不稳定的，并且一些宏观变量服从二阶自相关，迁移概率在商业周期期间变动较大，在衰退期间变动比在扩张期间更大。该模型还根据以上多种宏观因素，对不同等级的违约和转移概率的联系条件分布进行模拟。其与宏观经济联系紧密。当经济状况恶化时，降级和违约增加；而当经济好转时，降级和违约减少。

该模型将宏观因素纳入其中，对风险暴露采取盯市法，适用于不同国家和行业。但是该模型的局限性在于取得每个行业的违约数据较困难并且未考虑微观经济因素，特别是企业个体特征等。

就在我国的应用而言，该模型考虑了宏观经济因素对信用等级转移的影响，然而宏观经济因素的个数、各因素的经济含义及其与信用级别转移的具体函数关系都难以确定和检验，所以该模型在我国应用前景不大。

（4）Credit Risk + 模型。

该模型是由瑞士银行金融产品开发部在 1996 年开发的信用风险管理系统。它采用保险业中广泛应用的统计学模型来推导债券及其组合的价值分布。该模型认为违约率的不确定性和违约损失的不确定性都很显著，应按风险暴露大小将贷款组合划分成若干频段，以降低不精确的程度，并将各频段的损失分布加总，可得到贷款组合的损失分布。

该模型假定单比债券或贷款的违约前景服从于泊松分布，不同期间违约事件彼此独立。其计算出的结果是封闭性的，不采用模拟技术并且该模型集中于违约风险，需要估计的变量很少，对于每个组合只需要知道违约概率和风险投资。但该模型忽略信用等级的变化，只取决于远期利率，没有考虑市场风险和信贷期限的变动，也不能处理非线性金融产品，如期权和外汇掉期，影响了模型的应用范围。

就我国而言，该模型中，只有当借款人在一个固定的期限之前违约时才被认定为损失发生，而由市场价值变动引起的损失不计入其中，这种对损失的定义与我国传统的账面价值核算一致。更重要的是，它与我国现行的银行贷款五级分类标准及银行会计制度有很多相似之处，对我国商业银行的信用风险度量有重要的指导意义。但其设定每一笔贷款都是独立的，这在我国基本是不可能的，而它们又是该模型的基本输入因子。

（5）基于神经网络的模型。

在神经网络概念下，允许各因素之间存在复杂的关系，以解决传统计分方法的线性问题。而非线性方法面对的最大问题是：需要考虑多少个隐蔽关系？考虑太多的隐蔽关系有时会给模型产生过分拟合的问题。使用神经网络来决策的一个缺陷是解释能力缺乏。当它们能产生高的预测精度时，获取结论的推理却不存在，故需要一套明确的和可理解的规则。有人评价对比了几种神经网络的规则提取（Neural Network Rule Extraction）技术，并用决策表（Decision Table）来代表提取规则。他们得出结论，神经网络的规则提取和决策表是有效的和有力的管理工具，可以为信用风险评估构建先进的和友好的决策支持系统。

3. 信用风险度量模型的特点

结合前述内容，可以发现信用风险度量的创新模型有以下共同特点：

（1）信用风险分析结果定量化。如 KMV 模型是预测违约率，在险价值方法是计算预期损失，德国中央银行的改进 Z 模型是将客户精确分级，并知道模型统计错误的大小。

（2）及时动态地反映借款人情况的变化，即模型能随着时间的改变和借款人状况的改变而及时预测出风险的变化。

（3）模型背后都有大量专业数据库。如 KMV 的违约距离与违约率关系的经验数据库，德国中央银行有企业样本数据库，以便计算公式的系数，判断模型的错误大小。

（4）模型的建立与应用，运用了先进的计算机、统计、人工智能和知识工程等技术和方法，因而模型的自动化程度和效率大大提高。

4. 信用风险模型的应用范围

（1）信用许可。在信贷业务的信用许可过程中，模型可以单独使用，或是与主观判断联合使用。信用风险模型的使用已经扩展到小型公司信贷和首期抵押贷款许可。尽管通常情况下，大型公司信贷许可不运用这种模型，但是可以作为决策的一个考虑因素。

（2）信用评估。可以采用信用模型来确定某些证券的信用等级。

（3）信用定价。在违约情况下，可根据损失概率和损失大小利用信用风险模型来确定应有的信用风险溢金。利用盯住市场模型，金融机构可以评估持有一项金融资产的成本和收益。由信用风险模型所揭示的意外损失可用做定价过程中确定资源共享本费用的依据。

（4）财务预警。信用风险模型可以发现资产组合中潜在的问题，有利于采取早期纠正行动。

（5）通用信用语言。可以利用信用风险模型选择不同类型的资产以构建对投资者有利的资产组合，或是达到预期信用等级所需的最低信用质量。承销商可以采用这种模型对资产组合作适当的谨慎性要求。准备金水平引发点的基准与模型运行表现密切相关。

（6）收账策略。信用模型可用于确定应采用的最佳的收账或解决问题的策略。比如，如果信用模型表明借贷只是短期流动变现能力的问题，而不是信用质量出现本质下降时，即可构想比较适当的解决问题的办法，而不是一刀切的措施。

5.1.2 几种实用的信用风险度量模型

信用分析模型可以分为预测模型和管理模型。预测模型用于预测客户前景，衡量客户破产的可能性。Z 值计分模型和巴萨利模型属于此类，两者都以预测客户破产的可能性为目标，不同之处在于所考察的比率和公式略有不同。管理模型不具有预测性，它偏重于均衡地解释客户信息，从而衡量客户实力。营运资产分析模型和特征分析模型属于此类。

1. Z 值计分模型

Z 值计分模型通过关键的财务比率来预测公司破产的可能性。1968 年，Altman（奥尔特曼）在对美国制造业公司进行大量实证研究的基础上建立了信用分析模型——Z-Score 模型。该模型是建立在单变量度量指标的比率水平及绝对水平基础之上的多变量模型。银行利用这种模型进行判断，当贷款申请者的评分濒于临界点时，要么拒绝申请，要么对其进行详细审查。1977 年理查德·托夫勒（Richard Taffler）进一步对 46 家性质相同、规模大小一样的破产公司和有偿债能力的公司进行了对比，并依据其调查结果，在利用多样差别分析法的基础上得出如下一些比率：

x_1——营运资本 WC/总资产 AC；

x_2——留存盈余 RE/总资产 AV；

x_3——息税前利润 EBIT/总资产 AV；

x_4——股权的市场价值 MVE/总负债账面值 TL；

x_5——销售收入 S/总资产 AV。

经过回归分析，得出度量公司信用风险大小的模型：

$$Z = 1.2x_1 + 1.4x_2 + 3.3x_3 + 0.6x_4 + 0.999x_5$$

进一步延伸到非上市公司，并用账面值取代市场价值，得到：

$$Z = 0.717x_1 + 0.847x_2 + 3.107x_3 + 0.420x_4 + 0.998x_5$$

再从制造业延伸到非制造业，同样得到一个模型：

$$Z = 6.65x_1 + 3.26x_2 + 6.72x_3 + 1.05x_4$$

然后，根据 Z 值得分判断企业破产的可能性。破产可能性与 Z 值对应关系见表 5 - 1。

经实践证明，这五种比率配上适当的权数，预测公司破产率的准确性高达 97% 以上。

表 5 -1　Z 值与破产可能性对照表

Z 值得分	1.80 或更低	1.81 ～ 2.70	2.71 ～ 2.90	2.90 或更高
破产可能性	很大可能	较大可能	有可能	很小可能

　　Z 值计分模型开创了分析信用风险的新思路。它虽不能准确预测出公司破产的具体时间，但指出了破产的可能性，并能通过逐年比较反映出这种可能性扩大或缩小的趋势。它适用于大的集团公司。

2. 巴萨利模型

　　巴萨利模型由亚历山大·巴萨利（Alexander Bathory）发明。其比率是：Ⓐ（税前利润 + 折旧 + 递延税）/流动负债（银行借款、应付税金、租赁费用），该比率反映了企业经营业绩；Ⓑ 税前利润/营运资本，该比率反映了营运资本回报率；Ⓒ 股东利益/流动负债，该比率反映了股东权益对流动负债的保障程度；Ⓓ 有形资产净值/负债总额，该比率反映了扣除无形资产后的净资产对债务的保障程度；Ⓔ 营运资本/总资产，该比率反映了企业资产的流动性。

　　$Z = Ⓐ + Ⓑ + Ⓒ + Ⓓ + Ⓔ$，低指数或负数均表明公司前景不妙。

　　该模型的主要功能是：① 衡量公司业绩；② 衡量营运资本回报率；③ 衡量股东权益对流动负债的保障程度；④ 衡量扣除无形资产后的净资产对债务的保障程度；⑤ 衡量流动性。

　　巴萨利模型是 Z 值计分法更普遍的应用。据调查，巴萨利模型的准确率可达 95% 。巴萨利模型的最大优点在于易于计算，同时，它还能衡量公司实力大小，广泛适用于各种行业。

3. 营运资产分析模型

　　营运资产分析模型的计算分为两个步骤：营运资产计算和资产负债表比率计算。

　　（1）营运资产计算。

　　营运资产 =（营运资本 + 净资产）/2，营运资产是衡量公司资模大小的尺度，可以作为确定信用额度的基础标准。

　　（2）资产负债表比率计算。

　　营运资产模型需考虑如下比率：Ⓐ 流动资产/流动负债；Ⓑ（流动资产 - 存货）/流动负债；Ⓒ 流动负债/净资产；Ⓓ 负债总额/净资产。

$$评估值 = Ⓐ + Ⓑ - Ⓒ - Ⓓ$$

　　Ⓐ和Ⓑ衡量公司的资产流动性；Ⓒ和Ⓓ衡量公司的负债水平和资本结构。可以看到，评估值综合考虑了资产流流动性和负债水平两个最能反映公司偿债能力的因素。评估值越大，表示公司的财务状况越好，风险越小。

　　营运资产分析模型最大的贡献在于它提供了一个计算信用额度的思路：对不同风险下的评估值，给予一个比例，按此比例确定信用额度。表 5 - 2 表示不同评估值下对应的信用额度与营运资产的不同比例。

表 5 -2　信用额度与营运资产百分比对照表

评 估 值	风险程度	营运资产比例（%）
≤ -4.6	高	0
-4.59 ～ -3.9	高	2.5

续表

评 估 值	风险程度	营运资产比例（%）
−3.89～−3.2	高	5.0
−3.19～−2.5	高	7.5
−2.49～−1.8	高	10.0
−1.79～−1.1	有限	12.5
−1.09～−0.4	有限	15.0
−0.39～0.3	有限	17.5
0.31～1.0	有限	20.0
>1.0	低	25.0

从表中可以看出，对评估值越小（即信用风险越大）的公司，营运资产分析模型给予其越小的营运资产比例作为计算信用额度的依据。

例如，A公司、B公司、C公司的评估值及营运资产分别如表5−3所示，信用额度与评估值有明显的关系。

表5−3 信用额度确定

	A公司	B公司	C公司
评估值	1.1	−2.3	−4.7
营运资产（元）	100 000	100 000	100 000
评估值	25%	10%	0
信用额度（元）	25 000	10 000	0

与Z值计分模型和巴萨利模型相比，营运资产分析模型比较简单，易于操作，但它不能用来预测客户的破产可能性。

4. 特征值分析模型

特征值分析模型采用特征分析技术（Attribute Analysis Technique）对客户所有财务和非财务因素进行归纳分析。特征值分析技术是一种对客户各方面的特征进行区分和描述的方法，它是从企业多年信用分析经验中发展起来的一种技术，从客户的种种特征中选择出对信用分析意义最大、直接与客户信用状况相联系的若干特征，把它们编为几组，并对这些特征不同表现的含义予以说明。

特征分析技术将客户信用信息分为三大类特征，18个项目。

（1）客户特征：包括① 外表印象、② 产品概要、③ 产品要求、④ 竞争实力、⑤ 最终顾客、⑥ 管理能力。

（2）优先特征：包括① 可获利润、② 产品质量、③ 市场吸引力、④ 市场竞争、⑤ 担保、⑥ 替代能力。

（3）信用特征：包括① 付款历史记录、② 资信证明、③ 资本和利润增长率、④ 资产负债表状况、⑤ 资本结构比率、⑥ 资本总额。

对每一个项目，公司制定一个衡量标准，分为好、中、差三个层次，每个层次对应不同的分值。例如，对应"产品质量"一项，衡量标准层次如下。

好：产品质量好，富有特色。

中：质量中等，属大众消费商品。

差：质量很差，属劣等品。对其他项也都相应确定不同衡量标准层次下的语言描述。不同层次对应的分值为：

好——对应分值为 $8 \sim 10$ 分；

中——对应分值为 $4 \sim 7$ 分；

差——对应分值为 $1 \sim 3$ 分；

在未得到某项的任何情况时，赋值 0。

另外，根据公司的销售政策和信用政策对每一项都赋予一个权数，18 个项权数之和为 100。接下来，可以按照以下三个步骤计算。

（1）对每一项进行打分。某项特征越好，分值越高。

（2）用权数乘以 10（每一项可能得到的最高分值），得出最大可能评分值。

（3）用每一项权数乘以实得分数并加总得出加权平均分，并以此与加总的最大可能评分值相比，得出百分率。

表 5 - 4 是一个特征分析模型的应用实例。

表 5 - 4　特征分析法实例

项目	客户特征						优先特征						信用特征						总计
分布	①	②	③	④	⑤	⑥	①	②	③	④	⑤	⑥	①	②	③	④	⑤	⑥	
得分	6	5	9	2	4	6	9	5	6	3	4	5	7	7	5	6	9	5	
权重	2	4	7	4	5	7	6	4	3	4	9	5	7	4	7	7	9	6	100
加权	12	20	63	8	20	42	54	20	18	12	36	25	49	28	35	42	81	30	575
极值	20	40	70	40	50	70	60	40	30	40	90	50	70	40	70	70	90	60	1 000
%	56.9						53.2						66.3						57.5

在表 5 - 4 的总计栏中，最终百分率为 57.5%，代表对于某项交易的支持态度。对于特征分析模型的最终百分率可以作如下归类，见表 5 - 5。

表 5 - 5　特征分析模型最终百分率分类

最终百分率（%）	类　别
$0 \sim 20$	收集的信用特征不完全，信用风险不明朗，或存在严重的信用风险，因此，不应该进行赊销交易
$21 \sim 45$	交易的风险较高，交易的吸引力低；建议尽量不与之进行赊销交易，即使进行，也不要突破信用额度，并时刻监控
$46 \sim 65$	风险不明显，具有交易价值，很可能发展为未来的长期客户，可适当超出原有额度进行交易
$\geqslant 66$	交易风险小，为很有吸引力的大客户，具有良好的长期交易前景，可给予较大信用额度

特征评分有以下几个用途。

（1）调整信用额度。与营运资产模型相比，特征分析模型更全面。可以将特征分析模型与营运资产分析模型结合起来确定信用额度。

　　方法为：根据特征分析模型得出的最终百分率对在营运资产分析模型基础上得出的信用额度进行调整。见表5-6。

表5-6　根据特征分析模型调整信用额度

根据特征分析模型得出的最终百分率（%）	可超出信用额度（根据营运资产分析模型确定）的数量
0～20	0
21～45	信用额度×21% 至信用额度×45%
46～65	信用额度×（46% +0.5）至信用额度×（65% +0.5）
≥66	信用额度×（66% +1.0）以上

　　比如，A公司的最终百分比为46%，根据营运资产分析模型得出对其信用额度为10 000元，则根据特征分析模型调整后的信用额度为：

$$10\ 000 \times (46\% + 0.5) + 10\ 000 = 19\ 600$$

　　（2）与其他分析模型的结果互相印证。

　　（3）对客户进行分级。可以按照表5-7所示对客户分级。

表5-7　根据特征分析模型对客户分级

评 估 值	客户信用等级	信 用 含 义
0～20	D	收集的信用特征不完全，信用风险不明朗，或存在严惩的信用风险，不宜对其授信
21～45	C	信用风险较高，交易吸引力低，尽量不向其授信。即使为其授信，也要严格控制信用额度，并时刻监控其信用状况
46～65	B	信用风险可以接受，具有交易价值，具有发展为长期客户的潜力，可以向其授信
≥66	A	信用风险小，为很有吸引力的客户，具有良好的长期交易前景，可给予较大信用额度

　　在采用特征分析模型时涉及权数的选择问题。权数的重心倾向实质反映了公司的政策取向。不管权数是偏重于销售或偏重于财务，有一些项目因为其重要性总是具有较高的权数，包括付款担保、付款历史记录、资本结构比率、管理能力、产品概要等。一笔交易的信用风险不光取决于客户的付款能力还取决于其付款意愿。

　　Z值计分模型、巴萨利模型和营运资产分析模型主要以财务分析为主，而特征分析模型既考虑了财务因素，又考虑了非财务因素，既考虑了付款能力，又考虑了付款意愿，另外，企业从多渠道获得客户信息（如销售人员获得客户信息）也可以在特征分析模型中加以利用。因此，特征分析模型是值得企业广泛采用的一种有效方法。

　　其他有关模型的应用将在企业信用评估、个人信用评估、国家信用评估、金融机构信用评估、证券信用评估等章节中详细介绍。

　　5. VaR：一种新的风险评估和计量模型

　　VaR风险管理技术是近年来在国外兴起的一种金融风险评估和计量模型，目前已被全球各主要银行、非银行金融机构、公司和金融监管机构广泛采用。

(1)定义、计算和模型检验。

VaR 即 Value at Risk，中文译为"风险价值"，是指在正常的市场条件和给定的置信度内，用于评估和计量任何一种金融资产或证券投资组合在既定时期内所面临的市场风险大小和可能遭受的潜在最大价值损失。

VaR 风险管理技术是对市场风险的总括性评估，它考虑了金融资产对某种风险来源（如利率、汇率、商品价格、股票价格等基础性金融变量）的敞口和市场逆向变化的可能性。VaR 模型加入大量的可能影响公司交易组合公允价值的因素，比如证券和商品价格、利率、外汇汇率等，一般考虑线性和非线性价格暴露头寸、利率风险及隐含的线性波动率风险暴露头寸。借助该模型，对历史风险数据模拟运算，可求出在不同的置信度（如99%）下的 VaR 值。对历史数据的模拟运算，需要建立一个假设交易组合值每日变化的分布，该假设是以每日观察到的市场重要指标或其他对组合有影响的市场因素（"市场风险因素"）的变化率为基础的。据此算出来的公司某日 VaR 值与当日公司组合可能的损失值相对应。对于置信度为99%、时间基准为一天的 VaR 值，该值被超过的概率为1%或在100个交易日内可能发生一次。例如，银行家信托公司（Banker Trust）在1994年年报中披露，1994年的每日99% VaR 值平均为3 500万美元，这表明该银行可以99%的概率作出保证，1994年每一特定时点上的投资组合在未来24小时内的平均损失不会超过3 500万美元。通过这一 VaR 值与该银行1994年6.15亿美元的年利润和47亿美元的资本额相对照，该银行的风险状况即可一目了然。

假定某银行在1998年5月24日买入本年度6月份的国债期货合同，按当日收盘价计算，该合同价值为110 000美元，要求计算出平均一日内置信度为99%的 VaR 值。VaR 通常是根据金融资产的收益率而非价格来计算的，收益率=（期末价值－期初价值)/期初价值。假定收益率 X 是一个呈正态分布的随机变量，且我们已估算出 X 的均值和方差分别为0.002 4%和0.605 074%，那么根据正态分布规律，收益率 X 有98%的概率应落在均值的2.33个标准差内。这表明收益率有98%的可能性将落到－1.41%和1.41%的范围之内，即收益率高于－1.41%的概率为99%。这时在99%的置信度内的一日 VaR 值为1.41% × $110 000 = $1 551。它说明每日以99%的可能性以保证其损失不会高于 $1 551。这里，VaR 值计算的关键在于估算出收益率在未来一定时期内的均值和方差，它是通过收益率的历史数据对未来数据进行模拟得出的。为了确保风险评估计量模型的质量和准确性，需经常对模型进行检验。"返回检验"（Backtesting）就是一个评价公司的风险计量模型，特别是 VaR 模型的一种常用的计量检验方法。其核心是将实际交易的结果与根据模型生成的风险值进行比较，以确认和检验 VaR 风险计量方法的可信度。巴塞尔银行监管委员会在《关于使用"返回检验"法检验计算市场风险资本要求的内部模型法的监管构架》文件中也专门对这一检验方法的使用做了详细说明。目前，这一方法已被许多使用 VaR 模型的机构用于模型检验。

(2)应用。

目前，VaR 计量模型及在此基础上形成的管理模式和方法正不断地被越来越多的金融监管当局、商业银行、投资银行和机构投资者所普遍认同和广泛接受。

自从1993年 G30（国际30人小组）发表《衍生产品的实践和规则》的研究报告，并竭力推荐各国银行使用 VaR 风险管理技术后，巴塞尔委员会也在其《关于市场风险资本要求的内部模型法》（1995）、《关于使用"返回检验"法检验计算市场风险资本要求的内部模型法的监管构架》文件中向其成员国银行大力倡导这一方法。并且规定，依据 VaR 风险计量模型计算出的风险来确定银行的资本金，同时对这个计量方法的使用和模型的检验提出可行的建议和作出明确的规定。许多国家的金融监管当局利用 VaR 技术对银行和证券公司的风险进行监控，以 VaR 值作为衡量金融中介机构风险的统一标准与管理机构资本充足水平的一个准绳和依据。与此同时，很多银行也采用 VaR 风险计量模型来计量各种业务和投资组合的市场风险，将其资本水平与所承担的市场风险相挂钩，以提高银行的资本充足度，增强其资本实力和抵御风险的能力，促进银行的高效、稳健运营。

VaR 方法也是证券公司进行投资决策和风险管理的有效技术工具。证券公司利用 VaR 方法进行营运资金的管理，制定投资策略，通过对所持有资产风险值的评估和计量，及时调整投资组合，以分散和规避风险，提高资产营运质量和运作效率。以摩根斯坦利公司为例，公司利用各种各样的风险规避方法来管理它的头寸，包括风险暴露头寸分散化、对有关证券和金融工具头寸买卖、种类繁多的金融衍生产品（包括互换、期货、期权和远期交易）的运用。公司在全球范围内按交易部门和产品单位来管理与整个公司交易活动有关的市场风险。公司按如下方式管理和检测其市场风险：建立一个交易组合，使其足以将市场风险因素分散；整个公司和每一个交易部门均有交易指南和限额，并按交易区域分配到该区域交易部门和交易柜台；交易部门风险经理、柜台风险经理和市场风险部门都检测市场风险相对于限额的大小，并将主要的市场和头寸变化报告给高级管理人员。市场风险部门使用 VaR 与其他定量和定性测量分析工具，根据市场风险规律，独立地检查公司的交易组合。公司使用利率敏感性、波动率和时间滞后测量等工具，来估测市场风险，评估头寸对市场形势变化的敏感性。交易部门风险经理、柜台风险经理和市场风险部门定期使用敏感性模拟系统，检测某一市场因素变化对现存产品组合值的影响。公司高级管理人员使用 VaR 技术工具，以协助其管理人员测度与其交易头寸相关的市场风险暴露头寸。随着交易组合的分散化以及模型技术和系统能力的改善，VaR 模型也在不断改善。在 1997 年会计年度，摩根斯坦利 VaR 模型涉及的头寸和风险范围逐步扩展，风险测量技术更加精确了。最显著的改善是将特别命名的风险指数加入其中，以反映全球证券市场、美国公司和高收益债券的风险。到 1997 年 11 月 30 日，大约 420 个市场风险因素基准数据系列被加入到该 VaR 模型里，涵盖利率、证券价格、外汇汇率、商品价格和有关的波动率。另外，该模型还包含了约 7 500 只证券和 60 个类别公司及高收益债券的市场风险因素。

此外，VaR 方法是机构投资者进行投资决策的有力分析工具。机构投资者应用 VaR 方法，在投资过程中对投资对象进行风险测量，将计算出的风险大小与自身对风险的承受能力加以比较，以此来决定投资额和投资策略，以减少投资的盲目性，尽可能减轻因投资决策失误所带来的损失。目前，VaR 方法除了被金融机构广泛运用外，也开始被一些非金融机构采用，如西门子公司和 IBM 公司等。

5.2　经营风险度量

经营风险是指由于企业经营上的原因给企业的利润额或利润带来的不确定性。影响经营风险的因素主要有产品需求变动、产品销售变动、产品售价变动、产品单位成本变动、经营杠杆等。其中，经营杠杆对经营风险的影响最为综合，常常被用来衡量经营风险的大小。

5.2.1 经营风险度量指标

经营杠杆，又称营业杠杆或营运杠杆，反映销售和息税前盈利的杠杆关系，指在企业生产经营中由于存在固定成本而使利润变动率大于产销量变动率的规律。企业经营风险的大小常常使用经营杠杆来衡量，经营杠杆的大小一般用经营杠杆系数表示，它是息税前利润变动率与销售额变动率之间的比值。

$$DOL = \frac{\Delta EBIT / EBIT}{\Delta Q / Q}$$

式中：DOL——经营杠杆系数；

   EBIT——息税前利润；

   $\Delta EBIT$——息税前利润变动额；

   Q——销售量；

   ΔQ——销售量变动额。

经营杠杆系数表示在某一销售水平上经营风险的大小。

5.2.2 经营杠杆系数的应用

（1）经营杠杆系数体现了利润变动和销量变动之间的变化关系。

例如，当向阳公司产品预计销量 20 000 件时，有关数据如表 5 - 8 所示。

表 5 - 8 向阳公司经营数据

项 目	预 计	销售额 + 10%	销售额 - 10%
销售收入	100 000	110 000	90 000
减变动成本	60 000	66 000	54 000
边际贡献	40 000	44 000	36 000
减固定成本	20 000	20 000	20 000
息税前利润	20 000	24 000	16 000
EBIT 变化		+ 20%	- 20%

该公司的经营杠杆系数为：DOL = 20% / 10% = 2。

说明，当销售额每增加 1% 时，营业利润会增加 2% ；反之，当销售额减少 1% 时，便会引起营业利润 2% 的减少。

（2）经营杠杆系数越大，经营杠杆作用和经营风险越大。即息税前利润变动越大，经营风险就越大。

一般认为，DOL = 1.5 时，经营风险较小；DOL = 2.0 时，经营风险较大；DOL > 3.5 时，应拒绝贷款申请。

（3）在固定成本不变的盈利状态下，不同的销售量（额）点上的经营杠杆度不同，销售额越大，经营杠杆系数越小，经营风险越小；反之，经营杠杆系数越大，经营风险越大。

（4）销售量处于盈亏临界点前的阶段，DOL 随 Q 的增加而递增；在销售量处于盈亏临界点后的阶段，DOL 随 Q 的增加而递减；当销售额达到盈亏临界点时，经营杠杆系数趋近于无穷大。

例如，乙公司固定成本 $F = 1.8$ 万元，变动成本 $V = 1.4$ 元，单位售价 $P = 2$ 元，盈亏平稳点 $= F/(P - V) = 1.8/(2 - 1.4) = 3$ 万件，表 5 – 9 是不同销售点的经营杠杆系数。

表 5 – 9　乙公司经营杠杆系数变化表

销售量	1 万	2 万	3 万	4 万	5 万	6 万
DOL	0.5	2	∞	4	2.5	2

企业一般可通过增加销售额、降低单位变动成本和固定成本等措施来降低经营杠杆和经营风险。

5.3　财务风险度量

在市场经济环境下，企业不可避免地要面临财务风险，如何度量和评价财务风险并有效地对其进行规避是企业经营管理中的一项重要内容。

企业财务风险是由于在市场经济条件下，企业所处的外部经营环境和内部经营活动的不确定性造成的。从一般意义上讲，企业财务风险可以理解为企业在经营活动中，由于内外部环境及各种难以预料或无法控制的因素作用，使企业财务活动的未来结果偏离预期财务目标的可能性。这种可能性表现在两个方面：一方面可能给企业造成预期外损失；另一方面可能给企业带来预期外收益。

5.3.1　企业财务风险的度量方法与指标

企业财务风险度量就是采用一定的方法，对由于各种不确定性因素造成企业的未来财务结果偏离预期财务目标的可能性进行确定、量化的一种管理活动。在实践中，一般采用定性和定量、主观和客观相结合的方式来对其进行分析。根据不同的理念，财务风险的度量有多种方法，但最常见的方法主要有以下几种。

1. 概率分析法

概率分析法就是用概率论、数理统计的理论与方法，对企业的财务风险进行度量。① 计算各项目的期望收益值；② 计算各项目报酬率的分散程度，即方差和标准差；③ 根据变异系数判断风险程度，变异系数越大，风险越大；反之，变异系数越小，风险越小。

2. 杠杆分析法

杠杆分析法就是通过对财务杠杆系数（DFL）的分析来衡量筹资风险的大小及杠杆利益水平的高低。

$$DFL = \frac{\Delta EPS/EPS}{\Delta EBIT/EBIT}$$

式中：DFL——财务杠杆系数；

EPS——普通股每股收益；

ΔEPS——普通股每股收益变动额；

EBIT——息税前利润；

ΔEBIT——息税前利润变动额。

财务杠杆系数表明的是税前盈余增长所引起的普通股每股收益的增长幅度。

杠杆系数愈大，表明财务杠杆作用愈大，企业财务风险也愈大，反映企业信用风险也越大；反之，财务风险愈小，反映企业信用风险也越小。

3. 资产定价模型法（CAPM）

此方法的应用有严格的假设条件：① 所有投资者都是风险规避者，各种投资者均使用资产收益的期望值和均方差或标准离差衡量资产的收益和风险；② 资本市场无障碍，不存在交易费用；③ 投资者按照单期收益和风险进行决策，并且他们的投资期限相同；④ 所有投资者对所有资产的收益和风险的判断是相同的；⑤ 税收对证券交易和资产选择不产生任何影响，单个投资者不可能通过个人的买卖行为影响某一证券的价格。计算公式为：

$$E(R_i) = R_F + [E(R_M) - R_F] \times \beta_i$$

式中，$E(R_i) = E(R_{Pi})$——表示资产组合 P 中资产 i 的期望收益；

R_F——无风险资产收益；

$E(R_M) = E(R_{PM})$——资产组合集合中市场资产组合的期望收益；

β_i——资产 i 的 β 系数。

4. 风险价值度量法

风险价值度量法就是在一定置信水平和一定持有期限内，确定某一资产或资产组合所面临的损失的最高期望值，从而判定企业财务风险的方法。期望值越高，企业面临的财务风险越大；反之就越小。

5. 风险率度量法

风险率度量法把风险定义为企业的投资收益低于无风险收益的可能性，风险率就是指投资收益低于风险收益的概率，数值从 0 到 100%，风险程度逐渐增大，投资价值依次降低。

5.3.2 企业在财务风险度量方法的选择上应注意的问题

（1）要认识到财务风险度量方法选择的重要性。科学的财务风险管理可以使企业通过各种科学有效的方法和手段，对企业在经营活动中所面临的财务风险加以预测、识别、预防、控制和处理，以最低成本确保企业资金运动的连续性、稳定性和效益性。因此，财务风险管理关系到企业的存亡和发展，而财务风险度量是企业财务风险管理中的核心内容。只有对财务风险度量环节予以充分的重视，在财务风险度量方法的选择上才有可能做到科学合理。

（2）要认识到不同的风险度量方法各有利弊和不同的适用范围。大家都知道，没有普遍适用的真理，任何真理都有其各自适用的条件和范围。企业财务风险的度量方法也是一样，不存在一个万能的方法。为了更好地防范财务风险，给企业创造一个相对安定的经营环境，管理者应当根据企业自身的实际状况，权衡利弊，全方位考虑，根据需要选择适宜的财务风险度量方法。

（3）要认识到运用任何一种财务风险度量方法所得到的度量结果都带有一定的风险性。对企业财务风险的度量，从本质上说就是对企业的财务结果偏离预期目标的可能性进行估计。一般来说，任何估计和结果都会有偏差，因为其间企业的财务活动或者经营活动很可能会受到多种不可知因素的影响。对财务风险的度量应当采取定性和定量相结合、经验性判断和理性判断相结合的方式，同时对度量结果时刻持一种谨慎性态度，确保企业在经营中的回旋余地，这样才能促进企业平稳、快速地发展。

5.4　行业风险分析评价

行业风险分析（Industry Risk Analysis）是信用评估的重要组成部分，对企业竞争情况和经营环境等行业相关因素的分析有助于估计其总体风险。实践经验表明，从事不稳定行业且竞争处于劣势的企业违约现象最为常见。事实上，债务人的信用级别不仅和债务人所处的行业紧密相关，也与债务人在行业内的地位紧密相连，因此在信用评估的行业风险分析中，不应当只单纯地考虑行业风险，应当将行业风险和债务人在行业中所处的竞争地位结合起来分析。

5.4.1　行业风险评价的步骤

1. 行业风险评价

根据行业风险评价体系，对债务人所处行业风险进行分析，不仅要分析行业中长期及跨经济周期的风险状况，还要分析行业的发展趋势和行业风险的变动情况，最终对行业长期和短期的风险状况分别作出评价。可以将行业风险评价分为五档：1—风险很小；2—风险较小；3—风险一般；4—风险较大；5—风险很大。

2. 行业内相对地位评价

企业在其行业内部的相对地位是判断企业生存能力的重要指标，特别是在经济不景气时。分析人员可以参照行业评估时使用的标准和程序来确定债务人在其所处行业内的相对地位，可以将债务人在其所处行业中的相对地位评价分为五档：1—地位很高；2—地位较高；3—地位一般；4—地位较低；5—地位很低。

3. 行业/相对地位评价

行业/相对地位评价就是结合行业风险分析和债务人在行业中的相对地位对债务人的信用风险进行综合评价，最终确定债务人或其债项评估最可能达到的最好信用级别即最可能的信用级别上限。一般来说，某个行业中地位较低的企业风险总是较大，因此可以用组合行业风险评价和相对地位评价的方法来确定债务人或其债项评估最可能的信用级别上限。如果行业/相对地位评价结果较差，则应调低债务人或其债项的级别，原则上债务人或其债项的信用级别不高于给定的债务人或其债项评估最可能的信用级别上限；如果行业/相对地位评价结果较好，则无须再对结果进行调整。需要说明的是，这里的信用级别均指债务人或债项的无担保信用级别。

5.4.2　行业风险评价指标

所有的行业经过行业风险分析后，要进行量化的信用风险评价。

采用定量分析和定性分析相结合的方法，假定银行有多个行业项目可进行放贷，融合穆迪、标准普尔和惠誉等国际著名评估机构的信用评估方法和波特五力分析模型，通过跨行业关键指标的分析比较，结合本行业供求趋势和政策等关键因素的分析，全面评价该行业的投资风险和信贷风险，协作投资者进行行业资产组合和信贷方向优化，提高投资效率，降低不良贷款率，主要评价指标有：① 行业对国民经济重要性；② 行业进入壁垒；③ 产品供求状况，发展潜力；④ 盈利能力；⑤ 行业价格控制能力；⑥ 与供应商谈判中地位及控制成本和费用能力；⑦ 现金流量充足而稳定性；⑧ 政策风险；⑨ 企业管理难度；⑩ 投资报酬率和社会平均利润率比较；⑪ 亏损风险。

5.4.3　行业风险评价的作用

(1) 通过行业风险分析，揭示各行业发展的规律，银行在为某一行业授信时可以做到心中有数。

(2) 通过行业风险分析，可以超前性地规避行业内的客户风险，可通过对行业的发展趋势、企业竞争力和产品市场空间的分析，把握行业和企业的长期发展态势。通过分析行业发展随经济周期的变化轨迹，可把握行业内一段时期内的潜在风险及产生风险的相关原因，如市场风险、结构风险（原材料、集中度调整）、环保、政策风险等。

(3) 通过对行业风险的分析，可进一步提高银行信贷风险分析水平。通过行业分析，判断出行业发展趋势、企业的总体竞争水平及高低差别水平，以及产品市场空间，掌握总体的行业财务及比率标准和差异，从而促进某一个企业的财务状况分析质量和现金流预测的准确性，作出比较准确的客户评估和项目评估结论；同时也可进一步明确行业内企业资产的变现能力，为抵押变现提供使用价值依据，为不良贷款客户给予准确判断，以确定其客户进退价值。

(4) 通过行业风险分析，促进银行信贷策略的制定。银行能够根据行业风险分析的结果科学客观地确定企业战略群体，相应确定优质、维持、退出等不同级别的客户群体，配以实施不同的信贷政策、不同信贷条件的金融品种，确定本银行在该行业的市场份额、期限、币种、高低利率配置等。

(5) 通过行业风险分析，有利于银行根据行业间差异，施以不同的信贷分析重点和方法及风险规避措施。可根据行业属性所处的发展阶段、产品特性、附加值高低、技术发展趋势、产品生命周期变化快慢、产品市场销售半径等确定供求总量及趋势，准确预测行业发展趋势、产品市场空间、企业竞争力分析、促进行业间相关性和特性的分析，以及合理确定评价重点。

综上所述，行业信贷风险研究能够帮助银行把握行业发展的基本规律，充分识别行业中潜伏的各种信贷风险，进而银行根据不同行业间的差异，采取不同的信贷政策，并能确定不同行业间企业战略群体，在最大限度地规避风险的同时，实现银行的盈利最大化。

本章小结

本章主要内容包括信用风险模型、经营风险度量及应用、财务风险测度、行业风险测度。信用风险模型中，介绍了主要的信用风险度量模型，对几种实用模型加以举例说明，从信用风险的角度对经营风险、财务风险和行业风险进行了分析和评价。

本章的重点是信用风险度量的基本模型及应用，经营风险的度量方法、财务风险的度量方法、行业风险的分析评价方法。

本章的难点是信用风险度量模型的认识和应用。

思考题

1. 不同的风险模型是否可以应用于各种对象的评估当中？
2. 信用风险大小的量化分析应该考虑哪些必要的因素？
3. 企业和个人产生的信用风险其测度方法有什么不同？
4. 信用风险的评估与市场风险评估、管理风险评估相比有什么特殊性？
5. 国际信用评估业信用风险模型创新趋势是怎样的？

第6章

企业信用评估

本章导读

本章对企业信用评估作了具体界定，介绍了企业信用评估的重要性，对常用的企业信用评估方法进行了详细描述。第一部分为企业信用评估概述，第二部分为不同性质企业信用评估方法，第三部分为中小企业信用评估，第四部分为上市公司信用评估。

关键词语

企业信用评估　指标体系　信用等级　中小企业　上市公司　科技企业

6.1　企业信用评估概述

企业信用评估是指信用评估机构对征集到的企业信用信息，依据一定指标进行信用等级评定的活动。企业信用评估作为一个完整的体系，包括信用评估的要素和指标、信用评估的等级和标准、信用评估的方法和模型等方面的内容。其中信用评估指标和信用评估方法是信用评估体系中最核心的两个内容，同时又是信用评估体系中联系最紧密、影响最深刻的两个内容。

企业信用评估模型比较多，在实践中，企业信用要素评估方法不乏简单和可操作性。

6.1.1　企业信用评估的基本特点

1. 综合性

企业信用评估的内容比较广泛，它是对企业资信状况的一次全面评估，具有综合性的特点。通常企业是指依法设立的以盈利为目的从事生产经营活动的独立核算的经济组织，不实行独立核算或未得到国家法律认可的社会经济组织，都不能称为企业。企业信用评估要对借款企业借款的合法性、安全性和盈利性等作出判断，并要承担调查失误和评估失实的责任，必须对企业进行全面调查和综合分析，包括领导素质、经济实力、资金结构、履约情况、经营效益和发展前景等各方面因素。

2. 时效性

证券评估通常是在发行前评估，叫做"一债一评"，或"一票一评"，目的是为投资人或债权人提供信息，要以证券有效期为准。而企业信用评估不同，在资信等级评出以后，一般有效期为两年，两年以后要重新评估，它具有一定的时效性。

3. 复杂性

企业的性质不同，有工业企业、商业企业、外贸企业、建筑安装企业等；不同的企业有不同的行业特点和资金结构，信用评估的重点和要求都不相同，因而企业信用评估要比证券信用评估复杂得多。

4. 信息性

企业信用评估将为国家宏观调控提供比较完整的有关企业资信状况的信息，由于信用评估内容全面，方法科学，而且评估人员多为专业人才，因而评估结论具有相当的权威性，不仅可以为贷款银行作为贷款依据，还可为各个方面的投资者提供资信信息，有助于对金融市场的宏观管理。

6.1.2 企业信用评估流程

企业信用评估流程指进行信用评估所遵循的操作步骤和业务流程，包括前期准备阶段、现场调查阶段、分析评估阶段、评估决定阶段、跟踪评估阶段。

1. 前期准备阶段

（1）接受评估申请或委托。被评对象（企业）向评估机构提出评估申请，双方签订服务协议。或接受其他单位的委托，签订委托信用评估协议书，协议书中，明确规定委托内容、委托方和受托方的权利义务等，在委托协议签订生效后，评估工作才能正式进行。

（2）成立评估组和专家委员会。签订委托信用评估协议书之后，评估机构根据不同企业和评估内容的不同，组织成立评估工作组，并根据需要组织成立专家委员会，相应确定有关工作人员和选聘有关咨询专家。

（3）资料收集。评估机构研究与企业相关的行业、政策、法规等方面的资料，初步把握企业的发展概况。

（4）制订评估方案。评估方案是评估组进行某项评估活动的安排，主要内容包括：评估对象、评估目的、评估依据、评估项目负责人、评估工作人员、工作时间安排、拟用评估方法、选用评估标准、准备评估资料和有关工作要求等。

2. 现场调查阶段

实地调研包括与有关人员的访谈及现场勘察，旨在了解企业经营状况，直接感受企业的管理氛围。其中与管理层的会谈非常重要。会谈内容涉及企业业务开展状况、竞争状况、财务政策、以往业绩以及长短期经营展望等。此外，企业的营运风险、经营策略和内控机制都是重要的访谈议题。为提高访谈效果，评估人员应在正式访谈之前，将访谈要点通知访谈对象。如有必要，还需与地方主管部门及与企业有主要债权债务关系的单位访谈。与企业有债权债务关系的单位，主要包括向企业贷款的商业银行、大额应付账款的债权人、企业应收款的主要欠款单位等，与这些单位的访谈是为了了解受评企业历史资信记录、目前债务压力，以及企业款项回收情况。

3. 分析评估阶段

（1）准备评估基础数据和基础资料。评估的数据资料必须真实完整，这是做好评估工作的基本前提条件。

（2）进行评估计分。评估计分主要运用计算机计算出各种指定分值总和减去应扣除的分数，得出被评企业信用评估总分，对评估分数和计分过程进行复核，发现问题首先复核基础数据，必要时进行手工计算检验，以确保计分准确无误。

（3）形成初步评估结论。根据评分结果，结合被评企业具体情况，对被评企业的经营情况进行深入细致的分析判断，形成综合评估结论，并确定相应的信用等级。

（4）撰写初步评估报告。评估报告是由评估工作组完成全部评估工作后，对评估对象在评估年度内资本经营业绩、财务效益状况进行对比分析、客观判断形成的综合结论的文件。

（5）评估报告复核。在信用评估委员会进行评审时，首先要审核评估程序是否完整、评估方法是否正确、选用的评估标准是否适当、评估报告是否规范以及评估结论是否合理等。

4. 评估决定阶段

（1）通知被评企业或委托人。评估工作完成后，将评估结果通知被评企业或委托人，并告知评估所根据的理由和基础，如果被评估企业提出异议且意见合理，或者发现新的重大情况，应进行重审，对评估结果和结论进行调整。

（2）公布评估结果。评估结果确定以后，不仅要颁发《信用等级证书》，而且还要对被评估企业评估结果和结论，通过适当媒介向政府部门、金融机构、新闻单位及其他投资者公布（除非被评企业或委托人要求保密）。

（3）文件存档。评估机构将全部评估基础资料、工作底稿及评估报告进行整理，存入档案库妥善管理。同时，评估结果将报商务部、海关商检、外汇管理、银行、工商、税务等职能部门备案。

5. 跟踪评估阶段

（1）跟踪受评企业。评估工作结束后，评估机构需不断跟踪被评对象信用等级的变动情况，被评对象应按信用协议中的有关规定定期向评估机构提供有关资料，评估机构将指定评估分析员保持与被评对象间的经常联系。

（2）提供复评建议。若评估机构在跟踪过程中发现受评企业信用状况发生重大变化，如信用等级提高或降低，则评估机构将对受评对象提出复评建议。

（3）公布复评后的评估结果。若企业信用等级经过复评后确实发生变化，则更改后的评估结果会按照原先发布方式进行公布。

6.2　不同性质企业信用评估方法

6.2.1　制造业企业信用评估方法

制造业企业是指运用现代生产技术，从事工业生产经营活动，为社会提供工业性产品或工业性劳务，独立核算并获取利润，具有法人资格的商品生产经营组织。

中国的制造业分为三类：一是轻纺工业，包括食品、饮料、烟草加工、服装、纺织、皮革、木材加工、家具、印刷等，占我国制造业比重的30.2%；二是资源加工工业，包括石油化工、化学纤维、医药制造业、橡胶、塑料、黑色金属等，占33%；三是为机械、电子制造业，其中包括机床、专用设备、交通运输工具、机械设备、电子通信设备、仪器等，约占35.5%。

从信用评估的角度上看，该行业的以下几方面特征需要重点考虑：

（1）生产具有广泛的外部联系和灵活的适应性；

（2）制造业企业运用现代生产技术进行社会化大生产；

（3）制造业企业大规模地使用机器和机器体系进行生产；

（4）内部劳动分工精细，协作紧密，同时受到机器体系客观条件的制约；

（5）生产过程具有严格的比例性和高度的连续性；

（6）加入 WTO 后的影响因不同子行业而异，中国制造业总体技术水平不高的状况没有得到根本改观，而入世后将面临外国先进产品的巨大冲击。

制造业企业信用评估分为三部分，即定性分析、定量分析和特殊分析。评估制造业企业的信用状况，不仅要评估企业的货币支付能力、还贷能力和偿债能力，还要对企业的内在素质和经营管理水平及发展前景作出评估。如表 6-1 所示。

表 6-1　制造企业评估指标评分表

序号	指标名称	计算公式（序号代替）	考核期			实际值	得分	比例法评分依据		
			年	年	年			满分	参照值	实际值占参照值/%
甲	乙	丙	①	②	③	④	⑤=⑧×⑥	⑥	⑦	⑧=④/⑦
（1）	一、企业经营者素质							10		
（2）	法人代表经历							3		法人代表素质高满分，不及者减分。业绩突出并获上级授予荣誉称号满分，优者得满分，良者得2分，一般者得1分
（3）	企业业绩							4		
（4）	经营能力							3		
（5）	二、经济实力							20		
（6）	［1］净资产率	$\dfrac{(7)-(8)}{(7)}\times100\%$						10	工业大于25%，供销大于40%	
（7）	资产总额									
（8）	负债总额	或								
（9）	固定资产净值	$\dfrac{(9)+(10)+(11)}{(7)}\times100\%$								
（10）	在建工程									
（11）	长期投资									
（12）	［2］实际资本占全部资本的比率							10	工业大于20%，供销大于30%	
（13）	实收资本	$\dfrac{(13)}{(14)}\times100\%$								
（14）	资产总额									
（15）	三、偿债能力							20		
（16）	［1］资产负债率							7	50% 以下	
（17）	负债总额	$\dfrac{(17)}{(18)}\times100\%$								
（18）	资产总额									

续表

序号	指标名称	计算公式（序号代替）	考核期			实际值	得分	比例法评分依据		
			年	年	年			满分	参照值	实际值占参照值/%
甲	乙	丙	①	②	③	④	⑤=⑧×⑥	⑥	⑦	⑧=④/⑦
(19)	[2] 流动比率							7		
(20)	流动资产	$\frac{(20)}{(21)} \times 100\%$								
(21)	流动负债									
(22)	[3] 速动比率							6		
(23)	速动资产	$\frac{(23)}{(24)} \times 100\%$							60% 以上	
(24)	流动负债									
(25)	四、营运能力							20	0	
(26)	[1] 应收账款							10	10 次以上	
(27)	赊销收入净额	$\frac{(27)}{(28)} \times 100\%$								
(28)	平均应收赊款余额									
(29)	[2] 存货周转率							10	2.5 次	
(30)	销售成本	$\frac{(30)}{(31)} \times 100\%$								
(31)	平均存货余额									
(32)	五、经营效益							20		
(33)	[1] 资本金利润率							7	10% 以上	
(34)	利润总额	$\frac{(34)}{(35)} \times 100\%$								
(35)	资本金总额									
(36)	[2] 销售利润率							7	15% 以上	
(37)	利税总额	$\frac{(37)}{(38)} \times 100\%$								
(38)	销售净额									
(39)	[3] 成本费用利润率							6	15% 以上	
(40)	利润总额	$\frac{(40)}{(41)} \times 100\%$								
(41)	成本费用总额									
(42)	六、发展前景							10		
(43)	[1] 市场预测							4	产品畅销得满分，平销得 2～3 分，一般酌情扣分	
(44)	[2] 发展规划							3	发展目标增长达到水平得满分，否则减分	
(45)	[3] 主要措施							3	措施可行得满分，平淡者酌情扣分	

6.2.2　建筑业企业信用评估方法

建筑安装工程企业除具有一般制造业企业的基本特征外，还具有以下不同特点。

(1) 建筑安装工程一次性投资大，资金占用多、周转慢、风险大、见效慢，要求建筑安装企业有较雄厚的资金实力。

（2）建筑安装生产周期长，工程量大，经营状况受不确定因素的影响大，对建筑安装企业的经营能力与实力要求高。

（3）建筑安装企业的生产任务不稳定，生产条件多变，要求建筑安装企业有较高的组织管理水平和安全管理能力。

（4）该行业涉及的经营范围相当广，所以不同企业的利润结构差别非常大。

（5）建筑安装业作为与固定资产投资投入产出关联度最高的行业之一，是典型的产业政策导向型行业。

（6）由于工程建筑业总资产中固定资产、在建工程所占比例较大，因此《新企业会计制度》的"八项计提"对工程建筑业影响明显。

建筑安装工程业信用评估采用主观评估和客观评估相结合的方法，对被评对象的信用评估内容分为三部分，即定性分析、定量分析和特殊分析。

建筑业企业信用评估指标及不良行为记分标准如表6-2和表6-3所示。

表6-2　建筑业企业信用评估指标

内容	主要评价指标	标准	分数	评分办法
一、基本素质15分	1. 企业资质等	取得营业执照、资质证书、安全生产许可证、组织机构代码证等且在有效期内	3分	取得相应证书且在有效期内者得3分，缺一项不得分
	2. 公司组织机构及各项规章制度建设	组织机构健全、合理；规章制度完备，运行有效	4分	组织机构健全、合理，职责明确；各项规章制度严谨、健全，并能持续改进者得4分；质量、安全、合同、设备、材料采购、劳资等管理制度，每缺少一项减1分，减完为止
	3. 管理体系建立	质量管理体系认证；环境管理体系认证；职业健康安全管理体系认证	3分	获得国家认可的认证证书，实施效果良好，能持续改进者得3分；缺少一个管理体系认证减1分
	4. 信息化管理	建立办公自动化系统及单位网站	2分	建立办公自动化系统及单位网站，信息沟通渠道顺畅者得2分；缺少一项减1分
	5. 管理、技术人员专业结构配置	配置齐全、合理	3分	工程技术人员、项目经理、建造师等符合资质管理要求，专业结构配置齐全、合理；大专以上学历者占工程技术人员总数大于50%者得3分；管理、技术人员数量低于资质标准10%及以下的得1.5分，低于10%以上的不得分；大专以上学历者占工程技术人员总数每降低5%减0.5分
二、经营能力及财务指标15分	1. 企业净资产	符合相应的资质标准	2分	达到相应的资质标准得2分，低于相应的资质标准10%及以下的得1分，低于相应的资质标准10%以上的不得分
	2. 工程结算收入	符合相应的资质标准	2分	达到相应的资质标准得2分，低于相应的资质标准10%及以下的得1分，低于相应的资质标准10%以上的不得分

内容	主要评价指标	标　准	分数	评 分 办 法
二、经营能力及财务指标 15分	3. 劳动生产率	50万元	3分	按企业自有职工计算人均产值达到50万元者得3分；每降低5万元减0.5分，减完为止
	4. 净资产收益率	大于8%	3分	净资产收益率大于8%者得3分；每降低1%减0.5分，减完为止
	5. 资产负债率	小于75%	3分	资产负债率小于75%者得3分；每增加5%减0.5分，大于95%者不得分
	6. 产值利润率	大于3%	2分	产值利润率大于3%者得2分，每减少0.5%减0.5分，小于1%者不得分
三、管理指标 20分	1. 工程质量管理	工程质量合格率100%；优良率大于60%；无直接经济损失50万元以上的质量事故	6分	工程质量合格率低于100%者不得分；优良率每降低10%减1分；每发生一起经济损失50万元以上的质量事故者减1分
	2. 安全生产、文明施工管理	无生产安全较大事故发生；企业建立文明施工的标准、监督、考评制度；无环保、卫生、治安、消防等部门的重大处罚	4分	发生生产安全较大事故者不得分；企业未建立文明施工的标准、监督、考评制度者不得分；每受到一次环保、卫生、治安、消防等重大处罚者减0.5分
	3. 劳资管理	依法与劳动者签订劳动合同，按照规定为劳动者投保，不拖欠或克扣劳动者工资	3分	每发生1人次未签订劳动合同或未投保的，扣0.2分。因劳资纠纷发生重大群体事件且负有责任者不得分
	4. 工程机械设备管理	工程机械设备完好率大于90%；工程机械设备利用率大于70%	2分	工程机械设备完好率大于90%得1分；工程机械设备利用率大于70%者得1分；每一项不合格减1分
	5. 材料采购、构配件管理	材料采购、构配件检验验收制度健全	2分	有材料采购、构配件检验管理制度和专门的检验验收机构，记录真实、完整者得2分；无专门机构者不得分；无管理制度，检验、试验记录不完整、不真实者不得分
	6. 人力资源管理	职工继续教育经费占企业总产值比率大于0.5%；建立职工绩效考核与激励制度；劳务作业分包必须使用劳务企业	3分	职工继续教育经费占企业总产值比率大于0.5%，建立合理有效的职工绩效考核与激励制度，劳务作业分包使用劳务企业者得3分；每一项不合格减1分
四、竞争力指标 20分	1. 企业发展战略	建立企业发展战略	3分	建立企业发展战略，规划科学，目标明确，且有支撑保障体系得3分；无企业发展战略者不得分
	2. 技术创新规划	有技术创新规划或年度技术创新措施，有技术开发机构	4分	有技术创新规划或年度技术创新措施，有技术开发机构者得4分；每缺少一项减2分
	3. 研发经费投入	研发经费投入占企业总产值大于0.5%	4分	研发经费投入占企业总产值大于0.5%者得4分；每降低0.1%减1分

续表

内容	主要评价指标	标　准	分数	评　分　办　法
四、竞争力指标 20分	4. 技术创新成果	有科技进步奖、工法、QC小组活动成果奖	4分	近3年曾获得市级科技进步奖或省（部）级工法、省（部）级QC小组活动成果奖者得4分，没有者不得分；近3年曾获得省（部）级以上科技进步奖或国家级工法、国家级QC小组活动成果奖者，另加3分
	5. 标准化工作	企业具有详细的技术和管理标准，并得到有效实施；参与过部级标准的制定	5分	无详细的技术和管理标准者，减3分；近3年未参与部级标准的制定者，减2分；近3年参与过国家标准制定者另加3分
五、信用记录指标 30分	具体指标见《施工单位不良行为记分标准》（见表6－3）		30分	信用记录指标得分＝（100－企业因不良行为累计记分）×30%

注：本表所称生产安全较大事故，是指《生产安全事故报告和调查处理条例》（国务院令第493号）规定的"造成3人以上10人以下死亡，或者10人以上50人以下重伤，或者1 000万元以上5 000万元以下直接经济损失的事故"。

表6－3　建筑业企业不良行为记分标准

行为类别	序号	不　良　行　为	记分标准
资	1	未取得资质证书承揽工程的，或超越本单位资质等级承揽工程的	10
	2	以欺骗手段取得资质证书承揽工程的	10
	3	允许其他单位或个人以本单位名义承揽工程的	10
	4	未在规定期限内办理资质变更手续的	2
质	5	涂改、伪造、出借、转让《建筑企业资质证书》	10
	6	按照国家规定需要持证上岗的管理和作业人员持证率未达到100%的	持证率每降低10%减5分
承揽业务	7	利用向发包单位及其工作人员行贿、提供回扣或者给予其他好处等不正当手段承揽工程的	10
	8	相互串通投标或者与招标人串通投标的	10
	9	以向招标人或者评标委员会成员行贿的手段谋取中标的	10
	10	以他人名义投标或者以其他方式弄虚作假，骗取中标的	10
履行合同	11	不按照与招标人订立的合同履行义务，情节严重的	10
	12	将承包的工程转包或者违法分包的	10
	13	违反合同约定拖欠分包商及材料商工程款的	5
	14	对分包单位不进行监督管理的	5
工程质量	15	在施工中偷工减料的，使用不合格的建筑材料、建筑构配件和设备的	10
	16	不按照工程设计图纸或者施工技术标准施工的	5
	17	未按照节能设计进行施工的	5

行为类别	序号	不 良 行 为	记分标准
工程质量	18	未对建筑材料、建筑构配件、设备和商品混凝土进行检验，或者未对涉及结构安全的试块、试件以及有关材料取样检测的	5
	19	工程竣工验收后，不向建设单位出具质量保修书的，或质量保修的内容、期限违反规定的	3
	20	不履行保修义务或者拖延履行保修义务的	5
工程安全	21	主要负责人在本单位发生重大生产安全事故时，不立即组织抢救或者在事故调查处理期间擅离职守或者逃匿的；主要负责人对生产安全事故隐瞒不报、谎报或者拖延不报的	10
	22	对建筑安全事故隐患不采取措施予以消除的	5
	23	未设立安全生产管理机构、配备专职安全生产管理人员或者分部分项工程施工时无专职安全生产管理人员现场监督的	10
	24	主要负责人、项目负责人、专职安全生产管理人员、作业人员，未经安全教育培训或者虽经安全教育培训而考核不合格即从事相关工作的	5
	25	未在施工现场的危险部位设置明显的安全警示标志，或者未按照国家有关规定在施工现场设置消防通道、消防水源、配备消防设施和灭火器材的	5
	26	未向作业人员提供安全防护用具和安全防护服装的	5
	27	未按照规定在施工起重机械和整体提升脚手架、模板等自升式架设设施验收合格后登记的	2
	28	使用国家明令淘汰、禁止使用的危及施工安全的工艺、设备、材料的	10
工程安全	29	违法挪用列入建设工程概算的安全生产作业环境及安全施工措施所需费用的	5
	30	施工前未对有关安全施工的技术要求作出详细交底的	4
	31	未根据不同施工阶段和周围环境及季节、气候的变化，在施工现场采取相应的安全施工措施，或者在城市市区内的建设工程的施工现场未实行封闭围栏的	2
	32	在尚未竣工的建筑物内设置员工集体宿舍的	2
	33	施工现场临时搭建的建筑物不符合安全使用要求的	2
	34	未对因建设工程施工可能造成损害的毗邻建筑物、构筑物和地下管线等采取专项防护措施的	2
	35	安全防护用具、机械设备、施工机具及配件在进入施工现场前未经查验或者查验不合格即投入使用的	10
	36	使用未经验收或者验收不合格的施工起重机械和整体提升脚手架、模板等自升式架设设施的	10
	37	委托不具有相应资质的单位承担施工现场安装、拆卸施工起重机械和整体提升脚手架、模板等自升式架设设施的	10
	38	在施工组织设计中未编制安全技术措施、施工现场临时用电方案或者专项施工方案的	2

续表

行为类别	序号	不 良 行 为	记分标准
工程安全	39	主要负责人、项目负责人未履行安全生产管理职责的，或操作人员不服从管理、违反规章制度和操作规程冒险作业的	10
	40	施工单位取得资质证书后，降低安全生产条件的；或经整改仍未达到与其资质等级相适应的安全生产条件的	10

专栏　重庆建工集团2009年企业信用评估报告

信用等级：A+

评估主体：重庆建工集团有限责任公司

评估展望：稳定

评估观点

重庆建工集团有限责任公司（以下简称"重庆建工"或"公司"）主营建筑安装、路桥施工、市政建设以及房地产开发等业务。评估结果反映了公司面临良好的市场需求环境、资质等级较高、高附加值业务领域拓宽、得到重庆市政府较大支持等优势，同时也反映了公司在重庆市高端建筑市场面临竞争压力、区域建材价格较高、资产负债率较高、经营性净现金流的债务保障能力下降等不利因素。综合分析，公司不能偿还到期债务的风险较小。

预计未来1～2年，公司承接的高附加值工程所占业务份额将不断增加，其收入将得到提高，盈利能力保持稳定。大公对重庆建工的评估展望为稳定。

一、主要优势/机遇

● 重庆市固定资产投资保持较快增长带动了区域内建筑业发展。

● 公司是重庆市唯一具有房屋建筑工程施工总承包特级资质的企业；2007年公司与城建控股完成资产整合，拥有市政公用工程和桥梁工程专业施工总承包壹级资质，市场竞争力得到增强。

● 公司是重庆市最大的建筑企业集团，承接市政工程、基础设施等高附加值项目规模呈现增长趋势。

● 公司在资源整合、人员分流和税收等方面得到重庆市政府较大力度的支持。

二、主要风险/挑战

● 公司在重庆市高端建筑市场面临来自中央建筑企业集团的竞争压力。

● 重庆地区建材价格处于国内较高水平，公司成本控制压力较大。

● 公司资产负债率处于行业较高水平，应收账款的清收面临较大压力。

● 公司经营性净现金流波动性较大，2008年其对债务的保障能力下降幅度较大。

三、评估主体

重庆建工前身为重庆市建筑管理局，1998年经重庆市人民政府渝府〔1998〕51号文批准，整体转制为国有独资公司，工商注册地址为重庆市渝中区捍卫路8号，初始注册资本金为4.70亿元。根据重庆市财政局的批复，公司将历年财政退还的土地出让金转增国有资本，截至 2008 年年末，公司注册资本为 10.87 亿元。根据渝国资产［2007］181 号文件，2007 年重庆市国有资产监督管理委员会（以下简称"重庆市国资委"）将其对重庆建工的投资无偿划转由重庆建工投资控股有限责任公司（以下简称"建工控股"）持有。

2009 年 8 月 26 日，重庆市国资委以渝国资［2009］449 号文件批复，同意重庆建工增资扩股。建工控股与重庆市城市建设投资公司（以下简称"城投公司"）、重庆市江北嘴中央商务区开发投资有限责任公司（以下简称"江北嘴公司"）、中国华融资产管理公司（以下简称"华融公司"）以重庆建工经评估后的每股净资产为基础，以货币资金增资9.12 亿元。截至 2009 年 8 月末，重庆建工收到全部增资款项，注册资本增加至 15.69 亿元，资本公积增加 4.30 亿元。建工控股以 89.49% 的持股比例成为重庆建工的第一大股东。

资料来源：股城网 http://www.guchang.com 2009 年 11 月 24 日.

6.2.3 商业流通业企业信用评估方法

商业流通企业的主要特征是：经营利润较低，与其他行业相比，处于中下水平；经营依赖规模效益，需要较高的业务量支持；行业门槛较低，进出相对容易，但竞争十分激烈。

对商业流通企业进行信用评估时，必须充分考虑以上行业特性，结合具体企业的实际状况进行分析，才能得出正确的评估结论。在评估过程中，要求定性分析与定量分析相结合，针对企业所处的特定环境进行分析判断，综合评定企业的最终信用等级。其评估指标计分表见表 6 - 4。

表 6 - 4　商业企业评估指标计分表

序号	指标名称	计算公式（序号代替）	考核期			实际值	得分	比例法评分依据		
			年	年	年			满分	参照值	实际值占参照值/%
甲	乙	丙	①	②	③	④	⑤=⑧×⑥	⑥	⑦	⑧=④/⑦
(1)	一、企业经营者素质							10		
(2)	[1] 资历							3		高级职称满分，以下者酌情给分。业绩显著并获上级荣誉称号满分，没有者酌情给分或不得分。
(3)	[2] 业绩							4		
(4)	[3] 能力							3		优者满分，良者 1～2 分，一般不得分
(5)	二、经济实力							20		
(6)	[1] 固定资产净值率	$\frac{(7)}{(8)} \times 100\%$						10	50% 以上	
(7)	固定资产净值									

序号	指标名称	计算公式（序号代替）	考核期			实际值	得分	比例法评分依据		
			年	年	年			满分	参照值	实际值占参照值/%
甲	乙	丙	①	②	③	④	⑤=⑧×⑥	⑥	⑦	⑧=④/⑦
(8)	固定资产原值									
(9)	[2] 资本金占资产总额的比率	$\dfrac{(10)}{(11)} \times 100\%$						10	15% 以上	
(10)	资本金总额									
(11)	资产总额									
(12)	三、偿债能力								20		
(13)	[1] 资产负债率	$\dfrac{(14)}{(15)} \times 100\%$						4	60% 以下	
(14)	负债总额									
(15)	资产总额									
(16)	[2] 流动比率							4	110% ~ 130%	
(17)	流动资产									
(18)	流动负债									
(19)	[3] 速动比率	$\dfrac{(20)}{(21)} \times 100\%$						4	60% 以上	
(20)	速动资产									
(21)	流动负债									
(22)	[4] 购进款支付率	$\dfrac{(23)+(24)-(25)}{(23)+(24)} \times 100\%$						4	95%	
(23)	期初应付款									
(24)	本期购入总额									
(25)	期末应付款									
(26)	[5] 短期贷款偿还率	$\left[1-\dfrac{(27)}{(28)}\right] \times 100\%$						4	100%	
(27)	逾期贷款余额									
(28)	短期贷款总额									
(29)	四、经营能力								20		
(30)	[1] 商品销售率	$\dfrac{(31)}{(33)} \times 100\%$						5	100%	
(31)	商品销售成本									
(32)	商品购进总额									
(33)	[2] 销售回款率	$\dfrac{(34)}{(35)+(36)} \times 100\%$						5	零售98% 批发95%	
(34)	本年度销售回款率									
(35)	期初应收贷款余额									
(36)	本年销售收入									

续表

序号	指标名称	计算公式（序号代替）	考核期			实际值	得分	比例法评分依据		
			年	年	年			满分	参照值	实际值占参照值/%
甲	乙	丙	①	②	③	④	⑤=⑧×⑥	⑥	⑦	⑧=④/⑦
(37)	[3] 存货周转率	$\frac{(38)}{(39)} \times 100\%$						5	3～4 次	
(38)	销售成本									
(39)	平均存货余额									
(40)	[4] 全部流动资金周转率	$\frac{(41)}{(42)} \times 100\%$						5	比上期加速得满分	
(41)	销售收入总额									
(42)	平均流动资金占用率									
(43)	五、经济效益							20		
(44)	[1] 资本金利润率	$\frac{(45)}{(46)} \times 100\%$						10		
(45)	利润总额									
(46)	资本金总额									
(47)	[2] 销售收入利税率	$\frac{(48)}{(49)} \times 100\%$						10	10% 以上比上年增长满分，持平酌情利税为零不得分	
(48)	利税总额									
(49)	销售收入									
(50)	六、发展前景							10		
(51)	[1] 资本金增长率	$\frac{(52)}{(53)} \times 100\%$						5	15% 以上	
(52)	下年实收资本金增长率									
(53)	计划期预计资本金余额									
(54)	[2] 销售增长率	$\frac{(55)}{(56)} \times 100\%$						5	15% 以上	
(55)	下年销售计划增长额									
(56)	计划销售收入									

6.2.4 外贸企业信用评估方法

外贸企业是指企业有从事对外贸易（进出口）的企业，在国家规定的注册企业的相关领域内，这些企业对合法产品有进出口经营权。包括自营进出口的制造企业、三资企业等。对于此类企业要采取定性分析和定量分析相结合的方法，对企业履行各种经济承诺的能力及可信任程度进行综合判断。

外经贸企业信用评估分为三部分，即定性分析、定量分析、特殊分析。

定性分析主要考察影响企业经营的要素，包括行业风险、经营环境、企业素质、管理状况、会计政策等。

定量分析主要包括"资产规模与质量"、"盈利能力"、"偿债能力"、"现金流量"、"运营效率"、"发展前景"六个部分。

特殊分析主要包括考察时限、海关信用记录、商品检验检疫部门的信用记录、外汇管理部门的信用记录、工商行政管理部门的信用记录、商业银行和进出口政策性银行的信用记录、应诉准备及保险等方面。

进出口企业评估指标计分表见表6－5。

表6－5　进出口企业评估指标计分表

序号	指标名称	计算公式（序号代替）	参照值				实际值（年）	比率法评分数据	满分	评定分值
			前三年	前二年	前一年	三年平均				
甲	乙	丙	①	②	③	④	⑤	⑥＝⑤／④	⑦	⑧＝⑥×⑦
(1)	一、企业法人素质								5	
(2)	二、资金实力								22	
(3)	［1］企业自有资金增长率	$\frac{(4)-(5)}{(5)}\times100\%$							3	
(4)	本期所有者权益金额									
(5)	上期所有者权益金额									
(6)	［2］资产负债率	$\frac{(8)}{(7)}\times100\%$							5	
(7)	负债总额									
(8)	资产总额									
(9)	［3］流动比率	$\frac{(10)}{(11)}\times100\%$							5	
(10)	流动资产									
(11)	流动负债									
(12)	［4］速动比率	$\frac{(13)}{(14)}\times100\%$							3	
(13)	速动资产									
(14)	流动负债									
(15)	［5］短期贷款偿还率	$\left[1-\frac{(16)}{(17)}\right]\times100\%$							3	
(16)	逾期贷款余额									
(17)	短期贷款总额									
(18)	［6］贷款支付率	$\frac{(19)+(20)-(21)}{(19)+(20)}\times100\%$							3	
(19)	期初应付款									
(20)	本期购货款									
(21)	期末应付款									

序号	指标名称	计算公式（序号代替）	参照值				实际值（年）	比率法评分数据	满分	评定分值
			前三年	前二年	前一年	三年平均				
甲	乙	丙	①	②	③	④	⑤	⑥=⑤/④	⑦	⑧=⑥×⑦
（22）	三、经营能力								25	
（23）	［1］存货周转率	$\frac{(24)}{(25)} \times 100\%$							9	
（24）	销售成本									
（25）	平均存货余额									
（26）	［2］出口合同履约率	$\frac{(27)}{(28)} \times 100\%$							8	
（27）	实际履约合同总值									
（28）	应履约合同总值									
（29）	［3］全部流动资金周转率	$\frac{(30)}{(31)} \times 100\%$							8	
（30）	商品流通总额									
（31）	全部流动资金平均占用率									
（32）	四、经济效益								43	
（33）	［1］出口增长率	$\frac{(34)-(35)}{(35)} \times 100\%$							9	
（34）	本年出口额									
（35）	上年出口额									
（36）	［2］出口收汇率	$\frac{(37)}{(38)} \times 100\%$							9	
（37）	本年收汇额									
（38）	本年出口额									
（39）	［3］完成上交外汇计划率	$\frac{(40)}{(41)} \times 100\%$							8	
（40）	上交外汇实际数									
（41）	上交外汇计划数									
（42）	［4］全部资产创汇率	$\frac{(43)}{(44)} \times 100\%$							8	
（43）	全年出口率									
（44）	资产总额									
（45）	［5］盈利水平	$\frac{(46)}{(47)} \times 100\%$							9	
（46）	盈利总额									
（47）	商品流通总额（进出口及内销）									

序号	指标名称	计算公式（序号代替）	参照值				实际值（年）	比率法评分数据	满分	评定分值
			前三年	前二年	前一年	三年平均				
甲	乙	丙	①	②	③	④	⑤	⑥=⑤/④	⑦	⑧=⑥×⑦
(48)	五、发展前景								5	
(49)	[1] 出口增长率	$\frac{(50)}{(51)} \times 100\%$							2	
(50)	预测期出口额									
(51)	上年实际出口额									
(52)	[2] 出口创汇额	$\frac{(53)}{(54)} \times 100\%$							2	
(53)	预测期计划收汇额									
(54)	预测期计划出口额									
(55)	[3] 盈利水平	$\frac{(56)}{(57)} \times 100\%$							1	
(56)	预测期计划盈利额									
(57)	预测期计划流通总额									

6.2.5 旅游业企业信用评估方法

旅游业是一个综合性行业，它把行、住、吃、游、购、娱各个环节联为一体，提供"一条龙"服务，通过产业关联带动、吸纳就业等功能，推动和刺激着经济增长和社会进步。这个行业包括旅行社业、旅游资源业、酒店业三个子行业，其中旅行社在旅游产业体系中扮演着直接供应商、旅游中间商和旅游目的地接待服务的角色。旅游行业的特征主要表现在以下几个方面：① 经济发展的同步性和对环境的敏感性，是促进相关行业发展的巨大动力；② 劳动密集型行业，产业成本相对较低；③ 旅游资源存在一定的垄断性；④ 提供的产品是无形的，且产品的附加价值较高；⑤ 行业进入壁垒较低，行业内竞争非常激烈。

直接面对服务、产销合一，收益具有明显的季节性。因此，对旅游行业进行信用评估时，必须充分考虑以上行业特性，结合具体企业的实际状况进行分析，才能得出正确的评估结论。在评估过程中，要求定性分析与定量分析相结合，针对企业所处的特定环境进行分析判断，综合评定企业的最终信用等级。

1. 定性分析

定性分析主要考察影响企业经营的要素，包括行业风险、经营环境、企业素质、管理状况、会计政策等，这些方面很难依靠具体的财务指标进行公正的评估，只能通过定性判断得出，针对旅游行业，定性分析的内容主要包括以下几个方面。

（1）行业风险分析。行业风险分析是企业信用评估的起点，准确把握行业特点和行业环境是决定企业信用评估是否成功的关键。在进行行业风险分析时，要充分了解国家宏观经济环境、产业政策及相关法规的现状及发展趋势，对企业面临的行业风险作出综合评估，也对后面具体企业的评估起指导作用，为下一步评估工作确定重点。行业风险分析的内容主要包括：① 周期性；② 产业政策的变化；③ 行业内竞争程度；④ 行业的国际竞争力；⑤ 政治事件；⑥ 季节性经营；⑦ 汇率的波动。

（2）企业经营环境分析。针对旅游企业的行业特征，分析企业所处的经营环境时，主要从三个方面考虑：① 行业经济环境；② 区域经济环境；③ 企业的地理位置。

（3）企业竞争力分析。企业的竞争地位直接影响其获利能力，针对旅游业的三个子行业，在考核企业的竞争力时应着重考察以下方面：① 企业规模和网络化经营程度；② 旅游设施的技术装备水平、从业人员的科技水平；③ 多元化经营程度；④ 服务质量与服务创新；⑤ 成本控制；⑥ 外部支持。

（4）企业经营管理分析。经营管理分析是信用评估定性分析的重要方面，从企业经营的目的是企业价值最大化这个观点出发，企业经营管理水平高低的综合表现就是追求企业价值最大化的能力，也即是使创造盈利的能力和控制风险的能力达到最佳平衡的能力。具体分析的内容如下：① 对市场的应变能力；② 经营风险控制能力；③ 财务风险控制能力；④ 管理层素质；⑤ 公司的发展、经营战略。

（5）会计政策与财务报表可靠性分析。为了准确判断被评估企业的财务状况，必须考察被评估企业可能变更的会计政策对其各期财务报表的影响，以保证数据资料的可比性。针对旅游企业的经营特点，分析企业采用的会计政策时，需着重分析折旧原则、商誉和无形资产的确认。在对被评估企业财务报表进行分析之前，还需要判断财务报表的可信度。对已经注册会计师审计过的财务报表，应结合审计报告意见，重点分析财务报表的粉饰状况；对未经审计的财务报表，还需要判断财务报表中是否存在技术错误。可信度分析的目的是：财务指标进行定量分析时，帮助评估人员确信对财务指标数据的依赖程度，如果财务报表的可信度极低，则评估人员不能依赖对财务报表的定量分析判断企业的经营状况。

2. 定量分析

定量分析主要依靠企业财务数据，根据其所属的行业类型，通过一套较有针对性的指标计算得出的数据来分析企业的经营状况，对企业资产规模和质量、盈利发展能力、偿债能力、现金流状况以及信用状况作出总体评估。定量分析主要考察以下几个方面。

（1）资产规模和质量分析。在分析旅游业企业时，必须注重企业整体规模的大小，并与同行业平均水平对比，评估企业的总体实力。相对于其他行业，旅游业企业的资本结构中固定资产比重较大（旅行社除外），存货很少，因此在分析资产质量时，着重考察企业固定资产的质量，并注重无形资产的计价和摊销，考核资本流动性的意义不大。主要指标有总资产、资产负债率、固定资产比率。固定资产净值率用于考察酒店类和旅游景点类企业固定资产的质量，对旅行社不适用。

（2）盈利能力分析。盈利能力分析不仅要考察企业目前的盈利水平，更重要的是要对盈利的来源、构成及其稳定性，特别是价格的形成基础和成本构成进行深入分析，并对影响企业未来盈利能力的主要因素及其变化作出判断。旅游业主要依靠提供的服务获取收益，衡量旅游业盈利能力的主要指标有营业收入、资产利润率等。不同子行业营业收入的核算依据不同，如酒店类营业收入主要由客房出租、餐饮、洗衣、商品销售、电话服务构成，旅游景点的收入主要来自门票、纪念品销售、景点内餐饮服务，旅行社收入则主要来自组团、接团收入。

（3）偿债能力分析。企业正常营运活动产生的现金是实际偿还债务的主要资金来源，现金流量及其相关比率是衡量受评企业偿付能力的最具有现实意义的指标。主要考察指标包括负债总额/资产总额、经营活动现金流/流动负债、利息保障倍数、支付利息前的现金流量（FFO）/总债务。

（4）运营效率分析。企业的运营效率即考查经营能力的主要目的是判断企业资产的营运能力。主要指标包括：① 固定资产周转率；② 客房出租率（酒店类企业适用）；③ 旅游车辆利用率（旅行社类企业适用）。在考核企业运营效率时，应注重企业劳动力成本的变动趋势，与其他企业对比，分析企业有效控制成本的能力。衡量旅游企业控制能力的指标有人天成本、百公里成本、百元营业额成本、间天出租成本。

（5）现金流量分析。为了准确评估企业的现金流状况，通常需要对现金流量表进行调整，并着重测定以下现金流量：① 流动资金投资和支付利息前的现金流量（FFO），检验企业是否能够创造出营业现金盈余；② 流动资金投资后的营业现金流量，评估企业如何管理流动资金；③ 支付利息前的现金流量，评估企业偿还利息的能力；④ 支付股利前的现金流量，评估企业内部资助长期投资的金融灵活性；⑤ 外部融资后的现金净流量，检验企业的财务政策。

（6）发展前景分析。着重考察企业的成长性，考核的财务指标有主营业务收入增长率、净资产增长率。

3. 特殊分析

评估人员在对具体企业进行评估时，对可能影响企业经营的一些特殊事项也需进行评估，判断这些特殊事项对企业的影响。

（1）公共关系。评估企业的公共协调能力时，可通过考察企业管理层对过去事件的处理态度、媒体的报道、询问事件当事人等方法对企业的公共协调能力、社会形象作出综合判断。

（2）融资渠道。良好的融资渠道能使企业在资金短缺时及时筹集到所需资金，保证经营环节的畅通。主要考察企业与各商业银行的关系如何、融资方式等。

（3）或有事项。考核或有负债、或有诉讼、为其他企业提供担保等。

（4）其他特殊资源。

最后，需要强调的是，定性分析、定量分析和特殊分析不是各自孤立的，对企业进行信用评估时，往往同时应用，在进行定性评估时，量化指标进一步论证了定性分析的结果，而特殊分析贯穿于整个评估过程，评估过程始终围绕着企业的特定环境、特殊状况展开，最终评定企业的等级。

6.2.6 房地产开发企业的信用评级方法

房地产开发企业是国民经济中一个投资、经营和交易过程中需大量融资但投资回报和风险都较高的特殊产业，对国民经济有着极其重要的影响，无论是在直接融资市场或是间接融资市场中，房地产开发企业都占据着较大的一个比例。2007年11月，金诚国际信用评估有限公司重庆分公司在重庆对房地产企业进行了信用评级，在国内尚属首次。下面，我们将从定性和定量及特殊分析三个方面进行具体分析。

1. 定性分析

（1）行业风险分析。

房地产开发行业是一个存在巨大风险的行业，行业的总体波动性也比较强，在分析企业时，前提是必须对其行业的总体风险状况作一个分析，主要包括以下几个方面。

① 周期性。房地产开发行业是一个受国民经济波动高度影响的行业，整个产业的波动周期与宏观环境的波动情况往往呈现同步性。因此，在进行房地产开发企业的信用评级过程中，首先必须考虑整体国民经济的发展情况，参照通货膨胀率及货币投放量（M2）等数据，结合具体的行业销售情况等，对于总体行业所处的阶段作出基本的判断，然后才能在此基础上具体地就各项因素作进一步的分析。

② 政策因素。由于房地产行业对于国民经济的影响性比较重大，因此国家经常通过法律、法规等形式对于房地产行业进行规范、引导。往往一两个政策的出台就能决定整个市场的兴衰，因此，在对房地产开发企业的评估过程中，非常重视国家在房地产行业方面的政策导向及现行政策的影响因素，尤其关注在房地产金融政策、土地供应及管制、货币化分房政策以及经济适用房等方面的政策。这些方面的因素对于房地产开发企业的信用等级将有着极大的影响。

③ 行业趋势。就长远的行业生命周期而言，目前我国的房地产市场是处于一个相对良好的上升阶段，有效需求将持续增加，因此我们对房地产开发行业保持一个相对正面的评级，同时也密切关注着整个行业的发展趋势，将随时根据行业的总体发展对相关的评估标准进行调整。

（2）企业经营环境分析。

房地产开发企业具体的经营环境主要决定于其所经营的地域，主要包括以下因素。

① 地域的总体经济形势及人口。除了前述的国家整体经济形势影响因素外，由于各地区存在着相当大的差异性，因此在分析具体企业的情况时，必须考虑到该企业主要经营地区的发展状况如何，是否与企业的发展战略相适应，包括商业发达状况、居民人口及消费能力等。同时，还必须考虑到未来可能影响该地区发展的因素，这些因素都可影响到企业的发展。

② 历史状况及城市规划。经营区域的历史遗留状况及城市规划也是考察重点之一。因为房地产行业与其他产业的不同在于历史的遗留存货对于新楼盘的杀伤力较大，一般而言，存在大量历史遗留的空置楼盘地区，房地产行业的发展往往就会受到很大的限制；而另一方面，城市规划的成熟和规范性也会决定在该地区发展房地产的风险情况，在一个没有确定城市规划的地区进行房地产开发将有可能面临因城市规划变动造成的项目用途与周边环境不配套或无法上马等情况，最终导致开发项目的失败。

③ 地方的法规及税收等政策。除了行业的总体政策以外，地方性的法规及税收政策如地方性的土地管理措施及房产交易费用，包括契税的征收力度等都将直接影响房地产一级市场的开发成本及二级市场的发达程度，这些因素对于房地产开发企业都有着极大的影响。

④ 竞争程度。虽然房地产行业是个资金密集度高的行业，但由于国家对于房地产行业持一种鼓励的态度，对于进入并没有设置太多的障碍，加上过去房地产行业的高利润诱惑，造成房地产行业竞争性很强，良莠不齐，竞争手段也缺乏规范性。在这样的背景下，对于经营地区行业内的竞争程度分析就显得比较重要，若企业所经营地区竞争程度较剧烈，就必须考虑到其有可能受到不正当的竞争手段影响而出现的不利因素。

（3）企业竞争力分析。

在考虑房地产开发企业的竞争力时主要考虑下列因素。

① 背景实力。我们前面一再强调房地产企业的资金密集性质，这是由其行业特点所决定的。房地产项目的开发需要大量的资金，这是决定其竞争力的最重要的因素。特别是在国家进一步规范房地产行业的管理措施出台后，一些规模实力较弱的开发企业将在竞争中被逐渐淘汰，这个过程中将产生的大量信用风险是特别关注的。在分析企业的背景实力时，首先要明确的是，企业属于单一项目的开发企业还是综合开发企业，股东背景如何，在这个基础上才进行对其资金实力和开发资质级别等客观条件进行进一步考察。对于单一项目的开发企业，考虑到其经营的临时性和单一性质，无论从经营风险或财务风险各方面上看都有相当的风险性，原则上不会给予该类企业过高的信用等级。

② 品牌经营策略。房地产开发企业面对的是各个阶级均具的广大消费群，消费习惯和倾向千差万别，如何在这样一个市场中细分出一个符合企业自身特点的特定消费群，然后有针对性地进行开发及营销将是企业生存与发展的决定性因素。具体而言，在考察企业当中，其市场定位及经营策略是必须加以详细了解的：企业在项目开发中是否有明确的目标市场，楼盘的设计包装是如何根据其目标市场进行相应的调整，直至其整个营销过程中的相关细节都是我们关注的因素。当然，这里面还有一个非常重要的因素就是企业在市场中的品牌认同度，其企业品牌能否得到受众群的认同往往是项目成功与否的最重要的环节。

③ 营销网络。当企业具备良好的经营实力和正确的经营策略后，其营销网络的能力就成为关键因素。在此关注的不仅仅是销售体系及团队的覆盖面，更重要的是其对市场信息的捕捉分析能力，能否在这些信息的基础上作出合理有效的市场预测，最终还要看这部分信息能否有效地反馈到研发系统，体现到公司的发展计划和财务安排直至项目的开发风格及价格体系等一系列销售要因上，这其中还涉及其对于信息系统的应用问题。由于房地产行业属于价格敏感的行业，其定价过程与营销网络的互动机制是重中之重。近年随着地产代理商的发展，出现了不少发展商不再自行作市场销售，而是将整个楼盘的销售转给代理商进行，对于此类销售方式，我们必须就其中的关系小心地加以辨别。但总体而言，并不认同此种代理销售方式，因为它割裂了营销体系的连贯性，一旦市场出现变化，往往带来大量的风险。

④ 研发能力。房地产行业发展到现在已经摆脱了过去盲目的管理开发状况，对于目标市场的研究并进行相应的开发已成为竞争的绝对因素。这其中就包括了开发价位、地理位置、户型选择、物业管理、小区配套等一系列开发因素，一个有效的研发系统必须结合营销系统所反馈回来的市场信息进行相应的信息处理，根据市场有效需求对于上述一系列因素进行设计选择，以最终满足目标客户的需求。

⑤ 风险分散程度。在一般的企业信用评级当中，风险分散程度是考察其防范风险能力的重要指标，房地产企业同样不能例外，我们将就企业的经营区域、项目开发等情况进行综合考察，全面地把握其整体风险的分散状况作为评估其风险因素的重点。

⑥ 土地储备及价格优势。这部分的考虑因素是房地产企业所独具的，也是作为考察其长远发展能力的一个重要因素。由于土地资源的稀缺性和无置换性，要保证企业的长期持续发展就必须持有适量的土地储备，这已被所有成功的房地产开发公司所证明。除了简单的在量上对土地储备做考察，还必须了解其储备的土地质量如何，即土地的所在区域和可开发性，包括取得的来源途径如何都是必须加以关注的，因为这将牵涉日后的开发用途及周期等。除此之外，还必须重视土地取得的价格，由于国内土地取得方式的多样化，企业获得土地的价格也是参差不齐的，这往往能决定房地产开发企业的开发利润并最终影响企业的整体

盈利能力，因此必须特别关注。

⑦ 建商关系。房地产开发企业开发的产品最终都必须由建筑公司来完成，而且在资金往来上也往往和建商有着千丝万缕的联系，更为重要的是，建筑成本是房地产价格的重要组成部分，建商的情况将直接影响到开发成本的控制问题，所以在考察开发商的同时必须详细了解其与建商的关系。就国内的情况而言，许多大型的开发商都拥有自己的建筑队伍，或者由拥有相同股东背景的建筑公司来承担项目的实施，在这种情况下，相对而言比较能够保证在项目质量上的一致性。但必须看到，由于关系过分紧密，一旦在公司的管理体制上有所缺陷，往往由于权责不明形成弊端，因此，现在越来越多的开发商渐渐倾向于采用招投标的体系来决定建商。这种情况下又牵涉其招投标系统的科学合理性，而且这种情况下建商在资金等方面与开发商的配合度相对较低，这对开发商的实力提出了更进一步的要求，因此，在分析其与建商的关系时，必须全面地加以考虑才能客观地反映企业实情。

（4）企业经营管理分析。

在房地产开发企业的经营管理体系中，我们较为重视以下几点。

① 公司股权结构。如前所述，房地产开发是一个资金需求大、开发周期长、购众安全感需求强烈的行业，没有一个稳定有实力的股权结构不可能有一个稳定的经营环境来保证公司的持续经营，就不可能满足这个行业的基本需求，因此，对于房地产开发企业而言，股权结构状况更是需要重点考虑的因素。就国内现阶段的情况而言，我们认为有一个相对集中的股权结构是一个正面的因素，经验证明，由多方投资合成的开发商往往由于各方面的权力制衡设计影响了企业的发展。当然，这也必须结合企业的具体情况，如股东情况及治理结构等综合考虑，不可一概而论。

② 管理决策模式。由于房地产开发企业的决策风险极大，任何细小的决策失误带来的都将可能是惊人的财物损失，故而必须对其管理决策的模式有一个清晰的了解和认识，否则便无法探明其成功或失败的真正原因所在，也不可能发现企业潜在的风险而最终达到客观了解企业的目的。在此过程中，有必要深入公司内部，详细了解公司的治理结构，包括其决策的形成与制衡机制以及公司内部的激励机制，必须从管理的细节处一一加以确定，唯有如此，方能深刻地理解企业成败之内因。

③ 管理层素质。房地产开发是一项系统工程，有大量专业、烦琐的事务，对于管理层的综合能力要求极高，在这种背景下，管理层的从业经验就是相对能够把握的一项参考依据。必须说明的是，我们绝不仅仅从简单的数据上来看一个管理人员的从业经验，更重要的是其对各种业务的熟悉程度及认识深度，我们也会通过管理层会议来了解其在专业上的专业化程度，这些才能最终形成对于管理层综合能力的判断；除了综合管理能力外，也必须了解管理层的风险倾向，一个有着明显风险偏好的管理层往往会给企业带来极大的不确定性，甚至造成企业的失败。

④ 风险管理体系。房地产开发是一个高度风险的行业，这不仅体现在风险的程度高，而且还反映在风险面广，一个管理完善的公司就应该有一套完整合理的风险防范体系来应付各项不确定因素，避免由于个别风险因素而导致公司的财物损失。在考察企业的风险防范体系时，应当重点考察其对于政策面的风险防范准备以及面对市场波动时的应变措施，同时还有必要了解其在工程项目中的保险情况，只有在各方面因素都有确定合理的应对措施后，才能认为企业的风险防范体系足以保障企业的正常经营。

（5）会计政策与财务报表质量分析。

相较其他行业，房地产开发企业中会计失真的涉及面和严重程度往往会更高一些，重点对以下几项会计政策加以审查。

① 收入政策。对于房地产开发企业而言，商品房销售的收入确认原则往往是影响其报表质量的一个重大因素。可以发现，不同情况的开发商往往会采取截然不同的会计政策。一些较为保守稳健的开发商会到商品房开发彻底完工并验收合格、取得买方的付款证明并出具发票后才予确认收入，而一些希望提高收入和利润的企业就可能在商品房销售合同签订、取得买方付款证明后就予确认入账，这之间形成的销售收入差距可能高达上亿元甚至数十亿元，在评估过程中必须小心加以区别。除此之外，由于房地产销售的特别性，在销售合同中订立的某些特别条款也是必须注意的细节：

- 卖方根据合同规定，仍有责任实施重大行动，如工程尚未完工；
- 合同存在重大不确定因素，如买方有退货选择权的销售；
- 房地产销售后，卖方仍有某种程度的继续涉入，如签订有销售回购协议、卖方保证买方在特定时期内获得既定投资报酬的协议等。

当合同当中有类似上述的条款出现时，对于其采用的收入确认政策就应当更加小地加以区别。

② 合并报表依据。对于一些规模较大的房地产开发公司，往往有为数众多的异地子公司，这些子公司是否被合并入报表，其并入报表的依据如何？这些都是在分析报表前需要加以确认的。特别是一些具有一定知名度的公司，有可能存在异地子公司仅仅是利用其知名度，实际公司总部对子公司并没有控制权的情况存在，对此有明确的认识将有助于对公司的总体分析。

③ 土地价值的摊销。一般而言，有偿取得的土地使用权往往有一定的使用年限，这部分土地无论是计入"存货－开发成本"中或是计入"无形资产"中，都应该根据其使用年限进行相应的摊销，但就目前的情况来看，许多企业对此都未曾进行相应的摊销。加上国家目前对土地管理的相关规定，土地使用权取得后一定年限内如未进行开发，则存在被回收的风险，因此，这部分因素必须谨慎地加以考虑。

④ 其他会计政策。除了上述的几项准则外，下列几项因素也是房地产开发企业评估过程中应该加以重视的：

- 会计政策的变更情况及其原因；
- 借款费用的资本化情况；
- 各项减值准备的计提情况；
- 会计师事务所的审计意见及报表异常情况。

关于会计报表质量及可靠性，最直接和有效的信息来源于会计师事务所的审计意见，SCRC对于事务所的审计意见一贯重视，也往往能从其中获得有效的信息，最终形成对企业的评级意见。当然，除了审计意见外，我们也会根据自身的分析经验及技巧，对于报表中异常的情况加以分析，经过相应的实证程序最终形成评级意见。

（6）信用状况分析。

① 银行历史还款记录及现有不良贷款情况。我们认为银行的历史还款记录是最能够客观检验企业资金流动情况的一项指标，特别对于房地产开发企业这类高度依赖银行信用的企

业，如果存在着大量未及时还款的记录，表明其在资金的流动性上一定存在着较大的问题，而其现有的不良贷款情况就更足以说明情况的严重程度。需要说明的是，对这些数据并不是简单地采取定量化的分析方法，而是在量化的基础上作以考察其信用状况为目的的定性分析，原因就在于这些量化的数据后面往往还有大量的特殊情况存在，如果脱离了这些实际背景只对那些数据进行简单的处理必将扭曲企业的实际情况。

② 应收应付账款的清收清付情况。除了银行信用情况外，企业间的信用情况也是考察内容。对于房地产开发企业而言，我们分析的重点在于应付工程款的清付情况。必须强调的是，对于其应收应付款清收状况的分析建立在其业务周期的基础上，只有在其确实的业务周期上对应收应付款的清付分析才能确实地反映企业的真实信用状况。

2. 定量分析

（1）偿债能力。

作为资金密集型的行业，与其他类型的企业比较而言，房地产开发企业的负债普遍偏大，而历史经验也证明，负债不当往往是房地产企业失败的根本原因，因此其偿债能力是最为关注的因素之一。

① 长期偿债能力方面，主要考察"资产负债比"和"借款权益比"两项财务指标，在短期偿债能力方面则主要考察"流动比"和"利息保障倍数"两项财务指标。

② 对长短期负债结构的情况与企业的资产情况作对应分析，对于房地产开发企业中普遍存在的"短贷长用"的情况作具体分析，结合现金流量的分析，重点考察企业的短期偿债能力。

③ 结合定性分析中的信用状况分析情况，通过对管理层素质及借款性质多方面因素的了解综合分析企业的偿债意愿，作为定量化偿债能力的辅助分析。

（2）资产规模与质量。

房地产开发企业规模的大小往往是决定其竞争能力的一个根本性的因素，为了从客观的角度来分析企业的规模，采用"总资产"和"主营业务收入"两项财务数据来进行考察。我们主要通过对企业几年来的数据进行统计分析，经过稳定性的调整检验后，才予以定量化，从而能完整地对企业的持续经营状况及能力作一个相对客观的判断，避免因个别年份的市场波动造成的信息失真及扭曲。除了在数量上作分析外，还坚持一向的强调实质分析的特点，深入了解造成企业经营波动的根本原因，对于企业实质的资产质量有更进一步的考察，特别是对于在建工程或是开发完成的空置商品房所占的比例要加以明确，作为检验其资产质量的一个重点。

（3）盈利能力。

盈利是一切公司生存与发展的前提和动因，房地产开发企业当然不会例外，在此主要通过"EBIT/平均总资产"与"主营业务利润率"两项财务指标来检测企业的盈利能力。值得注意的是，房地产开发企业的业务利润率往往比较高，但其中的差别却十分大，这就需要我们结合其会计政策的采用及现金流量的具体分析进行综合判断，最终才能对其实际的盈利能力得出一个客观的判断。

（4）发展能力。

对于一个综合性的房地产开发企业而言，要在竞争中保持一定的市场份额，其后续的成长能力就是一个关键。对此，将通过两方面来进行考察。

① 历史成长能力，这主要通过对其前几年的"主营业务收入增长率"及"净资产增长率"两项财务指标加以考察，这里面还将加入对于总体的环境分析因素，进而对企业的成长能力有一个基本的评级。

② 未来的发展潜力，这主要通过其土地储备的情况及未来的融资可能进行综合分析，并要确实了解企业的发展规划，在此基础上才能判断出企业的总体发展潜力。

必须说明的是，对于单一项目的房地产开发企业而言，其后续的成长能力往往有限，除非是有二、三期项目后续开发准备的企业，我们会作为综合型企业来考虑，否则对于这类企业的成长能力情况将会予以大幅的调低。

（5）现金流量分析。

从前面的分析可以看到，无论在偿债能力或是盈利能力的分析上，我们都结合了部分的现金流量分析，这是因为现金流量的问题往往是造成房地产开发企业失败的原因。由于国内的特殊情况造成房地产开发企业普遍存在的长短期负债结构失衡，其在短期的现金偿还能力上往往会出现大量问题，因此，重点采用了两项侧重于偿债能力的现金流量指标进行分析——"经营活动现金净流量/流动负债"与"FFO/总负债"。对于其中涉及的报表调整问题，也会根据行业的特性进行相应的调整。此外，我们还将对企业的未来现金流量作一个预测，根据其项目的进展及销售的基本情况估算出未来的现金流入和流出的基本量，进而对企业可能出现的财务危机作出预警。

（6）运营效率。

由于房地产开发企业的运营周期较长，往往一个项目需要 2～3 年，如果在现有的以年为周期的报表制度内进行相应的运营分析，那么往往会有极大的偏差。因此，不采用简单的财务指标分析，而是针对其项目的周期进行具体的分析，通过计算具体项目的运营周期进行行业比较，结合考虑规模及地域等相关因素，以其效率在行业中的相对情况作为评判的标准。

3. 特殊分析

（1）法律诉讼。

对于房地产开发企业而言，由于在工程开发及商品房销售等多个环节上均很容易产生纠纷，因此法律诉讼是很常见的现象，在分析其情况时必须对此有足够的认识：一方面过多的法律诉讼表明这个企业在风险防范上有某种程度的缺失，应当检讨其中的问题，更重要的是对现有诉讼可能带来的风险损失作一合理的评估；另一方面，完全没有任何诉讼的企业也应该了解其是否有足够的经验和准备面对类似的情况，而不能一味地认为没有任何诉讼的企业就值得推崇。

（2）或有负债。

由于房地产开发企业对于银行借款的依赖性较大，因此存在着比较严重的相互担保等情况，特别是对于一些集团公司，在作评估时必须对此有足够的警戒，对其或有负债包括对外担保及保函等作逐一的审视，估算其承担的风险额与自身净资本额的配比程度，以此作为级别调整的依据。

（3）融资渠道。

既然房地产开发企业对于资金的依赖度如此之高，自然有必要对其融资的渠道和能力进行分析：在直接融资能力上，要分析其是否有能力和资格发行新股或进行增发、配股等再融资，或其发债的可能性；在间接融资上，重点考察其与银行的关系，这不仅仅关系着其自身的融资能力，同时也关系着其商品房在销售过程中有可能向银行争取的按揭条款等多项因素。此外，也必须考虑其股东的实力和投入决心，有无可能在公司资金困难的情况下给予一定的支持。

（4）公共关系

房地产开发行业很大的一个特点就是与各政府部门的关系十分密切，从土地的取得、项目的开发许可和建造规划一直到预售的许可、验收直至产权证的颁发等无一不和政府部门相关，因此，其公共关系的能力是一项至关重要的因素。一个公关能力薄弱的公司在经营费用和周期上必然与一个有着良好公共关系的公司有极大的落差。在分析房地产开发企业时必须考虑其在此方面的特殊能力，对于某些拥有特殊资源的公司应该将这部分因素考虑进去，作为公司综合能力的一种体现。

6.3　中小企业信用评估

6.3.1　中小企业信用评估概述

1. 中小企业信用评估的特点

中小企业的投资主体和所有制结构多元，非国有企业为主体，决定了当前中小企业工作要以发展为重点；中小企业劳动密集度高，两极分化突出，就业容量和就业投资弹性均明显高于大企业。如果仅从揭示风险的角度来看，单户中小企业的评估与大型企业的信用评估没有什么不同，但正是由于中小企业的上述特点，造成在对中小企业进行信用评估时，有着不同于大型企业的特点。

（1）中小企业信用评估，信息获取难度加大。相对于大企业来说，中小企业基本上不会公开企业的基本信息、财务信息、融资信息等，想从公开渠道获取中小企业信息的难度更大，需要通过征信来获得更多的信息。

（2）中小企业波动较大，评估频度应适当增加。由于中小企业发展较快，未来情况变数较多，存在诸多不确定因素，因此应适当增加跟踪评估频度，及时获取企业最新信息，并以此来对评估结果进行修正。

（3）中小企业提供的信息存在失真现象，在评估时应仔细甄别，以得到较为准确的评估结果。一般来说，中小企业提供的各种信息可信度较差，尤其是企业的财务数据，对工商、税务、海关、商业银行等部门提供的财务报表往往不一致，有时与真实情况差别较大。这就需要在评估时增强对真假信息的鉴别能力，去伪存真，以期得到准确、公正的评估结果。

（4）适当增加定性分析比重，并充分考虑企业法人代表（负责人）的影响。由于多数中小企业内控制度不尽完善，企业法人代表（负责人）对公司影响较大，缺乏有效的制约机制，因此在评估时应充分考虑中小企业法人代表对企业的影响力、个人综合素质、个人信用记录等情况，并在定量分析的基础上，应适当增加此类定性分析的比重。

2. 中小企业信用评估的作用

（1）提高金融机构参加信用评估的积极性。对外提供中小企业信用报告，拓宽了金融机构获得企业外部评估信息的渠道，金融机构既可以通过直接申请评估公司对中小企业进行信用评估，也可以随时通过征信中心提取企业评估信用报告，金融机构获得中小企业外部评估信息方便快捷，有利于充分调动金融机构参加中小企业信用评估的积极性。

（2）可以调动中小企业参加评估的积极性。目前，中小企业参加信用评估的最主要目的就是为了获得银行信贷支持，一旦评估结果得到有效应用，中小企业就有可能积极参加信用评估。

6.3.2 中小企业信用评估指标

中小企业信用评估指标体系应该以分析企业的债务偿还能力为核心，结合中小企业的特点，并充分考虑企业的基本素质、经营情况、产业政策、宏观经济环境、履约情况发展前景等因素，立足于揭示企业的经验风险，结合定性与定量分析、动态与静态分析，参照指标体系，客观公正地得出中小企业资信级别。指标体系包括偿债能力、获利能力、经营效率、信用状况、企业素质、发展前景六个方面，具体指标有经济环境、国家产业政策、政策法律环境、行业现状及业务性质特点、行业所处生命周期阶段、行业竞争状态与企业地位、地理经济环境、企业产权结构和治理结构、经营管理体制、人力资源分析、核心竞争能力、财务风险政策偏好、企业经营效率、财务报告质量、财务构成分析、盈利能力、偿债能力，同时还应根据不同行业的不同特点分别设置相应的指标取值和权重。

6.3.3 中小科技型企业信用评估方法

1. 中小科技型企业的发展状况

中小科技型企业的发展经历了技术酝酿与发明阶段（种子期）、技术创新阶段（导入期）、技术扩散阶段（成长期）和工业化大生产阶段（成熟期）四个阶段。

总体上看，中小科技型企业的科技含量较高，产品或服务市场紧缺，成长性良好。根据有关研究结果，最具成长性的不是规模最小的企业，也不是规模最大的企业，而是规模达到一定程度的企业。据有关调查和研究，在我国工业企业中，成长最快的企业主要为规模在1亿～2亿元之间的企业，其次为规模在2亿～5亿元之间的企业。据有关调查，我国全部中小型企业中，成长型中小企业的比重只有30.42%。也就是说，我国仅有三成左右的中小企业具有一定的成长潜能，而七成左右企业的发展能力是很弱的。烟草加工业、电子及通信设备制造业、化学纤维制造业、有色金属冶炼及压延加工等行业的中小企业，获得稳定成长的规模经营要求较高；而木材及竹材采运业、煤炭采选业、非金属矿采选业、黑色金属矿采选业等行业的中小企业，获得稳定成长的规模经营要求较低。劳动密集型和技术、资本有机构成相对较低的产业，如纺织业、化学原料及化学制品制造业、食品加工业、非金属矿物制品业、金属制品业等仍是我国中小企业的优势产业；一些规模经营要求高或国家限制发展的产业，如石油及天然气开采业和木材及竹材采运业，黑色金属矿采选业和烟草加工业等部门中中小企业的成长性则很低。

另根据有关学者对美国中小企业的研究，在全部中小企业中，约有68%的企业在第一个5年内倒闭，19%的企业可生存6～10年，只有13%的企业寿命超过10年。我国民营企业的平均寿命为4～5年。对我国中小科技型企业尚没有类似的统计，但有关中小企业的统计数据可以供我们参考。

2. 中小科技型企业的特别风险

（1）过于集中风险。如市场过于依赖某个客户，市场拓展过于依赖某个人，以及经营管理或者技术等关键因素等过于依赖某个人，企业过于依赖某种产品等。

（2）法律风险。由于我国中小企业在发展中往往存在这样那样的问题，一旦政府官员更迭、政策变更，就有可能引发法律纠纷甚至犯罪问题。如环保政策等政府的政策就很容易使中小企业关闭。

（3）财务真实性风险。不少中小企业财务管理制度不健全，账目随意性较大，收入、成本不真实，资产不真实，调查核实难度大。

（4）抗风险能力低。包括资本的后续来源比较容易枯竭、产品的更新换代容易出问题、财务弹性低、自然灾害威胁大、事故率高而保险少等。

据标准普尔（S&P）对 1981 年 1 月 1 日至 1999 年 12 月 31 日 9 200 个被评对象的统计，5 年、10 年和 15 年期平均累计违约率（%）与其给出的信用等级之间的对应关系见表 6 - 6。从表中可以看到，信用等级越高，违约率越低，信用等级越低，违约率越高，BBB 级 10 年的违约率仅为 3.68%；投资级与投机级的违约率有明显的差异，BB 级 10 年违约率高达 15%。

表 6 - 6　各等级的违约率（%）

信用等级	AAA	AA	A	BBB	BB	B	CCC
5 年违约率	0.10	0.25	0.49	1.8	9.22	21.44	42.13
10 年违约率	0.51	0.79	1.41	3.68	15.00	27.88	46.53
15 年违约率	0.51	1.07	1.83	4.48	16.36	29.96	48.29

总之，由于中小科技型企业一般规模较小，可供抵押的物品少，财务制度不健全、破产率高，所以它们向银行贷款和利用商业信用等方式融资比较难，信用等级不可能很高。按照严格的评估含义和国际评估标准，根据我国中小企业的实际风险情况，小企业的信用等级可能普遍在 BB 级以下，中型企业才有可能达到 A 级水平。

3. 中小科技型企业信用评估有关事项

中小科技企业的信用评估与一般企业的信用评估的基本原理是相同的，即高信用必须有良好的盈利能力和可预测的未来发展、良好的财务结构和偿债能力。由于中小科技企业普遍具有的一些特点，信用评估过程中应特别注意。

（1）有关行业分析。每个中小科技型企业都是处在特定行业中的，如生物工程与制药，向某个行业提供软件的企业，为计算机配套服务的行业等。由于相关行业的发展和竞争特点不同，每个中小科技企业所面临的市场环境会有较大差别。在对中小科技企业进行分析时，应确切地把握与之相关的行业的发展情况及未来的竞争态势和竞争焦点，从而为判断企业的发展奠定坚实的基础。

（2）企业的经营管理分析。由于中小科技企业普遍历史较短，经营业绩不完全具备预测的基础，更难以预测，因而必须对基础素质方面更加关注，以尽可能把握企业未来的经营发展态势。比如，对企业的技术状况和开发能力的分析，对企业的主要经营管理人员和技术人员的分析，对企业内部管理体制的分析，对市场潜力和市场能力的分析，对未来发展的综合分析。

（3）有关财务分析。总体上看，中小科技企业资产规模不大，资产主要为流动资产、无形资产，负债主要为应付账款，自有资本不是很大，股东的实力往往也不大。对中小技企业财务结构分析，一是重点对企业自有资金增长机制的分析，即能否根据企业发展的需要，股东继续投资或引入风险投资等；二是重点分析企业项目或经营资金投入及其产出的情况，分析其资金流出和流入，从而对其未来的资产负债结构作出判断；三是结合前面的分析，对企业未来的盈利能力和偿债能力作出比较客观的预测。

（4）评估基准。主要包括各行业相关指标的平均数和各种参考值等定量标准，如资产周转率、存货周转率、销售利润率、负债比率、利息倍数、债务保护倍数等；也包括有关定性的标准，如企业管理水平、经营规模与水平、内部风险控制水平等的判定原则和标准。

6.4　上市公司信用评估

为了适应市场经济发展和经济全球化的趋势，我国信用评估事业从 21 世纪初开始稳步推进，并在加强信用管理、防范金融风险、建立社会信用体系等方面初显作用。

6.4.1　上市公司信用评估的作用

（1）上市公司信用评估对于发行股票的企业来讲，通过信用评估使发行企业获得与其资信状况相符合的资信等级凭证，有利于发行企业降低发行证券的成本和费用，有利于发行的成功。因此，在一定意义上讲，资信等级凭证是拟发行企业的经济身份证书。

（2）对于已上市的企业来讲，通过资信等级的评定，有利于揭示本企业的信用风险，促进该企业完善治理结构、优化财务结构、调整产品结构等，降低经营的风险，促进企业的可持续发展。

（3）对于证券投资者来讲，上市公司信用评估有利于证券投资者获得较为充分的证券投资信息，根据投资者对于风险和收益的偏好不同，选择合理的投资品种或合理的证券投资组合。

（4）对于政府来讲，上市公司信用评估有利于政府有关机构从证券信用评估的结果中获取信息，从总体上把握有关对国计民生有重大影响企业的资信状况、有关行业的信用风险或国家金融、经济的风险，从而有利于政府有关监管部门采取合理、适用的监管措施和手段，保证金融和经济的运行安全。

（5）上市公司信用评估将为国外的投资者提供中国证券市场发展的信息，从而为国外资本的流入、我国国有企业的产权结构调整、产业结构的调整、公司治理结构的完善等起到重要的作用。

6.4.2　评估指标的选择

反映企业信用风险的指标可以分为定性指标和定量指标，其中定性指标反映企业非财务方面的指标，可以分为管理水平、市场竞争力、行业风险、发展前景和外部影响因素等。上市公司信用评估定量指标大致可以分为四类，见表 6-7。

表 6 – 7　上市公司信用评估定量指标体系

指标分类	代表性指标	
偿债能力状况	长期偿债能力 （1）资产负债率 （2）负债总额/EBITDA （3）负债总额/有形净资产比率 （4）利息保障倍数 （5）长期资产适合率 （6）全部资本化比率 （7）行业债务结构的特征值 （8）经营活动现金流量/本期到期的长期负债 （9）三年平均经营活动净现金流量/负债总额	短期偿债能力 （1）流动比率 （2）速动比率 （3）现金比率 （4）现金流动负债比率 （5）非筹资性现金净流入/流动负债 履约能力 （1）贷款利息偿付率 （2）还贷比率 （3）担保比率
财务效益状况	（1）净资产收益率 （2）主营业务利润率 （3）总资产报酬率 （4）成本费用利润率	（5）净利润率 （6）经营活动现金流入量/销售收入 （7）经营活动净现金流量/净利润 （8）盈余现金保障率
资金营运能力	（1）总资产周转率 （2）流动资产周转率 （3）存货周转率	（4）应收账款周转率 （5）不良资产比率 （6）资产损失比率
发展能力与潜力	（1）三年销售平均增长率 （2）资本积累率 （3）三年利润平均增长率	（4）三年资本平均增长率 （5）三年总资产平均增长率 （6）主营业务利润增长率

根据上述四类指标，在反映企业偿债能力的指标上选择流动比率和资产负债率，在反映企业财务效益的指标上选择主营业务利润率，在反映企业运营能力的指标上选择总资产周转率，在反映企业发展能力指标上选择主营业务收入增长率、主营业务利润增长率和总资产增长率。

6.4.3　上市公司违约概率信用评估方法实例

将上市公司的违约概率映射到不同的信用等级上，从而实现对公司的信用评级。简单划分信用等级的方法是将概率空间 [0，1] 分成不同的区段，不同的区段代表不同的信用等级，从而建立信用内部评级体系。

根据样本公司违约概率的实际分布情况，参考穆迪和标准普尔公司信用评级体系中的期望违约概率的统计特征，本文将概率空间 [0，1] 划分为 8 个级别（如表 6 – 8 所示）。该等级类似于穆迪、标准普尔等的等级划分，分别对应于 AAA、AA、A、BBB、BB、B、C 七级和违约级 D 共八个信用等级。

表 6 – 8　信用等级划分标准违约概率表

信用等级	理论违约概率区间
AAA	[0，0.02%）
AA	[0.02%，0.15%）

信用等级	理论违约概率区间
A	[0.15%，0.5%)
BBB	[0.5%，1.7%)
BB	[1.7%，4.7%)
B	[4.7%，6%)
C	[6%，15%)
D	[15%，100%)

　　根据表6-8中的信用等级划分标准，选取1999、2000、2001、2002、2003五年作为样本期限，对上海和深圳证券交易所的A类上市公司进行了模拟信用评级，剔出一些数据不足一年的公司，实际的有效样本数为：1999年805家上市公司、2000年900家上市公司、2001年1 029家上市公司、2002年1 103家上市公司、2003家1 182个上市公司（数据来源于上海万得资讯科技有限公司提供的Wind金融数据库），利用数据库中的股票日数据对上市公司进行模拟信用评级，评级的结果如表6-9所示。

表6-9　1999—2003年上市公司信用评级表

信用等级	1999年		2000年		2001年		2002年		2003年	
	公司数量	比例	公司数量	比例	公司数量	比例	公司数量	比例	公司数量	比例
1	2	0.25%	3	0.33%	3	0.29%	3	0.27%	9	0.76%
2	19	2.36%	65	7.22%	25	2.43%	14	1.27%	102	8.63%
3	61	7.58%	253	28.11%	112	10.88%	62	5.62%	199	16.84%
4	279	34.66%	427	47.44%	467	45.38%	281	25.48%	394	33.33%
5	354	43.98%	127	14.11%	346	33.62%	571	51.77%	355	30.03%
6	47	5.84%	11	1.22%	22	2.14%	70	6.35%	37	3.13%
7	41	5.09%	13	1.44%	48	4.66%	101	9.16%	75	6.35%
8	2	0.25%	1	0.11%	6	0.58%	1	0.09%	11	0.93%
总计	805	100%	900	100%	1 029	100%	1 103	100%	1 182	100%

资料来源：垄扑，何旭彪.我国上市公司内地信用风险评级方法研究［EB/OL］. www.doc88.com.

　　从表6-9中可以看出，上市公司整体的信用评级呈近似正态分布，中间级别公司数量较多，两极级别公司数量相对较少。这是由于中国证券市场对公司上市有着较为严格的审批审查制度，上市公司的盈利能力和财务状况一般较强，所以表现为较好的信用品质。同时，C级和D级公司数据较少的结论与中国上市公司中债务违约甚至破产的公司极为罕见的事实也是一致的。

　　从上市公司样本的等级分布特征分析，结果基本与穆迪和标准普尔等国际权威评级公司的评级结果的特征一致。

本章小结

　　本章主要内容有企业信用评估及其重要性，企业信用评估不能得到广泛开展的障碍，企业信用评估方法及应用，对工业企业、商业企业、贸易企业、进出口企业、旅游企业等评估指标体系进行了介绍和描述，对中小企业信用评估现状和发展作出了分析。

本章重点是企业信用评估方法和各行业企业信用评估指标体系的设计与应用。

本章的难点是如何针对不同的企业进行有效性地设计信用评估指标体系并加以应用。

思考题

1. 企业信用评估有何特点？
2. 企业信用评估常用的方法有哪些？
3. 不同行业的企业评估指标设计应注意哪些方面？
4. 中小企业信用评估现状如何？

案例分析

应用中国建设银行内部企业信用评估指标体系对长安汽车股份有限公司（以下简称"长安汽车"）进行信用评估并确定信用等级。

中国建设银行内部企业信用评估指标体系

	指　标	计分标准	说明	得分	计算公式
一、市场竞争力 C	经营环境（5分）	企业得到国家、地方的多方面支持，交通信息等外部条件很好，所在行业竞争环境、地区法律环境好得5分；虽然得到一定的支持，但条件有限，环境一般得2分；经营环境不好不得分			
	经营设施的先进性（5分）	采用的技术手段、技术设备、经营装备很先进，企业的经营设施良好，带给企业较强的竞争优势得5分；使企业具有竞争优势得4分；经营设施处于中上水平得3分；经营一般得2分；较差不得分			
	质量管理（5分）	通过 ISO 9000 系列质量管理认证或未参加认证但企业有严格、规范的质量管理制度得5分；有规范的质量管理制度得4分；有较规范的质量管理制度得3分；企业质量管理体系不完善得1分；没有质量管理体系不得分			
	市场拓展和销售渠道（5分）	企业市场拓展能力强，拥有很好的销售网络和经营渠道，运作良好得5分；市场拓展能力较好，具有较好的经营渠道得4分；市场拓展能力一般，销售网络和经营渠道初具规模得3分；市场拓展能力较差，销售网络和经营渠道存在一定问题得1分；市场拓展能力差，缺乏有效的经营渠道不得分			
	小计				

指　标		计分标准	说明	得分	计算公式
二、流动性L	流动比率（5分）	5×（比率−不允许值)/（满意值−不允许值）			流动资产/流动负债
	速动比率（5分）	5×（比率−不允许值)/（满意值−不允许值）			（流动资产−存货)/流动负债
	应收账款周转率（5分）	5×（比率−不允许值)/（满意值−不允许值）			销售收入净额/（应收账款平均余额＋应收票据余额）
	本息保障倍数（5分）	5×（比率−不允许值)/（满意值−不允许值）			（利润总额＋折旧＋摊销＋财务费用−应收账款增加−应收票据增加＋应付账款增加＋应付票据增加)/（财务费用＋本年度到期的借款）
	小计				
三、管理水平M	主要管理人员的素质和经验（5分）	企业领导人有丰富的管理经验，管理能力很强，经营历史业绩显著，个人有良好的社会声誉得5分；企业领导人管理能力强，有较好的管理经验得4分；企业领导人管理能力强，有一定的管理经验得3分；企业领导人员管理能力、管理经验一般，但其信誉较好得2分；其余不得分			
	管理结构的合理性（5分）	客户有合理的班子结构，班子团结，相对稳定，信息流通顺畅，内部监督制度完善，激励约束机制健全，人力资源配置合理得5分；上述方面较好，但存在某些不足得4分；在上述方面中个别方面存在一定的缺陷得2分；在上述各方面中存在较大缺陷不得分			
	资产报酬率（5分）	5×（比率−不允许值)/（满意值−不允许值）			（利润总额−财务费用)/年平均总资产
	贷款本息按期偿还率（5分）	5×（比率−不允许值)/（满意值−不允许值）			当期归还银行贷款本息数额/当期累计应归还银行贷款本息数额
	小计				

	指　标	计分标准	说明	得分	计算公式
四、其他 P	资产负债率（5分）	5×（比率－不允许值）/（满意值－不允许值）			负债/资产
	销售收入（5分）	销售收入有稳定来源，并保持良好的增长势头得5分；收入稳定得3分；销售收入来源不稳定，下降严重不得分			
	行业的稳定性和前景分析（5分）	行业稳定且前景较好得5分；行业稳定且前景一般或行业不稳定但前景较好得3分；行业变动大且前景差不得分；其他得1分			
	重大事项分析（5分）	重大事项对企业有积极的正面影响，基本没有负面影响得5分；正面影响较大得3分；负面影响比较明显，企业面临很多问题不得分			
	小计				
总计					

在评估时，每项指标均为5分，总分为80分。定性指标参照表中计分标准评定，如与计分标准不相吻合，评估人员可根据实际情况判断定分。定量指标计算均采用年度财务报告中的数据，采用"比率分析、功效记分"方法。比率分析是指每一项指标都采用比率形式进行比较分析；功效记分是在选定的指标体系的基础上，对每一项指标都确定一个满意值和不允许值，然后以不允许值为下限，计算各指标实际值相当满意值的程度，并转化为相应的功效分数，计算公式如下：

$$该指标评估得分 = 5 \times (指标的实际值 - 指标的不允许值) / (指标的满意值 - 指标的不允许值)$$

凡实际指标比满意值更好的得满分，比不允许值更差的不得分。各项指标的满意值和不允许值按行业分别规定如下所示（其他行业从略）。

	钢铁		机械		医药		房地产开发	
	满意值	不允许值	满意值	不允许值	满意值	不允许值	满意值	不允许值
资产报酬率	7%	2%	7%	2%	8%	2%	8%	2%
贷款本息按期偿还率	100%	80%	100%	80%	100%	80%	100%	80%
资产负债率	65%	85%	65%	85%	65%	85%	70%	90%
流动比率	1.5	1	1.5	1	1.5	1	1.5	1
速动比率	1	0.5	1	0.5	1	0.5	1	0.5
本息保障倍数	1.5	1	1.5	1	1.5	1	1.5	1
应收账款周转率	8	2	8	1	2	1	0.8	0.1

企业信用等级确定：

AAA级：企业生产经营规模达到一定经济规模，市场竞争力很强，有很好的发展前景，流动性很好，管理水平很高，具有很强的偿债能力，对建设银行的业务发展很有价值。

AA级：企业市场竞争力很强，有很好的发展前景，流动性很好，管理水平高，具有强的偿债能力，对建设银行的业务发展有价值。

A级：企业市场竞争力强。有较好的发展前景，流动性好，管理水平较高，具有较强的偿债能力，对建设银行的业务发展有一定价值。

BBB级：企业市场竞争力一般，发展前景一般，流动性一般，管理水平一般，企业存在需要关注的问题，偿债能力一般，具有一定风险。

BB级：企业市场竞争力、流动性和管理水平较差，发展前景较差，偿债能力较弱，风险较大。

B级：企业市场竞争力、流动性和管理水平很差，不具有发展前景，偿债能力很弱，风险很大。

F级：不符合国家环境保护政策、产业政策和银行信贷政策的企业，或贷款分类结果属于可疑或损失类的企业。

企业信用等级根据企业评估指标得分评定，F级企业不评分，根据评估条件直接评定。企业信用等级评定依据如下所示。

信用等级	总分S	市场竞争力C	流动性L	管理水平M	其他P	说明
AAA	$70 \leq S$	$15 \leq C$	$15 \leq L$	$15 \leq M$	不限定	
AA	$60 \leq S < 70$	$12 \leq C$	$12 \leq L$	$12 \leq M$	不限定	
A	$50 \leq S < 60$	$9 \leq C$	$9 \leq L$	$9 \leq M$	不限定	单项分不满足条件的下调一级
BBB	$45 \leq S < 50$	不限定	不限定	不限定	不限定	
BB	$40 \leq S < 45$	不限定	不限定	不限定	不限定	
B	$S < 40$	不限定	不限定	不限定	不限定	
F	不符合国家环境保护政策、产业政策和银行信贷政策的客户或贷款分类结果为可疑和损失类的客户					

企业信用等级有效期为一年，从审批认定之日起计算。在有效期内，企业经营状况发生重大变化，如重大建设项目、重大体制改造、重大法律诉讼和对外担保、重大人事调整、重大事故及赔偿等对企业履约能力有一定影响的，将重新对其评估。

评估结果（信用等级）：_____

评估对象：_____   评估机构：_____

评估人员：_____   评估时间：_____

附：

长安汽车股份有限公司相关资料

公司简介：公司前身长安汽车有限责任公司，1996年年底作为独家发起人，以其生产相关资产、技术开发等及重庆长安铃木汽车有限公司中长安公司所拥有的部分净资产折国家股 50 169 万股，1996 年 10 月首次发行境内上市外资股 25 000 万股，经 1997 年 5 月 23 日发行后，上市时总股本达 87 619 万股，其内部职工股 3 700 万股与公众股 8 300 万股于 1997 年 6 月 10 日在深交所上市交易期满半年后上市。

经营范围：汽车（含轿车），汽车发动机系列产品，配套零部件，模具，工具的开发，制造，销售，机械安装工程，科技咨询服务，自营和代理各类商品和技术的进出口（国家限定公司经营或禁止进出口的商品和技术除外），开发、生产、销售计算机软件、硬件产品，计算机应用技术咨询、培训，计算机网络系统设计、安装、维护（法律法规规定须前置许可或审批的业务除外），代办电信公司委托的电信业务。

资产负债简表

单位：元

报 告 期	2009 – 12 – 31	2008 – 12 – 31
货币资金	2 468 304 025	4 245 079 602
应收账款	0	931 483 170
应收账款净额	850 038 956	1 008 527 276
其他应收款	0	189 728 947
其他应收款净额	850 038 956	1 008 527 276
减：坏账准备	0	112 684 841
应收款项净额	850 038 956	1 008 527 276
预付账款	272 147 488	460 512 563
短期投资	0	149 364 825
短期投资净额	0	149 364 825
应收利息	0	2 842 944
存货	0	3 865 708 589
减：存货跌价准备	0	40 340 795
存货净额	1 884 309 823	3 825 367 794
待摊费用	0	5 812 822
流动资产合计	6 573 000 435	12 004 516 012
长期股权投资	5 168 370 952	1 526 016 846
长期投资合计	0	1 553 686 846
减：长期投资减值准备	0	27 670 000
长期投资净额	5 168 370 952	1 526 016 846
固定资产原价	0	10 008 808 803
减：累计折旧	0	3 056 604 005
固定资产净值	0	6 952 204 798
减：固定资产减值准备	0	23 830 545
固定资产净额	4 286 701 488	6 928 374 253
固定资产清理	1 734 933	0
在建工程	0	2 108 096 697

续表

报 告 期	2009 – 12 – 31	2008 – 12 – 31
在建工程减值准备	0	2 833 344
在建工程净额	270 074 941	2 105 263 353
固定资产合计	4 569 705 870	9 037 799 132
无形资产	39 731 543	205 955 116
长期待摊费用	16 796 961	315 285 779
无形资产及其他资产合计	102 014 060	663 809 024
资产总计	16 592 123 652	23 232 141 014
应付账款	2 867 370 858	4 870 790 680
预收账款	468 801 773	967 025 804
其他应付款	558 796 006	984 148 618
应付工资	38 690 421	39 540 035
应付福利费	0	66 447 964
应交税金	119 310 509	183 079 355
其他应交款	0	6 207 253
预提费用	0	1 322 630 219
一年内到期的长期负债	500 000 000	0
流动负债合计	7 922 646 990	12 674 215 448
长期借款	0	1 508 955 232
长期应付款	0	17 343 421
其他长期负债	325 644 341	29 890 718
长期负债合计	325 644 341	1 556 189 371
负债合计	8 331 110 933	14 230 404 819
少数股东权益	743 003 728	1 694 956 851
股本	1 945 019 040	1 620 849 200
资本公积金	2 048 480 198	2 069 083 424
盈余公积金	1 018 693 637	1 729 939 091
未分配利润	2 505 816 116	1 886 907 629
股东权益合计	7 518 008 991	7 306 779 344
负债及股东权益总计	16 592 123 652	23 232 141 014

利润表 单位：元

报 告 期	2009 – 12 – 31	2008 – 12 – 31
一、主营业务收入	10 569 924 328	25 675 344 365
二、主营业务支出	932 042 755	2 227 745 717
营业费用	932 042 755	2 227 745 717
三、主营业务税金及附加	315 325 056	950 212 755
四、主营业务利润	1 247 025 661	4 298 998 053

报 告 期	2009 - 12 - 31	2008 - 12 - 31
加：其他业务利润	0	107 325 971
管理费用	493 746 938	1 364 685 091
财务费用	78 661 520	124 896 416
五、营业利润	- 286 563 006	688 996 800
加：投资收益	860 931 530	240 709 810
营业外收入	18 719 386	3 302 084
减：营业外支出	23 230 403	82 494 639
六、利润总额	569 857 507	861 099 955
减：所得税	33 141 951	167 380 943
少数股东权益	36 698 783	46 969 272
七、净利润	500 016 773	646 749 740
加：年末未分配利润	1 400 000 000	1 520 867 418
八、可分配利润	1 900 016 773	2 167 617 158
减：提取法定盈余公积	60 000 000	60 243 123
九、可供股东分配的利润	1 840 016 773	1 984 158 581
减：应付普通股股利	100 000 000	97 250 952
十、未分配利润	1 740 016 773	1 886 907 629

现金流量表

单位：元

报 告 期	2009 - 12 - 31	2008 - 12 - 31
一、经营活动现金流		
收到的其他与经营活动有关的现金	127 413 435	40 903 466
经营活动现金流入小计	11 695 584 939	2 914 294 418
购买商品接受劳务支付的现金	8 408 920 216	2 198 439 945
支付的其他与经营活动有关的现金	1 337 767 590	395 957 386
经营活动现金流出小计	11 207 947 225	3 100 621 908
经营活动产生的现金流量净额	487 637 713	- 186 327 490
二、流动资金产生现金流		
因流动资金变动产生的现金流量净额	0	0
三、营业活动现金流		
营业活动产生的现金流量净额	0	0
四、投资活动现金流量		
收回投资所收到的现金	199 153	0
处置固定无形和长期资产收回的现金	4 483 652	1 857 896
收到的其他与投资活动有关的现金	25 495	90 556
投资活动现金流入小计	754 953 554	2 748 452

续表

报 告 期	2009 – 12 – 31	2008 – 12 – 31
购建固定无形和长期资产支付的现金	345 240 178	62 004 332
支付的其他与投资活动有关的现金	190 183	0
投资活动现金流出小计	390 651 701	65 380 762
投资活动产生的现金流量净额	364 301 852	– 62 632 310
发行债券所收到的现金	0	500 000 000
借款所收到的现金	1 084 100 000	299 500 000
收到的其他与筹资活动有关的现金	633 509 794	154 338
筹资活动现金流入小计	1 717 609 794	799 654 338
偿还债务所支付的现金	2 016 900 000	787 500 000
支付的其他与筹资活动有关的现金	611 489 827	0
筹资活动现金流出小计	2 786 175 741	838 152 585
筹资活动产生的现金流量净额	– 1 068 565 946	– 38 498 247
五、汇率变动对现金的影响	0	0
六、现金及现金等价物净增加额	– 216 626 379	– 287 458 047
净利润	633 972 779	0
固定资产折旧	385 057 052	0
无形资产摊销	8 991 833	0
处置固定无形和其他长期资产的损失（减：收益）	43 806 264	0
财务费用	64 717 066	0
投资损失（减：收益）	– 932 183 208	0
存货的减少（减：增加）	36 672 493	0
经营性应收项目的减少（减：增加）	149 368 380	0
经营性应付项目的增加（减：减少）	49 538 715	0
经营活动产生的现金流量净额	487 637 713	0
长期待摊费用摊销	3 001 310	0
销售商品、提供劳务收到的现金	11 490 690 590	2 864 425 021
收到的税费返还	157 785 913	50 652 585
收回投资所收到的现金	199 153	0

第 7 章

个人信用评估

本章主要内容涉及个人信用评估的定义、功能及意义、原理和模型。第一部分为个人信用评估概述，第二部分为国外个人信用评估指标体系，第三部分为国内个人信用评估指标体系。

导读案例

某客户在一家私营商店任经理，个人有住房，月收入 10 000 元，最近准备扩大营业场地，特向银行申请贷款 200 000 元。银行根据打分体系评判，该客户可获得 86 的高分。但经过进一步的了解，得知该客户过去在某政府部门工作，后下海经商，个人资产最高时曾达到过 200 万元，后因债务纠纷，个人资产缩水。经过一段时间的经营，商店形势又有好转。

后来，银行工作人员又调取了该客户提供的财务报表，在财务报表中，该商店半年累计纳税 8 740 元，但经与税务部门核实，其实该客户已累计欠税 3 200 元，过去曾因偷漏税而被罚过款，因此，该客户纳税信用差。针对这一情况，银行部门作出如下结论：

(1) 客户信用额度从 200 000 元下降到 100 000 元；

(2) 贷款用街面自有房产经评估后作抵押，抵押率为 50%；

(3) 客户信用度调整为 76 分，及时进行贷款的检查。

问题： 1. 降低客户信用额度的理由是什么？

2. 抵押率为什么这么低？

3. 进行贷款的检查，检查什么内容？

关键词语

个人信用评估　信用评分　个人信用评估制度　信用额度

7.1　个人信用评估概述

7.1.1　个人信用评估的定义

个人信用评估，是指通过使用科学严谨的分析方法，综合考察影响个人及其家庭的内在和外在的主客观环境，并对其履行各种经济承诺的意愿和能力进行全面的判断和评估。

个人信用评估的概念主要包括三个方面。第一，对个人信用的考察范围应该是综合性、全方位的，不但有反映其外在客观经济环境的指标，如个人的资产状况、收入水平、社会职务与地位及该人所生活的经济环境的宏观经济状况等，还包括能反映其内在道德诚信水平的指标，如历史的信用行为记录、犯罪记录等。第二，个人信用评估应使用科学的分析方法，得到定量化的评估结果。第三，个人信用评估应包括对该人履行各种经济承诺的评估，对不同的征信对象分别给出相应的评估结果。

7.1.2 个人信用评估的功能

个人信用评估是信用评估机构、银行或其他金融机构利用所获得的关于信用申请人的信息，进行风险预测的一种方法和技术。它是把数学和统计模型用于个人授信决策，对个人履行各种承诺的能力和信誉程度进行全面评估，确定信用等级和授信额度的一种方法。

其功能是以个人的授信申请书和征信报告等资料为基础信息，对该申请人的信用风险程度进行数学分析，并得到数字量化的结果作为授信决策的依据，从而使授信决策自动化、科学化。

个人信用评估通行的做法是利用信用评分模型进行综合评分。

7.1.3 个人信用评分的优点和意义

1. 个人信用评分的优点

个人信用评分方法的最初使用可以追溯到 20 世纪 30 年代。当时，在美国阿尔登斯公司工作的著名统计师亨利·威尔士首先采用数量化方法对消费者个人的信用申请进行打分。

个人信用评分的优点主要体现为：减少坏账，决策标准化，业务自动化，快速，高效。

2. 个人信用评分的意义

（1）个人信用评分是世界上普遍采用的评估个人信用风险的方法。在欧美发达国家，信用评分专业公司根据银行的业务需要开发不同的信用评分模型。这是因为每一家银行的业务经营存在差异：从目标客户的选择，到客户服务的水平都可能有所不同，使得各个银行开发模型所依赖的数据不同。

实践证明，个人信用风险的管理有三个突破，每次突破都会给银行带来 25% 左右的利润增长。分别是信用评分、自动化管理系统、决策优化。

（2）个人信用评分有助于我国商业银行消费信贷业务发展的瓶颈。目前，我国的信用体系还不完善，银行在无法全面掌握受信人信用的情况下，不敢承担太大风险。因此，个人授信不能用企业贷款的方法来进行风险管理，只能靠收集数据，运用数量分析方法（信用评分模型）进行消费信贷的风险评估。

7.2 国外个人信用评估指标体系

7.2.1 大卫·杜兰德信用计分模型

大卫·杜兰德将数学和统计学模型运用在信贷评估中，以大量的信贷历史经验为依据，以定量的分析方法来评估消费信贷的风险，形成了独特的信用评分模型。

杜兰德 9 因素消费信贷评分体系如下。

(1) 年龄：超过 20 岁后每一年给 0.01 分，最高分为 0.3 分。

(2) 性别：女性给 0.4 分，男性给 0 分。

(3) 居住的稳定性：长期居住在现在住所给 0.42 分，最高分为 0.42 分。

(4) 职业：好职业给 0.55 分，坏职业给 0 分，其他给 0.16 分。

(5) 就业的产业：在公共行业、政府部门和银行给 0.21 分。

(6) 就业的稳定性：长期工作在现在的部门给 0.59 分。

(7) 在银行有账户：给 0.21 分。

(8) 有不动产：给 0.35 分。

(9) 有人身保险：给 0.91 分。

根据杜兰德的研究，划分消费者贷款风险高低或者消费者信用高低的界限是 1.25 分。评分在 1.25 分以上的可视为有良好的资信，可以考虑申请人的贷款请求；而低于 1.25 分的则视为贷款风险较高，申请人资信度较差，应拒绝贷款要求。

7.2.2　FICO 信用分模型

20 世纪 50 年代一位工程师 Bill Fair 和一位数学家 Earl Isaac 发明了一个信用分的统计模型，80 年代开始在美国流行。如今它是美国 Fair Isaac & Company 的专有产品，FICO 信用分由此得名。FICO 信用分是最常用的一种普通信用分。由于美国三大信用局都使用 FICO 信用分，每一份信用报告上都附有 FICO 信用分，以致 FICO 信用分成为信用分的代名词。

美国各种信用分的计算方法中，FICO 信用分的正确性最高。据一项统计显示，信用分低于 600 分，借款人违约的比例是 1/8，信用分介于 700～800 分，违约率为 1/123，信用分高于 800 分，违约率为 1/1 292。因此，美国商务部要求在半官方的抵押住房业务审查中使用 FICO 信用分。信用分根据借款人过去的信用历史预测将来的还款可能，给贷款人提供了一个客观一致的评估方法。

FICO 信用分模型利用高达 100 万的大样本的数据，首先确定刻画消费者的信用、品德以及支付能力的指标，再把各个指标分成若干个档次以及各个档次的得分，然后计算每个指标的加权，最后得到消费者的总得分。FICO 信用分的打分范围是 325～900。虽然在审查各种信用贷款申请时，每个金融机构都有各自的方法和分数线，FICO 信用分可以帮助他们决策。然而信用分虽然可以作为发放贷款的决策工具，但不应当成为决策的唯一依据，更不能代替人的决策。一般地说，如果借款人的信用分达到 680 分以上，金融机构就可以认为借款人的信用卓著，可以毫不迟疑地同意发放贷款。如果借款人的信用分低于 620 分，金融机构或者要求借款人增加担保，或者干脆寻找各种理由拒绝贷款。如果借款人的信用分介于 620～680 分之间，金融机构就要作进一步的调查核实，采用其他信用分析工具，作个案处理。FICO 个人信用评分表见表 7-1。

表 7-1　FICO 个人信用评分表

住房：自有	租赁	其他	无信息		
25	15	10	17		
现地址居住时（年）：<0.5	0.5～2.49	2.5～6.49	6.5～10.49	>10.49	无信息
12	10	15	19	23	13

续表

职务：专业人员	半专业	管理人员	办公室	蓝领	退休	其他	无信息
50	40	31	28	25	31	22	27

工龄：<0.5	0.5～1.49	1.5～2.49	2.5～5.49	5.5～12.49	>12.5	退休	无信息
2	8	19	25	30	39	43	20

信用卡：无	非银行信用卡	主要贷记卡	两者都有	无回答	无信息
0	11	16	27	10	12

银行开户情况：个人支票	储蓄账户	两者都有	其他	无信息
5	10	20	11	9

债务收入比例：<15%	15%～20%	26%～35%	36%～49%	>50%	无信息
22	15	12	5	0	13

1年以内查询次数：1	1	2	3	4	5～9	无记录
3	11	3	−7	−7	−20	0

信用档案年限：<0.5	1～2	3～4	5～7	>7
0	5	15	30	40

循环信用透支账户个数：0	1～2	3～5	>5
5	12	8	−4

信用额度利用率：0～15%	16%～30%	31%～40%	41%～50%	>50%
15	5	−3	−10	−18

毁誉记录：无记录	有记录	轻微毁誉	第一满意线	第二满意线	第三满意线
0	−29	−14	17	24	29

信用分采用客观的评分方法，由计算机自动完成评估工作，有助于克服人为因素的干扰，防止片面性，更好地遵守国家的法律和法规。信用分可以精确估计消费信贷的风险，给贷款人提供了一个可靠的技术手段，避免不良贷款，控制债务拖欠和清偿。信用分可以使贷款人更加精确地界定可以接受的消费信贷的风险，扩大消费信贷的发放。信用分及其自动化的操作加速了整个信贷决策过程，申请人可以更加迅速地得到答复，提高了操作的效率。据了解，使用信用分之后，信用卡的审批只要一两分钟，甚至几秒钟，20%～80%的抵押贷款可以在两天之内批复，其中不少贷款项目在4～6个小时内完成审批。据美国消费银行协会的最新一份资料显示，以前不使用信用分，小额消费信贷的审批平均需要12个小时，如今使用信用分和自动处理程序后，这类贷款的审批缩短到15分钟。使用信用分后，60%的汽车贷款的审批可以在1个小时内完成。

7.2.3 消费者个人信用调查报告

国外消费者个人信用调查报告都有规范的格式，以美国消费者个人信用调查报告为例。

消费者识别号码：ID12345678901234	
当事人：XYZ 先生	塞福顿大街10000 号　Alhambra，CA91803

当事人信用报告使用说明：
　　本报告有解说附件，告知你的权利及有关说明。如果遗漏或者有任何疑问，请向本报告末页所列事务所查询。

当事人信用历史：
　　此部分的资料来自公共记录的授信人。账号附注＊号为提示授信人特别复查之用。如果你认为本报告有误，请按照本报告末页所指示的步骤申请查询。

根据你的请求检索出你的档案，有关你的信用历史记录，如实列示如下。

账 户	说 明	状况/付款
SANTA ANT 地方法院 大通街 123 号 SANTA 码 ANA，CA92765 案号#7505853	本案原始标的金额为 US\$ 1 200 原告示 ALLIED COMPANY	10/88 通知 10/19/89
BAY 公司码头大厦 SAN FRANCISCO CA94041 百货公司账号 案号#4681123R101	本账户 05/85 开户为循环信用账户 信用额度 US\$ 1 600 最高余额 US\$ 1 285	至 01/95 正常账户 04/93 逾期 60 天 01/21/95 余额 0 最近付款记录 09/13/94 付款历史： NNNCC1CCCCCCCCCCCCCCCCCC
中区银行 巡牧东路 1456 号 DALLAS，TX75221 银行账号 案号#4590345859403	本信用卡 07/88 开户 附循环信用 信用额度 US\$ 6 000 最高余额 US\$ 1 624	至 12/94 完全清偿正常账户 07/94 逾期 30 天 最后付款记录 12/22/94 付款历史： CCCC1CCCCCCCCCCCCC

查询记录：以下为取得你信用历史的查询名单

户 名	日 期	备 注
CAL 车商亚伦街 10 号 NEWARK，NJ09987 车辆	03/24/94	信用交易查询复审及收账用途金额未定
丘塞银行大通街 651 号 SMALL 码 OAK，AR72657 银行授信	04/18/94	48 个月期汽车贷款查询金额US\$ 1 800

查询记录：以下为提出查询，但未取得你信用历史的查询名单

户 名	日 期	备 注
BAY 公司码头大夏 SAN 威夷 FRANCISCO， CA94041 百货公司	02/10/95	为复审目的

请通知我们去协助你。

信用局得知优良信用对你的重要性。资料的正确、更新对我们也一样重要。下列为你请求发给当事人信用报告填写的资料，如果不正确或姓名不完整，过去 5 年住址、社会安全号码、出生年不正确，本报告就可能不完整。如果本报告不完整或不正确请通知我们更正。

你的姓名：×××　　社会安全号码#548603388
地址：桦树北街 10655 号 BURBANK，CA91502　　配偶：SUSAN
其他地址：苏菲亚巷 1314SANTA ANA，CA92708　　出生年：1951

辨识信息：以下为其他报送资料

地址： 苏菲巷 134SANTA ANA，CA92708 11/84 信用局会员报送	地址： 鹰视大厦 BUFFALO，NY14202 04/84 信用局会员报送

任职：

AJAX 电脑百老汇 2035 号　　　贝尔汽车　　第一次报送 11/80

LOS ANGELES，CA90019

第一次报送 04/89

其他：配偶名第一个字母：S　　其他使用名字：Smith　　小名：Jack：自 01/01/95

以此社会安全号码查询次数：8

社会安全号码发给：1965 – 1966

电话秘书服务登记　　商务地址/电话

＊＊＊本报告结束＊＊＊

7.3　国内个人信用评估指标体系

个人信用制度的建立主要包括个人信用档案的建立和个人信用等级评定两部分。个人信用档案主要由个人的身份证明和个人社会档案、个人税务情况、个人的社会保险、商业保险记录、个人储蓄和债务记录、个人信用历史、个人资产情况、个人所处社会环境等资料组成，是个人信用的原始资料。

个人信用等级评定是通过客观公允的评估方法把个人信用的原始资料量化处理，得到在经济活动中易于引用的个人信用评分。

商业银行个人信用等级指标体系设立的目的简述为银行对债务人在债务期满时偿债能力和意愿的预测。但是为了达到这一目的而进行的分析过程并不是很容易描述的，因为它在很大程度上是基于人的判断，并且是对未来的预测。

7.3.1　商业银行的个人信用等级评估指标体系

根据指标内存在的依存和逻辑关系将其划分层次，选择了四大类 21 个指标来全面评估个人信用等级，从而构成完整的指标体系。根据客户的情况，分别计算 21 项指标的实际值，然后加权计算每类的实际得分。计算公式为：

B1（自然状况）＝｛年龄，婚姻状况，健康状况，文化程度，职称，户口｝

B2（职业）＝｛单位类别，单位发展状况，岗位性质，在本岗位工作年限｝

B3（收入及财产）＝｛收入及资产，个人月均收入，家庭月均收入，
　　　　　　　　　　易变现资产，其他资产，家庭负债率｝

B4（与银行关系）＝｛本行账户，结算情况，中间业务往来，存贷比例，借款情况，不良记录｝

信用等级 ＝ B1 + B2 + B3 + B4

商业银行的个人信用等级评估采用百分制，按评分标准最高为 100 分，最低为 0 分，客户的信用等级按分数依次划分为六个等级：AAA、AA、A、BBB、BB、B。

信用等级的得分区间：90 分（含 90 分）以上为 AAA 级，80 分（含 80 分）以上为 AA

级，70 分（含 70 分）以上为 A 级，60 分（含 60 分）以上为 BBB 级，50 分（含 50 分）以上为 BB 级，50 分以下为 B 级。

商业银行的个人信用等级评估指标体系如表 7－2 所示。

表 7－2　商业银行的个人信用等级评估指标体系

```
（1）自然情况
年　　龄：25 岁以下　　26 ～ 35 岁　　36 ～ 50 岁　　50 岁以上
　　　　　　2　　　　　　　4　　　　　　　6　　　　　　　4
性　　别：男　　女
　　　　　1　　　2
婚姻状况：已婚有子女　　已婚无子女　　未婚　　其他
　　　　　　5　　　　　　　4　　　　　3　　　2
健康状况：良好　　一般　　差
　　　　　　5　　　3　　　－1
文化程度：研究生以上　　本科　　大专　　中专、高中　　其他
　　　　　　8　　　　　6　　　4　　　　2　　　　　1
户口性质：常住户口　　临时户口
　　　　　　2　　　　　1

（2）职业情况
单 位 类 别：机关事业　　国营　　集体　　军队　　个人独资　　个体经营户　　三资　　其他
　　　　　　　6　　　　　4　　　3　　　5　　　　2　　　　　2　　　　　5　　　1
单位经济状况：良好　　一般　　差
　　　　　　　4　　　2　　　－1
行业发展前景：较好　　一般　　较差
　　　　　　　4　　　2　　　－1
岗 位 性 质：单位主管　　部门主管　　一般职员
　　　　　　　6　　　　　4　　　　　2
岗 位 年 限：2 年以上　　1 ～ 2 年　　1 年以内
　　　　　　　3　　　　　2　　　　1
职　　　　称：高级　　中级　　初级　　无职称
　　　　　　　4　　　2　　　1　　　0
月 收 入：10 000 元以上　　8 000 ～ 10 000 元　　5 000 ～ 8 000 元　　4 000 ～ 5 000 元
　　　　　　12　　　　　　　10　　　　　　　　9　　　　　　　　8
　　　　　3 000 ～ 4 000 元　　2 000 ～ 3 000 元　　1 000 ～ 2 000 元　　1 000 元以下
　　　　　　6　　　　　　　4　　　　　　　2　　　　　　　1

（3）家庭情况
家庭月平均收入：5 000 元以上　　4 000 ～ 5 000 元　　3 000 ～ 4 000 元
　　　　　　　　9　　　　　　6　　　　　　5
　　　　　　2 000 ～ 3 000 元　　1 000 ～ 2 000 元　　1 000 元以下
　　　　　　4　　　　　　3　　　　　　1

（4）与本行关系
是否本行员工：是　　否
　　　　　　　2　　　0
本 行 账 户：有信用卡用户　　有储蓄卡户　　无
　　　　　　　6　　　　　　4　　　　0
存 款 余 额：较高　　较低　　无
　　　　　　　6　　　4　　　0
业 务 往 来：频繁　　一般　　较少
　　　　　　　4　　　2　　　0
其他借款情况：从未借款　　有借款但已还清　　有拖欠记录
　　　　　　　4　　　　　5　　　　　　－5
```

7.3.2　指标评估值的确定

商业银行的个人信用等级评估与预测所需 21 个指标中有定性指标和定量指标之分，其中有 12 个定性指标和 9 个定量指标。根据定量指标的评估准则又可分为 3 类指标：正向指标、负向指标和优化指标。

（1）定性指标。在商业银行的个人信用等级评估与预测指标体系中，定性指标有婚姻状况、健康状况、文化程度、职称、户口、单位类别、单位发展状况、岗位性质、中间业务往来、不良记录等。

（2）定量指标。

① 正向定量指标。是指标值越大越好的指标。在商业银行的个人信用等级评估与预测指标体系中，正向定量指标包括在本岗位年限、个人月均收入、家庭月均收入、易变现资产、其他资产、存贷比例等。因这类指标值是越大越好，所以该类指标选用所有最大值为该指标的理想值。

② 负向定量指标。是指标值越小越好的指标。在商业银行的个人信用等级评估与预测指标体系中，负向定量指标有家庭负债率指标。

③ 优化指标。是指指标具有一个最优的取值范围，太大或太小都不好的指标。在商业银行的个人信用等级评估指标体系中，属优化指标的有客户年龄指标。目前该指标值取 36 ~50 比较理想。

本章小结

本意主要描述了个人信用评估的定义、功能及意义，介绍了信用评分的优点、原理和模型，分析了国内外个人信用评分指标体系，我国个人信用评估制度建立和保险业个人信用评估体系的建立。

本章重点是个人信用评估模型的建立及评分指标体系的设置。

本章难点是个人信用评分指标在不同授信活动中的应用。

思考题

1. 为什么要进行个人信用评估？

2. 个人信用评估结果应用在社会经济活动的哪些方面？

3. 个人信用评分可能涉及哪些指标？权重如何确定？

4. 商业银行对个人贷款和信用卡发放时客户信用评分有没有不同？

5. 除商业银行个人授信需要进行个人信用评估以外，还有哪些行业需要利用个人信用评估？

案例分析

信用额度确定

张飞欲向中国建设银行申请贷款，请对其进行信用评分。张飞的基本情况如下：张飞，男，生于 1965 年，四川人，本科文化程度，中共党员，高级工程师，1987 年毕业于北京工业大学机械制造专业，同年 7 月参加工作至今，在重庆市一家国有控股的上市公司任总工程师，年薪 10 万元，其女儿在某重点中学念初中，妻子在一家百货公司工作，1999 年 2 月在渝中区学田湾附近购买 120 平方米商品房一套，按揭贷款已全部还清，目前在银行没有贷款，也没有私人间债务，除 2008 年 10 月上班途中驾车超速违章一次外，没有任何其他不良记录。（通过中国人民银行证信中心查询张飞个人信用报告，详见附录 B。）

中国建设银行个人信用卡评分表

评 分 指 标		得分	对应的个人信用信息描述
保障支持最高15分	(1) 住房权利最高得分为 8 分 无房 0 分 租房 2 分 单位福利分房 4 分 所有或购买 8 分		
	(2) 有无抵押最高得分为 7 分 有抵押 7 分 无抵押 0 分		
经济支持最高34分	(1) 个人收入最高得分为 26 分 月收入 6 000 元以上 26 分 月收入 3 000～6 000 元 22 分 月收入 2 000～3 000 元 18 分 月收入 1 000～2 000 元 13 分 月收入 300～1 000 元 7 分		
	(2) 月债务偿还情况最高得分为 8 分 无债务偿还 8 分 10～100 元 6 分 100～500 元 4 分 500 元以上 2 分		
个人稳定情况最高27分	(1) 从业情况最高得分为 16 分 公务员 16 分 事业单位 14 分 国有企业 13 分 股份制企业 10 分 其他 4 分 退休 16 分 失业有社会救济 10 分 失业无社会救济 8 分		

评 分 指 标		得分	对应的个人信用信息描述
个人 稳定 情况 最高 27分	(2) 目前住址时间最高得分为7分 6年以上7分 2年~6年5分 2年以下2分		
	(3) 婚姻状况最高得分为4分 未婚2分 已婚无子女3分 已婚且有子女4分		
个人 背景 最高 24分	(1) 户籍情况最高得分为5分 本地5分 外地2分		
	(2) 文化程度最高得分为5分 初中及以下1分 高中2分 中专4分 大学及以上5分		
	(3) 年龄最高得分为5分 女30岁以上5分 男30岁以上4.5分 女30岁以下3分 男30岁以下2.5分		
	(4) 失信情况最高得分为9分 未调查0分 无记录0分 一次失信0分 两次以上失信-9分 无失信9分		
评分合计			

总分_____分。中国建设银行根据个人的总分来确定信用额度贷款：

90分以上，贷款额度为60万元；

80～89分，贷款额度为10万元；

70～79分，贷款额度为5万元；

60～69分，贷款额度为1万元；

50～59分，贷款额度为0.5万元；

40～49分，贷款额度为0.3万元；

40分以下，贷款额度为0元。

经过信用评分，张飞可从中国建设银行获得的最大信用额度是_____万元。

第 8 章

国家信用评估

本章导读

本章主要内容有国家信用评估的内涵、内容、功能与注意事项，特别是国家信用评估方法与标准。第一部分为国家信用评估概述，第二部分为构建新型国家信用评估标准，第三部分为大公国家信用评估方法。

导读案例

希腊债务危机

2009 年 12 月 8 日全球三大评估机构之一的"惠誉"宣布，将希腊主权信用评估由"A－"降为"BBB＋"，前景展望为负面，这是希腊主权信用级别在过去 10 年中首次跌落到 A 级以下。惠誉同时还下调了希腊 5 家银行的信用级别。惠誉称，这一降级决定反映了"对希腊中期公共财政状况的担忧"，加上希腊金融机构的信誉不良和政策面的负面因素，难以确定希腊是否可获得"均衡、可持续的经济复苏"。受消息影响，全球股市应声下跌，希腊股市大跌 6%，欧元对美元比价大幅下滑。

同时，"穆迪"认为，主权风险成为 2010 年全球经济最严峻的威胁之一。在一般情况下，出现主权债务风险可能使得一国债券遭到抛售，而在极端情况下，可能出现主要工业化国家丧失偿付能力也就是"倒债"的不利局面。

关键词语

国家信用　主权信用　国家管理能力　国家经济实力　国家金融实力　国家财政实力
国家外汇实力　大公国际

8.1　国家信用评估概述

国家信用是以国家为主体进行的一种信用活动。国家按照信用原则以发行债券等方式，从国内外货币持有者手中借入货币资金，因此，国家信用是一种国家负债，指以国家为一方所取得或提供的信用。包括国内信用和国际信用。国内信用是国家以债务人身份向国内居民、企业、团体取得的信用，它形成国家的内债。国际信用是国家以债务人身份向国外居民、企业、团体和政府取得的信用。

穆迪应算作最早进行主权评估业务的公司，其主权评估业务可以追溯到第一次世界大战以前，当时有一些外国政府和城市到美国资本市场发行债券。在 20 世纪 20 年代由于主权债券在美国市场大规模发行导致对主权评估业务的需求急剧增加。标准统计公司和普尔公司（1941 年合并为标准普尔）从 1920 年也开始开展主权评估业务。当时的主权评估覆盖了主要的欧洲国家和几个拉丁美洲国家及澳大利亚、加拿大、日本等。

8.1.1　国家信用评估的内涵

国家信用评估（Sovereign Credit Rating）在国内也称为主权信用评估（Sovereign Rating）。国家信用评估是按照一定的方法和程序，对中央政府依据合同约定在未来偿还其直接、显性商业性金融债务的意愿和能力的评估，评估结果反映的是作为债务人的中央政府对其本外币债务违约的相对可能性。由于各类具体的国家信用活动都是以中央政府为主体进行的，中央政府信用等同于国家信用，国家信用风险评估即是对一国中央政府信用风险的评估。

信用评估机构进行的国家主权信用评估实质就是对中央政府作为债务人履行偿债责任的信用意愿与信用能力的一种判断。作为中央政府对本国之外的债权人形成的债务，一般由债权人所在国家的信用评估机构进行国家主权信用评估。

8.1.2　国家信用评估内容

国际上流行国家主权评估，以体现一国偿债意愿和能力，主权评估内容很广，除了要对一个国家国内生产总值增长趋势、对外贸易、国际收支情况、外汇储备、外债总量及结构、财政收支、政策实施等影响国家偿还能力的因素进行分析外，还要对金融体制改革、国企改革、社会保障体制改革所造成的财政负担进行分析，最后进行评估。根据国际惯例，国家主权等级列为该国境内单位发行外币债券的评估上限，不得超过国家主权等级。国家主权信用评估具体涉及的主权评估有：长、短期外币债国家上限评估，长、短期外币银行存款国家上限评估。鉴于外币转移风险及国家系统风险，国家上限评估代表了外币债务发行人所能得到的最高评估。另外还涉及政府外币及本币长期债券评估。主权评估标准从 AAA 至 C。

例如，在确定或调整主权信用评估及评估前景时，穆迪主要考察该国的宏观经济状况、前景以及财政状况和货币政策。其中中央政府的债务负担（主要指外债）及偿债能力是主要的考察指标，但一国的经济增长前景对主权评估来讲则显得更为重要。穆迪 2004 年 8 月对美国主权信用年度报告中的观点是尽管美国政府债务及支出加大，美国主权评估 AAA 反映了其经济前景稳定及美元的统治地位。相信尽管未来几年美国经常账赤字仍将维持，但政府的债务水平相对于美国的经济规模而言仍将与 AAA 主权评估相称。

宏观经济指标中国际贸易收支、国际储备、投资、失业率及通货膨胀水平也是重要的评估依据。当然政府实施积极的经济改革将对评估产生支持，而利率及汇率等反映金融市场稳定的指针也是评定主权评估的要素，因为通常利率大幅下降及汇率相对稳定将有助于一国政府的债务融资压力减轻。另外，国家政局稳定也是主权信用评估的重要基本因素。若政局不稳，通常也会将主权评估及前景加以调整。

8.1.3　国家信用评估的功能

（1）通过专业的人员解决各种政府融资工具的信息不对称问题，向投资者揭示风险，保护投资者利益。

(2) 国家信用评估还关系到不同国家掌握的信用资源的规模，影响世界经济发展的格局。

(3) 不同的评估结果能够引导国际资本的流动方向，关系到国际资本的有效流动。

(4) 通过综合反映风险及币值变化可能，评估结果关系到不同国家借入资本的成本大小，关系国民财富的合理转移。

(5) 评估结果的科学性直接关系国际信用关系的稳定，国际信用关系遭受破坏会导致国际信用链条断裂和信用危机爆发。

8.1.4 国家信用评估注意事项

(1) 国家主权评估（或前景）的调升通常会同时使该国主要银行的存款评估及国家大型或垄断企业的评估（或前景）上调，但银行的财务实力评估则不受主权评估的影响。

(2) 由中央政府担保的公司债的信用评估（或前景）通常与国家主权评估（或前景）一致。

(3) 国家行业垄断者寡头的信用评估（或前景）与主权评估（或前景）高度相关。

专栏　中国对评估巨头说不　中国版国家信用评估问世

2010 年 7 月 11 日，注定会成为国际信用评估业一个里程碑式的日子；而同时被载入国际信用评估业史册的，还有这家中国民营企业——大公国际资信评估有限公司（下称"大公"）。

这一天，大公在北京高调发布了《2010 年国家信用风险报告》和首批 50 个典型国家的信用等级。从整体信用水平看，本币投资级以上级别（BBB－及以上）的国家占 72%，投机级（BB＋及以下）国家占 28%；外币投资级以上级别国家占 74%，投机级占 26%。从本外币级别一致性看，本外币信用级别相同的国家有 38 个；本币级别低于外币级别的国家有 3 个；本币级别高于外币级别的国家有 9 个，基本反映了世界主要区域信用风险的典型特征，以及国家信用风险在世界范围的布局及变化情况。

大公国际给予包括中国在内的 9 个新兴市场国家的评估，明显高于美国三大评估机构穆迪、标准普尔和惠誉的评估结果，但对欧美 18 个国家的评估则一致低于后三者。50 个国家中存在明显级别差异的国家占到了总数的 54%。另外，大公的报告中，对美国、英国、法国、西班牙、希腊、冰岛等 18 个国家的评估，均低于三大国际评估机构的信用等级。与此相反，对中国、俄罗斯、巴西、印度等 9 个国家的信用评估，大公给予了高于三大国际评估巨头所给出的评估。

大公依据自己创建的新型国家信用评估标准发布 50 个国家信用等级，这标志着一支新兴评估力量开始登上国际信用评估舞台，为改革不合理的国际评估体系开创了一个崭新的局面。

大公发布的国家信用风险报告和 50 国信用等级，预示着中国为参与制定国际评估新规则而迈出的关键一步，是中国争夺国际评估话语权的重要信号。

在外界看来，大公是现在唯一一个在和外资评估机构对抗的评估机构。

资料来源：《中国经济周刊》2010 年 7 月 20 日

8.2 构建新型国家信用评估标准

国家债务危机是后危机时代全球信用经济的最大风险，国家信用对世界经济恢复和稳定增长具有举足轻重的意义。国家信用评估应起到合理评价国家信用水平和预警国家信用危机的作用，从而使国际信用资源趋于有效均衡配置，奠定世界经济均衡发展的基础，防范全球性金融危机再度发生。现行国家评估标准已承担不了这一历史使命，人类必须思考重新构建国家信用评估标准。

信用评估引发的人类发展史上空前的金融危机启迪了认识人类信用经济社会发展规律的思想，对国家信用评估标准的研究正是这一思想的成果。

8.2.1 改革现存国际评估体系的紧迫性

金融危机爆发以来的世界经济形势发展增加了改革现存国际评估体系的紧迫性，三年来的世界经济形势发展呈现出这样一幅图景。

1. 发达债务国家

占全球国内生产总值59%的15个发达债务国家：美国、日本、德国、法国、英国、意大利、西班牙、奥地利、比利时、葡萄牙、爱尔兰、希腊、冰岛、加拿大、荷兰，都是遭受危机破坏最严重的经济体。为解救危机，这些发达债务经济体均采取了近乎零利率的宽松货币政策，财政刺激政策也属历史罕见，在经济调控手段几乎用尽的情况下，并没有出现人们预期的经济恢复。2010年这15个发达债务国家的总体数据显示：① 国内生产总值为42.3万亿美元，比危机前的2006年仅增长了16.4%；政府债务总额为40.2万亿美元，比危机前一年增长了45.1%；② 政府债务总额是国内生产总值的94.9%，财政收入的266.2%，而在2006年这两项指标分别是77.0%和192.4%。

发达债务国家的经济赶不上债务增长，财政入不敷出，政府债务不降反升，国家运行完全依赖的债务收入也因国家偿债风险的增加导致融资成本趋于上升，看不到世界最发达经济体恢复经济增长的动力，前景一片黯淡。在这种情况下，美国作为世界最大的债务国，面对无力解决的国家债务危机，铤而走险，加速印钞机运转，悍然发动了世界信用战争，此举可能导致世界全面经济危机。

2. 新兴债权国家和地区

占全球国内（地区）生产总值25%的15个主要新兴债权国家和地区：中国、俄罗斯、沙特阿拉伯、印度、韩国、巴西、泰国、印度尼西亚、新加坡、马来西亚、阿根廷、阿尔及利亚、伊朗及中国香港、中国台北，均深受危机之害。但其强大的财富创造力表现出抵御外部信用危机的能力：① 截至2010年1月底，这些新兴债权国家和地区的外汇储备为5.5万亿美元，比危机前的2006年增加了89%；② 2010年年底国内（地区）生产总值约为15.5万亿美元，比危机前一年增长了41%。

新兴债权国家和地区依靠自己的力量在保护国际债权体系稳定的同时，还持续向危机最严重的发达债务国家提供了资金和商品支持，避免了国际债务体系的全面崩溃。

3. 国际抬高信用等级的后果

危机爆发以来世界经济形势发展所证明的是：此次危机不同于人类社会所经历的历次危

机，而是在信用社会化和全球化背景下发生的第一次世界信用危机。现存国际评估体系站在债务人的立场，利用评估话语权设立有利于债务人的评估标准，完全不顾债务国家的实际偿债能力，给予这类国家高信用等级，掩盖其信用风险，使发达债务经济体耗尽了信用能力，成为危机深化的根源。

从美国三家评估机构对主要债权债务国家和地区的信用评估结果可以看出其制造信用危机的责任，见表 8 - 1。

表 8 - 1　标普在危机前后对主要债权和债务国家和地区的评估结果对比（本币）

序号	主要债务国家和地区	2006	2010	主要债权国家和地区	2006	2010
1	美国	AAA	AAA	中国	A	A +
2	日本	AA -	AA	俄罗斯	A -	BBB +
3	德国	AAA	AAA	沙特阿拉伯	A +	AA -
4	法国	AAA	AAA	中国台北	AA -	AA +
5	英国	AAA	AAA	中国香港	AA	AA +
6	意大利	A +	A +	印度	BB +	BBB -
7	西班牙	AAA	AA	韩国	A +	A +
8	奥地利	AAA	AAA	巴西	BB +	BBB +
9	比利时	AA +	AA +	泰国	A	A -
10	葡萄牙	AA -	A -	印度尼西亚	BB +	BB +
11	爱尔兰	AAA	A	新加坡	AAA	AAA
12	希腊	A	BB +	马来西亚	A +	A +
13	冰岛	AA	BBB	阿根廷	B +	B
14	加拿大	AAA	AAA	阿尔及利亚		
15	荷兰	AAA	AAA	伊朗		

注：标普未对阿尔及利亚和伊朗评估。

资料来源：大公国际官网. www.dagongcredit.com

从危机的全过程分析，应该发现这样一个规律，债权人与债务人构成的信用体系是现代社会的经济基础，评估机构能否正确揭示债务人违约风险关系信用体系安全，通过信用评估客观判断债务人信用风险，给债权人投资的信心，才能使社会资金有效地流动起来。如果不改变认识危机本质的思维方式，如果对现存国际评估体系继续存在幻想，如果不把构建新型国际评估体系付诸行动，人类社会就难以选择正确的经济复苏路线图，就会重复以往的错误。

大公国家信用评估报告对国际评估业产生了重大影响。

表 8 - 2　2010 年 7 月 11 日以来三家机构的国家信用级别向大公跟进的情况

（以本币评估为例）

序号	国家/地区	大公		美国三家机构的跟进调整		
		级别	评估时间	级别变化	调整时间	机构
1	阿根廷	B	2010.07.11	从 B - 上调到 B	2010.07.12	惠誉
2	葡萄牙	A -	2010.07.11	从 Aa2 下调到 A1	2010.07.13	穆迪

续表

序号	国家/地区	大公		美国三家机构的跟进调整		
		级别	评估时间	级别变化	调整时间	机构
3	爱沙尼亚	A	2010.07.11	从 BBB + 上调到 A	2010.07.19	惠誉
4	印度	BBB	2010.07.11	从 Ba2 上调到 Ba1	2010.07.26	穆迪
5	冰岛	BB/负面	2010.07.11	将展望从稳定下调到负面（Baa3）	2010.07.30	穆迪
6	俄罗斯	A/稳定	2010.07.11	将展望从稳定上调到正面（BBB）	2010.09.08	惠誉
7	阿根廷	B	2010.07.11	从 B – 上调到 B	2010.09.13	标普
8	西班牙	A	2010.07.11	从 Aaa 下调到 Aa1	2010.09.30	穆迪
9	中国香港	AAA	2010.10.21	从 Aa2 上调到 Aa1	2010.11.11	穆迪
10	中国	AA +	2010.07.11	从 A1 上调到 Aa3	2010.11.13	穆迪
11	爱尔兰	BBB	2010.12.06	从 A + 下调到 BBB +	2010.12.09	惠誉
12	爱尔兰	BBB	2010.12.06	从 AA 下调到 BBB +	2010.12.20	穆迪

资料来源：大公国际官网. www.dagongcredit.com

8.2.2 构建新型国家信用评估标准的时代背景

人类社会正处在信用全球化时代，信用经济发展规律不断通过危机方式证明其存在，警示人类对其关注和尊重。

在信用全球化背景下，信用作为资本的一般形态，对全球经济的基础性推动作用日益重要，国家信用已成为全球信用体系的核心组成部分，关系世界经济均衡可持续发展。国家信用不仅决定着对世界信用资源占有的多寡，而且关系到本国经济竞争力和国际债权债务格局。发达国家利用其高信用等级占有全球百分之九十以上的信用资源，维持其高负债条件下的经济地位，国际信用资源的占有失衡是形成当前世界经济发展不平衡的重要原因。

国家债务危机是后危机时代全球信用经济的最大风险，国家信用对世界经济恢复和稳定增长具有举足轻重的意义。国家信用评估应起到合理评价国家信用水平和预警国家信用危机的作用，从而使国际信用资源趋于有效均衡配置，奠定世界经济均衡发展的基础，防范全球性金融危机再度发生。现行国家评估标准已承担不了这一历史使命，人类必须思考重新构建国家信用评估标准。

8.2.3 国家信用评估标准对全球经济发展的重要性

用什么标准识别判断国家信用风险关系到能否为全球经济健康发展提供一个坚实的基础。国家信用评估标准对全球经济发展的重要性集中体现在以下四个方面。

1. 国家信用评估标准关系国家职能履行

国家通过调控社会信用规模实施其经济发展战略，就必须掌握足够的信用资源，而通过当期财政收入和发行货币调节信用需求有极大的局限性，国家借款负债则可以直接提升对信用资源的控制能力，使国家具有更大的实施经济发展战略的主动性，举债成为履行国家职能的重要手段。因此，对国家信用能力的评估直接影响着一国政府对内外信用资源的吸收能力，而最终的决定力量来自于国家信用评估标准。

2. 国家信用评估标准关系国际资本有效流动

从信用对全球经济的影响角度判断国际资本的有效流动，是指资本流动的安全性和对宏观经济产生的影响。因此，国家作为债务主体的债务偿付能力是影响国际资本流动的关键因素，偿付能力强说明投资的安全性好。正是现行国家评估标准向国际投资人提供了发达国家正面的债务偿付能力信息，使这些欠缺内生偿债能力的国家过度占有国际信用资源，导致资本流动的安全性下降，世界经济发展不均衡，影响全球经济的可持续发展。

3. 国家信用评估标准关系国民财富合理转移

国家信用评估标准对国民财富在国家间及跨国经济体间转移的影响是依其评定的信用等级实现的。有必要通过制定合理的国家信用评估标准，创造一个实现国家信用价值转移的公平环境。

4. 国家信用评估标准关系国际信用关系稳定

国家信用评估标准与全球经济发展的关系充分表明，信用使世界经济成为一个整体，信用是世界经济的载体和加速器，国际信用资源的占有能力对国家竞争实力有强大的制约性，在以国家为经济主体从事全球经济活动时，国家信用就显得至关重要，国家信用评估标准对国家信用能力的判断在一定程度上决定了一个国家在世界信用体系中的地位。

8.2.4 现行国家信用评估标准解析

信用风险形成要素的内在联系为我们提供了认识现行国家评估标准的思想源泉，国际信用关系发展、金融危机、国家信用评估实践为我们深刻理解现行国家评估标准提供了丰富的实证支持，从影响偿债能力要素的内在联系去分析其核心要素体系，就能从整体上把握这一标准的精髓和实质，得出与客观相符的结论。

国家信用评估方法包括五个分析要素：国家管理能力、经济实力、金融实力、财政实力和外汇实力，其中前三个要素是基础性要素，后两个要素是直接要素。

1. 国家管理能力

国家管理能力考察中央政府有效治理国家，保持和促进经济稳定增长的能力。对国家管理能力的分析主要在四个次级要素上展开：国家发展战略、政府治理水平、国内安全状况和国际关系。在四个要素的分析中，不仅要对现状作出分析，还要对其未来一段时期内的发展趋势作出判断，从而作为整个国家信用未来发展趋势的判断基础之一。

2. 经济实力

经济实力评估一国当前和未来一段时期内的国民财富创造能力，分析对象是实体经济。主要涉及三个次级要素：经济规模和体系、经济稳定性和经济增长潜力。这三要素的分析为我们提供了理解一国未来经济表现和经济增长路径的系统方法，也为判断和预测政府在偿债期内财政收支规模的变化提供了基本依据。

3. 金融实力

金融实力部分围绕金融是国民财富创造的驱动力这个主题展开分析，分析的目的在于判断当前和未来一段时期内一国金融体系能在多大程度上推动经济稳定健康发展。对金融实力的判断将从金融发展水平和金融稳健性、金融市场的规模与结构、中央银行的金融政策和货币政策等主要方面展开分析。

4. 财政实力

财政实力评估政府的财政可持续性，判断政府的实际债务偿付能力。财政实力是影响政府本币债务评估的直接要素。财政实力主要涉及四个次级要素：政府经常性财政收支状况、政府债务状况、政府收入增长潜力和本币币值的稳定性。

5. 外汇实力

外汇实力评估中央政府获取充足的外币资产保障外币债务偿付的能力。外汇实力是影响政府外币信用评估的直接要素。政府获取外币资产的途径主要有在外汇市场兑换、利用官方外币资产和进行外部融资三种。对外汇实力的分析也相应表现为货币汇兑能力、外汇充裕度和外汇融资能力三个层面。

8.2.5 改革现存国际信用评估体系的指导原则

重构国际信用评估体系应当认真总结汲取全球信用危机的经验教训，遵循信用经济和信用评估发展规律，着眼于人类社会的整体利益，贯彻以下基本原则。

1. 全球性原则

每个国家的信用风险揭示程度都与其他国家的信用安全密切相关，每个国家的评估体系都应该是世界信用评估体系的一个组成部分。客观地讲，在信用风险全球化时代，任何一个国家的评估机构想独善其身，独立拥有全面分析判断风险的信用信息是根本做不到的，仅此就会制约评估的准确性。

2. 独立性原则

国际信用评估体系的职责是：解决信用全球化过程中日益加剧的风险信息不对称问题，预警信用危机，保障国际信用体系安全，国际评估体系的独立性是实现这一使命的前提。在这里强调的独立性是指国际评估体系的非国家性、非利益性、非政治性、非竞争性和公正性。

3. 一致性原则

信用评估标准是国际评估体系的核心构成，唯有在研究信用风险形成因素特殊性的基础上，才能建立起国际统一的评估标准，才能准确地进行风险比较。

4. 国际监管原则

应建立国际评估监管体系，建立统一的监管准则，而不能用国家监管代替国际监管，国家监管必须服从国际监管。

8.3 大公国家信用评估方法

大公国家信用评估是按照一定的方法和程序，对中央政府依据合同约定在未来偿还其直接、显性商业性金融债务的意愿和能力的评估，评估结果反映的是作为债务人的中央政府对其债务违约的相对可能性。国家信用风险评估即是对一国中央政府信用风险的评估。大公国家信用评估的对象包括主权国家及地区。

8.3.1 指导大公国家信用评估思想的理论基础

大公国家信用评估方法集中体现了一种评估思想，而指导这一思想的理论基础决定着对信用风险形成规律的认识深度和揭示风险的准确度。国家信用评估理论是信用风险各要素内在联系的本质反映。大公坚持超越意识形态和国家利益，在研究国家信用风险形成的特殊性过程中，发现其一般规律，形成具有普遍意义的国家信用评估理论。大公国家信用评估理论包括六个方面的内容：

　　（1）国家财富创造力是一国债务偿还能力的基础；

　　（2）国家经济增长能力依赖于国家管理能力；

　　（3）国家金融体系是一国财富创造的驱动力；

　　（4）国家信用评估体系关系一国金融安全；

　　（5）国家财政实力直接决定一国债务偿还能力；

　　（6）本币价值是影响一国债务实际偿还能力的关键要素。

　　在国家信用评估理论指导下，通过对关键性评估要素的概括，形成了包括五大部分内容的大公评估框架，即国家管理能力、经济实力、金融实力、财政实力、外汇实力。对国家信用进行分析和评价的具体方法和程序都围绕这五部分展开。

8.3.2　定性分析与整体分析

　　在将定量分析与定性分析充分结合使用的前提下，大公始终强调定性分析在国家信用评估过程中的重要地位——这由该评价对象自身的特点所决定：影响国家信用的政治、经济、金融和社会因素之间关系错综复杂，单纯采用模型量化的方法将割裂事物的内在联系；影响国家信用的定性因素众多，如国家管理能力及偿债意愿等，定量参数无法反映国家间的多元性及特殊性；各国的国家信用风险具有不同的形成路径和表现形式，机械地使用定量模型很难将风险的特殊性和评估标准的一致性有机结合。

　　整体分析也是国家信用评估时应该遵循的一项基本原则。准确挖掘影响国家信用的风险要素是对各国信用进行比较的前提，但同时应注意，不能在对单个要素进行评价时忽略该要素与其他要素之间的联系。没有任何一个要素能够明确地对应某一信用等级。对国家信用这一复杂的评价对象而言，始终从整体角度看问题是能够对其风险进行有效揭示的前提。

8.3.3　本币信用评估与外币信用评估

　　一国中央政府的债务通常包括本币债务和外币债务，外币债务与本币债务信用风险之间存在差异，主要表现在两个方面：首先，中央政府在其管辖范围内具有最高权力地位，可以通过特定的财政或货币政策手段（如迫使中央银行发行货币）来缓解本币债务危机，而这对于缓解外币债务危机却是无效的；其次，在偿还外币债务时，如果政府的外币收入不足，则政府先要获取本币收入，然后在外汇市场或同货币当局持有的外汇资产进行兑换。因此，在外币债务偿还过程中还需考虑一国外汇资产的流动性状况。

　　针对本、外币债务信用风险间的差异，大公将国家信用评估分为本币信用评估和外币信用评估。一般而言，国家本币信用等级要高于或等于外币信用等级，但在一些情况下，如果政府更有能力或倾向于优先偿还外币债务，本币信用等级则会低于外币信用等级。

8.3.4　偿债能力与偿债意愿

　　由于拥有在债务违约时债权人无法运用法律手段对政府进行制裁的特权，主权国家在具备偿债能力的情况下仍有可能选择不去履行债务，因此，在国家信用风险评估中偿债意愿是一个不可忽视的因素。

但是，由于故意违约的成本越来越大，选择违约还是继续偿还债务，更多地取决于政府对自身偿债能力的评估，因此，大公认为，对偿债意愿的分析应建立在偿债能力分析的基础上。

大公国家信用评估在对偿债能力评估的同时，也包括了对偿债意愿的分析。

8.3.5 违约的界定

大公认为，中央政府作为债务人的违约行为包括以下两种类型。

1. 完全违约

完全违约是指债务人在每一笔直接、显性商业性金融债务到期时或到期前宣布不予偿还按照合同约定应当偿还的全部利息或本金，如果合同规定有宽限期的，包括该期限。

2. 部分违约

部分违约是指债务人没有按照合同约定按时足额偿还利息和本金，发生推迟偿还或部分偿还等多种损害债权人利益的情况。部分违约包含的情形很多，包括各种债权人不是完全自愿的债务重组行为，如延期支付、债券互换等。

在部分违约中，值得强调的是通过本币恶性贬值方式的隐性违约。在极少数情况下有可能发生政府操纵本币内外价值，导致本币恶性贬值损害债权人利益的行为，国家信用评估必须反映这种特殊的违约行为。这时，如果合同中没有对规避币值变化作出适当安排，如采取浮动利率或指数利率等，并且政府也没有宣布任何对债券的保值措施，即使政府按时足额偿还债务，也应认定为违约。

在发生政府继承的情况下，上述违约行为仅针对新政府承认的债务。如果新政府是通过符合宪法的方式组织而成的，该政府应完全继承上届政府的债务，此种情况下无论新政府是否作出表示，都认为其承认上届政府的债务。如果新政府是通过革命、政变等不符合宪法的方式组成的，新政府不承认上届政府债务的行为不属于违约。

8.3.6 大公国家信用评估关键要素分析

根据国家信用分析的逻辑和框架，大公认为通过对国家管理能力、经济实力、金融实力、财政实力和外汇实力五大要素的分析，可以全面、综合地对一国中央政府的信用风险水平作出评价。以下是大公对各部分的具体分析思路和分析重点。

1. 国家管理能力分析

国家管理能力考察的核心是一国的制度环境及政府的管理水平能否保障并促进本国经济长期、稳定、健康发展。国家管理能力分析主要包括国家发展战略、政府治理水平、安全状况和国际关系四个方面。

考察一国的国家发展战略是国家管理能力分析的起点。国家发展战略正确与否是国家管理者执政能力高低的首要标志，是一国政府管理水平的核心体现。其他三个方面是国家发展战略的保障因素，对于落实和实现宏观发展战略具有促进或抑制作用。政府治理水平从一国政府的权力运行特征角度评估其实现本国发展战略的能力和效果，它反映了国家管理机关的实际运行情况；安全状况通过对社会、宗教、文化、民族等各类因素的分析来考察一国的国内安全环境对实现本国发展战略的影响，它反映了国家管理的实际效果；国际关系部分考察影响国家实现发展战略的国际因素，它是国家管理能力在国际体系层面的反映。

（1）国家发展战略。

国家发展战略分析是整个国家管理能力分析的核心。国家发展战略是指为实现国家利益和目标而对发展和运用国家力量所作的全局性、长远性谋划。一国所奉行的发展战略从长期看将对该国政治、经济、社会、文化等各个领域的法律和制度产生影响，并通过具体的制度影响经济发展的绩效，因此，国家发展战略能充分反映一国所处的政治、经济发展阶段，国家在当今国际体系中的地位和处境，以及政府在现阶段的政策主张和执政水平。

鉴于国家发展战略的复杂性和大公国家信用评估的目的性，对它的分析要有所侧重，从静态看，应重点关注总体战略目标及其与经济发展有关的特定目标；从动态看，应重点关注本届政府的宏观政策。此外，还应贯彻辩证分析的原则。辩证分析是指对发展战略的分析要因时、因地制宜，要了解制约该国经济发展的特有情况，从该国实际出发分析战略实现的可能性及实施效果。

（2）政府治理水平。

政府治理水平从一国权力运行特征的角度来考察政府对经济发展的调控能力，判断它能否或者在多大程度上保障国家发展战略的实现，也就是政策能否被有效地贯彻落实，并保持稳定和连续；中央政府对国家的控制能力有多强，特别是在应对紧急状态的情况下。政府治理水平分析具体包括政策连续性和稳定性、政府有效性及中央政府的动员能力三个方面。

政策的连续性和稳定性是国家形成政治、经济和社会秩序的前提。合理的秩序提高了人们对未来的预见能力，便于政府和民众从长远的角度规划未来发展，有助于经济长期持续增长。考察政策是否具有连续性的核心是判断中央政府具有多大的可能性在主观上改变现有战略和政策。考察政策稳定性的基础是判断一国政局的稳定性程度。在政局相对稳定的国家，还要判断影响其政策稳定性的潜在因素有哪些——政体不同导致分析的角度不同，在多党制国家，重点考察立法、行政和司法机构之间的一致性和协调性，不同政党的政策差异性、政党刚性程度等；在一党制国家，重点考察领导更替方式是否常态化、军队在政治中的影响力如何、民众的政治认同等。

政府的有效性指政府机构履行各自职责的能力。立法、行政和司法机关既是国家政策的制定者也是主要的执行者，它们能否有效地履行职责是国家宏观战略能否实现的关键一环。其中法律的统一和健全程度、政府的效率、公务人员的素质、监管水平、司法的公平度与效率等，都会对国家宏观政策的执行效果产生直接影响。

中央政府的动员能力考察国家在面对重大情况或危机事件时动员全社会的力量应对挑战的能力，其中需重点考察的是政府在偿债资金不足时调动资源的能力。中央政府的动员能力决定了中央政府在紧急情况和重大事件发生时能够调动多少资源和社会力量应对挑战，维护自身的国家信用。对中央政府动员能力的考察具体可以从中央与地方的关系、执政党的组织深化程度、财政体制、人事制度、国民的国家认同和政治认同等方面着手。

（3）安全状况。

良好的国家安全环境是国家发展战略及经济发展的重要保障力量，国家安全环境的不稳定直接造成政府安全支出大量增加、降低政府的还款能力，间接影响社会稳定，妨碍正常生产秩序，阻碍经济发展。本文所指的国家安全不仅包括常规的安全事件，还包括一些非常规事件，如不同民族、种族、社会阶层和宗教信仰者之间的紧张关系所导致的明显的社会断层及由此引发的分裂。安全状况分析主要包括国内动乱、内战及非传统安全因素三个方面。

局部的国内动乱、骚乱常常是一国社会矛盾长期积累得不到有效疏导的结果，它可能是由国内持续的种族或民族矛盾、宗教矛盾、阶级和社会阶层对立等因素所引发。对于经济规模小、财政实力薄弱的国家，经常性的国内动乱会导致经济增长长期停滞不前。内战是国内矛盾爆发的极端形式，它对国家信用风险的影响十分严重，甚至会导致主权违约。非传统安全因素包括自然灾害、气候变化、大规模公共卫生事件、恐怖主义等，它们都会以直接或间接的方式对国家信用产生影响，其中最主要的是恐怖主义。极端严重的恐怖主义事件会对社会心理造成极大的伤害，扰乱正常的经济秩序，甚至会导致国家宏观政策发生局部改变，从而对国家的未来发展产生深远影响。

（4）国际关系。

国际关系同样对国家发展战略起到重要的保障作用。当今世界进入全球化时代，国家间的联系及影响愈发紧密，国际层面的因素已对一国发展进程产生重大甚至是决定性的影响。对国际关系的分析主要从三个层面展开：国际战略；区域层面的国际关系；全球层面的国际关系。

对国际战略的分析是国际关系分析的前提。国际战略是主权国家在对外关系领域较长时期内所奉行的具有整体性、纲领性的主张，反映了该国的国际观、对外利益和外交谋划，决定了该国在处理地区和世界事务时的基本观点和态度，对该国的国际关系形势起主导作用。

一国国际关系的区域层面分析主要关注三方面问题：一是该国与其周边邻国的相互关系；二是该国与所在地区内主要大国的关系；三是该国与区域性国际组织的关系。在区域一体化程度各异的国家，区域性国际组织对成员国的经济发展将产生不同程度的影响，欧盟是此方面最典型的例子。

对国际关系在全球层面的分析主要关注两点：一是该国与全球性大国的关系；二是该国与全球性国际组织的关系。大国及国际组织都有可能对一个国家的经济、政治和社会各方面产生影响，特别是在发生危机时能够提供必要的援助。但大公在关注大国和国际组织有可能对一国提供支持和援助的同时，也会考察它们为此所附加的条件，分析这些条件是否有可能对该国产生正面或负面影响。事实证明，国际组织，特别是国际金融组织在一些国家出现经济或金融困境时虽然为该国提供了暂时的融资支持，但是其附加的改革条件则有可能损害该国的长远利益，甚至成为该国发生危机的导火索。

2. 经济实力分析

经济实力分析的核心是经济体系创造新增价值及其自身抗风险的能力。一国能够稳定、持续地创造经济资源是保障政府拥有充足的资金来偿还债务的前提和基础。经济实力分析主要包括经济规模和体系、经济稳定性、经济增长潜力三个方面。

经济规模和体系是经济实力分析的起点，它是对一国过去及当前创造国民财富能力的概括性阐述，从对经济结构各层面的分析来挖掘一国财富创造的主要来源，成为判断未来经济增长潜力的前提。经济运行是否稳定会对经济持续、稳定创造资源的能力产生重要影响，经济稳定性分析主要考察经济当前的运行情况、存在的主要问题、经济是否更容易受外界因素的干扰以及宏观经济政策能否有效抵御短期波动。经济增长潜力立足于前两项分析，在充分考虑国家经济发展现状的基础上，结合潜在因素，挖掘、度量其在未来充分利用各类资源、实现经济稳定持续增长的能力。

（1）经济规模和体系。

经济规模和经济体系的结构状况在很大程度上决定了经济体系创造国民财富及抵抗危机的能力。当前的国民财富规模是经济体系长期以来创造财富能力的综合反映，也是政府财政收入的基础，决定了政府从国内进行融资的能力。名义和实际国内生产总值是衡量经济规模的主要指标。

经济体系主要考察经济的发展水平和经济结构。经济发展水平用人均国内生产总值来衡量，它能够在一定程度上代表一国经济发展所处的阶段。但是，对经济体系考察的更重要方面应放在经济结构上，对一国经济结构特征和存在的主要问题，以及对过去和当前拉动经济发展的主要动力进行剖析，能够对一国经济的综合实力和未来的发展潜力作出更准确的判断和预测。经济结构的考察包括经济增长动力结构、资源禀赋结构、产业结构、科技投入水平、储蓄率与投资率、经济增长方式的可持续性等方面，其中对产业多样化程度、产业竞争力以及储蓄和投资情况等应尤为关注。

（2）经济稳定性。

经济稳定性主要考察经济在当前和未来一段时间内能否保持稳定、健康发展，即在运行过程中抵抗各种冲击的能力。经济稳定性分析包括宏观经济稳定性和经济安全两个方面。宏观经济稳定性侧重考察当前阶段一国宏观经济运行是否稳定；经济安全则着眼于发掘经济体系内部长期存在的导致自身不稳定的因素来判断一国经济体系的抗风险能力。

宏观经济稳定性重点考察宏观经济运行情况、经济产生周期性或突发性波动的原因和后果，以及政府的相应调控措施。宏观经济稳定性主要通过通货膨胀率、失业率和经济增长率三个指标来反映。在考察宏观经济状况的同时，要关注导致宏观经济失衡的原因，以及政府采取的宏观经济政策的有效性，包括财政政策和货币政策。

经济安全状况分析主要包括两个方面，首先考察影响经济安全的内部因素，主要指产业结构单一化或畸形化是否会带来经济的周期性波动和导致经济运行不稳定；然后分析经济的对外依存度，包括产业依存度、粮食依存度和能源依存度。对外依存度高的国家往往更容易受外部环境变化的影响。

（3）经济增长潜力。

经济增长潜力的分析重点是经济在当前及未来调整和解决运行中存在的结构性和制度性问题，优化利用各类要素，促进经济保持长期增长的能力。大公将考察经济能否继续发挥过去的优势，解决存在的结构性问题，制定适当的经济政策以有效配置现有的资源和要素。

此处，我们仍将关注经济规模和体系部分曾提到的经济结构性问题，但关注的重点已发生变化，更多的是要判断这些因素能否在未来促进或抑制经济增长。

国家宏观经济战略对于实现经济未来的增长十分重要，是经济增长潜力部分分析的一个重要方面。国家宏观经济战略作为战略性要素，对该国如何利用基础性要素以改善经济的结构性问题起到了指导与统领的作用。对国家宏观战略的分析具体包括产业发展战略、经济增长方式转变战略及人才战略等。

3. 金融实力分析

金融实力分析的核心是金融体系保障财富创造、经济增长及抵御金融风险的能力。一国金融体系对国家信用会产生重大影响，这已由历次金融危机的实践所证明。对金融实力的分析可以从效率和风险两个方面，分别对金融体系的发展水平和金融体系的稳健性进行考察。

对金融实力进行评估，必须围绕其与经济体系的匹配程度展开。金融体系的不断深化能够促进经济体系的生产效率不断提高，但当金融体系的发展水平脱离经济体系的整体发展水平时，金融体系内部出现风险的可能性就会大幅提高，危害金融和经济体系的稳定性。因此只有从正、反两个方面，对金融体系的发展水平和稳健性进行综合考察才能对一国的金融实力作出全面、客观的评价。

（1）金融发展水平。

金融体系主要通过长期形成的基础性体制功能和即时调节功能对经济体系产生影响。金融部门（包括金融市场和金融机构）的整体发育状况决定了金融体系基础性体制功能的发挥，而货币政策是金融体系中能对经济体系产生适时调节作用的最重要的机制。因此，对金融发展水平的分析包括金融体系的规模与结构、货币政策两个方面。

金融体系的规模与结构能够体现一国金融体系的整体发展水平。通过规模性指标可以大致判断一国金融发展的整体状况，但对金融体系的发展水平及效率的综合考察必须结合对金融体系结构的分析。大公采用金融相关比率，即一国全部金融资产价值与国内生产总值之比、私人信贷规模与国内生产总值之比等作为主要的规模性指标。金融结构是指构成金融总体（或总量）各个组成部分的规模、运作、组成与配合的状态，是金融发展过程中由内在机制决定的、自然的、客观的结果或金融发展状况的现实体现。考察一国是否具备多元化的金融机构体系、多样化与多层次的金融市场体系和种类丰富的金融工具体系是对一国金融结构进行考察的重点。但这种判断不是简单地肯定某一种金融结构是最优的，如金融机构主导型或金融市场主导型等，而是必须结合一国的历史传统和现实需要，来评价该国金融结构的组合特点是否符合该国经济发展的客观要求。

货币政策在此处指政府、中央银行和其他有关部门所有有关货币方面的规定和所采取的影响金融变量的一切措施（包括金融体制改革，即规则的改变等）。大公对货币政策的考察首先判断其目标选择的恰当性，然后考察其货币政策工具运用的合理性，并通过对金融体系发展水平的考察判断其传导效率如何，最后判断其政策的执行效果，以及与财政政策的协调程度等各方面的情况。

应该注意的是，随着对外开放程度的提高，一国货币政策的效应在很大程度上受国际因素的影响，因此对具体货币政策效应的判断要充分考虑该国所面临的国内外环境。

（2）金融稳健性。

由于金融本身的高风险性及金融危机的连锁效应使得对金融体系稳健性的评估成为对金融实力评估的重要方面。对金融体系稳健性的评估主要从风险产生机制和风险防范机制两方面进行。风险产生机制主要考察金融机构与金融市场的稳健性，金融机构与金融市场的不稳定是引发金融风险的直接原因和表现形式。风险防范机制主要考察金融监管体系和信用评估体系状况，金融监管及信用评估体系是当前能够对金融机构及金融市场中的风险进行监控、管理和预警的最重要的机制。

在金融机构和金融市场中产生的风险会表现出不同特征，对它们要分别考察。银行体系在金融机构中处于核心地位，对银行体系风险的考察是金融机构稳健性分析的核心。不稳健的银行体系会造成金融中介活动的低效率，经济活动和产出水平下降，财政税收收入减少。另一方面，不稳健的银行体系存在大量不良资产，政府通过向有问题的银行直接注资或提供存贷款担保，会增加政府财政支出与或有负债。银行稳健性的具体评估指标包括资本充足率、不良贷款率、流动性比率。

金融危机的经验教训表明，股票、债券、货币等金融市场的波动及国家间金融市场的联动性越来越高，使金融市场风险严重威胁到整个金融体系的稳健性。考察各金融市场稳健性的重点是各金融市场的价格波动程度。

在考察金融体系的稳健性时，大公的评估方法关注一国信用规模与实体经济的比例关系是否适当。金融自由化在一些国家发展过度与当前世界流动性泛滥的大趋势相结合使考察信用规模与实体经济的匹配性日益重要。金融创新往往导致信用规模中虚拟资产规模的增长，它突破了货币发行的限制，会使信用完全脱离实际需要。虚拟的信用关系不断累积，很容易成为金融危机的风险源。

信用关系是金融体系生存及有效运行的根本，伴随信用体系不断发展并日益复杂化，信用信息不对称问题愈发突出，它不仅增加了金融体系的运行成本，还集聚金融风险。信用评估体系作为一种能够有效解决信用信息不对称问题的机制，决定了其作为信用体系的自然组成部分在促进信用体系稳健发展方面的重要保障作用。但随着信用评估在金融体系中的重要性不断提高，其向市场提供失真信息，会对信用关系及金融体系的稳定性起到巨大的破坏作用。对信用评估体系评估的重点包括信用评估组织的健全性和独立性、评估标准的科学性以及监管的专业化水平。

金融监管是指中央银行或其他金融监管当局依据国家法律法规的授权对金融业（包括金融机构及其在金融市场上的业务活动）实施监督、约束、管制，使它们依法稳健运行的行为的总称。金融监管是来自政府层面的对经济发展中金融风险防范的有力手段。在对一国金融监管水平进行考察时，大公具体从法律基础设施、金融监管体制和金融监管效率三个方面来衡量。

4. 财政实力分析

财政实力是指政府通过综合运用财政收支和债务管理等多种财政手段保证本币债务偿付的能力。财政实力分析的目的是通过债务规模和偿债收入之间的对比分析，来重点考察政府资金的流动性状况。对财政实力的分析包括财政收支平衡状况、政府债务状况及政府收入增长潜力三个方面。

考察政府历年的财政收支平衡状况是财政实力分析的第一步。作为影响债务偿还能力的最基础因素，它一方面决定政府债务负担的未来发展状况——政府债务规模的扩大经常是财政赤字不断累积的结果；另一方面也是判断在扣除必要性支出后，可以用于偿还债务的那部分财政收入在未来能否扩大的前提——如果财政收入的增长速度高于财政支出，可以认为政府可用来偿还债务的资金收入的增长潜力在提高。第二步是考察政府债务状况。重点是根据债务存量状况、债务结构、到期债务偿还安排等判断其未来发展趋势。第三步是对政府收入增长潜力进行分析。通过与债务规模的对比分析来判断在未来可获取的政府收入对债务的保障程度。

（1）财政收支平衡状况分析。

财政收入和支出状况主要反映了财政运行的基本状态及所存在的主要问题。尽管各国会根据自己的现实情况采取财政盈余或者财政赤字的政策，但经常性的财政赤字更有可能产生大规模负债，对未来的债务偿还造成压力。

在对财政收支平衡现状进行评价时，最常用的分析工具是政府的财务报表。根据财政结余 = 财政收入 – 财政支出，分别对财政收入和财政支出状况进行具体分析。应当指出的是，在从规模上对财政收入和支出进行对比分析时，一定要结合对收入、支出结构进行考察，只有这样，才能对其未来的发展趋势作出更准确的判断。

（2）政府债务状况分析。

政府债务负担状况在国家信用风险分析中占据重要地位。较重的债务负担不仅直接制约了政府的偿债能力，严重时引发政府债务违约，并且可能因每年需支付巨额利息使财政出现经常性赤字，限制了政府采取宏观经济政策的空间，甚至影响实施经济发展战略的能力。对政府债务的综合考察包括债务存量状况、偿债负担状况、债务变化趋势三个方面。通过以上分析，对政府的负债限额作出全面判断。

存量债务是长期财政赤字累积的结果，其规模通常用政府债务存量对国内生产总值的比率及政府债务存量对政府财政收入的比率来衡量。一般来说，当债务存量相对于国内生产总值或财政收入的比率较高，说明政府偿债压力及偿债的不确定性较大。同时，较高的政府债务存量有引发高水平通货膨胀的危险，进而影响宏观经济的稳定性。

偿债负担状况反映了政府当年需偿付的债务规模，通常用当年还本付息数额来代表。相对于债务存量，偿债负担状况对国家信用的影响更为直接。即便一国政府所面临的债务存量从长期来看规模适度，但只要当年需偿还的本金和利息数额超出支付限度，主权政府仍面临偿债困难。政府偿债负担主要受债务期限、利率、币种及持有人结构等因素的影响。

债务变化趋势是通过对以往政府债务负担变化规律的分析，来判断未来债务负担变化的趋势和波动幅度。一般来说，债务负担波动幅度过大，代表未来债务负担变化的不确定性较强，不利于债务偿还。

政府债务负担主要针对的是政府的直接债务，但是，鉴于目前各国政府测量和公布的债务数据常常不能反映政府的真实财政状况，大量或有负债所带来的风险甚至有可能超过直接债务，因此，在国家信用评估中，除了要对政府的直接显性负债进行分析外，绝不能忽视政府的隐性债务和或有债务状况。

（3）政府收入增长潜力分析。

政府收入增长潜力是对政府未来用于偿债的收入状况进行分析和预测。政府收入是政府可获得或可创造的资金，是主权政府偿债资源的保障。大公重点通过对政府收入结构的具体分析来判断政府收入在未来的整体增长潜力。政府收入包括税收收入、债务收入、其他收入，收入来源的不同使对债务的保障力度也不同。

税收收入是政府收入中最稳定且最易监督管理的部分，它通常是主权政府用以偿债的第一来源。税收收入的增长潜力取决于国民财富的增长速度、税基和税率三个方面。

债务收入是以政府的名义，通过国内、国际借款或发行各种债券所获得的收入。通过债务收入来偿还债务并没有真正降低政府债务负担，而只是解决政府债务偿还的流动性问题。因此，债务收入仅作为主权政府偿债的第二来源。鉴于债务收入反映了政府与各债权人之间的信用关系，债务收入的增长在很大程度上受限于政府自身的信用状况和投资者对政府未来信用状况的预期。

具有国际储备货币发行权的国家由于其本币信用产品较容易在世界范围内被接受，国际储备货币发行权对债务收入能力具有较强的支撑作用。

其他收入是除税收收入、债务收入之外的其他收入来源。主要包括各项收费、赠款、私有化收益和国有资产收益等，其规模相对较小，对政府收入的贡献有限，收入不确定性较大，因此属于主权政府偿债资金的第三来源。

在没有保值措施的情况下，因政府宏观政策原因引起的货币恶性贬值将严重损害债权人利益。此时政府名义偿债能力尽管未发生变化，但实际偿债能力已显著下降。为此，大公将引入币值分析以判断政府的实际偿债能力。

币值考察一般针对一国出现货币大规模贬值，或发生加速、恶性通货膨胀的情况——小幅的货币价值变化不会使债权人的利益严重受损。根据债权人的不同，一国货币币值变化的衡量标准不尽相同。对于国内债权人，应以货币对内价值的变化情况（通货膨胀率）作为衡量政府实际偿债能力的标准。对于国外债权人，则还需通过货币的对外价值变化（汇率）对此作出全面判断。这是由于政府可能通过操纵汇率，使本币对某种外币或数种外币的价值在考察期内出现大幅度下降，持有本币债务的国外居民在将本币债务兑换为相应的外币时将因此受损。对于国际货币发行国，本币对外价值分析十分关键，因为这类国家的政府债务由非居民债权人持有的比例很高。

5. 外汇实力分析

外汇实力分析的核心是政府获取外币资产来保障外币债务偿还的能力，重点是考察在发生外部冲击时，一国政府能否保持充足的外币资产流动性。政府偿还外币债务时，如需要外币资产，可通过三种途径：在国际市场兑换、利用官方外汇储备、进行外部融资。因此，对外汇实力的分析也相应表现为从货币汇兑能力、外汇充裕度和外汇融资能力三个层面展开。

货币汇兑能力分析主要针对主权货币的属性以及币值问题，试图借此揭示偿还外债时是否需要经过本、外币汇兑程序，以及当需要汇兑时的本币兑换外币能力强弱的问题；外汇充裕度通过对外汇流量状况和外汇存量状况的分析，反映一国主权政府对于偿债汇兑需求的实际保障程度；而当经济体系自身能够产生的外汇资源无法满足对外偿债需求时，最后需借助外汇融资能力来为外币债务偿付提供保障。

（1）货币汇兑能力。

确定一国的货币属性是外汇实力分析的第一步。是否是国际储备货币、一般可自由兑换货币及不可兑换货币（根据货币属性的不同），决定了政府能否采用即时的货币汇兑方式来满足其偿还外币债务的需求，以及这种能力的强弱——本国货币为国际储备货币的国家，这种即时兑换能力最强，同时其特权货币的地位使其外债主要以本币计值，外币债务规模有限。

确定货币属性后，对于可自由兑换货币，对其货币币值未来变化的趋势作出判断是货币汇兑能力分析的重点。而对于不可兑换货币，关注重点转到对其外币资产充裕度的分析。

（2）外汇充裕度。

对外汇充裕度的分析是外汇实力分析的第二步。外汇充裕度衡量一国政府所持有的外币资产现状及未来外币资产规模的变化趋势。当前官方储备资产规模、国际收支状况以及国家外债规模是决定外汇存量状况和外汇流量状况的三个最重要的因素。

外汇存量状况，主要反映为官方储备外汇资产，是指货币当局持有的包括外汇、黄金、特别提款权、在基金组织的储备头寸等。尽管在发生危机时政府可以对非政府部门的外汇业务施加限制以获取更多外汇，但货币当局持有的外汇资产是政府偿还外币债务的最直接可靠的来源。此外，外汇储备庞大的国家具备更强能力来维系外汇市场平衡，可以防止出现因货币急剧贬值而发生货币危机的危险状况。

国际收支状况表现了一国通过国际经贸往来活动获取外汇资产的能力。经由商业渠道增加的外汇，可能不一定全都最终反映为货币当局的外汇储备，但是至少它们代表了国内潜在外汇资源的增加，能够在很大程度上影响外汇储备规模在未来的变化。大公主要从总体国际收支平衡状况、贸易收支情况、外商直接投资、国际证券投资等方面的指标来综合考察一国外汇资产流量状况。

此外，一国外债规模，包括公共部门和私人部门对外净负债，也会对一国外汇资产充裕度产生负面的抵消和稀释作用。这主要体现在两个方面：第一，非政府部门外币债务有可能成为主权政府的或有负债——政府经常为公共部门及金融机构的外债提供担保；第二，如果公共部门和私人部门的外债规模超过自身持有的外汇资产规模，则需要耗用官方外汇储备，从而导致政府自身偿还外债的能力下降。这里需要注意的是，即便外债是由本币计值，仍会对外汇储备产生影响，因为在相当一部分本币债务被国外居民持有时，仍会出现在发生危机时国外居民抛售本币资产、引发资本外流的情况，进而对该国外汇储备造成压力。

（3）外汇融资能力。

外汇实力分析的第三步主要是针对经由资金融通渠道而获取外汇资源进而保障主权外币债务偿付能力所进行的分析，这主要可以从国际金融市场外汇融资渠道和官方外汇融资渠道两个方面来考察。

在对外融资能力分析的过程中，境内外利差水平、对主要货币的名义汇率，均直接影响对外融资的成本。坚挺的主权货币和一个正向的市场利差，都将使主权政府在国际市场融资过程中处于一个极为有利的地位。而就政府在国际债券市场上的融资行为而言，国债收益率等能够衡量主权政府债券的投资价值和投资风险。

此外，一国主权政府和其他主权政府之间的双边货币互换协议，以及国际货币基金组织、世界银行、其他区域性金融机构之间的关系，也影响到该政府基于官方渠道的外汇融资能力。

最后，在外汇融资能力分析的过程中，对于存在主权违约历史记录的政府，无论是在官方渠道还是从市场渠道，其外汇融资能力都将受到负面影响。

8.3.7 国家信用等级确定

根据确定的影响国家信用风险五大关键评估要素及能够刻画这些要素的具体指标，大公建立了国家信用评估操作系统。录入指标数据，依据设定的评分方法和评分标准，系统会产生初始信用等级，之后经过信用评审委员会的调整形成最终的本、外币国家信用等级。其具体思路和步骤如下。

第一步，分别确定国家管理能力、经济实力、金融实力、财政实力及外汇实力的信用分值。

以国家管理能力为例，首先对其中的各项指标进行模型量化处理，接下来将得分加权平均，得到一国国家管理能力的最初得分，之后评审会会综合考虑在模型中没有体现的该国在国家管理能力方面的特有优势或劣势，并通过国家间的比较，对初始得分进行一定调整，最后得到该国家的最终得分。分值区间从 0 到 9，0 分代表风险最高，9 分代表风险最低。

第二步，对前四大要素进行加权平均，得到本币信用分值，并将分值对应为信用等级。

大公国家信用等级从高到低，从 AAA 到 D 共十个等级。除"AAA"、"C"和"D"等级外，每个信用等级可用"＋"或"－"进行微调，分别表示比相应等级的信用质量稍高或稍低。

第三步，综合外汇实力得分，对本币信用等级进行调整，得到外币信用等级。

外汇实力很强的国家，外币信用等级有可能超过本币信用等级，但在多数情况下，外币信用等级会等于或低于本币信用等级。

这样，最终得到了本币和外币的国家信用等级。表 8 - 3 列出了大公国家信用等级符号及相应等级的信用风险特征。应强调的是，被评定为某一信用等级的国家，并非必须满足该信用等级相对应的所有特征，但一般应满足其中多项特征。

表 8 - 3　大公国家信用等级符号及特征

等级	特　征
AAA	政府管理经济和社会的能力强，政策连续稳定，能够有效促进经济发展；经济繁荣，多样化，抗冲击能力强；经济体制灵活，运行稳定，增长潜力较强；金融体系能够较好地促进经济体系的发展，并有很强的抵御来自金融体系内部和外部风险的能力，政府债务负担低，有较强的财政预算执行能力；相较于外债规模，外币资产流动性充足，币值稳定，长期内不存在债务清偿问题
AA	政府能有效地管理经济和社会，突发性政治事件不会对社会稳定及经济发展造成严重影响；经济繁荣，多样化程度较高，抗危机能力较强，经济运行稳定，经济体制能够较灵活调整，以保证经济持续、长期增长；金融体系与经济体系的发展基本匹配，防范和抵御金融体系系统性风险能力较强；债务规模适度，财政收支平衡状况理想；外债规模少，外币资产充裕，币值稳定；中长期内不存在债务清偿问题
A	政府连续稳定，存在潜在威胁国内安全的因素及地缘政治风险；经济体系存在结构性问题，但在不断改善，经济规模及人均收入快速增长，宏观经济运行存在挑战，但适当的宏观经济政策能够熨平经济运行中的波动；金融体系处于深化过程中，其效率的提高及不断改善的金融监管水平能够有效防范金融体系深化过程中酝酿的风险；政府债务规模适度，结构合理，但财政收支状况平衡不稳定；外债规模和结构合理，外币资产充足，在突发事件导致外汇外流时，能够满足外汇偿付需求，中期内不存在债务清偿问题
BBB	政府有效地管理经济和社会的能力受现实存在的地缘风险及社会紧张因素的制约；经济体系具备长期快速发展的潜力，但容易受到外部冲击的影响；金融体系在不断快速发展的过程中，来自外部因素引发金融体系风险的可能性加大；相对于财政收入的增长，债务增长较快，在中期政府偿债压力增加，政府收入与支出方面的改善受到限制；公共和私人部门的外部融资需求较大，严重的外部冲击会导致流动性出现问题，但融资能力较强；短期内不存在债务偿还问题
BB	政治局势的不稳定影响政策的连续性和有效性，地缘政治风险和社会紧张局势较明显；经济多元化程序不高，经济增长受限于经济结构问题，宏观经济运行不稳定的情形增加，宏观经济政策的实施效果受到制约；金融体系存在结构性问题，金融体系与经济体系的发展存在较不匹配；债务负担较大，尽管短期还本付息压力尚小，但持续的财政赤字命名中期面临融资压力，改善财政收支平衡的状况困难，融资能力受国内债券市场发育水平较低的限制；外债相对于外汇储备的规模较高，受到严重外部冲击时，容易导致外汇资产流动性枯竭，短期内存在一定的偿债问题
B	政府更迭导致政策失去连续性，国家管理经济的能力受限制，地缘政治风险及社会冲突明显；经济规模小，人均收入不高，经济周期性波动很大，结构性问题突出；抵抗内外部冲击能力差；金融部门的发展受到抑制，缺乏竞争力的银行体系效率低下，容易为政府创造出大量或有负债；债务结构不合理，大量短期债务使政府需要经常通过融资渠道解决；外汇资产充实度较差，大量短期外币债务偿还面临压力；短期内面临偿债压力

等级	特　征
CCC	政府管理经济和社会能力差，国内局势或地缘政治状况十分紧张；宏观经济运行不稳定，高通货膨胀，甚至恶性通货膨胀；无法筹集足够资金来偿付当期偿付需求的风险很大；货币大幅贬值，外币资产枯竭，缺少外部融资渠道；存在现实的违约可能性
CC	处于在为即将到期债务筹资的紧急状态；债务违约可能性很大
C	对于即将到期的债务，债务人宣布将进行重组；或表现出其他无法偿还的迹象，违约已经不可避免
D	出现债务违约

本章小结

　　本章涉及国家信用评估的内涵、内容、功能与注意事项，介绍了国家信用评估方法，阐述了国家信用评估标准以及构建国家信用评估新标准的思路与实践，以大公国家信用评估为例详细介绍了国家信用评估关键要素分析方法。

　　本章的重点是国家信用的影响因素和评价标准。

　　本章的难点是决定国家信用的五种能力分析。

思考题

1. 为什么需要进行国家信用（主权信用）评估？
2. 影响国家信用的主要因素有哪些？
3. 国家信用评估有何特点？
4. 国家信用评估产生的影响是什么？
5. 国家信用评估对国家债券发行有何重要意义？

第 9 章

金融机构信用评估

本章导读

　　本章主要介绍了对商业银行、保险公司、担保公司、证券公司、基金公司等的信用评估。第一部分为商业银行信用评估，第二部分为保险公司信用评估，第三部分为信用担保机构信用评估，第四部分为证券公司信用评估，第五部分为基金公司信用评估，第六部分为基金会信用评估。

关键词语

　　金融机构信用评估　商业银行　保险公司　担保公司　证券公司　基金公司

9.1　商业银行信用评估

　　银行信用评估又称银行信用评级（Bank's Credit Rating），是对一家银行当前偿付其金融债务的总体金融能力的评估，它对于存款人和投资者评估风险报酬、优化投资结构、回避投资风险，对商业银行拓宽筹资渠道、稳定资金来源、降低筹资费用，对监管当局提高监管效率，削弱金融市场上的信息不对称，降低市场运行的波动性，都具有非常重要的意义。银行信用评估一般包括三个步骤：首先，估价银行独立的财务实力和外部营业环境，以便确定其个体评估；然后，确定一个支持评估；最后，综合个体评估和支持评估这两个不同因素，经过专家会议讨论，得出银行的信用评估。

9.1.1　穆迪对商业银行信用评估

　　国际上对于商业银行的信用评估，要数美国穆迪公司最具影响。穆迪公司已为全球1 000 家银行进行信用评估，其中包括已开发市场银行和新兴市场银行，几乎所有已开发市场的金融机构都已得到穆迪公司的评估。穆迪公司从 1971 年起为银行债券评估，1985 年起对银行存款评估，传统的银行信用评估包括债券和存款两种，均按长期和短期分类。其中长期评估采用全球通用的评估符号，即 Aaa 到 C，共 9 级；短期评估采用 Prime—1、2、3 和 Not prime 共 4 级。

　　传统的银行信用评估主要考虑外部的信用支持和风险因素，特别是银行所在国家的主权信用等级，限制了银行的信用等级。而内部财力评估不考虑主权国家风险所引起的本外币偿付风险和银行外部支持的可能性，它代表了穆迪公司对银行内部安全性和健全性的意见，考虑的因素包括对银行的基础素质，如财务基础、重要的特权、业务和资产的多种经营等。虽然不考虑外部因素，但是关注银行经营环境中的其他风险因素，包括经济走势、经济前景预测和金融体系的结构及其不完整性，还有银行内部条例和监管质量。这就真正体现了银行内部财务实力。从此以后，银行内部财力评估在世界各国推广开来，并成为穆迪公司银行信用评估的一项新的内容，或传统评估的补充。

穆迪公司认为评估的奥妙在于能将信贷资料和分析融入到一个符号之中，而银行信用评估，不论是债务或存款评估，或者是财务实力评估，都不应看成为对银行管理层的报告表，或一大堆财务比率的结论，目的在于为投资者及其他对银行风险有兴趣的市场人士提供一个全球性的风险量度标准。

穆迪公司对已开发市场的银行信用评估，可归纳为以下相互关联的七大重点：① 营运环境；② 所有权及治理权；③ 营运价值；④ 盈利能力；⑤ 风险程度和风险管理；⑥ 经济资本分析；⑦ 管理策略。

分析和评估银行信用风险是一个千变万化的过程，要把风险和回报结合起来，因此，穆迪公司的银行信用评估要预测把回报调整以后的银行风险情况。

9.1.2 大公对商业银行评估实践

大公国际结合中国商业银行的动作特点和评估方法，在穆迪的评估架构下，充分考虑现阶段中国体制特点、银行业特点，确定了以下七大因素。

1. 受评银行所处的营运环境

营运环境及变化直接关系到受评银行未来经营状况的好坏与偿债能力的高低，这是首先要考虑的要素。营运环境包括宏观经济的态势、银行业在经济体系中的地位、行业中的竞争状况、行业监管以及对行业的外部支持程度、构成银行业运营基础的社会经济体系（生产部门、社会保障、法制系统、财政部门等）的健康状况等。这些方面的因素对银行经营状况均有重要影响，并直接或间接地作用于评估结果。不过需要指出，在社会经济发展的不同阶段，这些因素对评估结果的作用亦会有所不同，主导因素与次要因素、积极因素与消极因素可能会互相转化，评估分析需要把握一定时期内受评银行所处营运环境中主要的作用因素及变化趋势，判断这些因素对受评个体的影响。

2. 所有权结构及治理机制

所有权结构是银行评估分析中不可或缺的一环，因其决定了银行的组织运营方式、经营目标、经营特点。按所有权结构划分，我国的商业银行可以分为以下三类。一是国有四大商业银行及三大政策性银行。它们完全为国家所有，国家政府是其唯一的"股东"。这类银行的信用完全依赖于国家信用。二是股份制商业银行，这类银行与国有银行的区别在于其拥有明确的股东单位，尽管这些股东大多是国有企业或机构。明确的股东单位意味着可以进行明确的权责与利益的划分，因此，这类银行至少部分解决了"产权虚位"问题。它们大多按现代商业银行组织方式设立了股东大会、董事会、监事会与银行管理层的内外部管理与监督机制，其内部控制、风险管理与经营状况好于国有银行。但这类银行的所有权结构也造成一些问题，如运作缺乏透明度、大股东给银行施加不当影响以获取超过股本金的贷款等。由于这类银行获取国家信用支持的可能性要小于国有银行，它们主要依靠自身的力量去应付业务发展与偿债的资金需求，因此这类银行的实力强弱与其股东背景有很大关系。三是地方银行，主要是城市商业银行，其主要股东是地方政府或地方政府所属机构，就组织形式与管理方式而言，这类银行与国有银行极其相似。它们受地方政府直接干预较大，但同时也能获得地方政府的支持。地方经济实力与政府财政收入的高低直接影响这类银行的强弱。

3. 营运价值与基本竞争地位

营运价值来自银行内外部两个方面：外部令银行产生营运价值的因素主要有监管政策、市场保护、独特的地理位置等；内部营运价值的产生大多是由于银行在科技、产品、人力、管理、财务状况等方面形成的长期优势。应该说，不论是外部营运价值还是内部营运价值对银行的竞争地位均很重要。然而外部营运价值有不稳定性，它可能因时间的推移、环境或政策的变化而消融，而内部营运价值是银行长期积累的结果，一般不会因外部因素的变化而轻易变化，因此内部营运价值对银行的长期竞争地位十分重要，也是评估分析所特别重视的。银行的内外部营运价值决定了其基本竞争地位，从而决定其在产品定价、占领市场份额、抵抗风险等方面的综合能力。

我国商业银行所拥有的内部营运价值十分有限，新型商业银行的经营历史大多不超过10 年，真正建立起自身的营运优势尚需假以时日；四大国有银行尽管经营历史较长，但它们还未完全摆脱政府机构的性质，长期政策的庇护令其缺乏自我更新与进步的动因，因而内部培养的营运优势少之又少。四大银行目前尚能保持一定的营运优势（在规模方面），但由于这种优势是基于外部原因产生的，其发展趋势不容乐观；新型商业银行大多具有比较规范的管理体制，尽管其受到的政策庇护不多，但它们更具有培养自身营运价值的基础，它们的未来竞争地位有可能随着内部营运价值的培养而增强。在看待银行的营运价值及其对竞争地位的影响方面，评估分析应该解答的问题是：受评银行有无独特的营运价值？营运优势源自哪里？优势程度如何？未来能否持续？

4. 核心长期盈利能力

银行核心长期盈利能力是其能否持续经营的关键，也是其偿债能力的保障。评估分析考虑的不仅是银行盈利水平的高低，更着重盈利的来源、构成和稳定性。我国商业银行现阶段主要的收入来源是利息收入，在总收入中的比重一般超过70% 。这种收入结构决定了利率是影响我国商业银行盈利性的主要因素。由于我国目前仍然实行利率管制，银行在决定存贷款利率方面的自主权十分有限（目前可以在法定贷款利率基础上上浮30% ，下调30% ），因此国家的法定利率水平以及利率政策决定了银行净利息收入的高低及发展趋势。除利率因素外，费用结构与控制是影响银行盈利能力的又一重要因素。银行目前主要的营业支出是利息支出，由于存款利率的法定特征，银行在控制其利息支出方面不具有太多的主动权，因此对营业费用的控制就显得尤其重要。一家银行营业费用率的高低不仅决定了其利润率的高低，也能从一方面反映出其经营管理效率。信贷资产风险管理是决定银行盈利能力的又一重要因素。不良贷款或应收利息太多，自然会削弱银行的盈利状况。近年来，我国商业银行的盈利状况普遍有所下降，原因之一便是不良贷款销账的增多。在存贷利差不大、其他收益来源不多的情况下，能否有效地控制信贷风险成为银行能否获得长期持续盈利能力的关键。

5. 资本充足性分析

资本是商业银行抵御风险打击的最后防线，也是银行保护债权人利益的最后屏障。为保护债权人利益，各国均规定了商业银行的资本充足率要求。我国对商业银行资本充足率的要求基本采用了巴塞尔协议原则。对评估分析而言，符合监管标准是对银行的最低要求，所以监管标准仅是评估的起点，但决非评估标准。衡量商业银行资本是否充足的唯一标准是其资本水平与质量是否足以抵御其资产风险。在对资产的风险进行分析时，参考监管部门制定的风险权重，在评估银行的资本充足性时，注重对银行资产的风险状况进行具体分析，以求尽量真实、客观地判断银行资产风险。

考察资本充足性还应考察银行获取资本的能力，银行有两种资本来源：一是通过盈利在内部生成资本；二是取得外部资本支持。银行的内生资本主要来自于留存收益，为此，内生资本的能力取决于银行的长期盈利能力以及股东对投资回报的要求。如果银行盈利状况不佳，那么内部资本就没有来源；如果股东过分要求获得短期回报，纵使盈利状况尚佳的银行也无法留取利润。外部资本也有两种来源：可以通过资本市场向公众募集，也可以由战略投资者向银行以股本方式注资。目前我国的商业银行在获取外部资本的来源与形式上存在很大差异，在评估中要根据受评银行的特质作具体分析。

6. 风险及管理

由于我国目前依然实行银行、证券、保险与信托分业经营、分业管理，商业银行原则上不得从事银行以外的金融业务。因此，现阶段，我国商业银行面临的主要风险是信贷风险、流动性风险以及营运过程中的运作风险。评估信贷风险侧重于信贷资产质量以及银行对信贷资产的管理。将反映信贷质量的重要指标作同业比较与趋势比较可以揭示受评银行信贷资产质量的高低。然而对信贷资产质量的考察不能仅仅依赖于简单的比率，无论是按照"一逾两呆"分类还是"五级分类"，都有各自的局限性，不能完全反映信贷资产的真实状况。为此，银行自身对不良贷款的衡量只能作为我们评估的基础，但不是评估的唯一依据。必须要依据评估人员自己对信贷资产的违约风险以及贷款损失概率的分析与认定。

为把握受评银行信贷资产风险的发展趋势，还必须了解不良信贷资产的成因。造成银行不良资产的既有系统性风险又有特殊风险。系统性风险主要指由于宏观经济衰退、企业经营不景气引起的企业偿付能力的普遍恶化。一般来说，系统性风险可能会引发银行信贷资产质量的大面积下降，但这种下降趋势又可能随着宏观经济形势的向好而得以扭转。银行之间在信贷资产质量上的差异主要来自于特殊风险，即银行自身对信贷风险的管理，它包括信贷政策，信贷审批、发放与监控程序等方面因素。评估银行信贷风险管理所依据的信息既包括受评银行目前的信贷资产质量，又包括评估人员与银行管理层、信贷部门访谈所获取的信息，同时还包括银行在管理信贷风险方面的具体政策或做法，如授权授信制度、对借款人的风险评估体系、贷款审批过程、跟踪与检查制度、准备金的拨备等。

流动性风险及管理以往对我国的商业银行似乎并不重要，由于我国传统高储蓄倾向所致的储蓄资金持续快速增长的原因，银行基本没有产生严重的流动性问题。自 1998 年取消贷款额度限制以来，四大国有银行的存贷比基本降到了 100% 以内，但仍然偏高。对其他银行而言，流动性管理就显得更为重要，因为非国有银行在取得国家支持方面的程度不如四大国有银行，且其存款来源极其有限。由于风险意识日臻强烈，机构及个人都越来越重视银行的实力与信誉度，部分中小银行机构特别是一些地方小银行所能获得的存款呈下降趋势，因而它们陷入流动性困难的概率日益增大。

我国监管部门在衡量商业银行流动性状况方面常用的定量指标为存贷比与流动性比率。

这两大比率固然可以从一定程度上反映银行流动性好坏，但有其局限性。为此，在评估时引入了新的比率，如贷款与存款的比率、活期存款占总存款及总资金的比率、"信心敏感性资金"（主要指同业拆入资金及存款）分别占银行总资金与总贷款的比率。此外，比率虽然重要，但评估不应仅仅停留于若干定量比率，因为比率是静态指标。评估分析还必须从受评银行的资产、负债结构入手，分析资产与负债在期限、预期的资金流出入规模及风险方面的匹配程度、基本流动资金（随时备用可变现的流动资产）及备用流动资金（在市场上的筹借能力）的大小等多个方面，以判断受评银行的流动性状况及揭示其可能存在的流动性风险。

运作风险泛指除信贷、市场及流动性风险以外的其他银行风险，它包括代理人风险，法律风险，人事、操作及技术三个层面的风险。我国的商业银行现阶段面临的主要运作风险是代理人风险与技术风险。

代理人风险系指银行内部员工或一个部门出于一已动机而给银行造成的不应有的风险。巴林银行的倒闭就是因其交易员违反授权及重要财务规定越权进行不适当高风险交易引发的。我国的商业银行同样存在大量代理人风险，如信贷员接受借款企业贿赂虚报资料导致银行发放本不应发放的贷款，柜台营业人员利用职权侵吞客户存款或与外界勾结用假单据骗取巨款等。控制代理人风险的关键是银行内部控制机制。良好的内控机制可以有效防范代理人风险，减少银行发生损失的机会。对于银行内部控制的评估着重于银行内控制度及操作程序的完善性、制度与程序实施、检查的过程、以往实施的具体效果及由于内控不当而发生的重大失误等方面情况。

我国银行被动涉及法律诉讼的例子并不鲜见。诉讼事项不仅可能给银行造成财务上的损失，更可能影响银行的声誉，从而影响市场及客户对其的信心。评估不仅分析已经存在的诉讼事项，还要注意捕捉那些可能引起法律诉讼的或有事项，并分析它们可能带给银行的影响。

银行面临的技术风险一方面指由于技术进步引起的银行已有设备或手段的过时，另一方面指大型电子系统设备出现故障直接导致的损失。互联网的普及令网络银行业务得到迅猛发展，中国部分银行已经开始尝试通过互联网开办银行业务。一旦网上银行得以推展，那些没有先期准备的银行可能就会面临失去客户、业务萎缩的风险。系统设备故障导致银行蒙受损失的案例在我国也时有发生。此外，一直备受关注的计算机"黑客"问题依然存在，虽然不能完全排除银行体系发生系统被入侵的可能性，但我国监管部门对此问题的重视、各银行采取的多种措施以及数据储存系统的数据备份功能，能较好地防范"黑客"入侵。

7. 管理与策略

了解银行的管理与策略是评估人员预测其未来盈利能力及风险程度的重要依据。对管理策略的分析较少采用定量指标，而以定性分析与判断为主。评估银行管理策略着重围绕管理层素质、是否有明确的管理策略与目标、管理策略的合理性以及目标的实现途径等方面进行。对管理层素质的分析不仅在于关键管理人员的背景及稳定性，还在于其以往的表现记录以及这种表现在同业之中的地位，管理人员在逆境中管理银行的能力尤其受到重视。是否制定有明确的发展目标以及实现这一目标的途径是评估银行管理的重要内容。评估人员通过与受评银行高层核心管理人员的访谈可以直观地了解他们对本行自身状况及发展目标的理解，并判断这种目标的合理性与现实性。目标的实现途径也是评估分析的重点，因它可以令评估人员掌握银行未来的行动方向以及可能作出的重大举措。管理层获取信息及作出决策的过程也是评估银行管理的内容。管理层能否获得及时、全面、正确的内部与外部信息是其能否作出明智决策的前提，而科学、高效的决策过程则是正确决策的保证。信息落后或匮乏、决策过程过于松散庞杂或过于集中都可能成为银行决策失误的根由。评估着重分析管理层获得信息的来源、信息传递过程、动议的提出与决策的程序等方面内容。

9.1.3 "骆驼"评估体系

"骆驼"评估体系是目前美国金融管理当局对商业银行及其他金融机构的业务经营、信用状况等进行的一整套规范化、制度化和指标化的综合等级评定制度。因其五项考核指标，即资本充足性（Capital adequacy）、资产质量（Asset quality）、管理水平（Management）、盈利状况（Earnings）和流动性（Liquidity），其英文第一个字母组合在一起为"CAMEL"，正好与"骆驼"的英文名字相同而得名。"骆驼"评估方法，因其有效性，已被世界上大多数国家所采用。当前国际上对商业银行评估考察的主要内容包括资本充足率及变化趋势、资产质量、存款结构及偿付保证、盈利状况、人力资源情况等五个方面，基本上未跳出美国"骆驼"评估的框架。

"骆驼"评估体系的主要内容是通过对金融机构"资本的充足程度、资产质量、管理水平、盈利水平和流动性"等五项考评指标，采用五级评分制来评估商业银行的经营及管理水平（一级最高、五级最低）。其分析涉及的主要指标和考评标准是：

第一，资本充足率（资本/风险资产），要求这一比率达到 6.5% ~ 7%；

第二，有问题放款与基础资本的比率，一般要求该比率低于 15%；

第三，管理者的领导能力和员工素质、处理突发问题应变能力和董事会决策能力、内部技术控制系统的完善性和创新服务吸引顾客的能力；

第四，净利润与盈利资产之比在 1% 以上为第一、二级，若该比率在 0 ~ 1% 之间为第三、四级，若该比率为负数则评为第五级；

第五，随时满足存款客户的取款需要和贷款客户的贷款要求的能力，流动性强为第一级、流动性资金不足以在任何时候或明显不能在任何时候满足各方面的需要的分别为第三级和第四级。

在上述基础上，如果综合评估很满意或比较满意的则为第一级或第二级，不太满意和不满意的分别为第三级或第四级，不合格的为第五级。对第一、二级银行监管当局一般对其今后发展提出希望性的建议；对第三级银行监管当局要发出正式协议书、由被考评行签署具体计划和措施；对第四、五级银行监管当局则发出"勒令书"，命令银行应该做什么、必须做什么和停止做什么，这是一种最严厉的管理措施。

"骆驼"评估体系的特点是单项评分与整体评分相结合、定性分析与定量分析相结合，以评估风险管理能力为导向，充分考虑到银行的规模、复杂程度和风险层次，是分析银行运作是否健康的最有效基础分析模型。

1. "骆驼"评估体系的具体内容、指标与方法

（1）资本充足性。

主要考察资本充足率，即总资本与总资产之比。总资本包括基础资本和长期附属债务。基础资本包括股本金、盈余、未分配利润和呆账准备金。

银行的资本是银行赖以从事一切经营活动的基础。新的巴塞尔资本协议规定银行的资本

（包括核心资本和附属资本）与风险资产的比例不得低于 8%，一般情况下对商业银行的评估标准可以分为四级。

如果该比例在 8% 以上，同时该行经营管理水平十分令人满意，资产质量很高，盈利状况很好，不存在其他潜在风险，则认为该银行资本充足，评定为 1 级；如果该比例在 7% ～ 8% 之间，高出同类银行机构的平均水平，同时该行经营管理水平较高，不良贷款占比在 10% ～ 15% 之间，经营稳健，盈利水平保持逐年递增，可认为该行资本基本充足，评定为 2 级；如果该比例为 7%，为同类银行机构的平均水平，同时该行经营管理水平一般，不良贷款在 15% 左右，有潜在的信贷风险，盈利状况虽保持在一定的水平，但不稳定，可评定为 3 级；如果该比例在 7% 以下，低于同类银行的平均水平，同时该行经营管理水平较低，不良贷款占比较高，信贷风险明显暴露，贷款损失的可能性较大，虽然有一定的盈利，但收益水平较低，可认为该行资本不足，评定为 4 级。

（2）资产质量。

主要考察风险资产的数量；预期贷款的数量；呆账准备金的充足状况；管理人员的素质；贷款的集中程度以及贷款出现问题的可能性。

"骆驼"评估体系对商业银行资产质量的评估主要考虑六个方面的因素：风险资产的数量、不良贷款的发展趋势、贷款损失准备金的充足状况、贷款风险的集中程度、负债管理的水准、对信贷资产出现风险可能性的预测和分析。根据六个方面的因素分析，将分类后的贷款划分为四类：第一类是正常贷款；第二类是不合标准；第三类是有疑问贷款；第四类是难以收回贷款。如果按照我国贷款五级分类的划分标准，次级类贷款可归为不合标准的贷款，可疑类贷款可归为有疑问贷款；损失类贷款可归为难以收回的贷款。以上三类贷款可称为不良贷款或有问题贷款。

按照"骆驼"评估体系对商业银行资产质量评估的标准要求，将贷款分类后应先计算出一个"加权计算后的有问题贷款总量"与基础资产的比重，即 $K =$（不合标准贷款 × 20% + 有疑问贷款 × 50% + 难以收回贷款 × 100%）/基础资产，如果 $K \leqslant 5\%$，则银行的资产质量可评定为 1 级；如果 $5\% < K \leqslant 15\%$，则可评为 2 级；如果 $15\% < K \leqslant 30\%$，则可评为 3 级；如果 $30\% < K \leqslant 50\%$，则评为 4 级；如果 $K > 50\%$，银行业监督管理机构须采取处置的监管手段，及时处置可能出现的支付风险。

（3）管理水平。

主要考察银行业务政策、业务计划、管理者经历与经验及水平、职员培训情况等一些非定量因素。这方面的评估是比较难的，因为没有量化指标和比率，一般情况下，都通过其他量化指标得出相关结论。

管理水平是考察一家银行经营状况的最主要因素之一。对管理水平进行评估主要以定性的标准衡量管理者的素质，通过资本充足率、资产质量、盈利水平和流动性的评估间接评定其管理水平的级次，除此之外还要考虑政策的调整因素、业务规划和流程制定的可行性、该行高官人员解决问题的能力，对市场的应变能力、对客户的诚信程度和该行董事会、监事会、经营管理者的职责履行的有效性以及法人治理结构效果等。

① 如果一家银行四项评估均在 1 级，并通过分析判断管理者的管理能力较强，业务快速稳健发展，具有有效的法人治理和内控制度安排体系，可评定为 1 级。

② 如果一家银行四项评估在 2 ～ 3 级之间，且管理者和经营层都能各负其责、各司其

职，法人治理比较规范，基本建立了内控制度体系，可评为 2 级。

③ 如果一家银行四项评估在 3 级以下，管理层诚信度较低，具有潜在的经营风险，法人治理机构不规范，内控制度不健全，则评为 3 级。

④ 如果一家银行管理者素质相当差，四项评估均在 4 级以下，则评为 4 级。

（4）盈利状况。

主要考察银行在过去一两年里的净收益情况。盈利状况评估以资产收益率 1% 为标准。

商业银行的盈利是抵补损失的第一道防线。根据"骆驼"评估体系衡量一家商业银行的盈利水平的重要比率是：资产收益率（e）＝净收益/平均资产。

① 如果一家商业银行 e 在 3% 以上，且经营管理水平、资产质量都很高，盈利金额真实，并能按照规定提足各种资金，评定为 1 级。

② 如果 e 在 1%～3% 之间，盈利金额真实，并能按照规定提足各种资金，评定为 2 级。

③ 如果一家银行 e 低于 1%，虽然盈利真实，表明该行资产质量不高，信贷资产的增值功能较弱，经营管理水平一般，评定为 3 级。

④ 如果净盈利出现负值，经营出现亏损，反映出该行经营管理水平低，资产质量较差，有极大数额的信贷资产已经失去了增值功能，评定为 4 级，银行监督管理机构应该撤换高级管理人员。

（5）流动性。

主要考察银行存款的变动情况，银行对借入资金的依赖程度，可随时变现的流动资产数量，资产负债的管理、控制能力，借入资金的频率以及迅速筹措资金的能力。流动性的评估标准：没有确定的标准，只有与同类、同规模的银行横向比较，才能确定优劣与强弱。

商业银行保持足够的流动性是为应付客户的提款和满足客户的贷款需求。要评估一家商业银行的流动性是否充足需要考虑：该商业银行存款的变动情况；对借入资金的依赖程度；可随时变现的流动资产数量；银行对自身资产负债的管理、控制能力；该行从外部借入资金的频率；该行在遇到流动性问题时迅速筹措资金的能力。在考虑上述各种因素之后，还要将该行的流动性比率与其他同类银行的流动性比率进行比较，然后确定该银行的流动性评估。

2. "骆驼"体系的综合评估

综合评估，即对上述五个方面进行综合评估。综合评估的方法有两种：一种是简单认定，即将上述五个方面简单平均，得出最后级别；另一种是加权认定，即对上述五个方面分别给予不同的权数，加权平均，得出最后级别。

（1）综合评估为 1 级的银行，则表明资本充足，资产质量、管理水平和收益率高，具有较强的资产流动性和抵御风险的能力，总体经营状况稳健，能承受一切经济周期的变动与影响以及市场任何突发性变化。银行监督管理机构只需要对此类银行进行日常监测。

（2）综合评估为 2 级的银行，则表明资本基本充足，资产质量、管理水平和收益率较高，具有一定的资产变现能力和防范风险的能力，其经营状况基本稳健。银行监督管理机构可对此类银行进行日常监控。

（3）综合评估为 3 级的银行，则表明资本不够充足，资产质量存在一定问题；管理水平一般，资产收益率不高，且存在亏损的可能性；资产流动性较差，并潜藏着一定的贷款风险，虽然目前经营能正常进行，但难以抵御突发性的变化。银行监督管理机构应对此类银行密切关注，必要时进入现场进行监管。

（4）综合评估为 4 级的银行，存在着严重的财务风险、信贷风险和管理风险，这类银行经营管理面临着较大困难，一旦出现支付风险靠自身的能力难以处置。对这类银行，银行监督管理委员会不但要加大现场检查的频率，必要时可采取措施进行风险处置。

3. 评估报告

评估报告是评估完成以后，撰写的检查评估报告。该报告一般分为三部分。第一部分阐述评估中发现的问题及对问题的看法与评估；第二部分对银行全面分析，详细列举各种数据、比率，以及对这些数据与比率的分析与评估；第三部分对银行经营管理水平及管理人员素质的评估，指出应当采取的措施；第三部分往往属保密资料，只供监管部门内部使用和掌握。

评估报告一般要分别送交银行监管部门、被评估银行董事会。

4. "骆驼" 评估体系的修订

从 1991 年开始，美国联邦储备委员会及其他监管部门对骆驼评估体系进行了重新修订。增加了第六个评估内容，即市场风险敏感度，主要考察利率、汇率、商品价格及股票价格的变化，对金融机构的收益或资本可能产生不良影响的程度。

市场风险敏感度（Sensitivity of market risk），用 S 表示。增加第六个评估内容以后的新体系为 Camel stating system。

我国银行监管部门从 2001 年年底开始研究商业银行风险评估问题，新出台的《评估体系》借鉴了国际上成熟的 "骆驼" 评估体系，根据我国日常监管工作的实际，以资本充足性、资产安全性、管理严谨性、支付流动正常性和收益合理性作为判断的主要依据。《评估体系》建立的评估方法和操作步骤，能够全面、深入地评估商业银行的风险和经营状况。《评估体系》的实施，有利于增强银行监管的系统性和连续性，加强对商业银行的持续监管和分类监管，促进商业银行稳健经营。

9.1.4 股份制商业银行风险评估体系

股份制商业银行风险评估是银行监管框架的重要组成部分，是监管机构对股份制商业银行的风险表现形态和内在风险控制能力进行的科学、审慎的评估与判断。监管机构对股份制商业银行的风险评估，既不同于股份制商业银行自身的评估，也不同于社会中介机构对股份制商业银行的评估。它是以防范风险为目的，通过对股份制商业银行风险及经营状况的综合评估，系统地分析、识别股份制商业银行存在的风险，实现对股份制商业银行持续监管和分类监管，促进股份制商业银行稳健发展。

股份制商业银行风险评估主要是对银行经营要素的综合评估，包括资本充足状况评估、资产安全状况评估、管理状况评估、盈利状况评估、流动性状况评估和市场风险敏感性状况评估以及在此基础上加权汇总后的总体评估。评估结果将作为监管的基本依据，并作为股份制商业银行市场准入和高级管理人员任职资格管理的重要参考。中国银监会将根据评估结果确定对股份制商业银行现场检查的频率、范围和依法采取的其他监管措施。

1. 资本充足状况评估标准

（1）定量指标。（60 分）

① 资本充足率（30 分）：10% 以上，30 分；8% 至 10%，25 分至 30 分；6% 至 8%，14分至 25 分；2% 至 6%，0 分至 14 分；2% 以下，0 分。

② 核心资本充足率（30分）：6%以上，30分；4%至6%，25分至30分；2%至4%，10分至25分；1%至2%，0分至10分；1%以下，0分。

说明：本评估体系中所有的定量指标评分，均按照区间值均匀分布计算。

（2）定性因素。（40分）

① 银行资本的构成和质量（6分）：主要考察银行资本构成的稳定性、市场价值及其流动性。

评分原则：A. 核心资本在资本中的比重越高，资本构成越稳定，评分越高；B. 要分析核心资本构成的稳定性，如果银行存在资本未足额到位或资本抽逃等问题，不得分；C. 要分析附属资本构成的稳定性，稳定性越高，市场价值越大，评分越高；分析附属资本构成主要考虑银行的债务性资本（监管机构确认的银行以对外承担债务形式持有的资本），包括其市值变动情况和流动性状况；D. 上市银行得分应高于非上市银行；E. 资本构成要素存在不稳定性对银行承受风险能力可能造成不利影响的，得分应在3分以下。

② 银行整体财务状况及其对资本的影响（8分）：主要分析银行财务状况对银行资本的影响。

评分原则：A. 好的盈利状况能增强或保持银行的竞争能力，利于银行扩充资本，评分越高；B. 银行财务状况不佳（出现亏损）并可能对银行资本充足状况形成不良影响的，得分应低于4分；C. 累计亏损严重以致净资产出现负值的银行，不得分。

③ 资产质量及其对资本的影响（8分）：主要分析银行不良资产的状况对银行资本的影响，重点考察银行资产损失程度、计提资产减值准备的情况及其对银行资本构成的影响。

评分原则：A. 不良资产呈现恶化趋势，并可能对银行资本构成不利影响的，得分应低于4分；B. 计提贷款损失准备不足的，不足程度越高，得分越低，得分应低于3分；C. 对贷款以外资产计提减值准备的银行得分应高于没有计提减值准备的银行。

④ 银行进入资本市场或通过其他渠道增加资本的能力，包括控股股东提供支持的意愿和实际注入资本的情况（8分）：主要考察银行通过外部融资解决资本问题的能力，重点分析银行在资本充足率不足时，是否能及时增加资本，包括控股股东增加注资的可能性。

评分原则：A. 如果银行股东承诺并能够实现承诺将资本充足率保持在8%以上，或者银行通过其他方法将资本充足率保持在8%以上且能够充分抵御风险的，得满分；B. 当银行资本充足率不足8%，而银行股东和董事会未能提高资本充足率的，得分应低于4分；C. 向社会公开募集资本没有成功的，不得分。

⑤ 银行对资本的管理情况（10分）：主要考察银行资本的管理政策，重点分析银行制订资本计划的情况，包括制订计划的程序和依据。

评分原则：A. 银行如果缺乏明确的资本管理政策，没有制订补充资本计划，得分应低于5分；B. 银行累积未分配利润为负数而进行利润分配的，不得分；C. 银行资本充足率未达到监管要求而进行利润分配的，不得分。

2. 资产安全状况评估标准

（1）定量指标。（60分）

① 不良贷款率（15分）：5%以下，15分；10%至5%，12分至15分；15%至10%，6分至12分；25%至15%，0分至6分；25%以上，0分。

不良贷款率 =（次级类贷款 + 可疑类贷款 + 损失类贷款）/贷款余额。有关次级类贷款、可疑类贷款、损失类贷款的概念见中国人民银行银发〔2001〕416 号文。

② 估计贷款损失率（10 分）：3% 以下：10 分；6% 至 3%，8 分至 10 分；9% 至 6%，6 分至 8 分；12% 至 9%，4 分至 6 分；15% 至 12%，0 分至 4 分；15% 以上，0 分。

$$估计贷款损失率 = （正常类贷款 \times 1\% + 关注类贷款 \times 2\% + 次级类贷款 \times 20\% +$$
$$可疑类贷款 \times 40\% + 损失类贷款 \times 100\%）/ 贷款余额$$

③ 最大单一客户、集团客户授信比率（10 分）：评分时取两项得分中较低一项分值。

最大单一客户授信比率：6% 以下，10 分；10% 至 6%，8 分至 10 分；12% 至 10%，6 分至 8 分；14% 至 12%，4 分至 6 分；16% 至 14%，0 分至 4 分；16% 以上，0 分。

集团客户授信比率：15% 以下，10 分；25% 至 15%，8 分至 10 分；35% 至 25%，6 分至 8 分；45% 至 35%，4 分至 6 分；55% 至 45%，0 分至 4 分；55% 以上，0 分。

集团客户的概念和集团客户授信比率的计算方法见监管部门制发的《商业银行集团客户授信业务风险管理指引》第十二条。

④ 拨备覆盖率（20 分）：100% 以上，20 分；70% 至 100%，14 分至 20 分；40% 至 70%，8 分至 14 分；15% 至 40%，0 分至 8 分；15% 以下，0 分。

$$拨备覆盖率 = （一般准备 + 专项准备 + 特种准备）/（次级类贷款 +$$
$$可疑类贷款 + 损失类贷款）$$

⑤ 非信贷资产损失率（5 分）：2% 以下，5 分；4% 至 2%，4 分至 5 分；8% 至 4%，2 分至 4 分；10% 至 8%，0 分至 2 分；10% 以上，0 分。

非信贷资产损失率 = 非信贷资产损失额/非信贷资产余额。

（2）定性因素。（40 分）

① 不良贷款和其他不良资产的变动趋势及其对银行整体资产安全状况的影响。（5 分）

主要考察银行不良贷款总量和不良贷款率及其变化趋势。要具体分析银行不良贷款余额的升降原因，要区分存量和增量因素的影响；要具体分析不良贷款比率升降的原因，要区分"分子"和"分母"因素的影响。

评分原则：A. 不良贷款余额和不良贷款率"双降"的，得满分；B. 不良贷款余额上升，不良贷款率下降的，得分应低于 3 分；C. 不良贷款余额和不良贷款率"双升"的，不得分；D. 视不良贷款变动的具体原因调节评分结果。

② 贷款行业集中度以及对银行资产安全状况的影响。（5 分）

主要考察银行贷款行业的集中程度，分析贷款集中行业的风险状况，包括行业当前整体状况、国内外情况对比，国家对该行业的政策和指导意见，行业的发展趋势预测及依据等，以及风险状况对银行资产安全状况的影响。

③ 信贷风险管理的程序及有效性，是否建立完善的信贷决策程序和制度，包括贷款"三查"制度，风险管理制度和措施能否有效遏制不良贷款的发生。（10 分）

主要通过对银行不良贷款增量的原因分析，判断信贷风险管理的有效性。

——是否建立贷款调查制度以及贷款调查报告的质量。（2 分）

——是否建立严格、独立的贷款放款审查制度并严格执行。（2 分）

——是否建立贷后检查制度并严格执行。（2 分）

——是否存在违规发放的贷款，是否存在逆程序发放贷款的行为。（2 分）

——贷款档案是否完整规范。（2 分）

评分原则：A. 银行未建立贷前调查制度、贷中审查制度和贷后检查制度的，得分应低于 5 分；B. 存在违规贷款或逆程序发放贷款行为的，不得分。

④ 贷款风险分类制度的健全性和有效性。（10 分）

——银行是否根据《贷款风险分类指导原则》制定分类的具体标准以及五级分类的内部管理办法和实施细则，包括贷款分类的操作、认定和审核等工作程序和工作标准；分类工作是否全面涵盖各项授信业务。（3 分）

——银行是否根据日常风险变化情况对各类贷款进行监控和分类；银行是否配备了专业人员从事分类工作；是否加强了贷款五级分类的业务培训。银行的贷款分类是否定期接受检查监督，分类中存在的问题可以被及时发现和纠正。（2 分）

——银行的分类工作是否严格执行了有关监管规定以及内部管理规定；分类标准在操作过程中是否保持一致；五级分类结果是否准确。（3 分）

——银行是否建立了与分类工作相配套的信息系统，保证管理层能够及时获知有关贷款分类的重要信息；银行是否按照监管要求及时报送贷款分类数据和相关分析报告。（2 分）

评分原则：A. 银行五级分类制度存在明显缺陷或分类结果严重失实的，得分应低于 3 分；B. 银行未建立贷款五级分类制度的，不得分。

⑤ 保证贷款和抵（质）押贷款及其管理状况。（5 分）

主要考察银行是否制定了保证贷款和抵（质）押贷款的管理规定，是否对保证人资格、保证责任和保证合同，抵（质）押品、抵（质）押权和抵（质）押率，抵（质）押品的登记与评估、抵（质）押期限、抵（质）押品的保管和处置作了明确的规定，银行是否严格执行了这些规定。考察银行保证贷款和抵（质）押贷款的合法性和有效性如何，还要分析银行抵（质）押品的流动性和价值稳定性及其对资产安全状况的影响。

⑥ 非信贷资产风险管理状况。（5 分）

主要分析银行是否针对非信贷类资产，特别是风险性非信贷类资产制定管理制度和风险控制措施并落实管理责任；银行对各类挂账、垫款、待清理资产是否制定了具体的清收、清理、处置办法和措施；银行对造成非信贷类资产损失的违法违规违纪人员是否追究责任。通过对以上要素的综合分析，判断银行识别、控制非信贷资产风险的能力。

评分原则：银行未建立非信贷资产风险管理制度的，不得分。

3. 管理状况评估标准

（1）银行公司治理状况，公司治理的合理性和有效性。（50 分）

① 银行公司治理的基本结构。（10 分）

——银行是否构建了以股东大会、董事会、监事会和高级管理层为主体的银行治理结构，各个治理主体是否设立了专门委员会和专门办事机构；是否建立了独立董事制度和外部监事制度。（5 分）

——各个治理主体是否明确了各自的工作职责，是否制定了完备规范的议事规则。（5 分）

② 银行公司治理的决策机制。（10 分）

——银行的股东资格是否符合有关规定；股东是否履行诚信义务；银行是否能够保护股东合法权益，公平对待所有股东，是否存在大股东损害中小股东权益的情况；银行股东是否有占用银行资产行为，是否有关联交易，关联交易对银行的影响；股东大会能否按照章程的

规定有效发挥其职能。其中涉及关联交联授信的比例确定见监管部门制发的相关文件。（5分）

评分原则：如果银行对一个关联方的授信余额超过银行净资产的 10%，或者对一个关联方的集团客户的授信余额总数超过净资产的 15%，或者银行对全部关联方的授信余额超过商业银行净资产的 25%，得分应低于 3 分。

——董事是否具备履行职责所必需的专业素质；是否勤勉诚信；董事的选任是否符合规定程序。（2分）

——董事会的结构是否合理；下设专门委员会是否具备独立性；董事会及其下设委员会能否按照章程的规定履行职责并发挥决策和监督作用；董事会是否制定银行的发展战略及发展规划；董事会是否具备足够的控制力和调度力。（3分）

③ 银行公司治理的执行机制。（10分）

——从股东大会到董事会再到经营管理层的决策传导机制是否通畅、高效。（2分）

——高级管理人员的素质：高级管理人员资格是否符合监管机构规定；高级管理人员是否具备必要的业务管理能力、市场应变能力和创新能力。（3分）

——高级管理人员履职情况：高级管理人员是否按董事会制定的战略规划开展工作；高级管理人员工作的实效性；是否存在"内部人控制"情况。（3分）

——高级管理层是否具备良好的团队精神；职责分工是否合理适当；经营上是否稳健并能及时识别和管理风险。（2分）

④ 银行公司治理的监督机制。（10分）

——独立董事是否具备履行职责所必需的专业素质；是否勤勉诚信；独立董事的选任是否符合规定程序。（2分）

——独立董事是否具备独立性，独立董事的权利、义务和责任是否明确；独立董事是否尽责。（2分）

——监事是否具备履行职责所必需的专业素质；是否勤勉诚信；监事的选任是否符合规定程序；监事会的结构是否合理；下设专门委员会是否具备独立性；监事会及其下设委员会能否按照章程的规定有效发挥其监督作用。（4分）

——外部监事是否具备独立性，是否尽责。（2分）

⑤ 银行公司治理的激励约束机制及问责。（10分）

——银行是否建立薪酬与银行效益和个人业绩相联系的激励机制，制定的激励政策及其制定程序是否合理。（2分）

——银行是否建立长、中、短期相结合的激励机制。（2分）

——是否建立公正、公开的董事、监事、高级管理层成员绩效评估的标准和程序。（3分）

——是否按照《商业银行信息披露暂行办法》披露公司治理信息，有关薪酬激励的情况是否作适当披露。（3分）

（2）内部控制状况。（50分）

① 内部控制环境与内部控制文化。（10分）

——良好的治理机制：董事会是否审批银行整体经营战略和重大政策并定期检查执行情况；董事会是否了解银行的主要风险并采取必要措施认定、计量、监督并控制风险；董事会是否负责审批组织结构；董事会如何确保高级管理层对内部控制制度的有效性进行监督；高

级管理层执行董事会决策的情况如何。（3 分）

——分工合理、职责明确、报告关系清晰的组织结构：组织结构设置是否清晰地表明信息报告渠道，明确了信息报告的责任；组织结构设置是否存在缺陷导致重要信息报告的缺漏；组织结构是否对银行的各级部门和各种业务都实施了有效的管理控制。（2 分）

——内部控制文化：董事会与高级管理部门是否通过其言行来强调内部控制的重要性；银行是否存在良好的培训、宣传机制使得员工能够充分认识到内部控制的重要性并参与到控制活动之中；是否存在由于激励政策不当、鼓励或诱发不适当的经营行为，如过分强调业绩目标或其他经营结果而忽略长期风险；或者工资或奖励计划过于依赖短期业绩等。（3 分）

——员工职业操守和诚信意识：员工尽职情况；是否及时向相关部门报告违法违规问题、与经营指导方针不一致的情况及其他违反政策规定的情况。（2 分）

② 风险识别与评估。（10 分）

主要考察银行是否对所从事的业务风险进行识别评估并对风险持续监控。

——风险管理的制度、程序和方法：主要考察银行是否设立了履行风险管理职能的专门部门，是否制定了识别、计量、监测和管理风险的制度、程序和方法。（3 分）

——风险识别与评估的全面性：银行的风险评估是否考虑了内部因素（如组织结构的复杂程度、银行业务性质、人员素质、组织机构变革和人员的流动等）与外部因素（如经济形势变化、行业变革与技术更新等）；风险评估是否既针对单一业务，又针对并表机构的其他业务；风险评估是否针对风险的可计量和不可计量两方面进行。（2 分）

——风险识别与评估的手段与技术：银行是否建立了涵盖各项业务、全行范围的风险管理系统，是否开发和运用风险量化评估方法和模型，对信用风险、国家及转移风险、市场风险、利率风险、流动性风险、操作风险、法律风险及信誉风险等各类风险进行持续的监控。（3 分）

——风险控制制度、技术和方法的及时更新：银行是否针对不断变化的环境和情况及时修改完善风险控制的制度、方法和手段，以控制新出现的风险或以前未能控制的风险。（2 分）

③ 控制行为与职责分工。（10 分）

——全面、系统的各项业务政策、制度和程序，包括统一的业务标准和操作要求：主要分析银行是否建立全面、系统的内部控制政策与程序，包括董事会与高级管理部门要求下级部门定期报送业绩报告，以检查银行在实现其目标方面的进展；中层管理部门每天、每周或每月都应收到并审阅规范标准的业务报告和专题报告；是否针对不同资产建立了审批和授权制度。（3 分）

——各部门、各岗位、各级机构之间的职责分离、相互制约措施：各部门、各岗位、各级机构之间的职责分工是否合理明确，是否遵循了必要的分离原则。（3 分）

——各种会计账表、统计信息真实完整的控制措施。（2 分）

——各种应急制度及法律风险控制措施。（2 分）

④ 信息交流与沟通。（10 分）

——信息共享、信息交流与信息反馈机制：主要分析银行在各级机构、各个业务领域之间是否建立了信息共享机制；信息能否在各级机构、各个业务领域之间充分、有效的交流与利用；是否建立信息反馈机制。（4 分）

——贯穿各级机构、覆盖各个业务领域的数据仓库和管理信息系统：主要分析银行是否具备充分而全面的内部财务与业务经营数据库；是否有贯穿各级机构、覆盖各个业务的管理信息系统；是否建立电子信息系统与信息技术风险的防范措施。(4 分)

——信息的真实可靠性：主要分析银行决策层获取的有关财务状况和业务经营状况的综合性信息，以及与决策有关的外部市场信息是否是有意义的、可靠的、随时可得的，并且可以前后对比。(2 分)

⑤ 监督与纠正。(10 分)

——对银行内部控制整体有效性的日常监督：主要分析银行对关键性风险的监督；是否有不同领域（包括业务领域本身、财务控制和内部审计）的人员共同监督内控机制的有效性；日常监督与独立评估的执行与效果如何。(4 分)

——内部控制的监督机制：主要分析银行是否由独立的、经过良好训练且具有较强工作能力的内部审计人员对内部控制进行全面、有效的审计与评估，并将结果直接报告董事会或董事会下设的审计委员会，同时报告高级管理部门；内部审计及审计人员的独立性如何。(3 分)

——对内部控制缺陷的纠正机制：主要考察银行的内部控制缺陷被发现和被报告后是否能够及时得到解决和纠正，高级管理部门是否建立了记录内部控制弱点并及时采取相应纠正措施的制度。(3 分)

4. 盈利状况评估标准

（1）定量指标。(60 分)

① 资产利润率（15 分）：1% 以上，15 分；0.75% 至 1%，12 分至 15 分；0.5% 至 0.75%，9 分至 12 分；0.25% 至 0.5%，6 分至 9 分；0 至 0.25%，0 至 6 分；0 以下，0 分。

资产利润率的概念与计算方法见监管机构颁布的相关文件。利润的计算是根据财政部《金融企业呆账准备提取及呆账核销管理办法》和人民银行《银行贷款损失准备计提指引》的有关规定，以银行足额提取了当年各类贷款损失的准备金为前提条件的。

② 资本利润率（15 分）：20% 以上，15 分；15% 至 20%，12 分至 15 分；10% 至 15%，9 分至 12 分；5% 至 10%，6 分至 9 分；0 至 5%，0 分至 6 分；0 以下，0 分。

资本利润率的概念与计算方法见监管机构颁布的相关文件。利润的计算是根据财政部《金融企业呆账准备提取及呆账核销管理办法》和人民银行《银行贷款损失准备计提指引》的有关规定，以银行足额提取了当年各类贷款损失的准备金为前提条件的。

③ 利息回收率（15 分）：95% 以上，15 分；85% 至 95%，12 分至 15 分；75% 至 85%，9 分至 12 分；65% 至 75%，6 分至 9 分；55% 至 65%，0 分至 6 分；55% 以下，0 分。

利息回收率的概念与计算方法见监管机构颁布的相关文件。

④ 资产费用率（15 分）：0.75% 以下，15 分；1% 至 0.75%，12 分至 15 分；1.25% 至 1%，9 分至 12 分；1.5% 至 1.25%，6 分至 9 分；1.75% 至 1.5%，3 分至 6 分；2% 至 1.75%，0 分至 3 分；2% 以上，0 分。

资产费用率 = 营业费用/资产总额。

（2）定性因素。(40 分)

① 银行的成本费用和收入状况以及盈利水平和趋势。(15 分)

主要通过银行利润构成分析考察盈利水平和趋势，通过同业比较和历史比较分析判断银行收入的来源构成及其稳定性，分析影响银行收入来源的因素以及这些因素变化可能对银行盈利产生的影响。

要分析银行成本费用的主要构成，预测成本费用的增长趋势；应综合考虑收入、成本费用状况及其变化趋势，重点考察银行净营业收入的变化，以此判断银行盈利的变化趋势。

② 银行盈利的质量，以及银行盈利对业务发展与资产损失准备提取的影响。（15分）

主要分析银行是否严格按照监管机构的规定核算应收未收利息，是否足额提取应付未付利息，是否足额提取贷款损失准备及其他资产损失准备。要分析应收未收利息、应付未付利息和各项资产减值准备对银行盈利状况的影响。

评分原则：根据银监会发布的《关于推进和完善贷款风险分类工作的通知》第六条的规定进行相应调整后，经营成果为亏损的，得分应低于8分。

③ 财务预决算体系，财务管理的健全性和有效性。（10分）

主要分析银行是否制定了本年度利润计划与预算；银行预决算体系是否健全；银行财务管理制度建设及其执行状况。本项目主要从财务管理制度入手，分析银行的财务管理水平。

评分原则：在财务管理中弄虚作假的，不得分；由于财务管理问题造成盈利状况严重不实的，不得分。

5. 流动性状况评估标准

（1）定量指标。（60分）

① 流动性比率（20分）：35%以上，20分；25%至35%，16分至20分；15%至25%，12分至16分；10%至15%，0分至12分；10%以下，0分。

流动性比率的概念与计算方法见监管机构制发的相关文件。

② 人民币超额准备金比率（10分）：5%以上，10分；4%至5%，6分至10分；3%至4%，2分至6分；2%至3%，0分至2分；2%以下，0分。

人民币超额准备金是指扣除法定存款准备金后的人民币准备金。

③ 外币备付金率（5分）：5%以上，5分；4%至5%，3分至5分；3%至4%，1分至3分；2%至3%，0分至1分；2%以下，0分。

外币备付金率的概念与计算方法见监管机构制发的相关文件。

④（人民币、外币合并）存贷款比例（10分）：65%以下，10分；70%至65%，7分至10分；75%至70%，4分至7分；90%至75%，0分至4分；90%以上，0分。

存贷款比例的概念与计算方法见监管机构制发的相关文件。

⑤ 外币存贷款比例（5分）：70%以下，5分；80%至70%，3分至5分；90%至80%，1分至3分；100%至90%，0分至1分；100%以上，0分。

外币存贷款比例的概念与计算方法见监管机构制发的相关文件。

⑥ 净拆借资金比率（10分）：−4%以下，10分；0至−4%，8分至10分；1%至0，6分至8分；3%至1%，0分至6分；3%以上，0分。

净拆借资金比率＝拆入资金比例−拆出资金比例；拆入资金比例和拆出资金比例的计算方法见监管机构制发的相关文件。

（2）定性因素。（40分）

① 资金来源的构成、变化趋势和稳定性（5分）：主要分析银行存款的构成及其增减变化趋势，判断银行资金的稳定性。重点分析定期存款与活期存款以及对公存款与储蓄存款在存款中的比重，分析一定历史时期存款的变化情况及其趋势。

评分原则：存款波动较大的银行，得分应低于 3 分。

② 资产负债管理政策和资金的调配情况（5 分）：主要分析银行流动性状况，银行资产与负债的期限是否匹配，银行资产负债管理政策是否合理。

③ 银行对流动性的管理情况（20 分）：主要考察银行是否建立稳定的流动性管理体系，较好地控制流动性风险。

——银行是否设立流动性管理部门，专门负责银行的流动性管理。（5 分）

——对流动性需求的预测：银行是否利用各种技术方法对银行的流动性需求进行准确的测算。（5 分）

——流动性管理政策：银行是否在预测需求的基础上，制定相应的流动性管理政策，设计多种方案（包括主动负债、转换资产、出售资产等），从中选择最优流动性管理方案。判断银行在流动性管理方面有无综合调控能力。（5 分）

——日常管理：银行有无建立流动性的监测、预警机制，是否制订流动性应急方案。（5 分）

④ 银行以主动负债形式满足流动性需求的能力（5 分）：主要考察银行在流动性不足时从外部获得资金的能力，重点分析银行通过同业拆入、证券回购、向中央银行再贷款、再贴现、从国际金融市场借入资金等方式满足流动性需求的能力。分析银行同业拆借业务状况，同业拆借利率水平；分析银行在证券回购市场交易状况，证券回购业务的资金规模、收益状况，证券资产构成及其变现能力等。

⑤ 管理层有效识别、监测和调控银行头寸的能力（5 分）：主要考察银行管理层是否能够及时获得关于银行头寸状况的信息；银行管理层对银行的头寸状况是否有清楚的认识；管理层是否对银行资金需求变动情况进行分析并及时作出决策。

6. 市场风险评估

市场风险，指由于利率或价格发生变化而对金融机构财务状况产生的不利影响。市场风险主要包括利率风险、外汇风险、股本风险和商品风险。

在评估市场风险时，监管人员应主要考虑以下因素：

（1）金融机构盈利性或资产价值对利率、汇率、商品价格或产权价反向变动的敏感程度；

（2）银行董事会和高级管理层识别、衡量、监督和控制市场风险敞口的能力；

（3）源自非交易性头寸利率风险敞口的性质和复杂程度；

（4）源自交易性和境外业务市场风险敞口的性质和复杂程度。

根据我国银行业现状，暂不对市场风险进行评估，但可以考察银行资产价值与盈利水平受利率政策与外汇价格变化的影响，作为评估盈利性和资产质量的参考。

7. 银行评估

（1）单项运作要素的评估

对银行运作要素的评估标准为：评分 85 分以上为 1 级，评分 75 分至 85 分为 2 级，评分 60 分至 75 分为 3 级，评分 50 分至 60 分为 4 级，评分 50 分以下为 5 级。

（2）综合评分标准

综合评估采用加权汇总评分法，即各要素评估分值乘以相应权重后进行相加，其总和为综合评分。各要素的权重分别为：资本充足状况 20%，资产安全状况 20%，管理状况

25%，盈利状况 20%，流动性状况 15%。暂不对市场风险因素进行量化评分。在取得各要素的评分后，将各要素评估分值乘以相应权重后进行相加，其总和为综合评分。

（3）综合评估等次

根据股份制商业银行的综合评分，对应取得股份制商业银行的综合评估等次。股份制商业银行的综合评估分为五级。

1 级——良好：综合评分在 85 分以上。

2 级——一般：综合评分在 75 分至 85 分之间。

3 级——关注：综合评分在 60 分至 75 分之间。

4 级——欠佳：综合评分在 50 分至 60 分之间。

5 级——差：综合评分在 50 分以下。

（4）评估体系中应注意的问题

① 评估的周期。评估周期为一年，即监管人员每年应对股份制商业银行进行一次年度评估。监管人员应在年度结束后 4 个月内根据银行上一年度情况完成对银行的评估。

② 评估结果的披露。评估结果由监管部门向有关部门通报，暂不向公众披露。何时需对外披露由监管部门决定。

9.1.5 银行信用评估注意事项

1. 银行的分类评估

不同的银行在经济中的地位不同，自身的实力以及可能得到的政府支持程度都会存在很大的差别，直接影响到银行的偿债能力。如政策性银行通常对政府的一些政策性业务依赖程度很高，并且因为受到政策的影响而导致资产的质量较差，但会得到很多的政策倾斜以及其他形式的资助，因为这类银行的财务实力级别较低，但其债务/存款级别却可能保持与国家级别相近的高信用级别。

2. 分析不同的银行业务

不同的银行在业务的重组和重要性方面可能存在很大的差别，受到市场的影响程度以及业务的品牌价值可能存在很大的不同。

例如，传统的零售银行业务是影响银行品牌价值的一个重要因素，对分支银行而言吸纳存款是一项基本的业务，因此分支机构的数量多少是影响银行品牌价值的一个重要方面。除了吸纳存款以外，抵押贷款、私人信用贷款、消费者信用卡业务等也是组成零售业务的重要部分，但随着监管的放松以及资本市场的发展，原有的储蓄资金逐步转化为共同基金、养老基金和人寿保险等其他投资产品，这使得银行的储蓄吸纳面临一定的竞争和挑战；与此同时因为电子技术的发展，很多银行客户通过新的渠道开展业务，如电话银行业务、网络银行业务等，显然，如果银行不能提供新的、非中介化的产品来迎合市场发展需要，将逐步丧失原有的品牌优势。对于批发银行业务来说，也是如此。

3. 银行对分析模型的使用

伴随着巴塞尔新资本协议的实施，越来越多的银行开发并使用内部评估法来确定风险管理的重点和资本的配置。以私人信贷为例，在发达市场中，越来越多的银行使用不同的评分模型来对私人信贷进行评估，业务品种覆盖住房抵押贷款、消费贷款、私人非担保贷款、信用卡业务等。然而银行采用的这些评分系统大多建立在私人的行为以及过去的偿付记录上，对风险的揭示往往停留在经验的基础上，因此评估人员需要对这些评分系统或专家系统的适用性进行评估，并了解银行对这些评分技术的使用情况。

在批发业务中，许多银行会采用内部评估法来衡量对公业务贷款组合的信用风险，这些内部评估法的科学性和严密性也应该是评估人员关注的重点。

4. 银行所处的地域分析

尽管很多评估人员在分析银行的信用级别时，都考虑了银行所在国的主权级别或国家风险，但在得出最终的信用级别时，银行所处的地域也应该得到足够的重视。

这是因为不同的地域除了经济水平、监管环境不同之外，在会计制度的透明性、法律保护的完备性、资本市场的发达程度等方面都存在很大的不同。例如，在评估发展中市场的银行时，财务数据和财务比率的运用就应该更加谨慎。由于与发达国家相比，在发展中市场财务披露通常较为简单，审计准则和会计准则的严格程度也要弱于发达市场，因此这些市场中的银行所披露的财务信息可能不能够全面地反映该银行的实际财务状况和经营成果。此外考虑到发展中市场经济发展速度快的特点，银行所披露的过去的财务数据对未来的预测力也大为降低。

9.1.6　国内商业银行外部评估的规范使用

（1）商业银行应当审慎使用外部信用评估，外部信用评估结果不应直接作为商业银行的授信依据。

（2）商业银行应当指定专门部门负责在授信业务过程中管理全行的外部信用评估使用情况，确保外部评估机构具有独立性、专业能力和评估公信力。

① 商业银行在决定使用外部信用评估机构时，应当对其进行下列内容的尽职调查：

A. 具有法人资格，在形式和实质上均保持独立性；

B. 具有一定规模的实缴注册资本与净资产；

C. 拥有足够数量具有资信评估业务经验的评估从业人员；

D. 具有健全的组织机构、内部控制机制和管理制度；

E. 具有完善的信用信息数据库系统，以及相匹配的营业场所、技术设施；

F. 具有健全的业务制度，包括信用等级划分及定义、评估标准、评估程序、评估委员会制度、评估信息披露制度、跟踪评估制度、信息保密制度、评估业务档案管理制度等；

G. 具有良好的职业声誉，无重大不良记录；

H. 其他需要调查的内容。

② 商业银行在使用外部评估结果时，应当知悉评估原理并阅读相关披露文件，外部评估结果只能作为内部判断的补充参考。

③ 商业银行应当建立外部评估机构的持续评估机制，至少每两年对评估机构的独立性、专业性与内部控制能力进行一次评估。商业银行应当将认可的外部评估机构的变更情况和评估报告书面报送中国银监会（或其派出机构）及中国银行业协会。

（3）商业银行的重大投资行为原则上应以内部评估为依据。

① 如果重大投资产品没有内部评估，则该投资产品的信用风险评估必须引用至少两家外部评估机构的评估结果进行比较，选择使用评估较低、违约概率较大的外部评估

结果。

② 重大投资金额下限由商业银行总行依据其内部授权机制确定。

（4）商业银行的内部评估体系如果在评估确定方面引用或参考外部评估结果，应当至少选择两家外部评估机构的评估结果和违约概率数据进行比较，并选择使用评估较低、违约概率较大的外部评估结果。

（5）商业银行应当建立应对本银行外部评估变化的制度和措施，评估因外部评估机构业务中断或其他问题导致的可能后果，制订替换外部评估机构的应急计划。

（6）如果商业银行认为外部评估机构对本银行的评估结果有失公正，则可向银行业协会申诉，银行业协会应组织对该项评估的流程、方法、依据、结果等进行调查，并公开调查结果。

（7）外部评估机构存在下列情况之一的，商业银行不得使用其评估结果：

① 客户数量、规模与专业评估能力明显不相称的；

② 受到过刑事处罚或两年以内受到过行政处罚的；

③ 与被评估机构存在关联关系、缺乏评估独立性的。

（8）外国银行分行及其他银行业金融机构使用外部信用评估参照上述要求执行。

9.2　保险公司信用评估

保险公司信用评估是在全面分析保险公司所面临风险的基础上，对保险公司偿付能力作出综合评估，并用一种简单的字母数字组合符号表示保险公司风险的大小。保险公司评估主要有财务实力评估（FSR）和债务评估两类，前者是针对某保险公司准时偿付长期保单持有人的索赔和保险责任的能力作出的评估，后者则适用于更大范围借贷者的偿债能力的评估。保险公司评估能够为保险行业中不同的参与者，如投保人、中介机构、投资者以及被评估的保险公司等提供参考；能够降低保险市场中的信息不对称，向投保人提供有效率的信息服务保险评估；保险公司评估是保险公司重要的竞争策略与融资基础，是与国际接轨的需要；从全球金融监管范围看，保险公司评估已成为政府监管的内定选择和重要辅助工具。

随着社会主义市场经济建设的不断深入，社会信用体系建设引起了政府、企业界和社会公众的广泛关注。但是，由于目前仍未出台相关的诚信管理的法律，致使整个社会信用体系的建设步伐较为缓慢。保险公司信用评估作为保险信用评估体系的主体，保险评估方法在其整体建设中具有举足轻重的地位。评估方法决定了评估结果的科学性和可信性，是保险信用体系建设成功与否的关键。

9.2.1　保险公司信用评估的作用

（1）保险公司信用评估能降低保险市场中的信息不对称，向投保人提供有效率的信息服务。评估结果作为对信用风险的简单客观的综合指标，不仅是指导投保人决定是否应该向某一保险公司投保的最为有用的信息，也是投保人在决定购买何种保险产品时的重要参考因素。一个保险公司信用等级的变化，对保单持有人的持有信心会产生很大影响。

（2）开展信用评估是保险公司重要的竞争策略与融资基础。委托著名评估机构进行评估并获得一个良好的评估结果，是保险人良好信誉的证明，而良好的信誉是保险公司生命线的根本。随着保险市场竞争的日益加剧，对偿付能力极度敏感的普通公众尤为关注保险公司的信用等级。因此，良好的信用等级是保险公司进行市场竞争的重要手段。

（3）良好的评估结果是低成本融资的可靠保证。具有较高信用等级的保险公司能够获得成本相对低的信用融资或贷款。低风险的保险公司的股票在资本市场上，具有相对低的风险溢价和资本回报率，其股票的市盈率比较高，股票价格高，融资渠道稳定畅通。而信用等级低的保险公司往往成为并购的目标。

（4）高等级信用评估也是保险公司顺利进入国外市场的重要条件。一般来说，各国政府通常要求进入本国资本市场的境外保险公司提供能够充分说明其偿付能力的证据，并对境外保险公司设定了一系列比较严格的标准，而由权威评估机构作出的信用等级是保险公司向当地政府和监管机构说明其偿付能力的最为有效的方式。

（5）保险公司信用评估是监管部门重要的监管工具。在成熟的市场经济国家和地区，政府都承认包括保险公司评估机构在内的信用评估，因为这是提高保险市场效率的重要手段。

9.2.2　保险公司信用等级的划分及含义

保险公司信用评估是对保险公司履约能力和意愿的综合评估。保险公司的信用等级采用十级制，AA～CCC 级可用"＋"、"－"进行微调。

AAA：具有最高的财务安全性，在履行保险合约方面具有最高的安全性和最强的能力。

AA：具有很好的财务安全性，在履行保险合约的能力方面与 AAA 级相差不大。

A：具有较好的财务安全性，但与高级别保险相比，其履行保险合约的能力易受不良经济条件变化或保险环境变化的影响。

BBB：财务安全性一般，但与高级别保险相比，其履行保险合约的能力更易受不良经济条件变化或保险环境变化的影响。

BB：财务安全性有一定的保证，但不良经济条件或保险环境的变化易弱化其履行保险合约的能力，从长远的角度看是不安全的。

B：目前还能履行保险合约，但在不良经济条件或保险环境下会不可靠。

CCC：易受不良经济条件或保险环境变化的影响，其履行保险合约的持续能力是不可靠的，除非出现有利的经济环境。

CC、C：CC 或 C 级保险不能全部履行保险合约，面临倒闭的危险。

D：处于倒闭状态。

9.2.3　保险公司评估程序

保险公司信用评估是指对其承担的债务按期偿还的意愿及其还本付息能力的综合分析与评估，国外也称为财务实力评估或理赔能力评估。保险公司信用评估的做法与其他评估大体相同。主要包括行业分析、资料准备、实地调查、研究分析、决定级别等。

1. 分析保险公司的经营环境

对全国保险市场情况的分析，要分析这个市场现在和未来的发展、竞争情况以及市场集中度。考察国家保险监管当局的作用及角色，国家对保险体系的控制程度，对保险信息的公开度和保险公司公布数据背后的会计制度。

2. 发放保险公司调查表

对公开获得的数据进行初步分析的基础上，把调查表交给被评保险公司的管理部门，收到调查表的书面答复后，通过会谈了解保险公司管理层的态度。调查表索要的部分资料是保险公司的内部资料。

3. 与保险公司进行会谈

讨论和评估收集到的数据，与被评保险公司的高层管理部门进行会谈。会谈的时间与次数取决于被评机构的复杂程度。一般情况下，第一次给一家保险公司评估时需会谈 3 次左右。

4. 研究分析

通常每次评估指派 2～3 名分析员，分析的最重要方面是风险，风险在一定程度上也被归入以下几个重要细目中：融资与资本、经营、收益、市场环境和计划、前景、所有权、审计和或有负债。

5. 草拟评估报告

在与管理层会谈和对所获资料进行分析之后，草拟有关保险公司的评估报告。把报告草稿（无评估结果）交给被评保险公司，以便检查事实陈述的准确性和管理层检查应该保密的或者基于这些原因应该删除的资料。需强调的是，不允许被评保险公司影响评估观点和意见。

6. 评估结果的确定

信用评估委员会分别就保险公司的经营环境、业务发展、资产质量、融资与资本、风险情况、发展前景、规模大小、经营多样化、潜在的外部支持等方面进行讨论，投票决定信用等级。以上过程需要大约 4 周的时间。

7. 评估结果的公布

当保险公司被告知评估委员会的评估决定时，有权决定是否将评估结果对外公开。

9.2.4　保险公司信用评估考察要点

1. 基本理念

进行保险公司信用评估，首先是分析过去的经营业绩是否真实地、综合地反映了公司状况，然后分析未来哪些因素可能发生重大变化，这些变化将对经营业绩产生什么样的影响。

2. 信息的可靠性

为了分析公司过去的经营业绩，需要保险公司提供过去 3～5 年的历史资料，其中包括财务核算资料、精算报告及其相关的重要业务管理资料和工作计划与总结资料等。通常，评估机构不履行审计师和精算师的职责，也就是说不会对财务报告进行审计，也不会对精算报告进行精算。但是，评估机构会关注审计师和精算师的执业资格、执业声誉、专业经验和执业约束等，依此会对其会计信息质量和精算信息质量作出一个判断，并决定是否进一步核查相关资料。另外，还将通过现场向有关中高级管理人员进行调查访谈、媒介报道的公开资料以及公司提供的业务资料和计划总结材料来评估公司资料信息的可靠性。

3. 财务稳健性

对公司过去经营业绩的分析，通常是采用以下方法：一是采用通行的保险公司财务分析指标；二是与国内同行业竞争对手进行比较分析。在进行保险公司财务分析时，特别关注提取的准备金是否充足和适当，因为提取的准备金与公司盈利之间存在一种此增彼消的关系。提取的准备金太低，这等于低估负债，高估盈利，导致公司现金通过税收和红利、奖金等方式流出公司，给投保人造成一种繁荣的假象；相反，如果提取的准备金太高，可以起到避税效应，这对投保人来说可能是一件好事，但这会降低公司盈利，降低对股东的吸引力，从长期来看也不利于公司的发展。可以结合定性因素的分析来预测公司未来的经营趋势。这些定性因素，主要是行业特性、政策影响、风险管理、经营战略、股东与股本，通常会对公司的经营产生重大影响。

4. 行业特性

保险公司资产负债表中的负债完全不同于一般的制造业公司或贸易公司，也不同于一般的金融机构（如银行、证券公司等）。制造业公司或贸易公司或银行、证券公司等金融机构的负债主要表现为借款或应付账款或存款等，而保险公司则主要以责任准备金的形式存在，其计算也相当复杂。此外，还应考察以下问题：保险对国内和国际经济状况的依赖程度；保险业的经营经验；保险产品的分布；加入 WTO 对保险业的影响，等等。

5. 政策影响

国家经济、金融、保险政策对保险公司的信用风险都有影响。关注财政政策、货币政策以及保险监管政策的变化及其对公司的影响。因为国家的财政政策将决定税收待遇，而货币政策将影响利率与汇率，当与国际保险公司和再保险公司打交道时要考虑汇率。

6. 风险管理

需要解决几个大的问题：一是公司是否有足够的称职人才去保证公司的制度得以正确地执行，是一人控制公司决策还是在一个管理队伍中有各类人才？次级管理层如何？董事会人员构成如何？有正规的决策分析过程吗？有内部审计体系吗？计算机体系的角色和有效性如何？二是公司的资产质量及其投资风险的控制如何？三是承保业务是否有竞争力，其风险是否进行了充分的分散——核心业务是什么？业务是怎样多元化的？分销渠道如何？公司有与保险无关的业务吗？公司控制营销体系吗？市场份额和竞争优势如何？我们认为一个公司的核心业务必须具有盈利能力，保险业务不能亏损，不能在大部分时间内靠其他业务收入支撑。我们尤其关注公司在通胀和通缩情况下处理业务风险的能力。

在考察资产管理的效率时，首先考察保险业务。然后，再从收益上考察对核心业务支持较大的非保险业务。分析的重点是保险公司产生内部现金流的能力。一般地讲，主要调查以下问题：投资原则及其管理；资产组合及其质量；资产与负债是否匹配；投资收益率；现金流；流动性；净资产对权益类投资市场价格波动的敏感性。

保险公司与再保险公司的关系好坏将决定其分保的风险。如果一家保险公司再保险业务量超过 50%，评估时应该考虑再保险公司的偿付能力。

7. 经营战略

公司的经营战略是什么？这些战略有具体的实施规划吗？实际执行的效果如何？公司经营策略是怎样与其承保风险特性相适应的？不仅要了解公司经理人员的能力及其对公司发展方向的理解如何，还要通过他们了解业务发展情况。要分析的特定问题，包括但不限于这几方面：近来有变化吗？如果有，为什么？这些变化要求作相应的策略调整吗？公司的策略有任何变化吗？组织架构适应策略需要吗？了解其他对手采用的策略吗？

8. 公司与股本

公司在集团构架中的地位，公司股东的实力、身份和财务状况，公司与股东之间的关系，公司的自治度，以及股东的投资策略等情况都将被考虑。在分析时，我们看重股东过去提供的实质性支持以及对未来支持所做的承诺。

当业务进一步扩张时，公司就必须相应地增加资本。增加资本的渠道有利用公司盈余积累、向老股东扩募、吸引新股东投资。公司盈余积累受派息政策的影响。历史分红的水平对判断公司的派息政策是重要的，保险公司的资本结构和所有权性质、公司的性质都影响派息政策。

一般地，要调查以下问题：营运资本的成长性；损失准备的平均增长率；资本的增长率；总债务的增长率；流动性；财务弹性。

9.2.5　国外主要保险评估公司评估方法

在保险公司评估行业中，A. M. Best 最早于 1906 年开始进行保险公司的评估，在此后 70 多年的时间里，该公司每年对美国的保险公司进行评估。随着保险业的迅速发展，世界著名的信用评估机构标准普尔（S&P）、Fitch 和穆迪投资人服务公司（Moody's）开始进行保险公司评估业务。目前在全球 140 多家评估公司中，以上 3 家公司的保险公司评估级别受到全球的广泛认可，2002 年，其市场占有率高达 98%。A. M. Best 传统上致力于提供保险公司财务实力评估，最近才开始涉及债券评估，该公司几乎对美国所有的保险公司提供评估服务，而对于美国以外的公司评估业务较少。评估公司每年定期或者不定期地对全球知名的保险公司进行评估，并公布其对保险公司评估结果。

1. 国外信用评估机构保险公司评估等级及符号

A. M. Best、标准普尔等对保险公司评估等级进行了明确的划分，见表 9-1 和表 9-2。

表 9-1　A. M. Best 公司保险评估等级与符号

等级　　标准	文字评估	字母等级	财务成绩等级（FPR）
安全等级	优（最好）	A	FPR—9
		A	FPR—8
	良（极好）	A	FPR—7
		A-	FPR—6
	中（很好）	B	FPR—5
		B	
危险等级	中（足够好）	B	FPR—4
		B-	
	中下（一般）	C	FPR—3
		C	FPR—2
	勉强可以	C	FPR—1
		C-	FPR—0

表 9 – 2 标准普尔保险信用评估符号及含义

等级	字母等级	文字评估	具 体 内 容	备 注
安全级	AAA	最安全的资金保障	资本实力绝对充足与安全，资本金完全可以承担保单责任，而不受经济及承保条件变化的影响	在 AA 到 B 级的等级分类中，每一个资信级别还可以通过加注（＋）或（－）符号进行微调，这是表示保险人或再保险人在等级分类中的相对位置，而并不意味升级或降级。（＋）及（－）符号使评估结果更加精确。若仅依据公开出版物的评估则不使用（＋）及（－）符号
安全级	AA	优良的资金保障	在经济及承保条件变化后其资本金仍可承担保单责任	
安全级	A	良好的资金保障	在经济恶化及承保条件变化时，其资金保障会受到轻微影响	
安全级	BBB	适度的资金保障	在经济恶化及承保条件变化时，其资金保障易受影响	
脆弱级	BB	可能适度的资金保障	在经济恶化及承保条件变化时，其资金保障不能与保单责任相适应，特别是那些长期保单或长尾保单	
脆弱级	B	脆弱的资金保障	资本金暂时可与保单责任相适应，但在遭遇经济恶化及承保条件变化时，其适应性会变得特别脆弱	
脆弱级	CCC	极为脆弱的资金保障	资本金与保单责任的适应性极不可靠	
脆弱级	CC	不能提供包括承担保单责任在内的任何资金保障		
脆弱级	Upi	未被评估	被冠以"U"的公司由于未提供充足的资料，故无法给予评估	

资料来源：裴光．中国保险业监管研究．北京：中国金融出版社，1999．

国外保险评估机构在发展过程中，表现出专业性、独立性和非强制性三大特点。

2. 国外保险公司评估指标体系

经过多年的发展，国外这些知名评估机构已经建立起比较完善的保险公司评估方法，随着保险业的不断发展，这些方法也在逐步演变。表 9 – 3 列出了 A. M. Best、标准普尔和穆迪 3 家公司的评估内容。

从表 9 – 3 中可以看出，这些评估公司对于寿险和非寿险公司的评估都有一套详尽的评估体系。由于评估行业相互竞争和不同公司间从业人员的高流动性原因，不同公司可以模仿其竞争对手的一些有用的创新手段，因此它们之间有一些共同之处。各评估公司一个最大的共同特征就是采用了定性和定量分析相结合的方法，定量分析以保险公司的主要财务报表和业务数据为基础，国外知名评估公司都建立了规模宏大的保险公司数据库，包括不同国家的财险、寿险以及综合性保险公司的主要财务数据和业务数据。而定性分析则依赖对保险公司的访谈或者对公开资料的收集等。长期以来，这些公司在保险公司评估的评估内容、技术手段、评估依据和评估程序等方面形成了一些较为成熟的行业惯例，也存在一定差异。

3. 国外保险公司评估的共性

（1）评估内容大致相同。各种评估方法中，评估内容一般都包括被评估公司所处的经营环境（包括宏观经济和保险行业状况等）及其自身相关状况（包括经营、管理、财务、投资以及市场策略等）。前者的评估主要基于公开的统计信息和资料，评估公司对后者的评估则需要从保险公司管理层那里获得一些补充信息，与公开的监管信息和财务数据一起来对保险公司的总体偿付能力作出判断。这些信息包括：保险公司的市场地位、商业计划，财务报表中存在的问题，再保险安排，投资管理及风险状况以及保险公司的管理团队、管理哲学、市场竞争策略等。

表9-3 国外知名评估机构保险评估内容比较

标准普尔		穆迪			A. M. best	
项目	内容	项目	内容		项目	内容
行业风险分析	调查保险公司所处的竞争环境	行业分析	影响行业的趋势，整体经济环境，行业中的集中度，人口和竞争问题，金融行业的一体化和合并的影响，以及会计和监管环境		资产负债表实力	承保杠杆 财务杠杆 资产杠杆 资本充足率（BCAR）
商业地位	保险公司的基本特征和竞争优势的来源，如特许经营、所有权结构以及销售能力等	公司分析	组织结构、公司所有权以及管治、战略问题、管理素质、公司特许权、销售网络和产品特制		寿险公司	费用率、营业额的税前回报，保单持有人的盈余回报，营运收益与总资产的比例，净收益率、净资本收益率、每人月健康费用比率
管理和公司战略	管理层如何制定和执行公司战略		分析领域	寿险领域	非寿险领域			
经营业绩	保险公司将其基础优势转化为可持续的利润空间的能力		资本充足性	巩固资本化	基于NAIC风险的资本比率		
				法定盈余增长			
				无形资产占股东权益百分比			
投资	资产种类的分布情况、信用质量流动性风险、市场风险、利率风险、资产组合多元化、资产负债管理以及风险对冲等			总承保杠杆		经营业绩	非寿险公司	损失率、营运比率、保单持有人盈余变动、佣金和费用与净承保保费的比、股本收益率、总承保杠杆、每人月总保费收入、营业收入回报率
		定量分析	财务和运营杠杆	财务杠杆	税前利息倍数		
				利息和优先股红利的现金储备	财务杠杆		
				税前利息倍数	双重杠杆		
资本概况	运动衡量资本充足性的模型，对于非寿险公司主要评估损失准备金的充足性和不确定性		盈利能力	资本的法定营运汇报	已收保费的核心保险回报	健康险公司	分配完保单持有人红利后的综合比率、投资资产的收益率、保险金与净承保保费的比、营运收益与总收入的比、总回报、管理费用率、每人月净收入
					保单持有人的净收益回报		
流动性	使用正常情况和金融紧张情况下两种寿险公司流动性模型，考虑现金流，投资组合流动性和信用便利等		资产负债管理以及流动性	流动性资产占可退保年金保险责任的百分比	营运现金流占承保保费的百分比		
			资产质量和投资风险	风险资产占资本的百分比			风险的分散 收入的组成 市场竞争地位 管理层 保险市场风险 损失事件风险
财务灵活性	调查保险公司资本来源是否足够履行其资本要求		业务基础	市场存在得分	市场存在得分 多元化得分	业务概况	
			准备金充足性		损失准备金发展		

（2）注重定量模型分析技术。各家评估公司一般都用一套精细和全面的定量模型来评估保险公司的资本充足性。这些资本充足性模型已成为评估保险公司资本充足性的重要指标之一，这些模型与监管机关的资本充足性模型和其他财务比率一起使用，能够减少评估中可能存在的潜在问题。

（3）评估依据基本相似。评估公司需要将被评估保险公司的基本情况与行业内的其他公司进行对比分析，以判断该公司在行业的地位。国外评估公司中，都有专门人员负责保险公司的评估业务，这些分析师一般侧重于对保险行业的研究，拥有较为丰富的从业经验，通过比较某公司在行业中的地位，能够较为合理地作出一家公司在一段时间内能否履行其财务义务的评估。

（4）评估程序大体相同。被评估保险公司的评估级别需要有关评估委员会的审核、辩论和投票表决。评估委员会成员投票决定评估分析师对保险公司的评估建议，决定该公司的财务实力级别。

4. 国外保险公司评估的差异

尽管国外评估机构的保险公司评估方法在上述方面形成了一些相似的惯例，但是各公司之间也存在着一些非常大的差异。

（1）评估内容存在着较大的差异。例如，穆迪对被评估保险公司的财务实力评估中，一般都会考虑外部支持评估的因素，如国家对被评估公司的支撑力度、所有权情况以及公司的特许权等。而标准普尔则较少考虑外部支持评估的因素，从 A. M. Best 的评估内容中也不难发现，该公司没有考虑外部支持因素。因此，对同一家保险公司的评估，不同的评估机构可能会给出不同的评估结果，考虑外部支持因素的评估获得的信用级别一般会高于不考虑外部支持因素的评估。

（2）定量分析方法差别明显。在资本充足性模型的选择上，在 3 家公司中，标准普尔没有公布自己的模型建立方式，穆迪对于非寿险公司的资本充足性的度量直接采用 NAIC（美国保险监理官协会）的资本比率，而 A. M. Best 则采取如下的资本充足性模型：

$$BCAR = \frac{经调整的盈余}{所必需的净资本}$$

其中，经调整的盈余包括已报告盈余、权益调整项（未实现保费、资产、损失准备金、再保险）、负债调整项（盈余通知和负债服务要求）和其他调整项（潜在巨灾损失和未来营运损失）。

$$所必需的净资本 = \sqrt{B_1^2 + B_2^2 + B_3^2 + (0.5 \times B_4)^2 + (0.5 \times B_4 + B_5)^2 + B_6^2 + B_7}$$

其中，B_1 为固定收入证券、B_2 为权益证券、B_3 为利息率、B_4 为信用、B_5 为损失和 LAE 准备金、B_6 为净承保保费、B_7 为资产负债表外项目。

对于同一家被评估公司来说，采用不同的资本充足性模型得到的资本充裕比率存在一定的差异，直接影响到该公司信用级别的高低。

9.2.6　国内主要评估机构保险公司评估方法

目前，我国在保险信用法律制度、行业监管等方面取得了一定的成绩。在法律制度方面，新《保险法》增加了从业人员诚信条款，加大了保险诚信建设的力度，在行业监管方面，我国保险监管部门强调要建立和完善保险信用体系，并且出台了许多有关信息披露的条例和规定，促进了保险信用体系的建设进程，在经营主体方面，近3年来许多公司开始关注保险信用信息的建设，一些保险公司委托国内信用评估机构对其财务实力进行评估，在信用评估机构方面，经过近10年的发展，目前国内已经有几家信用评估中介机构开始从事保险公司的评估业务。但是，从信用信息体系建设的角度看，保险公司信息披露执行力度不够，信息不对称的现象仍然比较严重，主要体现在：信息失真现象较为普遍；信息披露不及时，滞后现象比较严重；信息披露不全面，各公司数据口径存在较大差别。而作为保险信用评估体系重要组成部分的保险公司评估发展缓慢，保险公司评估方法与国外相比，还存在着较多的不足和缺陷。不同险种保险公司的信用评估是有区别的，表9-4列举了财险公司和寿险公司评估指标体系。

表9-4 保险公司信用评估指标体系

项 目		主要评估内容或指标		
		财险、寿险共用	财险专用	寿险专用
定性分析	经营环境	宏观环境、保险地位、行业竞争、政策措施		
	基础素质	领导素质、员工素质、管理水平、服务质量		
	内控机制	内控机制建立、内核制度健全、内部会计控制、核保核赔风险控制是否完善		
	发展前景	长远规划、发展目标、投资规范、风险预测		
	遵纪守法	许可内容、保险条款执行、保险行为、监管条例贯彻		
定量分析	规模实力	资产总额、利润总额、营业收入、净资产		
	经营能力	最低偿付能力、资金运用能力、应收保费率		退保率
	成长能力	资本保值增值率、保费收入增长率	准备金增长率	准备金变化率
	安全性	资产负债率、资本风险比率、不良资产比率	自留保费规模率	险种组合变化
	盈利性	净资产利润率、营业收入利润率、赔付率	资金运用收益率、保险业务成本率、综合费用	资金收益充足率
	流动性	流动比率、固定资产比率		承保费用率

在国内，目前从事保险信用评估的机构一般是成立较早的几家公司。经过几年的发展，这些评估机构借鉴国外知名公司的评估方法，如大公国际与穆迪合作，中诚信与Fitch合作，国内评估机构也逐步建立起了较为全面的保险公司评估方法。表9-5是国内3家评估公司的保险公司评估内容比较。

表 9 – 5　国内主要评估机构保险评估内容比较

公司				中诚信		大公国际		联合资信
评估内容	个体评估	外部环境	经营环境	经济运行周期	经营环境	宏观经济态势		行业分析
				经济政策		行业趋势		
				区域经济状况		监管分析		
			监管环境		所有权结构	所有权构成		监管与政策分析
			行业环境			内部管理体制与治理机制		
		经营因素	管理和战略	管理层素质及偏好		所有权结构的可能变化		信息的可靠性
				经营方针和目标	基本经营和竞争地位	业务结构		
				企业文化和人力资源		产品开发能力和服务水平		
				组织结构		营销策略		通行财务分析指标
			竞争地位	市场地位		竞争地位	财务稳定性	
				产品开发能力	风险管理	定价和承保风险管理		与国内同行业比较分析
				服务水平		资产负债管理		
				业务承保		分保风险管理		
		财务因素	财务制度	内部稽核制度		投资管理		准备金提取
				会计政策和方法	管理与策略	战略政策与理念		
				披露水平		稳定性		业绩分析与评估
				会计数据的真实性		应付风险的能力		
				注册会计师的意见		计划与控制能力		
			盈利能力	ROA、ROE、净现金流量、保费收入增长率、费用增长率、赔付率	财务分析	财务数据和真实性		风险管理的基本框架和制度
			投资组合管理			盈利能力	ROA、ROE、保费增长率、投资收益率	公司的经营战略和策略
						业务发展与风险管理		
			偿付能力管理			承保效益	承保利润率、赔付率、费用率、分保依赖度	承保业务竞争力
			准备金管理			资本充足性	盈余增长率、财务杠杆比率、偿债能力额度	资产质量与投资风险控制
	支持评估	保险公司的重要性			资产流动性	流动比率、速动比率、流动资产比率		再保险业务的风险
		公司的所有权结构						股东与股本

从表 9 – 5 中可以看出，目前国内评估机构的保险公司评估方法存在着一些共同特点，主要表现在以下几个方面。

1. 评估内容相差不大

由于各家公司吸取和借鉴了穆迪和 Fitch 的保险公司评估方法，其评估涉及的内容与国外没有太多的差别。一般都考虑宏观经济、保险行业状况、公司基本的经营和管理情况以及管理策略、财务分析等因素。

2. 财务比率分析为主的技术手段

几种评估方法都采取了定性分析和定量分析相结合的方法，但是定量分析主要以财务比率分析为主，缺乏对保险公司整体财务状况和偿付能力的定量模型分析。对于保险公司偿付能力的判断主要是基于保监会有关规定，但是由于目前难以从公开的信息中获得相关数据，对于保险公司偿付能力的评估采取近似估计的方式。事实上，财务分析成为保险评估定量分析的全部，由于缺乏行业整体的准确数据，判断某公司在行业中所处的地位也就成了主要财务指标的简单比较，难以作出全面和真实的财务实力的评估。

3. 评估程序非常接近

国内信用评估机构的评估程序借鉴国外的经验，采取评估准备、初步分析、实地访谈、建立模型、评估报告、级别评定、征询意见、评估跟踪等步骤。在级别评定过程中，一些评估公司已经开始按照国外知名评估机构的方法，由专门的评审委员会通过对分析师的分析和初步确定的级别进行专门的讨论和投票表决，最终确定保险公司的级别。

4. 注重信息质量判断

鉴于中国保险业信息披露的现状，各公司在评估过程中一般都比较注重数据信息的可靠性和真实性。但从实际情况看，由于评估机构中一般没有专门人员从事保险公司评估，评估人员一般都是临时客串，因此难以对保险公司的数据真实性作出判断。

尽管主要评估机构在保险公司评估方法上存在共同之处，但是具体到评估分析过程中却存在着较大的差异，从实际的评估内容可以看出，国内 3 家公司的差异还是比较明显的。

9.3 信用担保机构信用评估

9.3.1 信用担保机构概述

信用担保机构（以下简称"担保机构"）是为企业、个人等提供信用担保服务的类金融机构。担保机构根据大数定律，通过谨慎地选择客户、妥善安排风险分担措施、分散风险组合等方法，承担债务人的信用风险和增强债务的信用水平。

从世界范围来看，担保机构起步于 1937 年，主要是为中小企业提供信用担保服务。我国中小企业信用担保实践起步于 1993 年，但发展速度很快。如 1997 年我国仅有担保机构 20 余家，2000 年发展到 300 多家，2006 年增加到 3 366 家。截至 2010 年年底，我国担保机构资本金总额达 1 231 亿元，累计担保余额超过 8 000 亿元。担保行业的快速发展，部分缓解了中小企业"融资难"的问题，促进了我国中小企业的发展。

按照担保机构资本金来源和经营目标的不同，担保机构可划分为政策性担保机构、商业性担保机构和互助担保机构。从组织方式来看，担保机构可分为企业法人、事业法人和团体法人。

信用担保机构信用评估，是对信用担保机构的风险管理能力、代偿能力和代偿意愿的评估，是对信用担保机构总体代偿风险的综合评估。信用担保机构面临的风险主要包括政策风险、行业风险、管理风险、经营风险、操作风险、信用风险和流动性风险等。根据其风险特征，应采取定性与定量、静态与动态相结合的分析与评估方法，重点对其经营环境、基础素质、风险管理、代偿能力等方面进行考察和综合分析与评估。

9.3.2 信用担保机构评估的意义

我国担保机构评估开始于 2005 年，前期主要由国家发改委负责推进，目前银监会也积极参与组织。信用评估对担保机构、银行和政府均具有很大的意义。

（1）对担保机构而言，首先，信用评估可以揭示其自身存在的风险和问题，有利于担保机构有针对性地提高自身风险管理水平、完善内部管理制度；其次，信用评估有助于等级高的担保机构获得更高的商业信誉，有利于担保业务的拓展；再次，信用评估可以帮助信用水平高的担保机构与银行建立更好的合作关系和争取政府的政策、资金支持；最后，信用评估有利于担保机构的优胜劣汰，有利于优质担保机构的健康发展。

（2）对银行而言，只有实力和信用水平高的担保机构才能协助其控制贷款风险。所以，担保机构信用等级所反映的代偿能力和意愿，成为银行是否与担保机构建立较为密切合作关系的重要依据。

（3）对政府来说，担保机构评估有助于其把握担保行业的内在风险、制定相应的扶持政策、建立健全代偿补偿机制。

9.3.3 担保机构面临的风险因素

担保机构面临的风险因素主要有信用风险、操作风险、流动性风险、策略风险、市场风险、法律风险和声誉风险。

（1）信用风险。信用风险指由于受保人不能按期履行合约义务，而给担保公司造成代偿损失的风险。信用风险是担保机构面临的最大风险，主要存在于表外业务中。国际上主流的信用风险衡量方法是根据客户的历史违约率（PD）和违约损失率（LGD），来确定整个资产组合的预期损失（EL）和非预期损失（UL）。由于我国担保客户的违约率和违约损失率数据较少，普惠资信根据我国担保业的实际情况，设计了一套客户信用风险评估体系。

（2）操作风险。操作风险指由于人为失误或制度、程序的不完善给担保公司造成损失的风险。我国多数担保公司成立时间较短，业务运作相对不成熟，操作风险较高。普惠资信主要通过对担保公司各项管理制度、政策、指引和流程及信息系统是否完善及有效进行定性判断。

（3）流动性风险。流动性风险指无法以合理的途径和市场价格取得资金以承担担保义务的风险。流动性风险对担保机构而言十分重要，如果担保机构的流动性不足，在被担保人违约时容易陷入困境。普惠资信主要通过考察现金、可变现资产与流动负债、对外担保的比例关系来评估担保机构的流动性风险大小。

（4）策略风险。策略风险指担保公司因发展战略不当或战略执行不当等方面的风险。普惠资信主要通过考察担保公司是否建立明确可行的发展战略、是否具有良好的公司治理结构，权责是否明确、监督制衡机制是否有效、信息披露是否及时充分等来判断策略风险的高低。

（5）市场风险。市场风险指由于担保资产、所接受的抵押物、质押物的市场价格波动而带来的风险。普惠资信通过内部的市场风险度量模型，确定担保资产等所面临的市场风险。

（6）法律风险。法律风险指担保公司由于法律、法规的限制使得其无法履行担保义务，或无法取得反担保的权利，以及其他法律法规方面的风险。普惠资信通过考察担保公司的法律诉讼记录、机构设置、业务合规性等来评估担保机构面临的法律风险。

（7）声誉风险。声誉风险指因无法证实或尚未证实的有关公司的负面消息，导致公司客户流失、高额诉讼、业务停顿的风险。由于担保公司缺乏政府部门的隐性担保以及自身实力的限制，声誉风险有时会对担保公司的经营带来严重的影响。担保机构法律诉讼记录、被投诉的记录以及客户、监管部门、同行对担保公司的总体评估，是普惠资信评估担保机构声誉风险大小的重要因素。

9.3.4　信用担保机构信用评估要素

（1）经营环境。主要考察信用担保机构业务辐射区域的经济环境、行业环境、监管政策及外部信用支持等情况。

（2）基础素质。主要考察信用担保机构的公司治理、管理层与员工素质、内控机制建设、与银行及其他机构的合作关系、经营策略与经营合规性等情况。

（3）担保业务风险管理。主要考察信用担保机构的业务发展基本状况、担保原则与政策的制定与执行、担保业务操作、担保风险管理、担保客户资产质量分析等。

（4）投资业务风险管理。主要考察信用担保机构投资业务的管理政策、管理方法、投资风险水平等。

（5）资本充足性与代偿能力。主要考察信用担保机构资金来源渠道，担保资金稳定性与成长性等，信用担保机构资本对担保代偿风险覆盖程度。

信用担保机构信用评估指标体系见表9-6。

表9-6　信用担保机构信用评估指标体系

一级指标	二级指标	三级指标
经营环境	区域经济环境	
	行业竞争程度	
	政策监管	
基础素质	基本经营状况	经营历史
		主营业务种类
		股东背景
	人员素质	管理人员素质
		员工整体素质
	管理体制	法人治理结构
		组织结构
		制度建设与实施
	合作关系	合作银行的态度、合作条件、执行情况
		其他合作关系
	经营策略	—
	合规性	担保业务是否符合国家和行业有关规定
		投资业务是否符合国家和有关部门的规定

一级指标	二级指标	三级指标
担保业务风险管理	原则与政策	原则与政策制定情况
		原则与政策执行情况
	管理办法	担保业务流程
		风险缓释措施
	客户违约情况	累计担保代偿率（%）
		累计担保损失率（%）
	担保组合	期限分布
		客户行业分布
		客户集中度
	担保资产质量分析	—
投资业务风险管理	管理政策与办法	制定情况
		执行情况
	投资风险水平	流动性指标
		投资损益指标
		投资组合风险
资本充足性与代偿能力	资金来源	来源渠道与稳定性
		资本补充机制
		准备金率
	资金使用	现金/净资产
		长期资产/总资产
	盈利能力	—
	偿债能力与资本充足率	相关资本指标
		资本充足率（%）

注：表中的三级指标表示信用评估中应包含的指标项，但不限于上述指标。

9.3.5 担保机构信用评估方法及要点

1. 经营环境

担保机构所处的经营环境主要包括经济环境、行业环境、政策环境三个方面。担保机构的外部环境，应着重分析担保机构经营过程中所面临的外部制约因素和有利条件，进而分析这些因素对担保行业的影响以及对行业内担保机构的经营方向、机制的影响。

（1）经济环境。影响担保机构生存发展的经济环境包括宏观经济环境、区域经济环境以及中小企业整体状况。

① 宏观经济环境。着重分析宏观经济波动对地区经济、区域内企业状况（尤其是中小企业）以及担保行业的影响，进而分析这些因素变动对担保机构的信用影响。

② 区域经济环境。着重分析区域经济状况对该地区企业经营状况的影响，进而分析这些因素变动对担保机构的信用影响。区域经济最重要的指标是地区经济发展情况、区域产业

结构、区域信用体系建设、企业破产和失业情况等。我国绝大部分担保机构的经营范围具有较强的区域性，所以区域经济环境对担保机构面临的总体风险水平有显著影响。

一般来说，担保机构主要服务于当地的中小企业，当地中小企业的发展状况和信用水平对担保机构面临的风险具有直接影响。应着重分析当地中小企业的重点行业分布、发展程度、风险特征、整体信用水平等。

（2）行业环境。行业环境主要是指担保行业在国民经济中的地位、行业发展状况、行业竞争状况、行业风险以及行业发展前景等，这些因素对担保机构的生存发展有着重要影响。

① 行业特征。首先分析担保行业整体发展状况，在整体上把握担保行业特征。该部分主要包括行业在国民经济和信用体系中的地位、行业的风险因素以及行业前景等。

目前，担保业作为一个新兴行业，在我国的行业地位相对较低，主要是行业规模太小，担保余额占银行贷款余额的比重很小，社会经济效益贡献程度仍然有限，对国民经济的影响太小。担保机构行业地位的变化与政府对中小企业的政策取向、对中小企业融资的重视、支持力度密切相关。

行业前景主要对担保行业实际发展状况及未来宏观经济、政策变化趋势、中小企业发展前景进行预测来分析担保行业的发展前景。行业风险主要分析行业内、外部各种因素对行业发展的不利影响。

② 行业竞争。除对担保行业内部竞争的整体状况进行分析外，还应对政府、银行机构、中小企业融资需求对担保行业竞争的影响进行分析。对于地区性的担保机构，还应结合地区特征进行分析。

（3）政策环境。我国对担保行业总体上持鼓励与支持的态度。目前，我国政府推动担保行业发展的指导思想已从试点初期的"发展中规范"发展到"规范中发展"。

目前，国家相关部门已加大监管力度，并将重点对担保机构的市场准入、终止与清算、从业人员资格认定、信息披露、业务规范、内控制度、资金运用、代偿能力和行业自律等方面加强监管。但是，我国担保行业政策环境仍不成熟，存在管理部门较多、行业政策的立法层次较低等问题。

国内担保机构地域性较强，应结合当地监管部门的监管政策来具体考察。除了考察当地政府对担保行业施加的政策环境外，重点考察担保机构出现经营危机后政府对担保机构予以支持的可能性。政府的支持力度与政府的财政状况、政策取向直接相关。政府的具体支持政策和措施将直接影响担保机构抵御风险的能力。

2. 基本经营

主要分析担保机构经营历史与规模、与银行开展合作的程度和受社会认可程度等。

经营历史与规模。经营历史的长短对判断担保机构的风险有重要影响，根据国外经验，担保机构的客户违约率在3年后出现明显的上升。经营历史较短的担保机构一般难以积累比较丰富的风险管理经验，而较长的经营历史说明担保机构具有一定的风险管理能力。

经营规模包括担保机构的资本实力、人力资本、担保机构的业务种类和规模等。担保机构的资本实力对其承担风险的能力有直接的影响；担保业务种类和规模应与担保资本相适应。担保机构应具备一定的业务规模，否则就难以积累基本的风险管理经验和实现风险的分散化。

银行的认可程度对担保机构的业务开展有直接的影响，银行对担保机构的认可程度可部分反映评估担保公司风险管理能力、经营能力和担保公司未来发展前景。而担保机构受社会认可程度从另一个侧面反映了担保机构的风险管理能力和发展潜力。

主要指标：成立时间、所有者权益、净资本、职工人数、累计担保额、年均担保额、担保笔数。

3. 公司治理和经营战略

（1）治理结构。良好的法人治理结构是担保机构保持长期稳定发展的根本保障。良好的治理机制一般要求具备完善的问责制度、监督制衡机制及高度透明的信息披露制度。重点评估担保机构股东大会、董事会、监事会实际运作情况，对管理层的控制和激励机制，重大决策机制（如投资、重大担保项目、财务管理）中存在的潜在风险。

控股股东和实际控制人的实力、股东对担保机构是否有支持条款或承诺对担保机构持续经营能力的高低具有明显的影响。一般来说，股东支持力度取决于股东所占的股份高低、股东自身经营状况以及股东的发展战略。对于政策性担保机构，财政部门是最大股东，该部分可以适当简化。

（2）经营策略。经营策略决定了担保机构的发展方向和经营风险。首先，分析担保机构的发展战略目标和实施方案，结合实施效果来评估发展战略的可行性和执行力度。其次，分析主要业务的发展目标和计划。通过对实际业务情况及未来发展战略、经营目标和计划分析，评估担保机构的风险偏好程度。

（3）内部管理和运营体制。该部分重点考察内部组织机构之间的相互制衡机制是否健全以及管理效率的高低。担保机构的内部管理能力主要从以下几个方面来考察：决策、执行与监督是否分离，管理层、业务部门、风险管理部门是否有适度的相互制衡，道德风险的防范机制是否健全。

此外，还需考察内部审计和外部审计的效率和独立性。对于重大投资组合的决策机制、程序、风险控制方法，分析是否存在重大的风险隐患。通过对组织架构和公司管理分析，判断担保机构的组织架构和公司管理是否规范化、制度化，各项管理制度是否健全。

（4）人力资本担保行业属于智力密集型行业，人力资本对担保机构战略目标的实现、企业经营、风险管理等均具有重要的影响。

对人力资本的评估，最重要的是评估其在担保机构风险管理中所起的作用。合格的风险管理人员是控制担保机构业务风险的关键因素。除专职风险管理人员的素质外，还需根据担保机构业务的特点，分析公司管理层和员工的素质。重点考察管理层和员工的专业构成和年龄搭配的合理性、风险管理经验、对风险和外部环境的认知和判断能力等，以判断担保机构是否具备将风险管理与相互制衡机制落实到具体业务中去的能力。

（5）与其他机构的合作与制约关系。担保机构与银行等机构的合作是担保机构开展业务的基础，两者间的合作条件反映了担保机构的市场地位与被认可的程度。担保机构与银行的合作主要包括合作银行的数量、是否与银行签订合作协议、是否缴存保证金、放大倍数的大小、客户来源与调查的合作程度、贷款利率的高低等。是否能够与优质银行合作以及获取较好的合作条件是担保机构信用水平高低的重要指标，而银行对担保机构的合作条件也是约束、控制担保机构风险的重要方面。

与其他担保机构、再担保机构的合作是担保机构扩大业务规模、分散风险的重要方式，也是其行业地位高低的重要标志。普惠资信主要考察担保机构是否进行了合作担保、分保等，以及担保机构是否与会计师事务所、律师、信用评估机构建立良好的合作关系等方面。

4. 风险管理

担保业务风险中最重要的是担保客户的信用风险。普惠资信主要关注担保机构的担保原则与政策，担保业务风险管理的方法、制度、程序，以及风险管理成效等。

（1）风险管理原则与政策。风险管理的原则与政策是担保机构风险管理体系的基础，反映了担保机构的风险意识及风险取向。由于不同担保机构的业务特点存在差异，应针对担保机构的业务风险特点进行分析，判断担保机构的担保原则、政策的合理性以及其实际执行情况。

（2）担保业务风险管理。对担保业务风险管理情况的评估主要包括：① 担保业务风险管理方法，包括担保客户、反担保措施的调查、分析和评估方法以及具体操作情况等；② 担保业务操作程序、决策程序，包括操作过程、权限划分以及具体操作情况等；③ 担保业务风险管理制度，包括信息统计、档案管理等。

此外，还需关注担保机构业务统计是否完善，是否建立了对担保资产的五级分类评估制度，是否在遵守现行担保风险准备制度的基础上，逐步建立根据风险分类提取专项准备的制度。

（3）担保业务发展及其风险管理水平。担保业务发展的评估主要考察担保机构业务发展情况及担保客户信用分类的违约率统计和违约后的损失率统计情况，以及对受评机构未来的违约率和损失率进行预测分析。根据担保业务的性质，在业务分类的基础上进行分析。

风险管理水平的评估。风险管理水平主要通过担保客户信用分类的违约率、追偿率、损失率的概率分布来分析。主要指标包括担保代偿率、担保成功率、担保追偿率、担保损失率等。

（4）担保资产质量分析。担保资产的质量高低决定了担保机构未来违约率和损失率的高低。该部分包括担保资产信用风险、关联担保风险、集中程度，并根据各方面的情况对未来的担保风险进行预测。

具体来说，担保资产质量分析是根据担保业务种类，按照信用风险分析方法，首先对每类担保组合中的每个担保客户的信用状况进行分析评估，然后对该笔担保的反担保措施进行分析，确定每笔担保资产的信用风险转换系数，其次对每类担保组合的信用状况进行分析评估，最后对全部担保组合的信用状况进行分析评估，并由此计算出担保组合的资产风险度，从而对全部担保组合的信用状况作出评估。

对每个担保客户的信用状况进行分析评估的方法有两种：一是通过对担保机构和担保客户信用评估方法进行对比分析，把担保机构对担保客户的评估结果转换成相应的信用等级；二是对每家客户进行信用评估。具体采用哪种方法，主要取决于担保机构对客户信用评估的质量、客户数量等因素。

如果担保机构没有完整的对担保客户的风险评估体系，则可根据担保机构的在保客户数量情况采取全部评估法或抽样评估法。

对各类担保组合、全部担保组合的信用质量评估，按信用风险评估模型进行。对逐笔分析的担保组合，根据逐笔分析情况计算出各笔担保贷款预期损失率，加权平均后得到平均预期损失率，由平均预期损失对应信用风险转换系数，进而计算出风险担保责任余额；对抽样分析的担保组合，则需计算各个样本的预期损失率，并对样本预期损失率进行加权平均，得到平均预期损失率，以此估计担保组合的整体预期损失率，进而得出信用风险转换系数以及风险担保责任余额。

5. 收益合理性

我国担保机构从事的业务种类各异，所以，对担保机构收入合理性分析可有效揭示公司对单一业务收入来源的依赖程度，反映各种风险对公司经营稳定性和收入稳定性的影响。

6. 财务分析

主要考察担保机构的资金来源，资本的补偿与增长机制，担保资金运作规则与风险控制，担保资产的安全性、流动性和盈利性等，并结合担保组合的信用质量计算出担保机构的资本充足率，据此对其偿债能力作出评估。

（1）财务概况。首先是对担保机构财务报表的质量进行总体评估；其次是对财务会计管理的基本制度及其执行情况进行评估；最后对担保机构的总体财务状况进行分析。

（2）担保资金来源。担保机构担保资金的多少很大程度上决定了其抗风险能力。担保机构的担保资金来源主要包括股本、资本公积、未分配利润等所有者权益，以及提取的未到期责任准备金、风险准备金、政府的担保扶持资金等。着重考察担保资金的各项具体来源、稳定性以及增长性等。

① 是否具有资本补充和保障的机制，包括考察利润分配机制，了解是否具有自身积累、增资扩股的机制。

② 风险准备的提取情况，既反映担保机构对待风险的态度，也反映担保机构可能发生的风险损失和未覆盖风险的大小。考察未到期责任准备金、风险准备金提取的原则，以及提取是否充足。

③ 长短期借款和其他负债。一般来说，短期内我国担保机构不会有太多的借款，因此应重点关注担保机构负债的原因、目的，结合担保业务和其他业务可能带来的风险进行分析。其他负债主要根据实际情况进行分析，如果金额较大，要分析其原因，并结合业务分析其风险。

④ 分析担保机构的融资便利，主要是考察与银行等金融机构是否具有备用信贷协议、宽限期、股东的支持条款。

（3）投资组合及其流动性。为避免资金闲置，多数担保机构将投资作为除担保业务以外的最重要的工作，而投资组合是否合理、风险控制是否得当将直接影响到担保资金的安全和流动性。因此，在分析担保资金运用时，重点考察担保机构的投资组合，主要关注以下几个方面。① 投资组合状况。对投资组合的投资策略、投资政策的分析。② 对主要资产进行重点分析。担保机构是否严格遵守有关政策规定，投资组合的流动性、分散性、风险性以及地理分布等。③ 投资组合评估。包括风险、收益、流动性等。④ 收入结构。担保收入、投资收入和其他收入情况。主要指标有流动资产比率、长期资产比率、现金资产比率等。

（4）盈利能力。担保机构的盈利能力一般相对较低，但保持适当的盈利水平是任何一个企业生存和持续发展的关键。担保机构的收益主要来自于担保业务收入和投资收益。在盈利能力分析中，一要分析现金流是否稳定，盈利模式是否合理；二要分析支出水平，主要包括管理费用和代偿损失。对盈利能力分析旨在理解收入和支出结构的合理性及盈利水平，在此基础上分析担保机构维持主营业务稳定的可能性。该部分主要指标有净资产收益率、平均担保收入率、担保收入增长率、管理费用比率和担保损失比例等。

7. 偿债能力与资本充足性

净资本指标反映了担保机构净资产中的高流动性部分，是根据担保机构的业务范围和资产的流动性特点，在净资产的基础上对资产项进行风险调整后得出的综合性风险控制指标。净资本指标旨在衡量担保机构是否保持充足、易于变现的流动性资产，从而保证其持续经营能力。主要指标有净资产担保倍数、净资本担保倍数、准备率、资本充足率、资产负债率等。除资本充足性外，还需考查担保机构的流动性情况，如担保机构资本补偿和保证机制、利润分配机制、融资便利等。

9.3.6 日本信用担保机构信用风险度量的经验

日本的信用管理行业被称为亚洲"最发达、行业产值最高、历史最悠久"的行业。日本信用担保机构一直比较注重运用模型对中小企业的信用风险进行度量，著名的信用风险度量模型主要有以下几个。

1. SOHO 模型

SOHO 模型是千代田银行专门针对贷款额不超过 300 万日元的中小企业和个体经营者而设计的信用评估模型。该模型将中小企业非定量化信息进行定量化，并建立相应的数学模型。此模型共包括 10 个模块，每个模块对不同的侧面（如企业前景、流动性等）进行评估，分别输出 10 项得分，通过 10 项得分的平均值和方差分布将申请贷款企业的信用状态分为"白色"（风险较低）、"灰色"（风险一般）和"黑色"（风险较高）。对于"白色"企业，只要进行简单的确认工作即可贷款；对于"灰色"企业，必须与业主进行详细的面谈以获取进一步的信息，再决定是否放贷；而对于"黑色"的企业，则不予受理其贷款申请。该模型的特点是主要利用企业的定性非财务数据（而不是定量财务数据）。考虑到小企业成立年限较短，而财务数据往往不规范，仅依靠财务数据很难评估企业真实的经营状况。

2. CRD 模型

CRD 运营协会是在日本全国 52 个信用保证协会以及 22 家金融机构联合支持下建立的协会性质的机构。各会员单位为 CRD 提供企业财务数据，特别是破产企业的相关数据。在近 200 万条企业信息数据的基础上，CRD 开发了用于对企业信用进行初步评估的数学模型及软件，对企业的信用进行评分。此模型是线性模型，共分为 14 个模块，对不同行业的企业分别进行评分。对于有一定规模的企业，由于其财务数据比较规范，模型计算结果的精确度较高。

3. TDB 模型

帝国数据银行（TDB）是有百年历史的民间信用调查公司，拥有亚洲最大的企业资信数据库，占有日本 70% 以上的征信市场。其信用评估方法非常有特色，主要依靠公司中训练有素的调查员的经验，对被调查公司的实地访谈，并对公司的信用进行多侧面的间接调查。在访谈过程中除了获取财务报表以外，还要依靠调查员的丰富经验，获得各种信息，然后根据一个标准的评分手册对公司的多项指标打分，最后得出企业的信用评分。TDB 拥有 1 600 名调查员，大多数调查员都有 3～5 年约 2 000 家公司的调查经验，因此调查员的经验判断比较可靠，调查效率较高。

从以上三大主要模型的分析可知，日本主要信用机构开发的模型都各不相同，但也有一些共性：① 模型建立在对大量、可获得性、持续性企业信息的基础上；② 在对财务信息的处理上，多数模型仍是沿用 Altman 的 Z 值计分模型，并在其基础上进行一些改进，如对变量进行规格化等数学处理；③ 模型都重视财务数据和非财务数据的综合运用，并将非定量化信息进行定量化处理；④ 企业的最终评估结果是经验判断与数学模型评定的结合；⑤ 对申保企业根据所处行业、贷款额大小等标准进行分类，设计不同的评估模型进行信用风险评估；⑥ 统一的标准和工作的快捷，提高数目众多但数额较小的中小企业申保效率。

9.4　证券公司信用评估

9.4.1　证券公司风险的种类及确定

1. 市场风险

所谓市场风险，是指证券公司持有的证券等金融资产由于利率变化等原因而产生市场价格波动的可能性和程度。前面已经指出，证券公司资产的主要部分是可以在市场上交易、流通的有价证券，证券市场在不停地动荡着，使证券公司手中持有的证券每一分钟都面临着升值或贬值的危险，因此，市场风险成了证券公司最主要的风险。

市场风险的确认和计算一般分以下几步进行。

第一步，区分主要业务种类。评估人员要对证券公司的经营业务逐一考虑，并计算其总业务中所占的比重。

第二步，计算每一种主要业务的价格变动情况。一般用统计指标中的"标准差"来说明，越高的标准差代表了越高的单一业务的市场风险程度。

第三步，计算每一种主要业务的 β 值。所谓 β 值，就是用某一种业务的标准差除以整个证券市场的总的标准差，用以反映每种业务的相对市场风险。

第四步，计算整个公司的 β 值。即把公司某一种主要业务的 β 值乘以该业务所占总业务（资产）比例后相加之和。

2. 信用风险

所谓信用风险，是指证券公司与其他公司进行交易时不履行合同的可能性。严格地说，几乎证券公司的每项业务都有信用风险，但不同交易额信用风险是不同的，近年来，由于证券公司扩大了自身的投资业务，尤其是风险投资业务，所面临的信用风险也有上升的趋势。

证券公司的信用风险可以用其历史上的违约次数与交易次数之比，或违约金额与交易金额之比来表示，但更多的公司为了简便用违约金额与营业收入之比来表示。

3. 营运风险

证券公司在实际营运过程中的不确定性称为营运风险。有人把证券公司比喻成一个大型的数据加工厂。每天，成百上千个雇员处理数万个交易，转移数十亿的现金和证券。这一切都依赖于电子通信信息网络和繁重的手工劳动的紧密衔接。一个凭证的填错，一个数据的输入错误，或一次报价的差错，都可能造成数万元的损失。然而，这对承受严重压力和工作高度紧张的证券从业人员来说又是难以避免的，因而对证券公司来说，控制和预防劳动风险是极为重要的。同时，确定劳动风险的难度也是最大的，一方面，营运风险可以出现在证券公司的每一环节、每一时刻，尤其对于那些全球性的大型证券公司，24 小时中随时可能出现事故；另一方面，大多数小的失误都只是当场批评一下就完了，没有详细的记录和认真的总结分析，因而难以确定这些小的事故是偶然的，还是固有缺陷的初步反应。对于证券公司的营运风险，国际上一般强调定性分析，同样难以确定这些小的事故是偶然的，还是固有缺陷的初步反应，如员工的业务素质、责任心、信息系统软硬件的可靠性、过去失败的事例，它们是如何发生的、又是在何时得到纠正的，等等。

4. 人事风险

证券公司是一种知识密集型、人才密集型的企业，专业技术人员的水平决定着公司的成败，尤其是少数至关重要的岗位，要求任职人员必须具备创业精神、敏锐的观察力、渊博的知识和大量的经验，因而每个证券公司对于这样的人才都不惜重金网罗，这就造成了这批高级人才的频繁跳槽。对公司来说，不仅原有的商业秘密大量外泄，严重的还可能造成公司营运水准下降，公司业务从此一蹶不振，而这又会引起其他职员的进一步流失，使经营状况更加恶化。因此，对于证券公司来说，人事风险的重要性正在日益上升，成为必须认真对待的一种威胁。同样，人事风险的确定也是很困难的一件事，服务年限的长短、合同处罚的严厉与否、公司的气氛、领导对员工的态度等，这些都只能帮助我们部分地预测人事状况。

9.4.2 影响证券公司风险的因素

我们还必须对影响特定证券公司风险的内外环境作认真的分析，才能够全面准确地对公司的信用等级作出评估。

1. 资料收集和获取

资料的来源可以有以下几个方面。

（1）管理机关资料。各国都有管理证券业的主管机关，他们对辖区内的证券公司都有资料呈送要求，供主管机关分析研究，管理机关对于各证券公司，一般也有相应的评估报告，这些资料是对证券公司进行信用评估的重要参考资料。如在美国，除了日常报告外，有些证券公司还要定期向证券交易管理委员会提交有关"专题报告"。

（2）财务报表。由于证券公司的法律纠纷不断出现，这份报告在信用评估中所起的作用越来越重要。

（3）合并和非合并的财务报告。对于证券控股公司或银行控股公司来说，合并和非合并财务报告是十分重要的。

（4）公司业务的书面信息资料。除了通常的年度报表外，还应该收集有关的销售资料、各种报告书、备忘录等。评估人员要自己动手，从中分析计算出有用的资料来，如各主要业务的盈利率，公司总资产在各项业务中的分配，公司的固定成本是多少，随销售额增长的变动成本比率是多少等。

（5）从其他同业人员、行业组织及报刊杂志得到的有关信息。了解外部人员，尤其是客户对于公司的感觉是十分重要的，同时，从外部人员那里可能会得到一些真实的资料，从而增加调查的全面性。

（6）由其他评估人员提出的报告。该证券公司也许以前曾经雇佣其他信用评估公司对公司信用作出过评估，公司也进行过内部的信用评估，这些评估报告对现在的评估都有重要的参考作用，尤其是一些权威评估机构的评估报告。

2. 资料整理和分析

资料整理按下面的顺序进行定性分析。

（1）资本充足度。

资本充足度是评估证券公司信用状况的一个重要方面。衡量一个公司的资本是否充足，不能简单地用股本/资产的比率来衡量。因为市场风险、违约风险、人事风险等并非是资产规模的一个简单函数，国际上一般设计了四个资本指标来解决这一问题，而评估的标准则是两个：一是公司是否有充足资本以承受重大市场变动所造成的损失；二是在持续的不景气期间，公司是否有充足的资本来维持自身的营运。

① 现金资本。"现金资本"是指这样一种资金，它可以用来弥补抵押贷款的不足而维持公司资产的稳定。证券公司的资金分为长期资金和短期资金，短期资金一般为短期的抵押和无抵押贷款，其成本较低，但由于借期短，相对不稳定。长期资金由股本、留存收益和长期信用贷款组成，这类资金的成本较高，但由于借期长或不用偿还，较为稳定。当证券公司无法筹集足够的无抵押贷款，可以用现有资产（如股票、债券等作抵押）借入抵押贷款时，由于抵押贷款额一般少于抵押品价值，两者之间的差额必须用长期资金来弥补，这种长期资金就是资本。

例如，一家证券公司拥有现金资本 20 万元，借得无抵押短期信用贷款 180 万元，两项资金合起来购买某种股票 200 万元，现在经济不景气，证券公司必须归还到期的 180 万元贷款，但由于其无法获得新的信用贷款，因而不得不用全部股票作抵押，设抵押率为 75%，那它可获得 150 万元贷款，不足以偿还到期贷款，因而必须出售 30 万元股票。从另一个角度说，证券公司要想稳定地拥有 200 万元股票，必须至少拥有 50 万元现金资本。

由此可以看出，一家公司拥有的最低现金资本额占总资产的比例，就是抵押贷款折扣率。

② 风险调整资本。在经济不景气时，股价往往会下跌。例如，这家公司所拥有的股票价格由 200 万元跌为 180 万元，其他条件不变，则公司必须至少拥有 65 万元长期资金，才能保证不至于被迫出售股票。这 65 万元是由于抵押折扣和市场等风险的存在而必须拥有的资本，称为风险调整资本。那些资产风险度高的证券公司，或处于证券价格波动剧烈时期的证券公司，应拥有较高的风险调整资本。而一家证券公司，其拥有的风险调整资本越多，信用可靠程度也就越高。

③ 经济资本。在风险调整资本的基础上，如果我们考虑到证券公司会存在一些隐蔽的资产和负债，一些高估或低估的投资，另外还有公司的一些特许权价值等因素，对风险调整资本进行进一步调整，获得的就是经济资本。

④ 管理资本。这是政府管理机关要求和计算的资本。对被管理的证券公司来说，合格的管理资本意味着该证券公司的资本符合了政府的要求，但并不一定意味着该公司实际营运资本是充足的。而且美国证券交易委员会、英国的证券协会和日本的财政部在分析被管理公司资本充足性时，所使用的具体方法和要求各不相同。例如，在美国，次级负债也被纳入了管理资本的范围，这时，如果你是次级债权人，这种管理资本的充足性对你并没有什么意义。

（2）内部管理水平。

正是因为证券公司所面临的风险很大，许多公司便积极寻求各种办法，努力控制和降低风险。这种风险管理水平的高低，是决定证券公司实际遭受风险打击可能性的重要因素，因而对此必须认真分析。

① 分析证券公司是如何确定、分配和监督市场风险度的。这种确定过程有时既正规又集中，有时则不然。另外，有些公司装配电脑系统，可以随时跟踪其各项业务的风险头寸。有些公司则运用批处理方式每天对其风险头寸计算一次，一天之内的头寸由高级管理人员掌握。还有些公司则通过其收益曲线的变动来确定其损益。评估人员还要了解对越过公司风险度的交易人员给予什么样的处罚，以及交易人员获准超越其交易权限的程序。要在全球范围内研究这些问题以确定当地经营人员是否有很大权力来改变公司的风险控制制度。

② 分析证券公司是如何划分不同资产的风险度的。证券公司确定公司的哪些资产属于高风险资产，哪些属于一般风险资产，哪些属于无风险资产，是否对各种风险度资产的最高比例有明确的限制，这些都属应了解和分析之列。

③ 分析证券头寸是如何抵补的。这对公司的风险控制具有重要意义。另外，抵补是如何与市场风险确定和风险控制制度融为一体的也需要分析。

④ 分析保证金不足的抵押政策是什么。除了抵押的结构外，最初的保证金和维持保证金也需要研究。例如，如果保证金中的大部分都是由一家公司的股票作抵押，其风险就会大大增加，如果一家公司替其他证券公司作担保，也需要认真研究。

⑤ 分析信贷部门的规模、范围和独立性如何。如果信贷部门能够受到广泛而严密的关注，并且员工的素质较高，又确实能独立地负责自己的工作，就可以有效地预防各种风险的发生。

⑥ 分析公司如何确保信用风险控制程序的执行。这里包括内部审计的监督，当有人超越风险界限时，计算机系统就会自动显示和警告等。

⑦ 分析公司对高风险资产业务的批准和控制。由于其潜在的高风险，这一点尤其重要。评估人员应该注意检查每一项资产时所获得数据的意义是否对某些或全部高风险资产的业务存有限制，以及在什么情况下可以突破这些限制；批准委员会的构成及其监督机构；临时贷款需遵守的协议及其对象；公司筹措临时贷款计划以及计划行不通时的处理情况；公司是否能根据其意愿适时地出售这些贷款；必要时，公司能否迫使其客户出让其股权以获得临时贷款；公司是否从其他公司获得成文合同的担保；公司是否控制有风险投资基金来确保提供足够头寸以归还临时贷款。

（3）动态资本能力。

对于一家证券公司来说，其自有资本并非是始终不变的，除了股本外，留存收益和各种风险准备金都在随着时间和经营状况的变化而变化，同时，公司还可以通过借新债、发行股票来筹集新的资金。一家证券公司，如果从长远看，有充足的现金流入，有广阔的筹资渠道，现有的资本要求便可以大大降低，因此，对证券公司的这种动态资本能力，我们应该给予认真的分析。

对于证券公司的盈利能力，首先必须说明的是：第一，股本收益率不是一个能充分说明问题的指标，因为它是公司负债函数；第二，资产收益率也会使人产生误解，因为证券公司的收益与资产规模的函数关系并不密切，如 A 证券公司和 B 证券公司获得同样的利润，但是 A 公司的资产是 B 公司的 1/2。然而，A 公司的资产可能大多是低风险的债券，而 B 公司的资产大多是高风险的衍生金融工具，即 B 公司的资产遭受损失的市场风险很大，若扣除预期的风险损失，可能两家实际盈利能力是一致的。

正因为这些原因，国际上一般都强调使用一组盈利能力测量指标，在一个完整的市场周期内对其进行检查，这样，我们不仅能观察到市场繁荣时实际盈利超过预期盈利的情况，还必须观察到市场转坏时风险增加而造成盈利急剧下降的情况，从而对风险和盈利情况有一个总体的了解。还可以用设计的测量指标计算同行的经营状况，把所得结果与自己相比较，从而了解公司的盈利能力与同行有哪些不同，当然，这种比较应该是同类公司相比，如分散型公司与分散型公司相比，集中型公司与集中型公司相比，因为不同类型的公司具有不同的资产结构、经营环境，它们的盈利率也缺乏可比性，如分散型公司与集中型公司相比，一般收入较低，负债经营程度也较低，尽管其资产的总额比较高。

根据公司对待风险的态度来检查其收益率很有必要。越是积极大胆的公司越应该能获得较高收益。因此，评估人员必须对公司各项业务的具体比例有详细的了解。但是，虽然很多公司对此都有自己的打算，但却往往为了保密而不愿透露给评估人员，而从公开的资料上又无法直接获得，可行的办法是向该公司和该行业人员了解情况，翻阅证券公司的月度财务报表，并收集历史上各种证券市场价格变化情况，分析各类证券价格变化对公司收入和资产的影响。

另一个对证券公司的盈利能力有重大影响的是公司固定成本与变动成本的大小，由于一般证券公司的固定成本很高，因此，当收入发生微小变化时，利润就会受到很大的影响。同时，固定成本还可能影响证券公司对待风险的态度，那些固定成本较高的公司，为了降低总成本，可能会倾向于承担更大的风险以扩大收入。

另外，公司的红利分配政策对于公司动态资本能力高低也是很重要的。那些倾向于发放较低现金股息，或以送配股代替现金发红的公司，由于较多的盈利转变为留存收益，动态资本能力也较高。除了把盈利转化为留存收益，公司更多的是用借新债还旧债的办法。如果公司在很大程度上依赖于信用敏感性融资或短期融资，如商业票据等，那么它在金融市场银根抽紧或自己遇到信用下降打击时就可能发生筹资困难。许多公司以承诺的、未使用的银行定期贷款形式维持充足的流动准备金来减少这种风险。另外，评估人员还应调查公司持有的未抵押资产，尤其是那些容易被迅速接受的未抵押资产，如果证券公司无法通过其他渠道获得贷款，还可以通过将这些资产向银行抵押以筹集资金。证券公司所建立的在需要时利用各种可能的流动性来源的效率和及时性，也需要认真考察。评估人员还应该注意研究公司对双重杠杆经营的运用，在双重杠杆经营中，控股公司的负债可以用来对子公司的股本和次级负债提供融资，从信用分析的角度看，应该把次级债务当作管理资本计算在双重负债经营范围之内。大量的双重负债经营会给控股公司的债权人增加额外的风险，尤其是在从下属公司调拨现金时受制于管理机构的情况下更是如此。

（4）市场地位和经营历史。

一般说来，大多数倒闭的证券公司的经营历史都不满 5 年，也就是说，历史悠久的证券公司的稳定性较好，市场占有率也较高，资本的分散程度也相应大一些；所拥有的专业人员的技术熟练程度、稳定性都较好一些；它们还拥有庞大的分销网络（这对于分散型公司至关重要）；与客户有长期的良好关系（这对集中型公司十分重要）；在证券业中有较高的声誉。

（5）证券公司的外部管理环境。

① 证券公司的管理制度环境。第一，管理机构可以对证券公司的红利发放、债务偿还等资金的流动产生很大影响，这对证券控股公司尤为重要。因为这意味着其主要的收入来源——从子公司获得资金能力要受制于管理机构，管理机构可能会阻碍子公司的资金回流，从而出现母公司的债权方地位低于其子公司的债权方地位。证券公司发行抵押债券的债务负担标准也可能受管理机构的限制，尤其是资本债券，如美国的次级负债等。第二，管理机构还能影响无力偿债的或破产的法律程序，包括不同债权人的待遇、回收资金的时间和数量等。第三，管理机构的措施不仅会影响到公司经营业务的灵活性，也会影响到该公司的业务结构和风险程度。第四，管理机构有能力对陷于困境的公司提供支持，或只支持证券集团内的某些法律实体、某些等级的债权人，也可以不进行任何援助。

② 证券公司使用的会计准则。证券公司所使用的会计准则不同于其他许多财务公司，例如，在美国，证券公司所使用的会计准则就不是我们熟悉的美国通用会计准则，这使得证券公司在清偿力、信贷损失的计算和报表分开性的要求上都与其他公司有明显差别。

不同国家的证券公司所适用的会计准则也各不相同。例如，在美国，会计上计算公司的库存证券是按调整后的市场价，这种计价使证券公司的股东权益更为精确。而日本的证券公司对其持有的大多数证券，是按成本价和市场价中孰低的一种会计方式来处理的，这就产生了大量的隐形资产，结果虽然美日两家公司的各项财务指标都相同，但事实上，日本证券公司更稳健些。

9.4.3 我国证券公司信用评估指标体系及方法

1. 评估指标

证券公司风险管理能力主要根据资本充足、公司治理与合规管理、动态风险监控、信息系统安全、客户权益保护、信息披露等 6 类评估指标，按照《证券公司风险管理能力评估指标与标准》进行评估（下文称"本规定"），体现证券公司对流动性风险、合规风险、市场风险、信用风险、技术风险及操作风险等的管理能力。

（1）资本充足。主要反映证券公司净资本以及以净资本为核心的风险控制指标情况，体现其资本实力及流动性状况。

（2）公司治理与合规管理。主要反映证券公司治理和规范运作情况，体现其合规风险管理能力。

（3）动态风险监控。主要反映证券公司风险控制指标及各项业务风险的动态识别、度量、监测、预警、报告及处理机制情况，体现其市场风险、信用风险的管理能力。

（4）信息系统安全。主要反映证券公司 IT 治理及信息技术系统运行情况，体现其技术风险管理能力。

（5）客户权益保护。主要反映证券公司客户资产安全性、客户服务及客户管理水平，体现其操作风险管理能力。

（6）信息披露。主要反映证券公司报送信息的真实性、准确性、完整性和及时性，体现其会计风险及诚信风险管理能力。

（7）市场竞争力。主要根据证券公司经纪业务、承销与保荐业务、资产管理业务、成本管理能力、创新能力等方面的情况进行评估。

（8）持续合规状况。主要根据司法机关采取的刑事处罚措施，中国证监会及其派出机构采取的行政处罚措施、监管措施及证券行业自律组织纪律处分的情况进行评估。

2. 评估方法

（1）设定正常经营的证券公司基准分为 100 分。在基准分的基础上，根据证券公司风险管理能力评估指标与标准、市场竞争力、持续合规状况等方面情况，进行相应加分或扣分以确定证券公司的评估计分。

（2）评估期内证券公司因违法违规行为被中国证监会及其派出机构采取行政处罚措施、监管措施或者被司法机关刑事处罚的，按以下原则给予相应扣分：

① 被采取出具警示函，责令公开说明，责令参加培训，责令定期报告，责令增加内部合规检查次数的，每次扣 1 分；

② 被采取出具警示函并在辖区内通报，责令改正，责令处分有关人员，或者董事、监事、高级管理人员因对公司违法违规行为负有责任被监管谈话的，每次扣 1.5 分；

③ 被采取出具警示函并在全行业通报，责令停止职权或解除职务，责令更换董事、监事、高级管理人员或限制其权利，限制股东权利或责令转让股权的，每次扣 2 分；

④ 被采取公开谴责，限制业务活动，暂不受理与行政许可有关文件，暂停核准新业务或增设、收购营业性分支机构申请的，每次扣 2.5 分；

⑤ 董事、监事、高级管理人员因对公司违法违规行为负有责任被认定为不适当人选或被撤销任职资格的，每次扣 3 分；

⑥ 被采取警告行政处罚措施，或者董事、监事、高级管理人员因对公司违法违规行为负有责任被采取一定期限内市场禁入的，每次扣 5 分；

⑦ 被采取没收违法所得、罚款、暂停业务许可等行政处罚措施，或者董事、监事、高级管理人员因对公司违法违规行为负有责任被采取永久性市场禁入的，每次扣 8 分；

⑧ 被采取撤销部分业务许可行政处罚措施或被刑事处罚的，每次扣 10 分。

证券公司分公司、营业部等分支机构被直接采取上述措施的，按以上原则减半扣分，累计最高扣 5 分；证券公司控股子公司纳入母公司合并评估的，子公司被采取的监管措施，按以上原则减半扣分。

（3）证券公司被证券行业自律组织纪律处分的，每次扣 0.5 分。

（4）就同一事项对证券公司采取多项行政处罚措施、监管措施、纪律处分的，按最高分值扣分，不重复扣分，但因限期整改不到位再次被采取行政处罚措施、监管措施、纪律处分的除外；就不同事项采取同一行政处罚措施、监管措施、纪律处分的，应当分别计算、合计扣分。

（5）证券公司资本充足、公司治理与合规管理、动态风险监控、信息系统安全、客户权益保护和信息披露等 6 类评估指标存在一定问题，按具体评估标准每项扣 0.5 分。如已被采取监管措施的，按本规定第九条执行，不重复扣分。

（6）证券公司市场竞争力符合以下条件的，按以下原则给予相应加分：

① 证券公司上一年度代理买卖证券业务净收入或营业部平均代理买卖证券业务净收入位于行业前 5 名、前 10 名、前 20 名的，分别加 2 分、1 分、0.5 分；

② 证券公司上一年度承销与保荐业务、并购重组等财务顾问业务净收入或股票主承销家数或债券主承销家数位于行业前 5 名、前 10 名的，分别加 2 分、1 分；

③ 证券公司上一年度资产管理业务净收入位于行业前 5 名、前 10 名、前 20 名的，分别加 2 分、1 分、0.5 分；

④ 证券公司上一年度净利润为正且成本管理能力位于行业前 5 名、前 10 名、前 20 名的，分别加 2 分、1 分、0.5 分；

⑤ 证券公司创新成果评估期内在行业推广的，单项或累计最高可加 5 分。

证券公司在评估期内如因违法违规行为被采取本标准第（2）项第⑥至第⑧项措施的，不适用本条第①至第③项加分。

证券公司在评估期内发生未履行上市保荐和持续保荐法定职责与义务情形的，不适用本条第②项加分。

（7）证券公司符合以下条件的，按以下原则给予相应加分：

① 公司最近 2 个、3 个评估期内主要风险控制指标持续达标的，分别加 2 分、3 分；

② 公司最近 2 个、3 个评估期内未被采取过本规定第九条第（六）至第（八）项措施的，分别加 2 分、3 分；

③ 公司净资本达到规定标准 5 倍及以上的，每一倍数加 0.1 分，最高可加 3 分；

④ 公司净资本与负债的比例、净资本与各项风险资本准备之和的比例达到规定标准 2 倍及以上的，分别加 0.5 分；

⑤ 净资本收益率位于行业前 5 名、前 10 名、中位数以上的，分别加 2 分、1 分、0.5 分。

（8）中国证监会及其派出机构可以根据证券公司在评估期内落实专项监管工作情况，对证券公司的评估计分进行调整，每项最高可加或扣 3 分。

（9）证券公司可以申请中国证监会认可的机构（以下简称专业评估机构）组织专家对其专业管理能力、信息技术系统的稳定与安全、客户服务与管理水平、投资者教育等方面进行专业评估；专业评估机构可针对证券行业内发生的重大事故、技术故障、业务纠纷与客户投诉等情况，对涉及的证券公司进行专业评估。

中国证监会及其派出机构可以根据证券公司专业评估结果，对证券公司评估计分进行调整，每项专业评估最高可加 3 分。

经专业评估机构评定，证券公司发生的重大事故、技术故障、业务纠纷、客户投诉是由于证券公司管理不善引起的，中国证监会及其派出机构应采取相应的监管措施，进行扣分。

3. 等级确定

中国证监会根据证券公司评估计分的高低，将证券公司分为 A（AAA、AA、A）、B（BBB、BB、B）、C（CCC、CC、C）、D、E 等五大类 11 个级别。

被依法采取责令停业整顿、指定其他机构托管、接管、行政重组等风险处置措施的证券公司，评估计分为 0 分，定为 E 类公司。评估计分低于 60 分的证券公司，定为 D 类公司。

中国证监会每年根据行业发展情况，结合以前年度分类结果，事先确定 A、B、C 三大类别公司的相对比例，并根据评估计分的分布情况，具体确定各类别、各级别公司的数量，其中 B 类 BB 级及以上公司的评估计分应高于基准分 100 分。

（1）A 类公司风险管理能力在行业内最高，能较好地控制新业务、新产品方面的风险。

（2）B 类公司风险管理能力在行业内较高，在市场变化中能较好地控制业务扩张的风险。

（3）C 类公司风险管理能力与其现有业务相匹配。

（4）D 类公司风险管理能力低，潜在风险可能超过公司可承受范围。

（5）E 类公司潜在风险已经变为现实风险，已被采取风险处置措施。

（6）证券公司在评估期内存在挪用客户资产、违规委托理财、财务信息虚假或股东虚假出资、抽逃出资等违法违规行为的，将公司类别下调 3 个级别；情节严重的，将公司类别直接认定为 D 类。

（7）证券公司在自评时，若不如实标注存在问题，存在遗漏、隐瞒等情况，将在应扣分事项上加倍扣分；自评时存在隐瞒重大事项或者报送、提供的信息和资料有虚假记录、误导性陈述或重大遗漏的，将视情节轻重将公司类别下调 1 至 3 个级别。

（8）证券公司未在规定日期之前上报自评结果的，将公司类别下调 1 个级别；未在确定分类结果期限之前上报自评结果的，将公司类别直接认定为 D 类。

9.5　基金公司信用评估

对于基金公司评估，我们的分类相对简单，分为股票管理能力和债券管理能力评估。

股票管理能力评估是评估基金公司管理股票类资产的能力，包括对封闭式基金、股票型开放式基金、偏股混合型基金和平衡混合型基金能力的评估，这里剔除了可比性不大的偏债混合型基金。

债券管理能力评估是评估基金公司管理债券类资产的能力，包括纯债债券型基金和货币基金能力的评估，为了较好地反应基金公司的债券管理能力，这里仍然剔除了受股票收益影响较大的偏债债券型基金。

基金公司评估分类最简单，只分为两类，分别是股票管理能力评估和债券管理能力评估，基金管理公司评估必须对旗下基金业绩按规模进行加权。

基金管理公司的评估采用了四个指标，分别计算基金管理公司的绝对收益、风险调整后收益、基金规模及其增长以及公司运作情况。

9.5.1　绝对收益

非货币基金评估采用净值增长率来衡量绝对收益，采用了目前公认的几何算法来计算基金在某一期间的净值增长率，保证计算出来的净值增长率在分红、拆分过程中也能精确计算。货币基金评估采用万份收益的累积来计算。具体计算方法如下：

$$\mathrm{TR}_{i,t} = \prod_{t=1}^{n} (1 + R_{i,t}) - 1$$

对非货币基金，公式为

$$R_{i,t} = \frac{\mathrm{NAV}_t / z}{\mathrm{NAV}_{t-1} - D} - 1$$

式中，NAV_t——t 日基金单位净值；

D——t 日的单位分红额；

z——拆分或者份额折算比例。

对货币基金，$R_{i,t}$ 直接为万份收益。

对于基金公司的股票管理能力，运用除偏债混合型以外的股票型与混合型基金的加权净值增长率来衡量绝对收益，因为偏债混合型基金与其他股票型和混合型基金的可比性较差。每个基金的权重为该基金过去一年的市值规模占基金公司总规模的比例，因此市值规模大的基金对基金公司整体业绩的影响大。

对于基金公司的债券管理能力，先单独计算债券基金的加权净值增长与货币基金的累积收益，然后分别将结果在各自的分类里计算标准分，最后将基金公司债券基金的标准分与货币基金的标准分按照一定权重相加，计算得出基金公司债券管理能力绝对收益的得分，由于偏债型债券基金受股票市场的影响较大，因此我们在评估基金公司债券管理能力时，不考虑偏债债券型基金的业绩。

9.5.2 风险调整收益

主要是采取了传统的夏普、特雷诺和信息比指标，分别代表了总风险调整收益、系统性风险调整收益和非系统性风险调整收益三大算法，评估基金的历史风险与收益。

1. 夏普

衡量基金单位总风险的超额收益率：

$$S_p = (\overline{R}_p - R_F)/\sigma_p$$

式中，$\overline{R}_p$——基金的收益率；

R_F——无风险收益；

σ_p——基金的标准差，衡量基金净值波动的总风险。

2. 特雷诺

衡量基金单位系统性风险的超额收益：

$$T_p = (\overline{R}_p - r_f)/\beta_p$$

其中，β_p 衡量基金净值波动的系统性风险。

3. 信息比

衡量基金单位跟踪误差带来的超额收益：

$$IR = \alpha_p/\sigma(\varepsilon_p)$$

其中，ε_p 衡量基金净值波动的非系统性风险。

对于基金公司的股票管理能力，风险调整收益指标与计算单只基金类似，分别是夏普、特雷诺和信息比，由于一个基金公司旗下有若干基金，先分别计算每个基金的风险调整后收益指标，对于每个指标按照规模加权相加，最后排序后再把三个指标分别相加。当然，在市场跌幅较大的时候，对夏普等风险收益指标会进行修正。

对于债券管理能力，风险调整收益仅为夏普，先单独计算债券基金和货币基金风险调整收益指标，然后将两者标准化后加权相加。

9.5.3 规模及其增长

由于在对基金公司业绩评估时，对同一旗下基金业绩采用加权平均的方法，管理基金数量大的基金公司获得良好业绩的难度较大，因为每只基金都要做得比较好，才能获得较好的评估，当然这样做其结果稳定性也就更高。为了保证评估结果的公平性和稳定性，增加了基金的总规模以及规模增长率作为评估指标，对公司规模比较大及在过去一年规模增长较快的公司给予较好的评估。

（1）规模。采用基金评估期间，基金公司旗下参评基金各季度披露市值之和的简单平均值来衡量基金规模。

（2）规模增长。采用基金评估期间，基金公司旗下参评基金期末市值之和相对于期初市值之和的增长率。

9.5.4 基金公司运作

基金公司运作主要考虑基金公司及其人员合规性；基金管理公司的治理结构；股东、高级管理人员、基金经理的稳定性；信息披露和风险控制能力。

1. 基金管理公司及其人员的合规性

该指标衡量基金公司及其人员发生的经中国证监会查处确认的老鼠仓等违规事件，出现该事件的基金公司将会被扣分，并且随着发生时间距离评估时间的远近有差异，距离评估时间越近，扣分权重越大。

假定发生合规问题距评估日有 k 个月，$k<36$ 的，

每次扣分：$-1 \times (36-k)$

2. 股东、高级管理人员、基金经理的稳定性

该指标衡量基金管理公司股东、高级管理人员、基金经理的变动次数，频繁变更将会被扣分，这三类人员的变动权重各为1/3。

（1）股东稳定性。

发生股东变更距评估日已有 k 个月，$k<36$ 的，

每次扣分：$-1 \times (36-k)$

各个基金公司汇总后，算标准分。

（2）高管稳定性。

发生高管变更距评估日已有 k 个月，$k<36$ 的，

每次扣分：$-1 \times (36-k)$

各个基金公司汇总后，算标准分。

（3）基金经理稳定性。

发生基金经理变更距评估日已有 k 个月，$k<36$ 的，

每次扣分：$-1 \times (36-k)$

各个基金公司汇总后，总分除以3年平均基金数，然后算标准分。

3. 信息披露和风险控制能力

该指标衡量基金公司及其人员存在的净值计算错误、申购新股错误、可转债转股错误等的次数，出现这些问题将被扣分。

发生风控问题距评估日已有 k 个月，$k<36$ 的，

每次扣分：$-1 \times (36-k)$

各个基金公司汇总后，算标准分。

4. 基金管理公司的治理结构

该指标衡量基金公司股权结构和独立董事个数，股权结构过于集中或者分散将被扣分，独立董事个数越少得分越低。

9.5.5　四种指标的融合

对于上述四种指标的融合，采取了标准分加权相加的方法，主要是解决不同量纲无法相加的问题，计算方法如下：

$$Z_{ij} = \frac{X_{ij} - \overline{X_j}}{\sigma_j}$$

式中：Z_{ij}——i 基金 j 指标的标准分；

X_{ij}——i 基金 j 指标的实际值；

$\overline{X_j}$——基金 j 指标的平均值；

σ_j——基金 j 指标的标准差。

由于综合考虑了基金管理公司长中短期业绩，因此在加权的过程中，先方法加权再时间加权。

在方法加权中，基金管理公司评估也是以业绩为主，绝对收益与风险调整收益这两个方法在基金管理公司评估中占了多数权重，而规模及其增长和基金运作因素的权重相对较小。其中绝对收益的权重是 0.35，风险调整收益的权重为 0.35，规模及其增长的权重为 0.15，基金公司运作的权重为 0.15。

在时间加权中，近三年的业绩权重为 0.6，近两年的业绩权重为 0.2，近一年的业绩权重为 0.2。

9.6　基金会信用评估

基金会（Foundation）是指利用自然人、法人或者其他组织捐赠的财产，以从事公益事业为目的，按照本条例的规定成立的非营利性法人。基金会分为面向公众募捐的基金会和不得面向公众募捐的基金会。公募基金会按照募捐的地域范围，分为全国性公募基金会和地方性公募基金会。基金会是对兴办、维持或发展某项事业而储备的资金或专门拨款进行管理的机构。一般为民间非营利性组织。宗旨是通过无偿资助，促进社会的科学、文化教育事业和社会福利救助等公益性事业的发展。基金会的资金具有明确的目的和用途。

基金会评估指标由 4 项一级指标、15 项二级指标、57 项三级指标组成，总分 1 000 分。

9.6.1　基础条件（90 分）

1. 法人资格（33 分）

（1）原始基金（16 分）

（2）法定代表人（2 分）

（3）办公条件（10 分）

（4）专职工作人员（5 分）

2. 章程（12 分）

（5）宗旨和业务范围体现公益性特点（4 分）

（6）章程经民主程序通过（4 分）

（7）章程经登记管理机关核准（4 分）

3. 登记和备案（9 分）

（8）按规定变更登记（5 分）

（9）按规定备案（4 分）

4. 遵纪守法（36 分）

（10）年度检查（14 分）

（11）无违反国家法律法规和政策的行为（10 分）

（12）重大事项报告制度（12 分）

9.6.2 内部治理（360 分）

5. 组织机构（95 分）

（13）理事会（53 分）

（14）监事或监事会（25 分）

（15）办事机构（10 分）

（16）党组织（7 分）

6. 人力资源管理（42 分）

（17）有与业务开展相适应的工作人员及人员管理制度（5 分）

（18）工作人员的培训、任用和考核（8 分）

（19）按规定落实工作人员薪酬和缴纳社会保险（14 分）

（20）负责人尽职尽责、团结协作（10 分）

（21）有与业务开展相适应的志愿者队伍及志愿者管理制度（5 分）

7. 财务、资产管理（199 分）

（22）会计基础工作（30 分）

（23）账户管理规范（10 分）

（24）财务人员配备合理（10 分）

（25）执行《民间非营利组织会计制度》及国家有关规定和制度（12 分）

（26）内部会计控制（14 分）

（27）关联方关系（18 分）

（28）财务公开透明（25 分）

（29）按规定进行财务审计（15 分）

（30）进行税务登记并规范使用各种票据（10 分）

（31）资产管理（55 分）

8. 档案、证章管理（24 分）

（32）档案管理（9 分）

（33）证书管理（5 分）

（34）印章管理（10 分）

9.6.3 工作绩效（430 分）

9. 公益活动规模和效益（180 分）

（35）公益事业支出金额（100 分）

（36）公益支出比例（40分）

（37）行政办公费用和工作人员工资福利占当年总支出的比例（40分）

10. 项目开发与运作（95分）

（38）项目符合章程规定的业务范围（10分）

（39）项目运作规范（45分）

（40）项目社会评估（10分）

（41）项目创新性和可持续性（30分）

11. 社会捐赠、募集、政府资助和政府购买服务（85分）

（42）年度捐赠收入（50分）

（43）年人均接受捐赠金额（25分）

（44）年接受政府资助额（10分）

12. 信息公开与宣传（70分）

（45）公开接受、使用社会捐赠情况（25分）

（46）公开公益资助项目种类以及申请、评审程序（15分）

（47）媒体宣传情况（30分）

9.6.4 社会评估（120分）

13. 内部评估（15分）

（48）理事评估（5分）

（49）工作人员评估（5分）

（50）监事评估（5分）

14. 公众评估（45分）

（51）捐赠人评估（15分）

（52）受益人评估（10分）

（53）志愿者评估（10分）

（54）新闻媒体评估（10分）

15. 管理部门评估（60分）

（55）业务主管单位评估（20分）

（56）登记管理机关评估（30分）

（57）其他有关管理部门评估（10分）

本章小结

　　本章主要内容包括商业银行信用评估、保险公司信用评估、担保公司信用评估、证券公司信用评估、基金公司信用评估，详细介绍了各类金融机构信用评估的方法和指标体系。

　　本章的重点是各种金融机构信用评估的方法及指标体系的建立。

　　本章的难点是金融机构信用评估方法创新。

思考题

1. 金融机构信用风险有什么特殊性？
2. 反映金融机构信用风险的指标有哪些？
3. 不同类型金融机构信用评估有什么不同？
4. 除了在本章中提及的金融机构外，还有哪些金融机构可以纳入评估的范畴？
5. 我国金融机构信用评估现状如何？

案例分析

结合相关专业课程对金融机构的了解和认识，选择一家金融机构作为对象，运用本章介绍的信用评估方法，进行信用评估实做练习。

第 10 章

证券信用评级

本章导读

本章对证券信用评级进行了详细阐述。第一部分为证券信用评级概述，第二部分为债券信用评级，第三部分为可转换债券信用评级，第四部分为股票信用评级，第五部分为基金信用评级，第六部分为资产证券化资产信用评级，第七部分为票据信用评级。

导读案例

高等级信用债逐步具备投资价值

从信用债投资周期的角度看，当经济进入衰退期，企业盈利逐步下滑，现金流不断趋紧，信用债利差逐步上升至高位；当经济逐步回暖，信用利差开始逐步回落，信用利差回落一般是高等级信用债利差先回落，然后才是高收益债信用利差逐步回落，高等级信用债开始成为投资首选，中等级信用债次之。

2008 年金融危机使得国内债券市场投资者重新认识了信用风险的重要性，各个不同等级的信用债利差开始出现明显的分化，同期限信用债中，AA 级利差普遍高于 AAA 级利差，接近 100 BP，较 2008 年时的水平有很明显的提高。

2011 年以来，随着信贷规模的严格控制，资金面不断趋紧，随着加息导致资金成本的不断上升，企业盈利普遍出现下滑，但低等级信用债利差并未反映企业基本面的变化，在本轮利差调整中，低等级信用债的利差调整仍不够，风险补偿不足，而相对来讲，高等级信用债的投资价值得到提升。

从信用债供给角度看，未来供给的融资平台债将以百强县和财政实力较弱的地市级为主，信用资质普遍较差；上市公司中资质较好的大型企业，普遍以中票等进行融资，从目前融资预案情况看，普遍以中等资质上市公司为主，中低等级供给的增加以及投资者要求的风险补偿水平的提高，均可能抬升低等级信用债的收益率，导致利差进一步扩大。

从信用债投资的安全性和绝对的收益率及利差优势来看，高等级投资价值明显高于低等级。鉴于货币政策紧缩已逐渐步入尾声，收益率回落也是从高等级开始，因此，在目前的收益率和利差高位水平，高等级信用债逐步具备投资价值，建议投资者逐步提高高等级信用债的配置。

证券评级　可转换债券评级　股票评级　优先股评级　基金产品评级　基金管理公司评级　基金经理公司评级　证券化资产评级　商业票据评级　商业承兑汇票评级

10.1　证券信用评级概述

证券信用评级包括长期债券、短期融资券、优先股、基金、各种商业票据等的信用评级。目前主要是债券评级，在我国已经形成制度，国家已有明文规定，企业发行债券要向认可的债券评信机构申请信用等级。关于股票评级，除优先股外，国内外都不主张对普通股票发行前进行评级，但对普通股票发行后上市公司的业绩评级，即对上市公司经营业绩综合排序，大家都持肯定态度，而且有些评级公司已经编印成册，公开出版。例如：

2010 年 6 月，鹏元资信评估有限公司（以下简称"鹏元"）对名流置业集团股份有限公司（以下简称"名流置业"或"公司"）2009 年 11 月 3 日上市的公司债券的 2010 年跟踪评级结果维持为 AA ＋，公司主体长期信用等级维持为 AA －，评级展望维持为稳定。

2010 年 12 月，中诚信对重庆钢铁股份有限公司 2010 年公司债券主体评级为 AA，债券信用等级为 AA ＋。

2010 年 12 月，中诚信对重庆市渝兴资产经营有限公司企业债券发行人主体长期信用等级为 AA －级，本期债券信用等级为 AA 级。

2011 年 1 月联合资信对北大方正 2011 年第一期中期票据信用评级为 AA ＋。

2011 年 7 月，中诚信对重庆水务集团公司 2005 年 4 月 26 日发行的公司债券"05 渝水务债"进行了跟踪评级。维持本公司债券 AAA 的债项信用等级。

10.1.1　证券信用评级的重要作用

证券信用评级作为信用评级的一个项目，具有重要的作用。

（1）证券信用评级为投资者提供证券的信息，减少了投资者获取信息的成本，并成为投资者进行决策的重要依据。

（2）证券信用评级为上市公司之间的比较提供信息，促使其扩展资源，改善经营管理。

（3）证券信用评级能引导股民投资趋于理性化，促进证券市场健康发展。

（4）证券信用评级可对资本市场起到监督作用，是市场经济正常运行的有力保证。

然而，当其他信用评级项目在国内外得到发展的时候，传统的证券信用评级方法却举步维艰，需要创新改进。传统的证券信用评级的缺陷主要是证券信用评级在生存和发展的道路上，面临信息的价值、评级指标的选取、信息的加工及市场四个方面的困境。

10.1.2　传统证券信用评级的缺陷

1. 传统证券信用评级编列信息作为投资者的决策依据，价值含量低

用证券信用评级编列信息描述证券的未来收益，因证券未来收益的影响因素多而且复杂，信息加工困难，导致证券信用评级编列信息缺少价值。以证券编列信息为依据进行投资，如果没有证券原始信息的帮助，投资者难以作出投资决策。换句话说，证券编列信息如果有价值，也只能区分证券而已，在同一等级证券中选择投资对象，依据编列信息是做不到的。

2. 传统证券信用评级指标的选取较为困难

以股票评级为例，股票评级对股票收益的评级，涉及股价指标。股票价格波动大，变动频繁，而且影响股票价格波动的因素很多，也很复杂，既有政治因素，又有经济因素，有时上市公司的业绩、股息红利分配反而成了次要因素。因此，对股价指标的评级，且最终对股票收益的评级，变得异常困难。

3. 传统证券信用评级信息的加工缺乏准确、科学的方法

由证券原始信息加工成代表未来证券价格变动的信息，缺乏准确、科学的方法，致使加工出的未来证券价格变动信息缺少可信度。由未来证券价格变动信息和证券收益分配信息加工而成的证券编列信息，因此也失去了意义。

4. 传统证券信用评级缺少上市公司的参与和投资者的信任，失去了生存和发展的市场

证券信用评级与债券评级不同。对于债券评级，因为通常不要求债券融资者公开其财务方面的信息，债券融资者没有责任和义务在新闻媒体（如报纸）公开其财务指标，投资者在投资购买债券时无法对融资企业的情况进行判断和分析，只能依靠评级公司对债券的评级作出自己的风险判断和投资选择，因而产生了投资者对债券评级的信息需求。再者政府对企业进行债券评级的强制确立，促使企业为了融资而申请债券评级。上述因素决定了债券评级的发展基础。相反，上市公司公开了财务方面的信息，股东投资有据可依，又因投资者对证券编列信息缺乏信任，大大影响了投资者对证券信用评级的信息需求。同时，国家立法没有要求上市公司进行证券信用评级，因此上市公司也没有义务去申请评级。证券信用评级失去了投资者的信任和上市公司的参与，便失去了生存和发展的基础。

10.1.3 发展我国证券信用评级业的思路

证券信用评级在推动我国证券市场规范发展中起着重要作用。随着我国市场经济的确立，经济体制改革的不断深入，在我国大力发展证券信用评级业务刻不容缓。为此，提出如下建议。

（1）加速制定证券信用评级的相关法律法规。证券信用评级的法律法规体系一般包括三个层次：一是《证券法》第157条已经明确的有关证券信用评级机构的定位、性质以及管理机构等基本问题的规定；二是由国务院制定行政法规，如《证券信用评级管理办法》、《证券信用评级机构资格管理办法》等，明确证券信用评级机构的设立条件、审批程序、业务规则、禁止事项以及罚则等内容；三是中国证监会等有关部门制定部门规章，主要包括证券信用评级业务人员的资格管理，以及具体业务监管措施等。尽快形成完善的信用评级业务法律法规体系，使证券信用评级机构的设立和业务运作有法可依，有章可循，这是发展证券信用评级业的当务之急。

（2）培育独立的证券信用评级机构，不断提高其业务水平和管理水平。评级机构的人员、资金、管理等具有独立性是证券信用评级客观公正的重要保证。发达国家信用评级机构一般独立于任何一家监管机构，不受股东、被评对象以及政府的影响。证券评级公司的可信度表现在其专业技术水平及内部管理，最具竞争力的是公司的工作质量，即准确性、可靠性和一致性，而不是任意提高客户的信用等级。因此具有充分独立性、较高的专业水平和管理水平的信用评级公司才是市场需要的评级公司。我国在建立证券评级有关法规时一定要禁止证券发行人、证券承销人及证券监管者直接承担评级工作，证券信用评级机构的人员组成、资金来源、工作管理都应该保持独立。

（3）扩大证券信用评级的范围。目前我国信用评级主体单一，主要对象限于债券，对上市公司、证券公司等证券市场主体的信用评级极为鲜见。我国证券公司不仅有发达国家证券公司所具有的风险，如市场风险、信用风险、流动性风险等，还存在一些我国经济转型期所具有的特殊风险，加之信息披露不充分，会计制度不完善等使得仅靠财务报表很难准确评级证券公司的风险。上市公司虽然有较为完善的信息披露机制，但一般投资者很难对其信用级别作出判断，因此加强对证券公司和上市公司的信用评级是很必要的。建议证券信用评级的范围不仅包括债券，也要对股票和基金进行评级；不仅对发债企业评级，也要对证券公司、上市公司和基金管理公司进行信用评级。

（4）建立信用评级行业协会，政府和证券监管部门加大对证券信用评级机构的扶持力度。证券信用评级行业协会的主要任务是建立有关的职业行业准则和规范，强化行业自律管理，促进国际国内的行业交流，进行人才培训，对证券信用评级的理论问题组织研究，以推动行业发展。此外，政府和证券监管部门也要注重扶持证券信用评级业的发展，重点培育全国性的评级机构，引导开展跨地区开展评级业务，破除评级业务的地区分割。

10.2　债券信用评级

债券信用评级（bond credit rating）是以企业或经济主体发行的有价债券为对象进行的信用评级。债券信用评级大多是企业债券信用评级，是对具有独立法人资格企业所发行某一特定债券，按期还本付息的可靠程度进行评级，并标示其信用程度的等级。这种信用评级，是为投资者购买债券和证券市场债券的流通转让活动提供信息服务。国家财政发行的国库券和国家银行发行的金融债券，由于有政府的保证，一般不主动申请债券信用评级。地方政府或非国家银行金融机构发行的某些有价证券，则有必要进行评级。

10.2.1　债券需要评级的原因

1. 方便投资者进行债券投资决策

投资者购买债券是要承担一定风险的。如果发行者到期不能偿还本息，投资者就会蒙受损失，这种风险称为信用风险。债券的信用风险因发行后偿还能力不同而有所差异，对广大投资者尤其是中小投资者来说，事先了解债券的信用等级是非常重要的。由于受到时间、知识和信息的限制，无法对众多债券进行分析和选择，因此需要专业机构对准备发行的债券还本付息的可靠程度，进行客观、公正和权威的评定，也就是进行债券信用评级，以方便投资者决策。

2. 降低信誉高的发行人的筹资成本

一般来说，资信等级越高的债券，越容易得到投资者的信任，能够以较低的利率出售；而资信等级低的债券，风险较大，只能以较高的利率发行。

3. 信用评级是债券定价的主要依据

作为一种金融产品，债券的价格是由市场的供求关系所决定的。如果投资者认为某种债券的价格（即票面收益）相对其所面临的风险来看不具有吸引力，那么该债券的发行利率必须达到投资者可以接受的水平。债券能否发得出去，到期能否及时兑付，关键在于债券发行人的信用状况，投资者判断某种企业债券是否具有投资价值，其信用级别的高低是最重要的参考依据。其理论基础是债券的收益应足以补偿其边际成本，而这个边际成本要在经过风险调整的基础上度量出来。而信用评级则是评价与度量发行人及其债务信用状况的专门方法，是专业的信用评级机构在对发行债券的主体整体信用状况进行分析的基础上，判断发行人届时偿付债务本息的能力，进而对其违约可能性进行的综合评价，并以简单、直观的符号标示为不同的信用级别。信用评级是衡量风险溢价的有效工具、控制信用风险的重要手段。

10.2.2 债券信用评级原则

关于企业债券信用评级方法，坚持以下一些原则。

（1）真实性原则。信用评级的各项指标应该真实地反映发债企业的经营业绩和财务状况，不得弄虚作假。

（2）客观性原则。评级机构在评定信用等级时应站在第三者立场上独立客观地发表意见，任何单位不得干预。

（3）公正性原则。评级机构应持公正态度，不得偏袒任何一方。

（4）科学性原则。评级方法和标准要坚持科学性，保证评级结果公平合理。

（5）政策性原则。信用评级方法要体现国家的政策要求。

（6）定性分析和定量分析相结合的原则。评级方法一方面可以通过经济指标进行定量计算；另一方面也可通过经验判断，进行定性分析，两者结合起来，使分析方法更加全面。

（7）现状分析和未来预测相结合的原则。既要分析企业经营业绩的现状，又要预测企业未来的愿景，两者结合起来，使企业债券信用等级具有比较可靠的预测性。

（8）国内外兼容性原则。债券信用评级今后要走向国内外市场，应该参照国际惯例；但主要为国内市场服务，还要结合国内实际。

（9）可操作性原则。评级方法要便于操作和计算机运算。

（10）动态性。债券信用等级评定以后，评级机构必须跟踪监测，掌握企业债券的动态。

10.2.3 债券评级的等级标准及影响要素

1. 债券评级的等级标准及特点

标准·普尔公司信用等级标准从高到低可划分为 AAA 级、AA 级、A 级、BBB 级、BB级、B 级、CCC 级、CC 级、C 级和 D 级。穆迪投资服务公司信用等级标准从高到低可划分为 Aaa 级、Aa 级、A 级、Baa 级、Ba 级、B 级、Caa 级、Ca 级和 C 级。两家机构信用等级划分大同小异。前四个级别债券信誉高，履约风险小，是"投资级债券"，第五级开始的债券信誉低，是"投机级债券"。国内债券评级采用四级制，即 A、B、C、D 级。

（1）A 级债券。A 级债券是最高级别的债券，其特点是：① 本金和收益的安全性最大；② 它们受经济形势影响的程度较小；③ 它们的收益水平较低，筹资成本也低。

对于 A 级债券来说，利率的变化比经济状况的变化更为重要。因此，一般把 A 级债券称为信誉良好的"金边债券"，对特别注重利息收入的投资者或保值者是较好的选择。

（2）B级债券。

对那些熟练的证券投资者来说特别有吸引力，因为这些投资者不情愿只购买收益较低的A级债券，而甘愿冒一定风险购买收益较高的B级债券。B级债券的特点是：① 债券的安全性、稳定性以及利息收益会受到经济中不稳定因素的影响；② 经济形势的变化对这类债券的价值影响很大；③ 投资者冒一定风险，但收益水平较高，筹资成本与费用也较高。

因此，对B级债券的投资，投资者必须具有选择与管理证券的良好能力。对愿意承担一定风险，又想取得较高收益的投资者，投资B级债券是较好的选择。

（3）C级和D级。

C级和D级债券是投机性或赌博性的债券。从正常投资角度来看，没有多大的经济意义。但对于敢于承担风险、试图从差价变动中取得巨大收益的投资者，C级和D级债券也是一种可供选择的投资对象。

2. 影响债券信用等级的因素

由于债券筹资的筹资数额巨大，所以对发行单位的资信评级是必不可少的一个环节。评级时应主要考虑的因素是：① 债券发行单位的偿债能力；② 发行单位能否按期付息；③ 发行单位的费用；④ 投资人承担的风险程度。

10.2.4　债券信用评级指标体系

1. 产业分析（10分）

要通过近5年来国内产业销售收入的增长速度，分析企业所处产业发展的稳定性和景气性；同时，还要分析国家的产业政策和国际上的竞争力以及企业在本产业中所处的地位和宏观环境对产业发展的影响。

2. 基础素质（15分）

（1）企业环境。（3分）指经营环境、地理环境和政策环境。

（2）企业规模。（3分）从资产总额、净资产、固定资产原值、职工人数等4个方面确定企业的规模。

（3）职工素质。（3分）高层管理人员和全体员工在文化程度、年龄结构和技术职称等3方面的构成。

（4）厂房设备。（3分）建筑面积、工艺技术水平、研究开发能力。

（5）管理体制。（3分）管理制度的完善程度、管理方法的先进程度、经营机制的有效程度。

3. 经营管理（35分）

（1）人均收益方面。（5分）

$$人均利润（万元）= 利润总额/职工人数$$

$$人均利税（万元）= 利税总额/职工人数$$

（2）资产周转率方面。（6分）

$$销售债权周转次数（次）= 销售收入/（应收长款 + 应收票据）$$

$$存货周转次数（次）= 销售成本/存货$$

$$资产周转次数（次）= 销售收入/资产总额$$

（3）发展速度方面。（10分）

资产总额年增长率（%）=（本年资产总额－上年资产总额）/上年资产总额×100%

净资产年增长率（%）=（本年净资产－上年净资产）/上年净资产×100%

销售收入年增长率（%）=（本年销售收入－上年销售收入）/上年销售收入×100%

利润年增长率（%）=（本年利润－上年利润）/上年利润×100%

（4）成本费用方面（6分）。

成本率（%）=（销售收入－营业利润及税金）/产值×100%

研究开发费用比例（%）=研究开发费用/销售收入×100%

4. 未来预测方面（8分）

预计每年规划投资（万元）

预计每年销售收入（万元）

预计每年利润额（万元）

预计年税后利润及经营活动现金净流量（万元）

5. 财务分析（40分）

（1）盈利能力方面（16分）。

销售利润率（%）=销售利润/销售收入×100%

总资产盈利率（%）=利润总额/资产总额×100%

长期资本盈利率（%）=（长期负债利息＋利润）/（长期负债＋净资产）×100%

净资产收益率（%）=税后利润/净资产×100%

（2）财务构成方面（8分）。

资本化比率（%）=长期负债/（净资产＋长期负债）×100%

资产负债率（%）=负债总额/资产总额×100%

（3）财务弹性方面（12分）。

流动比率（%）=流动资产/流动负债×100%

速动比率（%）=（流动资产－存货）/流动负债×100%

利息保障倍数（倍）=（利润－利息）/利息×100%

现金流量比率（%）=经营活动现金净流量/长期负债×100%

纯资产长期负债率（%）=（资产总额－无形资产－递延资产－流动负债）/
长期负债×100%

（4）债券偿还期内的偿债能力（4分）。

偿债能力（%）=（税后利润＋折旧及摊销＋其他偿债基金）/应偿还长期债务×100%

6. 债权保护条款（加减分）

（1）发行条件。债券发行是否符合规定，政府支持力度如何。

（2）债券偿还优先程序。本期债券在各种债务偿还顺序中所处的地位。

（3）担保条款。本期债券有无担保，担保主体实力如何。

（4）其他限制条款。企业主管部门、股东、债权人、开户行对企业财务活动的限制条款及其保护条款。

以上定性指标采取经验判断与专家咨询相结合的方式进行计分。定量指标的实际值要按照近三年实际数以0.2、0.3、0.5权数进行加权平均计算，最近一年权数最大，为0.5，前1年为0.3，前两年为0.2，表示年份越近，对未来影响越大。实际值算出后，可按以下公式计算每项指标得分：

$$定量指标的分值 = 100 - [35 \times (指标的行业最佳值 - 指标的实际值)]/$$
$$(指标的行业最佳值 - 指标的行业平均值)$$

所有定量指标和定性指标均以百分制计分，最后按各项指标的权重计算总得分数。债权保护条款为指标加减分。

这套指标体系虽然借鉴发达国家经验设计，但也结合实际增加了不少内容。例如，发行条件分析、职工素质分析、开发研究费用比例、未来预测等。这对分析我国企业债券的偿债能力和违约风险，具有较大的实际价值。

10.3 可转换债券信用评级

可转换公司债券规定有转换条款、回售条款和赎回条款，兼具股票和债券的性质，与普通债券有很大的区别。到期时，可转换公司债券可能（已经）转成股票，也可能需要还本付息，甚至需要提前还本（可回售条款）。因此，可转换公司债券处于债券和股票之间的一个灰色区域。

10.3.1 可转换债券评级应考察的因素

对于可转换公司债券的信用评级，要分析三个方面的因素。

1. 股本扩张能力

主要分析公司的净利润和市盈率吸收债券转股的能力。评级中使用的工具是股本扩张倍数。在股票价格不变的前提下，股本扩张倍数等于利润扩张倍数与市盈率扩张倍数的乘积。利润扩张倍数和市盈率扩张倍数越大，公司的股本扩张能力就越强，吸收债券转股的能力就越强，债券就越有可能转成股票，从而清偿债务。

2. 综合转股能力

主要是从有关条款规定出发，考察可转换公司债券的性质是更接近于股票，还是更接近于债券。评级中将转股能力分为较强、一般、较弱三个档次，用以分析中国的可转换债券。

3. 回售保障能力

可转换公司债券对公司未来现金流量的影响，主要体现在回售条款对现金流量的影响。通过对有条件回售、无条件回售、回售准备率、回售保障系数等的分析，来建立与可转换公司债券密切相关的评级方法。

10.3.2 上市公司发行的可转换债券价值分析

上市公司发行可转换债券为国际通用的标准形式，传统关于这种可转换债券进行定价的方法依赖于统计和市场经验，本章在这里采用或有要求权的估值方法，将可转换债券分解为两种标准期权，通过布莱克 - 斯科尔斯期权定价模型（简称 B - S 模型）解算出两种期权的价值，再进行合并。先做以下定义：

n——原有的股份数目；

m——因债券转换而新创造的股票数目；

$r = m/(m + n)$——如果债券转换，新股票所占比例；

S_t——股票当前（时刻 t）的价格；

B_t——可转换债在 t 时刻的总市值；

X——可转债的面值总和；

V_t——目前公司的总价值；

V_T——到期日 T 时刻的公司价值。

债券到期日将出现三种情况：

① $V_T \leqslant X$，此时公司资不抵债，公司破产，将接受全部公司资产，债券的总市值即为到期日的公司价值 V_T，股权为 0，用公式表示 $B_T = V_T$，$nS_T = 0$；

② $rX < rV_T \leqslant X$，此时可转换债券转换来的 m 股股票市值低于债券的市值，债券不发生转换，此时债权为 X，股权为 $V_T - X$，用公式表示为 $B_T = X$，$nS_T = V_T - X$；

③ $X/r < V_T$，此时可转换债券转换来的 m 股股票市值高于债券市值，债券全部转换为股票，此时债权为 rV_T，股权为 $V_T - rV_T$，用公式表示为 $B_T = rV_T$，$nS_T = V_T - rV_T$。

根据以上三种情况，将股权 nS_T 分拆为两个部分，见表 10 - 1。

表 10 - 1　股权分拆价格对比

	$V_T \leqslant X$	$rX < rV_T \leqslant X$	$X/r < V_T$
第一部分	0	$V_T - X$	$V_T - X$
第二部分	0	0	$-r(V_T - rV_T)$

第一部分是一个以企业价值为标的物，以 X 为执行价的看涨期权；

第二部分是 r 份以企业价值为标的物，以 X/r 为执行价的看跌期权，则有：

$$nS_T = c(V_1, X, T - t) - re(V_1, X/r, T - t) \tag{10-3-1}$$

此时计算两部分的期权价值可运用 B - S 期权定价模型，公式为：

$$C_0 = S_0 \Phi(d_1) - Xe^{-rT} \Phi(d_2) \tag{10-3-2}$$

其中：

$$d_1 = \frac{\ln\left(\dfrac{S_0}{X}\right) + \left(r + \dfrac{1}{2}\sigma^2\right)\tau}{\sigma_a \sqrt{T}} \tag{10-3-3}$$

$$d_2 = d_1 - \sigma\sqrt{\tau} \tag{10-3-4}$$

式中：C——当前的看涨期权价格；

St——当前股票价格，在式（10 - 3 - 1）中代表 Vt；

$\Phi(d)$——标准正态分布小于 d 的概率；

X——执行价格；

r——无风险利率；

τ——期权到期时间；

σ——股票连续复利的年收益率的标准差。

于是得到可转换债券的价值为：

$$B_t = V_t - nS_t \tag{10-3-5}$$

由于实际的市场情况比较复杂，许多因素对可转换债券的定价产生影响，这里从较简单的情况出发，暂且不考虑其他次要因素。因此，在运用以上定价模型进行可转换债券的价值分析时基于如下假设：

① 可转换债券不可赎回或回售，而且公司除发行可转换债券外，不发行其他种类的债券；

② 利率 r 和股票的方差保持不变（或者说，两者均为时间的函数，完全可以预期）；

③ 股票价格是连续的，不会突然发生极大的波动；

④ 期权是欧式期权，即只有在到期日才能执行；

⑤ 在期权到期之前，股票不支付红利。

10.3.3 非上市重点国有企业发行可转换债券的价值分析

由于非上市公司可转换债券从发行日起到股票上市前并没有股票价格信息，甚至是非上市公司股票能否上市都没有确信，由此非上市公司的可转换债券的定价需分为两种情形，在 t 时刻债券价值发展概率如表 10 - 2 所示。

表 10 - 2　非上市公司可转换债券定价情形

	情形 I	情形 II
非上市公司可转换债券价值	C	B
发生概率	a	$1 - a$

（1） C 相当于上市公司可转债的价值，我们可以用上市公司可转债的定价方法来计算，这里关键的问题是非上市公司可转债目前还没有股票价格信息，只有用发行人拟发行股票的发行价进行推算：设 P 为拟发行股票的发行价，考虑到股票上市后预期的股价涨幅为原股价的 n 倍（ n 值可参考同类上市公司上市后的股价涨幅的均值），这里的 n 实际上相当于股票发行后二级市场和一级市场的股价比率。再设可转债的转换比率为 r ，则可转债的预期转换价格可表示为 nP 。考虑发行可转债的企业都选择部分优良资产组建子公司上市，因此预期的股价会更高，可转债的价值可近似等于可转债的预期转换价格，于是，持有可转债可获得现金流量的现值为：

$$C = nPC_r / (1 + z)^T \qquad (10 - 3 - 6)$$

式中： z ——折现率；

T ——可转债的转换期限。

（2） B 相当于未来公司股票不能上市时可转债的价值，此时可转换债券价值同公司普通债券价值一致。根据有关规定，国有重点企业发行可转换债券，利息一次性支付，不计复利，则：

$$B = (1 + Ti)F / (1 + X)^T \qquad (10 - 3 - 7)$$

式中： F ——可转债的票面金额；

i ——可转债的票面利率；

N ——可转债的期限。

（3）非上市公司可转换债券的价值 V 为：

$$V = a \cdot C + (1 - a)B = a \cdot nPC_r / (1 + z)^T + (1 - a) \cdot (1 + ni)F (1 + z)^T \qquad (10 - 3 - 8)$$

专栏 10－1　燕京啤酒 2010 年度可转换公司债券信用评级报告

一、评级结论

公司债券信用等级：AA＋

长期主体信用等级：AA＋

评级展望：稳定

发债主体：北京燕京啤酒股份有限公司

发债规模：不超过人民币 12 亿元

债券期限：5 年

二、评级依据—主要财务数据和指标

主要财务数据和指标（人民币亿元）

项　　目	2009 年	2008 年	2007 年
总资产	118.56	116.17	108.85
所有者权益	86.42	80.89	65.67
营业收入	94.90	82.46	74.36
利润总额	9.28	6.42	5.78
经营性净现金流	20.59	9.93	8.78
资产负债率（%）	27.11	30.37	39.67
债务资本比率（%）	13.32	19.92	27.84
毛利率（%）	39.80	36.68	37.75
总资产报酬率（%）	8.54	6.73	6.08
净资产收益率（%）	8.53	6.66	7.44
经营性净现金流利息保障倍数（倍）	24.35	7.07	10.47
经营性净现金流/总负债（%）	61.09	25.31	25.68

三、评级观点

北京燕京啤酒股份有限公司（以下简称"燕京啤酒"或"公司"）主要从事啤酒的生产和销售。评级结果反映了公司生产规模较大、市场拓展能力强、品牌知名度高、产品结构优化等方面的优势，同时也反映了公司盈利水平易受原材料价格波动影响和市场竞争加剧等不利因素。综合分析，公司具备很强的债务保障能力，公司不能偿还到期债务的风险很小。

预计未来 1～2 年，随着公司新建产能项目陆续发挥效益，公司市场结构和产品结构继续调整优化，公司收入仍将保持增长，盈利水平稳步提升，大公国际对燕京啤酒的评级展望为稳定。

四、主要优势/机遇

国民经济的快速发展和居民消费水平的不断提高，推动啤酒消费量持续增长，啤酒行业面临良好的发展前景；

公司啤酒产销量持续增长，市场占有率稳步提高，啤酒产销量位于行业第三，规模优势不断增强；

公司现已形成北京、广西、内蒙古、福建、湖北五大竞争优势区域，全国市场布局日臻完善，为公司业务增长奠定了坚实的基础；

公司品牌优势明显，实行"以燕京品牌为主导，以惠泉、漓泉、雪鹿三个附属子品牌为辅"的品牌推广模式，为公司市场拓展提供了有力的品牌支持；

公司不断优化产品结构，扩大中高档啤酒产销规模和占比，提升产品档次和附加值，推动公司啤酒盈利水平不断提高。

五、主要风险/挑战

啤酒行业对进口啤酒大麦和啤酒花依存度较高，盈利水平易受啤酒原辅材料市场价格波动影响；外资进入加剧了国内啤酒行业的市场竞争，华润雪花、青岛啤酒等产能扩张，燕京啤酒业务运营面临较大的竞争压力。

10.4　股票信用评级

10.4.1　股票评级概述

1. 定义

股票评级是指通过对发行公司的财务潜力和管理能力进行评价从而对有升值可能的股票给予高的评级的行为。

2. 股票评级分类

股票评价通常被定义为对股票投资价值和投资风险的总体评价，而股票评级则是依据对股票投资价值和投资风险的判断给出其投资级别。

业界对股票投资评级并无统一的规范，因此我们在阅读各证券公司研究所的报告时，常常看到不同分类的股票评级，即使是称谓相同的评级，其具体的定义也可能存在明显的差异。

例如，申银万国的分类为"买入"、"增持"、"中性"与"减持"。其中"买入"的定义为：报告日后的 6 个月内，股票相对强于市场表现 20% 以上，"增持"则是相对强于市场表现 5%～20%。而海通证券的评级体系中虽也有"买入"、"增持"，但其"买入"是指未来 6 个月内相对大盘涨幅在 15% 以上，"增持"是指未来 6 个月内相对大盘涨幅介于 5%～15% 之间。对比可知，同样是给予一只股票"买入"的评级，申银万国的分析师理应比海通证券的分析师对该股后市表现更为乐观。

与上面不同，国信证券采用的股票评级体系为"推荐"、"谨慎推荐"、"中性"和"回避"。依据其定义，这里的"推荐"与申银万国的"买入"相类似，同样是指优于市场指数 20% 以上，不过，其"谨慎推荐"则是指优于市场指数 10%～20% 之间，与申银万国的"增持"稍有差别。

容易让人迷惑的是，在招商证券的评级体系中，"推荐"并非表示特别看好，只是"预计未来 6 个月内，股价涨幅在 10%～20% 之间"，其"强烈推荐"才是最为看好的评级层次，即"预计未来 6 个月内，股价涨幅为 20% 以上"。从这里还可以发现，招商证券考虑的是股价的绝对涨幅，而非其他研究机构所指的相对涨幅。

此外，光大证券评级体系中的"最优"、"优势"大致与海通证券的"买入"与"增持"相对应。

综合来看，不同研究机构的评级体系存在着或大或小的差异。投资者在阅读研究报告时须留意各家机构对评级体系的具体定义，以避免不必要的误会。

表10-3为股票评级分类对比表。

表10-3　股票评级分类对比表

正　　面	中　　性	负　　面
买入	中性	卖出
买入（首次）	中性（首次）	减持
增持（首次）	持有	回避
推荐		
推荐（首次）		
谨慎推荐		
看好		

考虑到都是对股票投资价值和投资风险的评价或评级，实际上两者从内容和方法上来讲是一致的。但是，从其结果表现形式来看，前者没有一定的严格形式，后者有一定的严格形式，其结果表现为一定的投资级别。如美林公司将股票简单地分为"买进、中性与卖出"，摩根士丹利将股票分为"增持、中性与减持"。因此可以认为，前者强调的是一种过程和内容，而后者强调的则是一种结果和形式。

买入 > 增持 > 强烈推荐 > 推荐 > 优于大市。

买入：相当看好，觉得股价还会上涨，而且幅度不小。

增持：看高一线，股价有创新高的可能。

强烈推荐：积极看涨。

推荐：看好后市，但又不是很确定（还有一些不确定的因素）。

优大于市：比大市（大盘指数）表现得要优秀，比如大盘涨20%它可能能涨30%。

目前，在追求结果准确的刺激下，股票评价过程与方法越来越复杂，而股票评级的结果表现却越来越简单。特别是在网络泡沫破灭后，众多投资者的指责迫使国外一些有名的证券咨询机构都倾向于给投资者一个最简单的评级结果。

如果关注股票的投资价值，那么可以将股票评价（或股票评级）称之为股票价值评价（或价值评级）。当然，如果仅局限于公司的财务分析，可称之为财务评价（或财务评级）。对于股票的投资风险，通常应该将它区分为市场风险与财务风险（或系统风险与非系统风险）。市场风险是指股票价格随市场波动而带来的风险，财务风险是指公司财务状况反映出的因公司经营问题带来的风险。总体而言，绝大多数的评价者（或评级者）往往给出的是一种综合性评价或评级，也就是说，评价或评级结果反映的是股票投资价值和投资风险两个方面的综合情况。

然而，考虑到不同投资者的风险承受能力不一样，其无差异曲线不同，如果只是简单地给出一个"买进"、"中性"或"卖出"，恐怕很难被投资者接受和使用。譬如，两只同为"买进"的股票具有不同的收益与风险匹配，对风险承受能力不同的投资者意味着不同的投资选择结果：风险承受能力较强的投资者可能选择高风险、高收益的股票，而风险承受能力较差的投资者则选择低风险、低收益的股票。

10.4.2 股票评级方法

1. 获利能力

$$税后盈利率 = 税后盈利额/股本 \times 100\% \quad （指标权数分:40）$$

2. 股价波动性

计算公式是：

$$股价波动幅度 = \sum_{i=1}^{12} \frac{X_{Hi} - X_{Li}}{X_{Li}} \times 100\%$$

其中，X_{Hi}——被评股票第 i 月份最高价；

X_{Li}被评股票第 i 月份最低价。 （指标权数分：20）

3. 股票市场性

$$股票交易周转率 = 全年成交量/发行股数 \times 100\% \quad （指标权数分:15）$$

4. 营运能力

$$股东权益周转率 = 营业额/股本 \times 100\% \quad （指标权数分:15）$$

5. 短期偿债能力

$$流动比率 = 流动资产/流动负债 \times 100\% \quad （指标权数分:5）$$

6. 财务结构

$$股东权益比率 = 股东权益/固定资产 \times 100\% \quad （指标权数分:5）$$

10.4.3 股票评级标准

根据上述指标加权即可得到股票评级系数。

股票评级系数：1.00 ~ 1.09，强力买入；1.10 ~ 2.09，买入；2.10 ~ 3.09，观望；3.10 ~ 4.09，适度减持；4.10 ~ 5.00，卖出。

10.4.4 典型案例

三只个股最新评级

（2011 年 6 月 29 日发布，来自中国证券报）

1. 兖州煤业：业绩渐入快速成长期

公司十二五规划"双倍增长"，努力争取实现煤炭产量增长两倍至 1.5 亿吨（2010 年煤炭产量为 4 940 万吨），销售收入增长两倍过千亿元（2010 年收入为 348 亿元）。同时公司煤炭产量年度复合增速 25%：维持山东本部产量稳定，通过收购资源新建煤矿大力发展其他矿区。我们预测，2011—2015 年每股收益分别为 2.1 元、2.21 元、2.36 元、2.79 元和 3.62 元。同比分别增长 15%、5%、7%、18% 和 30%。公司的业绩增长主要在 2014—2015 年。目前股价下对应 2011 年动态 P/E 为 16 倍。公司通过收购资源新建煤矿，未来产能扩张较大，可以按照 2011 年 20 倍 P/E 估值，目标价 42 元。维持"强烈推荐"投资评级。（招商证券）

2. 水井坊：DIAGEO 收购助力进军国际市场

水井坊日前公告称 DIAGEO 收购案终获商务部批复。公司是四大高档白酒品牌之一，DIAGEO 欲将其打造成新增长引擎，助力水井坊走向国际市场帮助消化产能。预计 2010 年公司出口业务增长达 300%，收入近 3 000 万元。当前公司大幅扩充基酒产能，DIAGEO 承诺在未来 5 ～ 10 年，在国际市场销售水井坊的规模达到 1 000 ～ 2 000 吨，占公司总销量的 20%。维持公司 2010 年、2011 年、2012 年实现 EPS（每股收益）0.66、0.77、1.00 元的盈利预测，DIAGEO 拟增持母公司全兴集团股权触发了对公司的要约收购，收购价格为 21.45 元，公司股具具安全边际，同时公司有可能在 DIAGEO 的管理下实现价值提升，我们维持"推荐"的投资评级，目标价为 23.10 元。（中投证券）

3. 万里扬：乘用车变速器取得重大突破

公司近日发布公告，在 6 月 24 日公司与台州吉利豪鑫汽车变速器有限公司和浙江吉利控股集团有限公司签订了战略合作框架意向书，三方同意将共同投资组建设立合资公司，建立标准化生产基地，专业从事乘用车 MT 变速器的制造与销售。预计在 2012 年下半年合资公司就可投产，2013 年即可达到年产 15 万台，以每台乘用车手动变速器单价 2 000 元计算，新增营业收入 3 亿元。我们认为公司今年仍处于投入期，维持全年 1.04 元的盈利预测，但上调未来三年的盈利预测，以 2010 年为基期的净利润三年复合增速 33.9%。上调公司至"买入"评级，上调目标价至 34.32 元，对应 2011 年 33 倍市盈率和 2012 年 24 倍市盈率。（光大证券）

10.4.5 优先股评级

优先股是相对于普通股（Ordinary Share）而言的。主要指在利润分红及剩余财产分配的权利方面，优先于普通股。

优先股评级（Preferred Stock Ratings）是由公正的信用评估机构对优先股给予的级别评定。优先股的评级与债券评级大体一致，但优先股的股利分配和对企业财产的要求权都位于债权人之后，因此，优先股等级一般不能高于同一个企业发行的债券的级别。优先股没有最高级——AAA 级。评估主要基于公司以往的优先股分配能力。对优先股评级时考虑的主要因素是：① 支付股息的可能性；② 优先股的性质和各种条款；③ 在破产清算和企业重组时优先股的相对地位。

10.5 基金信用评级

10.5.1 基金评级概述

所谓基金评级，是将各基金风险调整后收益进行比较，由此反映基金的投资管理能力。

1. 基金评级的宗旨

（1）有助于规范证券投资基金评价业务，保障基金投资人和相关当事人的合法权益。

（2）在理论、模型、方法等方面有所创新，既具有中国特色，又符合国际惯例。

（3）致力于引导正确的基金投资理念，促进基金业发展，主要包括"投基导向、基民教育和基金销售"。

2. 基金评级的基本原则

（1）重视基金产品是否合规与守约。对于有违反法律法规、偏离基金合同约定或由于其他原因难以评级的基金将不予评价。济安评级愿意承担社会责任，披露难以评级的基金及理由。

（2）坚持在严格分类的基础上进行类内评级。

（3）采取同类基金分层、归并、综合的等级评价体系。基金是各类资金间接参与资本市场的重要工具。各类基金有不同的定位和特点，济安评级分别从基金盈利能力、抗风险能力、业绩稳定性、选股择时能力、基准跟踪能力和整体费用六方面，对基金产品进行综合评价。

（4）依据基金类型，适度引导价值投资理念。

3. 基金评级的步骤

（1）经过定性分析与风格漂移测算，对于基金和基金公司进行合规性检验；

（2）进行以同类基金业绩、基金基准和基金投资标的为基础的定量评价；

（3）依据评级维度与具体指标和权重配置进行类内星级评价，而济安评级的最终准则是基金是否为投资者提供长期稳定的投资回报。

4. 基金分类评级

投资目标、收益分配方式、投资范围的不同都会在很大程度上影响到一个基金的业绩表现，但这些因素往往是事先设定的，是基金经理无法控制和改变的。因此，为了能够对基金经理及其团队的投资管理能力作出较为客观的衡量，基金绩效衡量必须对契约因素进行可比性处理，为此基金评级实行在分类基础上进行评级的原则。由于基金产品评级、基金经理评级和基金公司评级自身的差异，其评级分类也有不同。

（1）私募基金产品评级的分类。目前我国现有私募基金主要包括券商集合资产管理计划、信托投资管理公司发行的信托投资计划、管理自有资金的投资公司，以及没有明确法律身份的一些民间私募基金。其中，券商集合资产管理计划和信托公司集合资金信托计划都采用私下募集方式，并且具有明确的法律地位和相应的监管机构。

在以上分类的基础上，又进一步细分，按不同投资限定与投资风格，将券商集合理财细分为股票型、混合型、债券型以及货币型四类，并且由于目前股票型和混合型各类数量较少，暂合并为股混型进行评级，等待未来各类基金数量达到一定规模后，再分开各自评级；对于信托产品，则按融资模式，即信托计划的委托人是否采用"一般/优先"模式，以及投资模式的不同，分为结构化信托产品、非结构化信托产品两类。值得一提的是，货币型私募基金并不参与评级；参与评级的私募基金需要有 24 个月以上的历史业绩，且至少每个月披露一次基金净值。

（2）管理公司评级的分类。对于基金公司评级，相对简单地分为管理非结构化产品公司评级、管理结构化产品公司评级、管理股混型券商管理公司评级三类。

（3）投资经理评级的分类。对于私募基金投资经理的评级，同样分为三类，即非结构化投资经理评级、结构化投资经理评级和券商投资经理评级。

10.5.2 基金信用评级方法

1. 私募基金产品评级方法

基金产品评级指标分为两大类：超额收益率和风险调整后收益，从不同角度评价基金的业绩。

（1）超额收益。

衡量基金业绩战胜市场取得的收益。

私募基金超额收益率 = 实际净值增长率 – 同期沪深 300 指数涨跌幅

年化时需要用期间交易日天数和全年交易日总天数进行年化。

（2）风险调整后收益。

主要采取夏普和下方风险两个指标，综合评价基金的历史风险与收益。

① 夏普。

衡量私募基金/私募基金组合单位总风险的超额收益率：

$$S_{p,T} = (\overline{R}_{p,T} - R_F)/\sigma_{p,T} \tag{10-5-1}$$

式中，$\overline{R}_{p,T}$——基金 p 在 T 评级期间的平均收益率；

R_F——无风险收益；

$\sigma_{p,T}$——基金的标准差，衡量基金 p 在 T 评级期间净值波动的总风险。

② 下方风险。

衡量私募基金出现亏损的风险。

$$\sum \min\{0, A_i\} \tag{10-5-2}$$

其中，A_i——过去第 i 月的月度净值增长率；

下标 i 从 1 到 24（2 年）；

下标 i 从 1 到 12（1 年）。

（3）各种指标的融合。

对于超额收益率和风险调整后收益这两个指标的融合，采取了标准分加权相加的方法，主要是解决不同量纲无法相加的问题，计算方法如下：

$$Z_{pj} = \frac{X_{pj} - \overline{X_j}}{\sigma_j} \tag{10-5-3}$$

式中：Z_{pj}——p 基金 j 指标的标准分；

X_{pj}——p 基金 j 指标的实际样值；

$\overline{X_j}$——基金 j 指标的均值；

σ_j——基金 j 指标的标准差。

首先，为了避免出现负值，使得夏普值失效的情况，在夏普的计算过程中进行了相应的修正。

其次，将夏普和下方风险的标准分按照 0.5 和 0.5 的权重加权，并标准化得到风险调整收益的标准分。

再次，将超额收益和风险调整收益的标准分按照 0.6 和 0.4 的权重加权，并标准化得到 1 年、2 年得分的标准分。

之后，将私募产品 1 年得分标准分和 2 年得分标准分按照 0.3 和 0.7 的权重加权，得到最终的分，据此排名。

最后，所有同类私募按照最终得分划分五类，每类数目占 1/5，然后从高到低分为 5、4、3、2、1 星级私募基金。

需要注意的是，私募基金评级每个月更新一次。

2. 私募基金管理公司评级方法

私募基金管理公司评级指标分为三大类：超额收益率、风险调整后收益（包括夏普和下方风险两个指标）和产品规模因素（目前只用产品只数表示）。对于三类指标的融合，同样采用标准分加权相加的方法。值得注意的是，设立 2 年以上的私募基金参与 2 年期指标的计算，设立 1 年以上的私募基金参与 1 年期指标的计算。

首先，为避免负值的情况，对于夏普指标的处理方法与私募基金产品评级方法中的处理方法相同。

其次，将夏普和下方风险的标准分按照 0.5 和 0.5 的权重加权，并标准化得到风险调整收益的标准分。

再次，将超额收益和风险调整收益的标准分按照 0.6 和 0.4 的权重加权，并标准化得到 1 年、2 年得分的标准分。

之后，将私募产品规模（只数）的标准分、1 年得分标准分和 2 年得分标准分按照 0.2、0.24 和 0.56 的权重加权，得到最终的分，据此排名。

最后，所有同类私募按照最终得分划分五类，每类数目占 1/5，然后从高到低分为 5、4、3、2、1 星级私募基金。

需要注意的是，私募基金管理公司评级每个月更新一次。

3. 私募基金投资经理评级方法

私募基金投资经理评级指标分为两大类：超额收益率和风险调整后收益（包括夏普和下方风险两个指标）。各类指标间的融合，同样采用标准分加权相加的方法。注意，1 年指标用满 1 年的私募样本，2 年指标用满 2 年的私募样本。

首先，为避免负值的情况，对于夏普指标的处理方法与私募基金产品评级方法中的处理方法相同。

其次，将夏普和下方风险的标准分按照 0.5 和 0.5 的权重加权，并标准化得到风险调整收益的标准分。

再次，将超额收益和风险调整收益的标准分按照 0.6 和 0.4 的权重加权，并标准化得到 1 年、2 年得分的标准分。

之后，将 1 年得分标准分和 2 年得分标准分按照 0.3 和 0.7 的权重加权，得到最终的分，据此排名。

最后，所有同类私募按照最终得分划分五类，每类数目占 1/5，然后从高到低分为 5、4、3、2、1 星级私募基金。

需要注意的是，私募基金投资经理评级每个月更新一次。

表 10-4 描述了系列评级分类方法。

表 10 - 4　海通私募基金系列评级分类方法

评级名称	评级分类	划分标准
私募基金产品评级	券商集合理财产品—股票型	基金契约中标明投资股票比例下限不低于 60% 的券商集合理财产品
	券商集合理财产品—混合型	投资股票比例上下限之和减去投资债券（含现金）上下限之和大于 40% 的券商集合理财产品
	券商集合理财产品—债券型	基金契约中标明投资股票比例上限不超过 20% 的券商集合理财产品
	结构化信托	按融资模式不同，将投资者分为不同层级，如"优先"和"一般"；同时，不同层级的投资者对应不同的风险和收益。其中，"优先"一般为普通投资者，"一般"多为发起该产品并管理这部分投资的机构。基金可投资股票、基金、债券、货币市场工具等多种有价证券，具体的投资比例由该信托的投资团队掌握
	非结构化信托	与公募基金类似，信托与管理人不保证收益，投资者承担所有的投资风险及享受大部分的投资收益
投资经理评级	管理股混型券商集合理财投资经理	与私募基金产品评级中券商集合理财产品—股票、混合型的分类相同
	管理债券型券商集合理财投资经理	与私募基金产品评级中券商集合理财产品—债券型的分类相同
	管理结构化私募投资经理	与私募基金产品评级中结构化信托的分类相同
	管理非结构化私募投资经理	与私募基金产品评级中非结构化信托的分类相同
管理公司评级	股票管理能力	包含私募产品评级中股票、混合型券商集合理财产品
	债券管理能力	包含私募产品评级中债券型券商集合理财产品
	结构化产品管理能力	包含私募产品评级中结构化信托产品
	非结构化产品管理能力	包含私募产品评级中非结构化信托产品

10.5.3　基金投资风险提示

为了给投资者提供一个比较好的分析工具和决策参考，私募基金系列评级在提高私募基金评级的稳定性上做了很多尝试，包括引入国外先进的能够提高评级预测性的算法、对评级分类的细致划分、对参评对象可比性的限制、对参评时间稳定性的测试等。但是评级的结果还是以考察历史业绩为主，基金过去的表现并不能代表未来，被评为五星级的私募基金产品不作为投资推荐，也不一定能在未来获得较好的收益。系列评级是对基金相对业绩之间的评价，因此星级高的私募基金、投资经理或者管理公司不一定能够获得正的收益，只是相对排名较为靠前。此外，私募基金系列评级的调升或调降，只是表明该私募基金、投资经理或者管理公司在其可比分类中的排名提升，不作为投资者买卖的依据。

由于私募基金的风险和收益往往是对称的，从中长期来看，我们很难找到一个高收益低风险的基金，因此，没有一个统一的指标来区分好基金和坏基金，每个投资者在自己风险承受范围内的好基金是完全不同的。没有最好的私募基金，只有最适合自己的私募基金，每个投资者的投资目标、收入水平、风险偏好、投资期限各不相同，因此，星级高的私募基金不一定适合每个投资者。

10.6 资产证券化信用评级

资产证券化（asset securitization）是指将缺乏流动性的资产，转换为在金融市场上可以自由买卖的证券的行为，使其具有流动性。

广义的资产证券化是指某一资产或资产组合采取证券资产这一价值形态的资产运营方式，包括以下四类。

（1）实体资产证券化：实体资产向证券资产的转换，是以实物资产和无形资产为基础发行证券并上市的过程。

（2）信贷资产证券化：是指把欠流动性但有未来现金流的信贷资产（如银行的贷款、企业的应收账款等）经过重组形成资产池，并以此为基础发行证券。

（3）证券资产证券化：证券资产的再证券化过程，就是将证券或证券组合作为基础资产，再以其产生的现金流或与现金流相关的变量为基础发行证券。

（4）现金资产证券化：是指现金的持有者通过投资将现金转化成证券的过程。

10.6.1 信贷资产证券化产品评级方法

1. 信贷资产证券化产品评级关注的主要风险

信贷资产证券化产品的技术核心是在审慎预测违约率、损失金额、回收率及回收期间的假设条件下，利用信用增强手段，使其资产池的平均收益与风险达到证券投资人要求的范围。因此，信用评级在信贷资产证券化过程中扮演了重要角色。

（1）对结构性风险进行评级。根据证券化的信贷资产的结构分析优先级和次级融资结构中的风险分配，主要反映现金流分配和管理安排如何保证投资者根据约定的受偿次序获取本息，评级的内容包括再投资风险、现金流管理中的有关账户设立、迅速清偿和"触发"条款设置等。

（2）对法律结构风险进行评级。在信贷资产证券化过程中，与特殊目的载体、真实销售、兑付危机处理等有关的法律问题。主要关注的法律要素有投资者对优先附属担保品的第一优先权及实现方式、标的资产的转让是否属于"真实销售"、在发行人破产情况下对投资者本息支付的影响。

（3）信用支持机制的风险分析。主要是内部信用增级机制的减弱，包括作为内部信用增级手段的利差降低或消失、为证券化产品提供外部信用增级担保的第三方自身的信用风险、为证券化产品提供的第三方的风险。

2. 现金流型信贷资产证券化产品主要评级方法

在信贷资产证券化产品评级方法中最著名的是 Moody's 于 1996 年引入的二项式扩展技术（BET 法），其主要方法是对资产池的分散度进行度量，得出分散度分值 DS，将资产池转变成假想的由 DS 个同质性资产（各资产两两不相关，且名义价值和违约率均相同）组成的资产组合，并以此来模拟实际资产池的预期损失程度（EL）。假想的资产组合的资产数目等于分散度分值，考虑到假想资产组合的同质性，实际资产池就可以认为是 DS + 1 个违约场景。然后用二项式公式计算每个违约场景的发生概率，并估计每个违约场景下的现金状况。最后综合成对资产池和各档次债券的损失概率分布的估计。这种方法可以解释所有的可能违约情况，且运算过程较为简单。

随着信贷资产证券化产品市场发展成熟，作为一种替代方法，目前国际三大评级机构均采用蒙特卡洛模拟技术来估计信贷资产证券化产品衍生品资产池的违约特征。其基本思路是在假定的相关性结构下进行随机违约情况的重复测算。为实现该目标，违约事件的模拟是在简单默顿型结构（又称默顿学张理论）信用风险假设下开展的，一旦资产池债务人的资产价值低于其负债额，即产生违约。具体方法是假定信贷资产证券化产品"背后"的资产池服从对数正态分布，并利用已设定的资产间的相关系数、各资产的违约概率及其对应违约率下的回收率，来模拟各种违约场景下的损失，从而得到整个资产池的预期损失概率分布，并由此来推断各档次债券的信用等级。虽然蒙特卡洛法对预期损失率分布能作出更加准确的估计，但需要占用大量的时间进行测算。

在应用 BET 方法时，首先计算出资产池分散度数值，对于真实资产相关性微弱情形，可以使用简单的相对最小票面价值法。资产按照某种指定的标准进行分组，也就是将资产池每笔资产的债务人按穆迪的行业类型重新归类；在重新归类的每组内部，将各种资产进行简单算术平均，计算得到各组资产的平均账面价值，然后将其分别同穆迪的标准进行比较，取较小者进行加总，进而求出每组资产的分散度，再把这些加总数值转化为所有行业分散度数值。

在一个真实资产池中，如果把 n 种资产分布到 m 个行业中，那么 DS 的计算公式为：

$$\mathrm{DS} = \sum_{k=1}^{m} G\left\{ \sum_{i=1}^{nk} \min\{1, F_i / \overline{F}\} \right\} \qquad \overline{F} = \sum_{i=1}^{n} F_i / N \qquad (10-6-1)$$

式中：F_i——第 i 份资产的名义价格；

nk——第 k 个行业的债务人数量。

$G\{x\}$——对应关系。

2000 年穆迪开始使用替代型资产分散度数值，即用 ADS 替代 DS。该 ADS 是通过对损失分布的前两个环节进行匹配得出的，其中的损失分布是在 BET 方法下与实际资产和假设的同质资产组合密切相关的，具体公式为：

$$\mathrm{ADS} = \frac{\left(\sum_{i=1}^{n} p_i F_i \right) \left(\sum_{i=1}^{n} (1-p_i) F_i \right)}{\sum_{i=1}^{n} \sum_{j=1}^{n} \rho_{ij} p_i (1-p_i) p_j (1-p_j)^{\frac{1}{2}} F_i F_j} \qquad (10-6-2)$$

如果假定所有资产的名义价值一样，即 F_i 是常数；违约率 p_i 也是常数，行业内相关系数 ρ_{int} 和行业间相关系数 ρ_{ext} 都保持不变。经简化过后，可以得到以下公式：

$$\mathrm{ADS} = \frac{n^2}{n + \rho_{\mathrm{ext}}(n-1) + (\rho_{\mathrm{int}} - \rho_{\mathrm{ext}}) \sum_{k=1}^{n} nk(nk-1)} \qquad (10-6-3)$$

BET 法最简单的版本将按照如下公式得出信贷资产证券化产品资产群的预期损失（EL），穆迪评级是基于此：

$$\mathrm{EL} = \sum_{j=1}^{\mathrm{DS}} P_j L_j \qquad (10-6-4)$$

其中，
$$P_j = \frac{DS!}{j!\,(DS-j)!}PD^j(1-PD)^{D-j} \qquad (10-6-5)$$

式中：DS——分散度分值；

$\qquad$ PD——与资产池相关的违约概率；

$\qquad L_j$——第 j 种情境下的损失。

而蒙特卡洛模拟是假定债务人资产价值的所有变化都呈对数正态分布。一个达到违约"极限"的正态分布就可以从与债务信用评级相关的违约率中得出，公式为 $DD_j = N^{-1}(PD_i)$，在这里，$N^{-1}(X)$ 是指标准正态分布的反函数，DD_i 为初始违约（最小值）。在每一个假设中，资产池的每一个债务都有一个相关的标准正态随机变量，表示债务人资产值的正态化变化超出合适的范围（ΔX_i）。如果 $\Delta X_i < -DD_i$，就表明存在着违约，损失或者回收可从合适的分配中得出。资产池中的 n 种资产的违约损失就会不断累积，这样一来就可以得出总的损失（L_T）：

$$L_T = \sum_{i=1}^{n}(\Delta X_i < DD_i)V_i(1-RR_i) \qquad (10-6-6)$$

式中：RR_i——第 i 种债务的回收率；

$\qquad V_i$——第 i 种债务的价值。

k 级证券的损失可以用下面的方程式表达：

$$L_{k,j} = \min\{\max\{L_j - \alpha_{k-1}, 0\}, \alpha_k - \alpha_{k-1}\} \qquad (10-6-7)$$

式中：α_{k-1}——第 k 级证券的次顺位水平；

$\qquad \alpha_k$——表示一个点，在这个点外，损失将被更优先的证券吸收；

$\qquad \alpha_k - \alpha_{k-1}$——证券厚度，即证券吸收损失的能力。

在假定相关标准正态变量时，很重要的一点是要使用基础资产的相关性，这一点与应用于穆迪评级公司的以 ADS 为基础的 BET 法中的违约相关不同。这两种违约事件的相关系数如下所示：

$$\rho_{i,j} = \frac{PD_{ij} - PD_i PD_j}{\sqrt{PD_i(1-PD_i)PD_j(1-PD_j)}} \qquad (10-6-8)$$

式中：PD_{ij}——i 和 j 共同的违约概率。

在一个正被应用于个体债务的结构性违约模型下，PD_{ij} 必须与两个资产值的概率相同，这两个资产值随着大于各自的违约率而下降：

$$PD_{ij} = N_2^{-1}(\Delta X_i < -DD_i, \Delta X_j < -DD_j, \rho_{ij}^V) \qquad (10-6-9)$$

式中：N_2^{-1}——累积双变量的常态分布的反函数；

$\qquad \rho_{ij}^V$——资产相关。

在此基础上，违约相关系数比资产相关系数低，但随着各自资产违约率上升至 50% 的水平，违约相关系数还会升高；反之降低。因此，当假设任何一对资产都有同样的 PD，基于 PD 水平，那么 30% 的资产相关系数会导致违约相关系数可能在 4.6%～19.4% 之间；当资产相关系数是 20% 时，相应违约相关系数在 2.41%～12.8% 之间。

3. 信贷资产证券化产品评级状况

从目前我国实际情况看，投资者普遍对信贷资产证券化产品的认知不足，不了解产品的特征与传统固定收益证券的区别。而且投资者与作为证券资产池的银行贷款相隔离，存在信息不对称。再加上国内独立的评级机构正处在发展阶段,是否能够客观中立和较为准确地揭示信贷资产证券化产品的信用风险也存在较大的不确定性。因此,首先应加强对独立评级机构监管精神和评级的信息披露,使其真正做到独立、客观和公正地提供风险评价依据;其次,应加强对投资者的教育,使其了解证券化产品的本质特征、存在的风险,并掌握规避风险的措施。

10.6.2 不良资产证券化评级

所谓不良资产证券化,就是资产证券化交易中的抵押资产是已经违约的或经过重组的债权,它们可以产生未来现金流,但是不具有稳定性与同质性,与一般资产证券化对抵押资产的要求有较大区别。

1. 不良资产证券化评级的原因

不良资产证券化的风险来源主要是抵押不良债权、证券化结构和服务商。

传统资产证券化结构中的抵押资产是由具有类似信用特征的资产组合而成,具有相对稳定的违约率统计和损失统计,而不良资产证券化中的抵押资产又有已经违约的信贷资产或重组资产组合而成,资产缺乏同质性,没有可以统计的违约率或损失率,也没有可以参照的资产,因此,不良资产证券化交易中不良资产是整个结构最重要也是最难以衡量的风险。

结构风险是由于对不良抵押债权回收现金的不同安排造成的风险,比如法律界结构的稳定性、证券的优先性、对利息偿还的保证、增级措施的选择等。

针对不良资产现金回收的不确定性,服务商的作用更加重要,现金回收的时间和额度是服务商的服务效率和质量的必然结果,然而服务商在交易过程中的表现并不稳定,所以存在相应的风险。

上述抵押资产的特征,导致对不良资产证券化的评级模式不同。一般资产证券化的评级模式是按照一定的假设设条件测算资产池的违约率和损失率,将其与目标信用水平的证券比较;而不良资产本身已经违约,不存在违约率比较的问题,而且抵押资产的价值波动性较大,因此只有参照目标信用级别的损失率,在99%的可信度下使其波动率限制在一定范围内。

2. 不良资产证券化评级框架

对不良资产证券化评级框架图见图10-1。

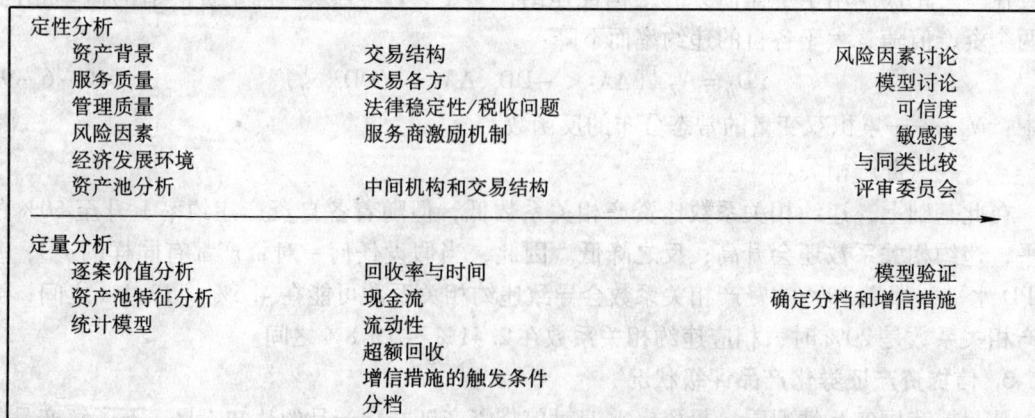

定性分析		
资产背景	交易结构	风险因素讨论
服务质量	交易各方	模型讨论
管理质量	法律稳定性/税收问题	可信度
风险因素	服务商激励机制	敏感度
经济发展环境		与同类比较
资产池分析	中间机构和交易结构	评审委员会
定量分析		
逐案价值分析	回收率与时间	模型验证
资产池特征分析	现金流	确定分档和增信措施
统计模型	流动性	
	超额回收	
	增信措施的触发条件	
	分档	

图 10-1 不良资产证券化评级框架图

对不良资产证券化的评级主要集中于对抵押资产的分析，包括抵押资产特征、服务商关于现金回收的方案、结构现金的分配方案和其他信用支持机制。

3. 不良资产的市场价格和预期现金流

不良资产就是已经违约的债权，对这些债权的现金回收具有较大的不确定性，可以证券化的不良资产主要包括可以通过拍卖抵押物而回收部分现金的不良贷款和可以通过债务重组或担保获得现金回收的不良贷款，其他可能会采用的现金回收方式还有打包拍卖等。对投资者的保护主要来自于上述现金流。

（1）回收率分析。按照逐案分析的方式了解不良债权抵押资产的法律有效性和市场价格、不良资产账面价值/抵押物价值、不良债权重组的可行性及后备方案、不良债权的利息偿还、强制变现价值、影响因素等，综合不良债权的违约时间和服务商处置方案，判断不良资产最可能的回收价值。上述分析主要依赖于其他同类型资产以前的回收统计分析，如回收率、回收率波动等。为保证今后定量测算的方便，这里可以人为设立一系列基准参数，见表10－5。

表 10－5　不良资产回收率参数

处置方案	A	B	C
资产类型	I	II	III
回收现金/债权价值	50%	60%	70%
不良债权价值波动	10%	20%	30%
基准回收额度	X	Y	Z
折现率	5%	10%	20%

每一个资产都是包括上述变量的一个向量，将个案回收现金向上述标准靠拢，通过对所有资产向量的计算，可以计算资产池的加权回收现金分布。计算资产池现金分布主要通过蒙特卡洛模拟完成。

（2）回收时间分析。主要是服务商的处理方案/效率、法律诉讼时间、目前审理达到的阶段、法院执行困难等影响因素判断现金回收时间。

在统计分析的时候，对不良资产按照如下标准进行分类，并为不同类资产设定相关系数，可以较大程度上减少计算量。有抵押资产/无抵押资产、地域、不良资产规模集中度、信息完整性和质量、服务商的效率和回收方案、对预期现金流的分档测算基础。

最终不同档证券的信用水平决定与资产产生的现金流及其不同的优先性，以及相关的信用增级方式，包括现金账户、超额抵押、次级证券等方式，外部增级方式包括流动性支持、对冲等方式影响下不同档证券的预期损失。

不论在对不良资产回收现金的建模中采取何种方式，最终结果是对应于不同可能性的一系列回收现金值。这些值被作为输入变量，通过压力测试的方法以测算不同档证券的损失，对证券的最终定级依据是加权平均损失率。

（3）压力测试。压力测试过程包括确定风险因子、风险因子波动幅度及风险因子相关性三个方面。

通过蒙特卡洛模拟测算的信用指标，仅仅是在一般状态下可以预测到的情况，对证券分档和定级提供一个量化的依据，但无论如何，它只是对资产池在一个时间段内（如一年）、在一定的可信度下（如99%）资产池的预期价值判断。但对于另外1%的可能情况下，到底资产池会发生多大的损失并没有提供可靠的参考依据，无法对支持中长期证券提供参考，而上述问题是对不良资产证券化进行分档和评级最关心的问题。对于不良资产而言，一旦外界环境发生改变，它们很有可能发生联动，造成比预期更恶劣的损失情况。为此，需要对资产池的价值（或现金回收预期）作更加严格的压力测试。压力测试的目标就是：测试资产池在极端情况下的现金回收波动性。

这些极端情况包括：恶劣情况下资产之间的关联性大大增加，导致损失不成比例的增大；经济环境变差，资产无法变现；风险因子的变化幅度大大超出正常水平等。所以压力测试包括以下步骤：

分析资产池特征，确定资产池（子池）的全部风险因子，并加以分类；

讨论可能的经济环境，对风险因子设定可能的、大幅度的波动；

在几个风险因子的联动情况下，测试资产池的价值波动。

不良资产池的风险因子主要有回收率、回收时间、快速变现折扣、折现率、不同资产的相关性、法律障碍等。

或者根据 CREDIT LOSS = EAD × LGD × PD，可以将不良资产的估价作为 EAD，对 LGD、PD 等作出调整，其中 LGD、PD 决定于单个资产本身的信用水平。

对风险因子的波动幅度可以取决于两种方法：历史记录和主观判断。但是将几种风险因子最差的情况组合在一起的方法来检验资产池最差的价值是不可接受的。

压力测试过程图见图 10 - 2。

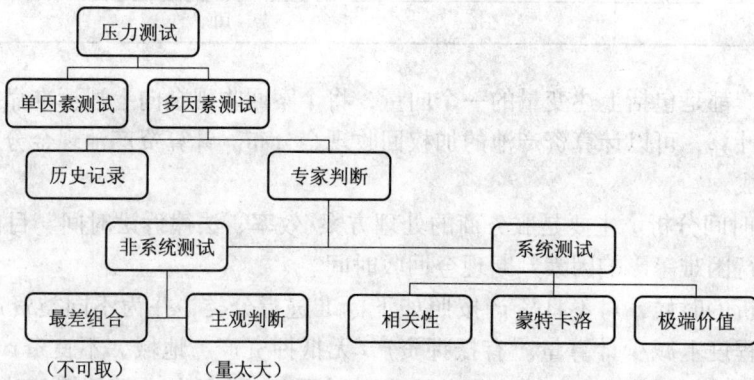

图 10 - 2　压力测试过程图

4. 资产证券化结构对证券的影响

资产池的构建方式对证券分档具有决定性的影响，如果资产池比较分散，则资产池产生损失的可能性比较大，但产生大的损失的可能性相对较小，因为那样意味着大量资产同时产生损失；但如果资产比较集中，则产生损失的可能性相对较小，但很有可能发生大的损失。在这种情况下，对低级证券会产生较大影响。换句话说，就是资产池的结构会影响到资产池的价值分布。

（1）超额抵押是通常用到的内部增级方式，它主要是指服务商从不良债权回收的现金大于需要对投资者支付的现金和所有费用。但这个保障措施不甚完整，主要原因是从不良资产回收的现金有较大的不确定性，难以对超额抵押的比例作出比较稳定的判断。如果这些现金流在交易账户中，那么它可以在整个交易存续期间对投资者形成保护，一旦在某一个期间回收现金不足，这部分现金可以作为补充。但问题在于，有些结构的设计中，如果产生了多余的现金，它需要立刻向次级证券持有人支付，从而只能对以前产生的损失有所弥补，而对今后可能产生的损失失去了保障效用。

（2）现金账户为投资者提供第二层保护，但这部分现金应该是属于资产池之外的现金。

（3）优先/次级结构是最常用的内部信用增级方式，它为投资者提供了第三层保护。要仔细分析现金流的分配方式，找出它对不同档证券的风险。先要确定是否次级证券的利息只有在优先级证券的利息得到全部偿还后才能够偿付，对次级证券的损失是否要一直保留，直到所有优先证券的利息和本金得到全部偿付。

在这个过程中，作为评级公司，往往需要帮助发行人确定优先/次级证券的规模。这个时候就要关注不同档次证券可以接受的损失程度和波动率，如果有数据积累，这个损失程度和波动率就是不同信用级别的证券的预期损失和波动率，但在中国由于相关数据很少，所以只有参照穆迪和标准普尔的数据人为确定一个参数，见表 10 – 6。

表 10 – 6   不良资产期望级别与损失率对照表

期望级别	AAA	AA	A	BBB
损失率	0	3%	5%	10%

不良资产证券化一般采用"清算信托"结构，也就是有多少回收现金，除了支付一般费用和利息外，全部用于支付证券本金。对于本金的偿还没有明确的要求，在这种结构下不存在流动性的问题（未考虑偿还不了利息的极端情况）。

但是如果对本金的偿还存在某种承诺或者需要考虑利息的支付问题，那就需要考虑流动性问题。这样一般需要有流动性支持，一般是采用次级证券利息来保证优先级证券的利息，或者采用现金账户对优先级证券的利息支出作保障。

另外，有一些增级措施随着证券持续期会出现缩减的问题，导致最后阶段证券的本息偿还出现问题。所以我们很关心在什么条件下，信用增级措施会发生改变，这种改变会导致投资者的风险加大。如果剩余的信用增级措施与投资者的本息比例仍然与证券法规定保持同样比例，那么这种信用增级措施的缩减并不会对证券存续期的信用水平造成损害，否则就会发生问题。对于不良资产证券化，毫无疑问，现金回收主要集中于前期，时间越长，回收可能性越大，因此，如果缺少其他有力的保障措施，不良资产证券化交易过程中的现金管理非常重要，尤其不能在前期就将超额回收部分向股东分配，造成后期的现金不足。

上述讨论都是针对静态资产池而言，即资产池一旦组建，除非现金全部回收或者不良债权核销，资产池结构不再发生改变。但在实际情况中，有可能以动态资产池为抵押，以动态资产的市场价值为依托进行证券化，这种证券对于资产池产生的现金流、资产的信用质量和抵押的时效性均不敏感，主要原因是资产池可以根据市场的变化由资产管理人自动调节，从而保证相关证券的信用质量，比如在资产池市场价值下跌的时候卖出低质量资产购进高质量资产，或收回一些已发行的优先证券等。

5. 服务商及其他机构对证券的影响

服务商对整个证券化过程的现金回收有着最重要的作用，没有服务商的有效运作，在中国目前的经济和法律环境下，不良资产的回收可能性不大。尤其是中国的不良资产证券化中的服务商一般就是发起人本身，当他已经通过证券发行回笼资金后，他是否还能够保持有效的贷款追收存在一定的不确定性。这个时候要考虑到服务商的信用水平，但如果证券持续时间比较长，我们能够接受的是服务商维持最基本的运行，而不能认为他可以超出预计的服务水平以提高不良资产的回收率。

对服务商的评价主要集中于三个方面：一是服务商对不良资产的管理和现金回收能力；二是服务商维持有效服务义务的信用水平以及在他违约的情况下给证券化交易带来的损失；三是信托机构代表投资人寻求并替换服务商的能力。

（1）管理能力。服务商对不良资产的管理能力主要依据的是服务商以前对不良资产的现金回收水平和时间，包括现金回收程序的稳定性、人员的工作质量等。如果没有服务商以前对不良资产的回收记录，是不可能对每笔资产的回收率作出可靠判断的。

（2）违约可能性。服务商的违约可能是存在的，主要表现在对不良资产清收的服务质量下降导致现金回收水平的降低，这时候不论是否替换服务商都对投资者产生损失，关键在于如何衡量这种服务商替换的可能性和产生损失的基准水平，如果有比较好的替换机制，后备服务商愿意以较低的费用水平接受，那么损失较低；如果剩余的资产质量太低或者规模太小，后备服务商可能索取较高的成本费用。所以，如果证券的目标信用水平为 AAA，那么需要提供更坚实的额外担保。

10.6.3　租赁资产证券化评级方法

租赁资产证券化是指以租赁资产所产生的现金流（即租金收入）为支持，在资本市场上发行证券，提高租赁资产流动性的过程。在此过程中，收益权分离、风险隔离和信用增级措施成为租赁资产证券化业务的操作核心。由于租赁公司资产与负债期限结构上的不匹配，资金来源渠道比较单一，使得租赁公司经常陷入流动性不足的困境。发行租赁资产证券化产品的现实意义在于实现了租赁资产的真实出售，提高了租赁公司资产的流动性，有利于租赁公司扩大经营规模，提升综合竞争能力，改善资产负债结构。

租赁资产证券化评级方法主要包括对证券交易结构的分析、法律要素的分析、租赁资产及相关参与机构的信用评价、现金流模型和压力测试、信用增级措施分析等。

1. 证券交易结构分析

（1）运作模式

租赁资产证券化的运作模式主要有三种：表外模式、表内模式和准表外模式。

① 表外模式，即租赁公司将资产真实出售给 SPV（如"信托公司"），实现风险隔离；准表外模式，即租赁公司成立全资或控股子公司作为 SPV，然后把租赁资产真实出售给此类 SPV 公司，实现风险隔离。

② 表内模式，即租赁公司并未将租赁资产出售给 SPV，债权资产仍保留在租赁公司的资产负债表上，由租赁公司以资产为抵押发行抵押债券，表内模式并没有起到风险隔离的作用。

表外模式相比较表内模式，租赁资产真实销售，完全实现了风险隔离。

③ 准表外模式和表外模式相比，融资租赁公司需成立子公司作为 SPV，但是租赁公司可能对 SPV 的业务并不擅长，SPV 将面临运营风险。

（2）交易结构概述。

表外模式租赁资产证券化交易结构中，原始权益人或租赁公司将所持有的各种流动性较差的同类或类似的租赁资产作为基础资产转让给特殊目的载体（以下简称"SPV"），并以租赁资产未来租金收入为支持在资本市场发行证券，发起人获得发行募集款，投资者在后续期间按约定取得投资收益和本金偿付款，并承担投资风险，发行人仅以基础资产及其收益为限向投资者承担支付证券本息的义务。

2. 法律要素分析

风险隔离机制实现了租赁公司或资产证券化发起人的资产风险、破产风险等与证券化交易隔离，以上风险也不会传递给租赁资产支持证券的持有者。这主要通过租赁资产"真实出售"的方式实现，即租赁公司对已出售的租赁资产在证券化过程中没有追索权。

此外，为了维护证券持有人权益，发行人须将优先债权授予契约托管人。在资产转让过程中，法律顾问应出具法律意见，分析真实出售和破产风险隔离情况。

3. 租赁资产及相关参与机构的信用评价

（1）原始权益人信用风险分析。

在租赁资产证券化交易尚未完全实现破产风险隔离的情况下，证券的偿付能力与原始权益人的信用水平高度相关。因为一旦原始权益人经营和财务陷入困境，资不抵债导致破产，在交易未完全实现破产风险隔离保护的条件下，证券化基础资产将作为破产财产进行清算，这将直接影响到投资者本息的正常偿付。

对原始权益人的主体信用风险分析主要用于揭示其偿债能力和违约风险。原始权益人信用风险分析与企业主体长期信用评级方法相近，主要包括以下几方面分析内容：企业基本情况及历史沿革；行业现状及发展趋势；企业综合竞争力；经营管理状况；财务情况；偿债能力。

（2）持续经营评级。

对于某些租赁资产证券化交易，即使原始权益人出现债务违约事件，基础资产在原有或后备资产服务机构的管理下仍可持续产生现金流，并且交易结构在法律层面上能够保障投资者对未来现金流的收益权。因此，对此类交易的评级不应仅仅局限于对原始权益人主体信用级别的考虑，还应分析基础资产持续产生现金流的能力及其对交易的信用增级情况。持续经营评级主要用于评价基础资产长期运营并持续产生现金流的能力。

（3）交易主要参与机构主体信用分析。

资产服务机构的财务实力和尽职能力将直接影响到证券的整体信用表现和资产池现金流水平。主要针对组织机构、业务经验、经营目标和经营策略、市场竞争地位、租赁费收取能力、资产回收及再租赁能力、资产服务机制、所管理资产历史表现、历史呆坏账、保险措施启用等方面情况进行分析。所管理资产规模较为庞大时，强大的收款能力和完备的数据分析系统成为支撑资产服务能力的重要因素。为应对突发事件，资产服务机构应建立至少24～48小时的应急服务平台，并定期出具供投资者查阅的资产服务机构报告。

（4）基础资产分析。

对于已实现破产风险隔离法律保障的租赁资产证券化交易，基础资产分析将成为确定证券信用等级的基本依据，而无须对原始权益人进行信用评级。

基础资产特征将影响违约事件发生频率及压力条件下资产池违约后的回收金额。从美国租赁证券化交易历史数据看，信用表现较好的资产池多由通用设备、资产价值较高且使用寿命较长的资产组成。

① 债务人集中度分析。租赁资产池多由具有共同特征的资产汇集而成，大宗设备入池或者单个借款人涉及多笔租赁合同情况下常涉及集中度问题，当非投资级别的债务人在资产池中占比超过一定比例时，则需额外设置信用增级措施。如果资产池集中度过高，要对信用增级量进行调整。

② 地区集中度。较好的地区分散性能够缓解经济衰退期或自然灾害突发情况下违约风险，地区集中度过高将增加资产累计净损失率。为缓释地区集中风险，可采用相关压力因子对信用增级量进行调整，来测试压力条件下现金流对证券本息正常支付的支持程度。

（5）资产池信用表现。

① 拖欠率。拖欠事件可预警资产池现金流水平可能出现的风险，资产服务机构按照逾期时间定期出具拖欠事件分析报告，一般分为逾期 30～60 天、61～90 天和大于 90 天等，对于拖欠事件的定期披露分析，不仅有助于评级资产池恶化程度和潜在违约风险，且有助于确定资产支持证券违约触发条件。

② 违约率。一般拖欠 90 天或 120 天以上则视为违约。一般情况下，可根据已经清偿完毕的证券获取静态资产池历史累计违约率数据，并以此作为信用风险分析基础数据。另外，由于资产的可持续性和再租赁性，每年损失额较难进行预测，某些发行人将资产闲置或损耗报废视为违约事件，根据资产变卖或其他方式进行资产处置时所发生损失额来确定损失率。

③ 回收率。评级机构一般分析一年内静态资产池累计回收表现，但考虑到资产发生违约和现金回收时间上有延迟，分析 3～5 年内静态资产池回收率数据更为科学。在分析过程中，需考察资产历史回收水平以及回收时间、回收方式等。

对于投资级别的资产服务机构，评级机构根据其资产管理能力，再租赁市场渠道和投资者关系来确定回收率水平。对于非投资级别资产服务机构，基于设备资产的购买价款和设备类型来初步确定回收率，在这种情况下，相对于那些易报废或折旧较快的资产（如个人电脑、设备装置器等小型设备），资产价值较高的设备（如建筑设备、农业设备和某些大型医疗设备）具有较高的资产回收水平。一般情况下，将小型设备回收率设置为零，除非资产服务机构具备良好的历史资产管理记录。

（6）信用增级量确定。

在分析证券层次结构及信用增级水平过程中，可采用损失率放大调整和债务人集中度调整双重分析方法。损失率放大调整法将正常经济景状下净损失率作为反映信用增级水平的重要计算指标，在资产池理论累计净损失率的基础上施加压力因子，以评级各档证券的信用增级水平。在发行人历史违约率和净损失率较低的情况下或资产池债务人集中度较高的情况下，评级机构采用债务人集中度调整法进行信用增级量评级。另外，资产保险措施、资产服务水平、资产类型和资产分散性等定性因素也影响着评级机构对压力条件下信用增级量评级。

4. 现金流模型和压力测试

现金流模型用来测试各种压力条件下，资产池所产生现金流对证券本息偿付的覆盖程度。压力测试假设条件是根据发行人所提供的历史经验数据以及资产特征等综合确定。现金流模型中输入参数主要包括现金流支付顺序、触发机制、预设发行价格、资产服务费和托管费等设置。其中，证券交易多采用顺序支付或按比例支付方式，交易结构中还会设计各种信用触发机制，信用事件一旦触发将引致资产池现金流支付机制的重新安排，包括现金流支付顺序的改变、流动性准备金账户提取等。一般情况下，对于非投资级资产服务机构，如果服务报酬费用支付顺序较为靠前，会额外设置资产服务转移费用。现金流模型中输入参数和所施加的各种压力测试假设条件包括拖欠率、违约时间分布、提前偿还、回收率和回收期、残值变现、利差风险等。

5. 信用增级措施分析

租赁资产支持证券内部信用增级措施包括流动性储备金、优先/次级结构、超额抵押、利差支持以及残值变现等。外部信用增级措施包括以发起机构额外交付的资金设立准备金账户、保险公司保险或其他机构提供不可撤销的连带担保等方式。

专栏 10 – 2　国家开发银行 2006 年第 1 期信贷资产证券化 2008 年跟踪评级

跟踪期 2007 年 7 月 1 日—2008 年 6 月 30 日

资产支持证券	初始评级	报告日评级
优先 A	AAA	AAA
优先 B	A	AA

一、评级意见

中诚信国际基于跟踪期内获得的受托机构报告、贷款服务机构报告、资金保管机构报告和其他关于入池贷款的信息资料，对资产池的信用表现、贷款服务机构和资金保管机构的信用状况进行了持续跟踪监测。根据分析、测算结果，中诚信国际认为国家开发银行 2006 年第 1 期信贷资产证券化信托项下优先 A 档资产支持证券的风险程度和信用质量未发生足以影响其信用等级的变化，优先 B 档资产支持证券的风险程度和信用质量与信托设立时相比发生显著改善，故调整中诚信国际于 2006 年 4 月 30 日发布之信用等级（"初始评级"），即优先 A 档资产支持证券为 AAA 级，优先 B 档资产支持证券为 AA－级（"报告日评级"）。交易概述发起机构国家开发银行（"国开行"）将其合法拥有并符合入池标准的信贷资产及相关权益（初始起算日的未偿本金余额为 5 729 880 000 元人民币的 22 笔信贷资产）交付给中诚信托投资有限责任公司（"中诚信托"），中诚信托设立"国家开发银行 2006 年第 1 期信贷资产证券化信托"并以此为支持发行优先 A 档和优先 B 档资产支持证券（"证券"）和次级档资产支持证券，其中优先 A 档和优先 B 档资产支持证券在全国银行间债券市场发行。截至计算日 2008 年 6 月 30 日，资产池未偿本金余额 3 046 577 196 元人民币，贷款笔数为 22 笔；其中优先 A 档证券未偿本金余额为 1 614 107 196 元人民币，占初始优先 A 档发行额的 37.56%，占资产池未偿本金余额的 52.98%，优先 B 档证券本金余额未变化。

二、基本观点

跟踪期内，优先 A 档、B 档证券持有人均按时足额获得了利息支付；交易按过手方式偿付优先 A 档、B 档证券的本金，截至报告日优先 A 档证券已有 62.44% 被偿付。

跟踪期内，资产池内信贷资产还款表现正常，未出现违约或损失情况。

资产池信用质量有所提升。基于截至计算日所取得的入池贷款借款人信息，我们调整了对借款人的信用等级评价，调整后的资产池信用质量有所提升。截至计算日，资产池内AAA级贷款笔数仍为4笔，本金余额占比由信托设立日的34.62%升至38.53%，AA类（含AA−、AA和AA+）贷款笔数由6笔提高为9笔，本金余额占比由40.80%上升至50.61%；A+及以下贷款笔数由4笔下降为1笔，本金余额占比由24.58%降至10.87%，资产池加权平均信用等级仍为AA−；资产池内关注类贷款（按国开行五级分类标准）仍为1笔，未偿本金额所占比例从信托设立日的7.33%下降为4.97%，正常类贷款的未偿本金余额所占比例从信托设立日92.67%提高到95.03%。

资产池的行业集中度仍较高。截至计算日，电力、热力的生产和供应业与铁路运输业借款人的未偿本金余额占比从信托设立日的48.56%和9.41%分别下降为44%和6.86%，石油和天然气开采业借款人的未偿本金余额占比从信托设立日的17.45%上升到24.84%，这三大行业借款人未偿本金余额合计占比为75.7%，基本与信托设立日的75.42%持平。我们在测算时已考虑了行业集中度较高的问题。

资产池借款人未偿本金额分布集中度进一步提高。信托设立日余额占比前五名的借款人余额占资产池总贷款余额的56.57%；截至计算日余额占比前五名的借款人余额占资产池剩余贷款余额的69.06%，显示资产池贷款余额分布进一步集中。我们在分析时考虑了前五大借款人中等级评价低于AAA的3户同时发生违约的极端情况对证券评级的影响。

三、结论

我们根据对借款人和/或保证人的信用分析，结合违约后的回收率、回收时间以及借款人行业相关性等假设，并基于交易结构确定的各级资产支持证券的支付结构和现金流分配顺序以及截至报告日的各档证券信息数据，对各档资产支持证券预期损失进行模拟测算。测算结果显示，优先A档证券信用状况未发生足以影响信用等级的变化；优先B档资产支持证券的风险程度和信用质量与信托设立时相比发生显著改善。我们对发起机构/贷款服务机构、资金保管机构长短期信用评级均未作调整。

综上，于报告日调整中诚信国际于2006年4月30日发布之信用等级（"初始评级"），调整后的评级（"报告日评级"）为：优先A档资产支持证券为AAA级，优先B档资产支持证券为AA−级。

资料来源：股城网 www.gucheng.com，2009年8月7日.

10.7　票据信用评级

10.7.1　商业票据信用评级

商业票据是信用性票据，直接反映了发行者的商业信用状况。商业票据评级是指对商业票据的质量进行评价，并按质量高低分成等级。

1. 商业票据信用评级的意义

（1）有助于形成市场准入机制，推动票据市场的稳定发展。不能取得评级或评级不合格的企业自然被阻止在票据市场之外，起到了降低市场的非系统风险、保护票据投资者利益的作用。

（2）有利于票据发行者筹集资金。对于那些初次进入票据市场且不为投资者所熟悉的发行人，通过对其发行的票据进行评级，其资金实力、信誉及还本付息的可靠性等情况能被准确有效地传递给众多投资者，使筹集更多的资金成为可能。从长远看，评级良好的发行人，其示范和带动作用的发挥，也会部分解决我国票据市场主体不足的问题。

（3）有助于市场化利率的形成。利率由资金的供求双方决定，发行人希望票据以较低的利率发行以减少资金成本，而投资人则希望以较高利率发行以获得更多的利息收入。商业票据评级在很大程度上决定了均衡利率水平，票据的不同等级反映了不同的信用溢价。一般而言，等级越高，利率越低；等级越低，利率越高。

（4）有利于与国外同业交流和我国金融市场国际化程度的提高。对商业票据评级是国际上通行的做法，在我国票据评级体系建立与实施过程中，可以吸收借鉴国外经验教训并结合我国社会经济及票据业务发展状况加以具体运用。同时，商业票据评级体系的建立健全，也会吸引外国机构投资者参与我国票据市场。

2. 商业票据信用评级的内容

（1）短期偿债能力。

短期偿债能力亦为流动性，可从以下三个层次进行分析。

① 总体流动性分析。首先，应对营运资金分析，营运资金为流动资产减去流动负债，是衡量总体流动性状况的主要指标。其次，可进行比率分析。衡量流动性的几个主要比率指标有流动比率、速动比率、营收账款周转率、存货周转率等。

② 备用流动性分析。以上比率仅能反映公司流动性的整体状况，所以还应特别注意对明确的内部和外部现金来源进行分析，因为这些现金能及时满足到期商业票据的清偿。在市场动荡的情况下，备用流动性的可取得性和可依赖性在评级中就变得十分关键。这方面主要分析的内容有企业营运创造的现金及其稳定性、公司可依赖的贷款方的借贷能力等。

③ 额外信用支持分析。对商业票据的评级，除以上两点外还应考察商业票据的发行是否得到了额外的信用支持。对有银行支持发行的商业票据，还应考虑支持的方式及支持者本身的信用状况。

（2）长期偿债能力。实践中，重点评价的是资本结构，即企业自有资金与借入资金的比重。若比重较高，则说明资本结构健全，长期偿债能力较强；反之则弱。常用比率有债务比率、长期负债与资本化净资产的比率、流动负债与所有者权益的比率等。

（3）盈利能力。主要用营业利润率和总资产报酬率来衡量，其中后者为利润总额和利息支出总额之和与平均资产总额的比率，用于衡量企业运用全部资产获利的能力。

（4）企业经营情况。包括企业自身的经营状况和外部经营环境，具体有三点：企业素质、行业特点、企业的其他情况。

（5）发行商业票据的用途与目的。如果所筹集资金是用于季节性流动资金的需要，级别就可评高一些。

3. 信用评级的收费标准

对首次评级和评过等级的商业票据采取统一收费标准，即每季度按其发行余额的一定比例（千分之一或千分之二）收取。而且可视市场利率的变化作适当调整，如可随利率上升而提高费用标准。

商业票据信用等级制度的建立和完善，相关票据法规的修订和补充，归根结底是为了保障票据的信用功能更大地发挥作用，而票据信用被广泛地接受和信赖，又会在市场经济制度的最底层产生强大的推进力。所以说，票据的信用，是市场经济深入繁荣发展的发动机。为了增强这个发动机的动力，我们必须完善法律法规，规范票据行为，随着票据在经济交往中作用的日益增大，诚信意识和信用精神必将越发深入人心，信用的发展和经济的发展将会相得益彰，在一个良性的循环下推进社会的整体进步。

10.7.2 商业承兑汇票信用评级

1. 商业承兑汇票信用评级关注点

（1）商业承兑汇票是法人以及其他组织签发的，银行以外的付款人承兑的，由付款人在指定日期无条件支付确定的金额给收款人或者持票人的票据。

（2）商业承兑汇票信用评级是对商业汇票付款人的如期兑付能力和兑付意愿的综合评价。

（3）商业承兑汇票信用评级是建立在付款人主体信用评级基础之上的，因此在商业承兑汇票首次评级时需要对付款人主体进行信用评级，如果付款人主体信用评级超过3个月，每次商业承兑汇票评级时都要对付款人主体信用等级进行跟踪。

（4）商业承兑汇票信用等级的有效期为商业汇票承兑提请信用评级日开始，到商业汇票兑付期止。

（5）商业承兑汇票信用评级依据《票据法》、《票据管理实施办法》、《银行支付结算办法》、《中国人民银行信用评级管理指导意见》和《中国人民银行关于促进商业承兑汇票发展的指导意见》及相关法律法规进行。

2. 商业承兑汇票信用分析的主要内容

商业承兑汇票信用分析的主要内容包括产业、企业素质、经营管理、财务状况、偿债能力、商业承兑汇票的票项分析等六个方面。

（1）产业。产业分析的目的是评级付款人所在产业风险、产业景气性对企业经营的影响以及在该产业属性下，企业信用分析的重点。主要可以从以下几点来看：对企业进行产业划分、产业地位与特征、产业政策、产业景气性、产业竞争程度。

（2）企业素质。企业素质分析的目的是评级企业参与市场竞争的基本条件，与同业竞争的优势与不足等。主要可以从领导素质、职工素质、技术素质、企业规模和外部支持等方面来考察。

（3）经营管理。经营分析的目的是评级企业的经营稳定性、核心竞争力、主要经营风险和未来经营发展趋势。管理分析的目的是评级企业法人治理结构、管理素质。

（4）财务状况。财务状况包括财务概况、会计政策、财务政策、资产构成、负债构成、盈利能力、现金流、债务预测等方面。财务分析的目的是评级企业会计、财务政策的风险取向，财务数据的真实性，资产质量，负债水平，盈利水平，现金流量等。

（5）偿债能力。① 近 3 年信用记录：包括借款、应付票据、应付款、其他应付款、应交税金等偿还、付款或上缴情况。② 长期偿债能力：实践中，重点评价的是资本结构，即企业自有资金与借入资金的比重。若比重较高，则说明资本结构健全，长期偿债能力较强；反之则弱。常用比率有债务比率、长期负债与资本化净资产的比率、流动负债与所有者权益的比率等。③ 短期偿债能力。④ 备用信用支持：应考察商业票据的发行是否得到了额外的信用支持。对有银行支持发行的商业票据，还应考虑支持的方式及支持者本身的信用状况。

（6）票项分析。主要是对企业目前签发的承兑汇票总量、历年签发总量与承兑总量的对比关系、签发商业承兑汇票的具体贸易背景以及合同签订等来分析。

例如，2010 年 6 月，联合资信对重庆化医控股公司 2010 年第二期中期票据进行评估，无担保中期票据信用等级为 AA + ，信用增进型中期票据信用等级为 AAA。

本章小结

本章主要内容是对证券评级进行概述，分别就可转换债券、股票及优先股、证券化资产评级、基金特别是私募基金、商业票据和商业承兑票据的评级方法进行了较为详细的介绍。

思考题

1. 证券信用评级的作用是什么？
2. 哪些种类的债券需要进行信用评级？各有何特点？
3. 证券转让中，作为投资者如何判断将要购入证券的信用状况？
4. 债券发行评级对债券定价有何直接影响？
5. 我国债券信用评级的现状和趋势是怎样的？

案例分析

根据中国移动通信广东公司的财务状况，分析该公司发行的企业债券是否存在本息偿付违约和到期不能偿还的风险。

中国移动通信企业债券

一、债券基本信息

1. 债券简称：01 中移动
2. 债券代码：120101
3. 债券存续期限：2001 年 6 月 18 日至 2014 年 6 月 17 日
4. 债券发行额：人民币伍拾亿元（人民币 5 000 000 000 元）
5. 债券年利率和计息方式：本期债券采用浮动利率，自起息日按年浮动，每年付息一次。票面利率（计息年利率）等于基准利率与基本利差之和。基准利率为发行首日和其他各计息年度起息日中国人民银行公布的一年期整存整取定期储蓄存款利率。基本利差为 1.75%，在债券存续期内固定不变。

6. 还本付息方式：每年付息一次，最后一期利息随本金一起支付

7. 债券信用级别：本期债券的信用级别经中诚信国际信用评级有限责任公司综合评定为 AAA 级

8. 债券上市时间：2001 年 10 月 23 日

9. 债券上市地点：上海证券交易所

10. 债券担保：本期债券由中国移动有限公司提供不可撤销连带责任担保，并由中国移动通信集团公司对中国移动有限公司履行该担保责任提供再担保。

11. 债券主承销商：中国国际金融有限公司

截至 2009 年 12 月 31 日，本期债券的本金余额为人民币 50 亿元，债券信用评级为 AAA 级，与中国移动通信集团广东有限公司（以下简称"本公司"）2009 年中报披露的情况相比，未发生任何变化。本期债券前八期利息已如期足额支付。

二、公司所在行业简况

2009 年对中国电信行业来说是不同寻常的一年，中国经济在经历金融危机冲击之后逐步回暖，市场竞争随着电信行业重组与 3G 牌照发放而日趋激烈，移动电话普及率攀升对广东等部分经济发达地区的影响逐渐显现。本公司继续坚持理性竞争，并努力开拓创新，凭借卓有成效的精细化管理，充分发挥庞大的客户规模、优质的网络质量、强大的品牌影响力等既有优势，保持业务平稳健康发展，经营业绩获得稳定增长，市场领先地位进一步巩固。

三、公司业务回顾

2009 年，本公司积极应对移动电话普及率攀升、市场竞争加剧以及宏观经济影响等不利因素的挑战，以客户价值化、网络价值化、管理价值化、人才价值化和伙伴价值化为工作主线，确保持续稳健增长，全力打造价值型企业。本公司大力拓展个人、家庭、集团客户三大信息化市场，继续稳步推进有序、平稳的资费调整，话务量稳定增长，总通话分钟数同比增幅达到 15.8%。公司主要运营指标保持了稳定增长的发展趋势，收入持续增长，客户数量稳步提升，实现了高普及率、高基数下的平稳发展，为企业未来长远持续发展奠定了坚实基础。

2009 年，增值业务作为公司发展的主要驱动力之一，继续保持良好发展势头，增值业务收入结构也进一步优化。短信等成熟业务保持大基数下的持续增长；无线音乐、飞信、12580 综合信息服务、139 邮箱等业务的客户规模不断扩大；手机支付、手机阅读、手机视频等产品不断得到开发和优化；移动应用商场（Mobile Market）、139 小区、互联网数据中心（IDC）和企业邮箱等不断推广应用；此外，以机器到机器（M2M）类业务为重点，加强物联网的应用拓展，为公司业务的持续增长注入了动力。

本公司以集团客户为突破口，加强信息化产品开发与整合，大力推广集团信息化服务，为集团客户提供差异化、个性化的行业应用解决方案。截至 2009 年 12 月 31 日，集团客户总数达到 35.2 万家，为本公司面向全业务市场竞争奠定了良好基础。

2009 年，本公司继续保持竞争优势。截至 2009 年 12 月 31 日，本公司拥有移动电话客户达 6 821.78 万户，比 2008 年同期增长 5.12%。据广东省通信管理局公布的广东全省移动电话客户数推算，本公司占广东移动通信市场七成左右的市场份额。

本公司认为，通信信息服务已日益成为人们社会生活中不可或缺的组成部分，同时，随着中国经济企稳向好，信息化的带动以及通信信息产品和功能的日益丰富，人们对通信产品

及服务的需求仍将继续增长，从而为通信行业提供了广阔的发展空间。

本公司将继续坚持科学发展观，立足于良好的基础和综合实力，充分发挥和延续既有优势，迅速适应经营环境和竞争情况的变化，不断推动创新，进一步优化资源配置，持续加强经营管理、拓展服务内容、提高服务质量，努力保持公司的健康发展。

四、公司财务报表

中国移动通信集团广东有限公司资产负债表（金额单位：千元）

	2009 年 12 月 31 日	2008 年 12 月 31 日
资产		
流动资产		
货币资金	61 282 565	51 840 139
应收账款	1 070 888	1 440 995
预付款项	401 368	293 351
应收利息	657 732	603 023
其他应收款	10 251 268	10 276 899
存货	346 764	498 438
流动资产合计	74 010 585	64 952 845
非流动资产		
联营企业权益	—	—
固定资产原值	94 926 415	87 283 503
减：累计折旧	(53 482 803)	(48 522 523)
固定资产净值	41 443 612	38 760 980
减：固定资产减值准备	(61 552)	(87 302)
固定资产净额	41 382 060	38 673 678
在建工程	5 670 561	3 407 777
无形资产	3 545 158	3 006 949
长期待摊费用	899 001	759 723
递延所得税资产	1 565 125	1 142 876
非流动资产合计	53 061 905	46 991 003
资产总计	127 072 490	111 943 848
负债和所有者权益		
流动负债		
应付账款	16 047 528	10 570 902
预收款项	10 023 084	9 978 862
应付职工薪酬	370 936	405 938
应交税费	2 077 836	1 636 292
其他应付款	337 661	505 928

	2009 年 12 月 31 日	2008 年 12 月 31 日
其他流动负债	813 802	873 028
流动负债合计	29 670 847	23 970 950
非流动负债		
应付债券	10 000 000	10 000 000
非流动负债合计	10 000 000	10 000 000
负债合计	39 670 847	33 970 950
所有者权益		
实收资本	5 594 841	5 594 841
资本公积	5 378 766	5 378 766
盈余公积	38 352 920	34 261 912
未分配利润	38 075 116	32 737 379
所有者权益合计	87 401 643	77 972 898
负债和所有者权益总计	127 072 490	111 943 848

中国移动通信集团广东有限公司 2009 年度利润表（金额单位：千元）

	2009 年	2008 年
营业收入	69 843 748	69 486 323
减：营业成本	(23 498 352)	(24 893 931)
营业税金及附加	(1 936 673)	(1 928 378)
销售费用	(13 459 762)	(12 573 093)
管理费用	(3 960 368)	(3 836 154)
加：财务净收益	1 201 679	1 161 510
减：资产减值损失	(142 348)	(181 364)
营业利润	28 047 924	27 234 913
加：营业外收入	32 980	36 844
减：营业外支出	(430 479)	(102 248)
利润总额	27 650 425	27 169 509
减：所得税费用	(7 195 381)	(6 440 862)
净利润	20 455 044	20 728 647

中国移动通信集团广东有限公司现金流量表（金额单位：千元）

	2009 年	2008 年
经营活动产生的现金流量：		
销售商品和提供劳务收到的现金	66 276 450	66 570 023
收到其他与经营活动有关的现金	1 654 338	3 624 355
经营活动现金流入小计	67 930 788	70 194 378

	2009 年	2008 年
购买商品和接收劳务支付的现金	(24 329 607)	(28 014 701)
支付给职工以及为职工支付的现金	(3 026 684)	(2 688 485)
支付的各项税费	(9 260 136)	(10 320 336)
支付其他与经营活动有关的现金	(19 549)	(25 089)
经营活动现金流出小计	(36 635 976)	(41 048 611)
经营活动产生的现金流量净额	31 294 812	29 145 767
投资活动产生的现金流量:		
处置固定资产收回的现金净额	20 783	17 824
收到其他与投资活动有关的现金	1 474 374	1 288 532
投资活动现金流入小计	1 495 157	1 306 356
购建固定资产、无形资产及其他长期资产所支付的现金	(12 117 590)	(13 465 590)
投资活动现金流出小计	(12 117 590)	(13 465 590)
投资活动产生的现金流量净额	(10 622 433)	(12 159 234)
筹资活动产生的现金流量:		
分配股利或偿付利息所支付的现金	(11 229 953)	(10 951 266)
筹资活动产生的现金流量净额	(11 229 953)	(10 951 266)
现金及现金等价物净增加额	9 442 426	6 035 267

第11章

企业合同信用评估

本章导读

本章介绍了企业合同信用评估的背景、评估标准和评估程序。第一部分为企业合同信用评估的背景，第二部分为企业合同信用评估的指标体系，第三部分为建筑施工企业合同履约管理评估，第四部分为建设工程项目合同履约管理评估，第五部分为企业合同信用评估要件。

导读案例

守合同重信用，赢得外资银行无抵押贷款

四川华体灯具制造安装工程公司在成立之初，由于经验不足，没有重视合同的规范管理。在与客户签订合同时，随意性较大，有时甚至把口头协议或承诺当成合同去履行。合同签订中没有明确双方权利与责任，没有写明违约责任的处理办法。在出现问题时，没有足够的证据，致使公司蒙受巨大的经济损失。

2005年，由于合同知识的淡薄，公司在与昆明某公司签署的供货合同中完全将自己置于对方的合同圈套中，合同条款完全只对对方有利。该合同还把不应该华体公司承担的责任罗列了进去，几乎没有公司应享受的权利，条款极不平等。结果，出现纠纷不得不诉诸法律时，公司完全败诉。这一合同被四川华体灯具制造安装工程公司法律顾问戏称为"南京条约"。

公司认真总结经验教训，认识到了规范合同的重要性及紧迫性。工商局为增强公司合同意识，邀请合同专家深入企业，根据公司实际情况进行面对面的讲解，使公司合同管理水平快速提高，合同管理趋于规范化。

在工商部门的指导和帮助下，公司开始逐步健全合同管理机制，聘请专业律师指导规范合同，成立了专业合同管理机构，制定了完善的合同管理制度。合同的规范给公司带来了立竿见影的经济效益，同时也使公司基本避免了因合同问题而蒙受经济损失。

总部设在英国伦敦的渣打银行，看到公司在"守合同，重信用"上的成果和决心，充分信任公司，连续两年为公司办理了高达800万元的无抵押信用贷款业务，解决了公司资金难题。

公司规范合同的举动赢得了市场的肯定，公司信誉随着履约率的提升而迅速提高。此举

使得华体公司在整个行业中发挥了良好的示范带头作用。公司投标中标率不断提升，公司品牌影响力也逐渐扩大。

"守合同，重信用"不仅是公司提升经济效益的前提，更是提升公司品牌的不二途径。公司在未来的发展中，将一如既往地坚持"守合同，重信用"。

关键词语

合同信用评估　合同管理水平　合同履约能力　合同履约状况　社会信誉度　合同信用指数

11.1　企业合同信用评估的背景

11.1.1　建立合同信用评估体系的背景

建立企业合同信用评估体系源于对"守合同重信用"（部分地区也叫"守信用重合同"，简称"守重"）活动的改革，国内开展"守合同重信用"活动始于1986年，上海首当其冲走在了全国最前面。

开展这项活动的主要出发点：一是为了依法履行合同监督管理的职责，健全合同监管机制；二是为了规范合同行为，促使企业加强合同管理，提升合同管理水平，维护正常的经济秩序。活动的主要内容是：依据我国有关法律法规中规定的诚实信用原则，倡导企业诚实守信，对合同信用程度好的企业，经过严格考核评比，授予"守合同重信用"单位荣誉称号。

"守合同重信用"活动从一开始即受到各级政府和各有关方面的重视和支持。早在1988年，上海市政府就要求在该市工商企业中开展"守合同重信用"活动。在上海举行"守合同重信用"活动成功经验的基础上，全国各地各级工商管理部门也相继开展了此类活动。

"守合同重信用"活动的开展，反映了广大企业的愿望，得到了广大企业的重视和参与，被认定为"守合同重信用"单位的队伍不断壮大。在政府的支持下，企业的认可中，取得了显著的社会效益。具体表现在以下几个方面。

（1）增强了企业的合同法律意识。通过对"守合同重信用"活动的宣传，对参加此项活动企业的考核评比，促使企业在经济活动中自觉做到依法签约、依法履约。

（2）提高了企业对合同信用重要性的认识。"守合同重信用"已成为企业诚信度高的标志；成为企业参与工程项目投标以及开展经济合作的优势条件；成为企业重要的无形资产。

（3）强化了企业的自我保护意识，提高了企业内部管理水平，促使企业加强市场竞争能力，去争取最大经济效益。

（4）有利于在企业中形成诚实守信的良好氛围，既可减少大量的经济纠纷，又可规范交易行为。

（5）促使工商行政管理部门提高合同监管水平和人员素质，丰富合同管理手段。

（6）为建立企业合同信用体系打下了良好基础。

随着市场经济的发展，针对"守合同重信用"活动所存在的不足之处，需要进行改革。

11.1.2　建立企业合同信用评估体系的必要性

建立企业合同信用评估体系，出于以下几方面需要。

1. 适应政府转变职能的需要

政府职能的转变，就是体现在政府职能的无限性向政府职能的有限性转化。全国性"守合同重信用"活动虽在社会上已有一定影响，但归根结底还是一项社会性的公益活动。"守合同重信用"活动可向纵深发展，向社会专业化机构过渡，其具体操作应向社会专业协会和资信评估机构等中介组织靠拢和转化。这既是社会发展的必然趋势，也是政府转变职能的体现。

2. 适应社会诚信体系建设的需要

市场经济是法制体系基础上的信用经济，而建立健全社会诚信体系是规范市场经济秩序的基础性建设。建立企业合同信用评估体系，可以使"守合同重信用"活动发生质的变化，由政府某一部门的职责转化为整个社会诚信体系建设的一部分，既拓宽了"守合同重信用"活动的广度，又挖掘了"守合同重信用"活动的深度，使其成为社会诚信体系和信用经济的重要组成部分。

3. 应对 WTO、与国际惯例接轨的需要

传统管理比较注重行政管理的权威和效力，具有较强的"管制"色彩。"守合同重信用"活动从手工操作、定性分析评比，到借鉴国际通行做法，研发、建立经济数学模型，编制评估软件，对企业合同信用等级进行量化评估，同时建立数据库，是改革以往合同监管方式，逐步走向与国际接轨的途径之一。

4. 充分提升合同监管水平的需要

企业合同信用评估体系通过市场化和社会化的运作，让其得出的结果反馈政府部门，将成为工商行政管理机关依照《合同法》健全合同监督管理机制的重要组成部分，同时也使政府部门的管理更合理、更科学、更现代化。

11.2　企业合同信用评估的指标体系

企业合同信用评估是对企业履行各种契约的能力和意愿的综合评估。企业的信用信息分成两大类：一类是企业诚信方面的信息，它属于道德、法律的范畴，反映了企业在市场交易中履约的意愿；另一类是企业生产经营等方面的信息，它属于经济的范畴，反映了企业在市场交易中履约的能力。

在企业合同信用评估体系的架构上主要从意愿和能力两个方面进行综合考虑。

11.2.1　指标体系设计的原则

合同信用评价指标体系是工作人员从事信用评价工作的基础和依据，也是衡量信用评价结果是否客观公正的标尺。没有一套科学、完整的信用评价指标体系，很难设想如何能够保证评价结果的客观公正。因此，建立指标体系必须在一定的原则下进行，才能达到预期的目标。

1. 完备性原则

完备性从理论上来说意味着综合测评指标体系的信息量既必要又充分，即多一个测评指标就会造成信息的重叠和浪费，少一个测评指标就会造成信息的不充分，这样组成的综合测评指标体系能够全面客观地反映企业履行合同的经济活动特点，充分揭示企业为塑造自身信誉，重视合同履约状况的内在本质，准确反映上海整体征信体系发展所处的水平。在实际的社会经济生活中，由于对客观事物认识的不完全性，因此在指标体系的选取过程中，不可能真正做到完备，只能做到尽可能完备。

2. 可比性原则

综合测评指标体系的可比性包括两层含义：第一，所设计和选择的评价指标能够在同行中进行比较，能够在比较中判断企业合同信用的水平；第二，指标体系中每一个指标的含义、统计口径和范围、计算方法和取得的途径等应尽量一致，以保证不同行业、不同规模性质的企业的可比性。

3. 针对性原则

指标体系必须要有针对性，不同的评估对象和评价目的，指标体系应有所区别。信用评估目前在国内有好几种：证券评估、贷款企业评估、合同信用评估等，因此必须根据评价要求的不同，分别制定各自的信用评价指标体系。

4. 可行性原则

综合测评指标的可行性原则包括三个方面：首先是测评指标的可计量性，即这些测评指标所包括的内涵可以用具体数字来描述，通过对各个参评企业的合同信用水平作出定量分析，从而可以反映不同企业信用发展的不平衡性；其次是测评指标的可操作性，即指在选择具体测评指标时既要考虑指标体系的完整、科学，又要从实际出发，充分考虑资料取得的可能性，不管指标如何重要，但如果不可能取得真实、统一、全面资料的指标，就只能用相近指标来代替或舍弃；最后，测评指标体系中指标数的合理性，即指标不宜过多、过细，否则会给资料的收集、整理和计算带来很大困难，使分析无从下手。

因此，在遵循以上原则基础上设计了企业合同信用评价的指标体系。

企业合同信用评价体系设计的逻辑结构图如图 11 – 1 所示。

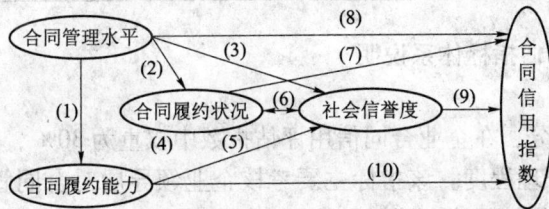

图 11 – 1　企业合同信用评价体系设计的逻辑结构图

11.2.2　企业合同信用评估指标体系（模板一）

1. 企业合同信用评估指标体系概览（见表 11 – 1）

表 11 – 1　企业合同信用评估指标体系（1）

一级指标	分值	权重/%	二 级 指 标	分值	权重/%	得分
（1）企业合同管理	100	30	领导重视合同管理程度	100	10	
			合同管理制度的制定和实施状况	100	20	
			合同管理机构建立健全状况	100	10	
			合同管理人员的业务水平	100	20	

续表

一级指标	分值	权重/%	二 级 指 标	分值	权重/%	得分
（1）企业合同管理	100	30	所签合同条款的规范状况	100	15	
			合同示范文本的使用状况和格式条款的规范状况	100	10	
			合同台账档案	100	15	
（2）企业履约能力	100	20	净资产收益率	100	15	
			总资产报酬率	100	15	
			资产负债率	100	20	
			速动比率	100	15	
			现金流动负债比率	100	15	
			营业收入增长率	100	20	
（3）企业信用管理	100	30	信用管理制度	100	20	
			客户信用档案	100	20	
			客户风险评估和授信额度	100	20	
			应收账款管理	100	20	
			征信产品使用	100	20	
（4）企业社会信誉	100	20	保障员工权益	100	20	
			保障消费者权益	100	15	
			保障债权人权益	100	20	
			依法纳税	100	15	
			保护环境	100	15	
			社会公益慈善事业	100	15	

2. 企业合同信用评估指标体系说明

（1）企业合同管理。

该指标满分为 100 分，在企业合同信用评估指数中权重为 30%，分为 7 个二级指标。

① 领导重视合同管理程度。该指标主要考核企业领导层对合同管理的重视程度以及自身的合同管理知识。该指标最高得分为 100 分，占"企业合同管理"权重的 10%。具体评估标准如下。

——企业领导层重视合同管理、有领导分管合同管理工作。根据领导重视程度，按 60分、40 分、20 分三个标准打分。

——企业领导层具有合同管理方面的知识。根据掌握相关知识的程度，按 40 分、20分、10 分三个标准打分。

② 合同管理制度的制定和实施状况。该指标主要考核企业合同管理制度的制定落实情况。该指标最高得分为 100 分，占"企业合同管理"权重的 20%。具体考核内容和评估标准如下。

——是否制定企业合同管理制度。该项目总分 20 分。

——企业合同管理制度内容是否健全。该项目总分 50 分，考核是否建立以下基本制度：A. 授权委托制度；B. 合同订立审批制度；C. 合同履行检查和纠纷处理制度；D. 合同台账、档案管理制度；E. 考核奖惩制度。每项制度占 10 分。

——企业合同管理制度落实状况。根据制度落实情况，按 30 分、20 分、10 分三个标准打分。

③ 合同管理机构建立健全状况。该指标主要考核企业合同管理机构是否健全，职责是否明确。该指标最高得分 100 分，占"企业合同管理"权重的 10%。具体评估标准如下。

——是否设立专（兼）职合同管理机构。该项目总分 30 分。

——合同管理机构职责是否明确。该项目总分 30 分。

——合同管理机构能否真正发挥作用。该项目总分 40 分。

④ 合同管理人员的业务水平。该指标主要考核合同管理人员对相关法律法规知识的理解掌握程度以及能否胜任合同管理工作。该指标最高得分为 100 分，占"企业合同管理"权重的 20%。具体评估标准如下。

——对《合同法》等相关法律法规和企业合同管理知识的掌握情况，占 50 分。由考核人员通过口头提问等形式打分。

——合同管理人员持证上岗情况，是否取得《企业合同签订管理培训证》。持证上岗的，得 50 分；否则，不得分。

⑤ 所签合同条款的规范状况。该指标主要考核企业所签合同，条款是否齐全、内容是否合法。该指标最高得分为 100 分，占"企业合同管理"权重的 15%。具体评估标准如下。

——合同主要条款齐全的，得 50 分；合同主要条款部分缺项的，得 30 分。

——合同内容无违反法律法规规定的，得 50 分；有部分内容违反法律法规规定的，得 20 分；有严重违法条款的，不得分。

⑥ 合同示范文本的使用状况和格式条款的规范状况。该指标主要考核企业是否使用合同示范文本，自制合同格式条款是否规范。该指标最高得分 100 分，占"企业合同管理"权重的 10%。具体评估标准如下。

——主营业务全部使用合同示范文本的，得 50 分；部分使用合同示范文本的，得 30 分。

——企业使用自制合同格式条款，内容齐全，无违反法律法规规定的，得 50 分；个别条款缺项的，得 30 分；有违反法律法规规定条款的，不得分。

⑦ 合同台账档案。该指标主要考核企业的合同台账和档案的建立管理情况。该指标最高得分 100 分，占"企业合同管理"权重的 15%。具体评估标准如下。

——根据合同种类、时间等标准建立了完整合同台账的，得 50 分；不完整的，得 30 分；没有的，不得分。

——有完整的合同档案，可以随时查阅和统计的，得 50 分；不完整的，得 30 分；没有的，不得分。

（2）企业履约能力。该指标满分为 100 分，在企业合同信用评估指数中权重为 20%，分为 6 个二级指标。

① 净资产收益率。净资产收益率是指企业一定时期内的净利润同平均净资产的比率，体现了投资者投入企业的自有资本获取净收益的能力，反映了投资与报酬的关系，是评估企业资本经营效益的核心指标。该指标最高得分为 100 分，占"企业履约能力"权重的 15%。具体计算办法为：

$$净资产收益率 = 净利润 \div 平均净资产 \times 100\%$$

平均净资产是企业年初所有者权益同年末所有者权益的平均数。净利润是指企业的税后利润，即利润总额扣除应交所得税后的净额，是未作任何分配的数额。

② 总资产报酬率。总资产报酬率是指企业一定时期内获得的利润总额与平均资产总额的比率，表示企业包括净资产和负债在内的全部资产的总体获利能力。该指标最高得分为 100 分，占"企业履约能力"权重的 15%。具体计算办法为：

$$总资产报酬率 = 利润总额年末数 \div 平均资产总额 \times 100\%$$

利润总额是指企业实现的全部利润，包括企业当年营业利润、投资收益、补贴收入、营业外收支净额和所得税等项内容，如为亏损，以"－"号表示。平均资产总额是指企业资产合计年初数与年末数的平均值。

③ 资产负债率。资产负债率是指企业一定时期负债总额同资产总额的比率，表示企业总资产中有多少是通过负债筹集的，该指标是评估企业负债水平的综合指标。主要考核企业负债水平及交易偿债风险程度。该指标最高得分为 100 分，占"企业履约能力"权重的 20%。具体计算办法为：

$$资产负债率 = 负债总额年末数 \div 资产总额年末数 \times 100\%$$

负债总额是指企业承担的各项短期负债和长期负债的总和。资产总额是指企业拥有各项资产价值的总和。

④ 速动比率。速动比率是企业一定时期的速动资产同流动负债的比率，是衡量企业短期偿债能力的指标。该指标最高得分为 100 分，占"企业履约能力"权重的 15%。具体计算办法为：

$$速动比率 = 速动资产 \div 流动负债合计年末数$$
$$速动资产 = 流动资产合计年末数 - 存货年末数$$

⑤ 现金流动负债比率。现金流动负债比率是企业一定时期的经营现金净流入同流动负债的比率，是从现金流动角度来反映企业当期偿付短期负债的能力。该指标最高得分为 100 分，占"企业履约能力"权重的 15%。具体计算办法为：

$$现金流动负债比率 = 经营活动产生的现金流量净额 \div 流动负债合计年末数$$

经营活动产生的现金流量净额指一定时期内，由企业经营活动所产生的现金及其等价物的流入量与流出量的差额。

⑥ 营业收入增长率。营业收入增长率是指企业本年营业（销售）收入增长额同上年营业（销售）收入总额的比率，表示与上年相比，企业营业（销售）收入的增减变动情况，是评估企业成长状况和发展能力的重要指标。该指标最高得分为 100 分，占"企业履约能力"权重的 20%。具体计算方法为：

$$营业（销售）增长率 = （本年主营业务收入总额 - 上年主营业务收入总额） /$$
$$上年主营业务收入总额$$

上述 6 个二级指标的评分标准是，达到同行业平均水平的，得满分；低于同行业平均水平的，不得分。鉴于上述比率复杂多变，省工商局将根据有关部门的统计结果每年下发参照标准，或者委托有关信用评估中介机构进行企业履约能力的专项评估。

（3）企业信用管理。该指标满分为 100 分，在企业合同信用评估指数中权重为 30%，分为 5 个二级指标，每个二级指标占"企业信用管理"权重的 20%。

① 信用管理制度。该指标主要考核企业的信用管理制度。该指标最高得分 100 分，具体评估标准如下。

——是否建立了以下企业信用管理基本制度：A. 企业信用政策的制定制度；B. 客户调查制度；C. 客户档案制度；D. 信用额度授予制度；E. 应收账款管理制度；F. 考核奖惩制度。每项制度 10 分，共 60 分。

——企业信用管理制度落实状况。该项目总分 40 分。

② 客户信用档案。该指标主要考核企业客户档案的完整性。该指标最高得分 100 分，具体评估标准如下。

企业通过客户调查等方式，建立了完整的客户信用档案的，得 100 分；档案不完整的，得 50 分；没有建立的，不得分。

③ 客户风险评估和授信额度。该指标主要考核企业在信用销售中是否对客户进行风险评估以及如何授予客户信用额度。该指标最高得分 100 分，具体评估标准如下。

——在信用销售中，进行客户风险评估的，得 50 分；否则，不得分。

——依据企业信用政策和客户风险评估结果，对客户进行授信并执行的，得 50 分；否则，不得分。

④ 应收账款管理。该指标主要考核企业应收账款管理的水平。该指标最高得分 100 分，具体评估标准为：

建立了完善的应收账款催收和债权管理制度的，得 100 分；制度不完善的，得 50 分。

⑤ 征信产品使用。该指标主要考核企业在重大经济活动中，使用征信报告、信用评估等信用产品，降低风险的情况。该指标最高得分 100 分。由企业提供具体的事例，考核人员根据考核情况打分。

（4）企业社会信誉。该指标满分为 100 分，在企业合同信用评估指数中权重为 20%，分为 6 个二级指标。

① 保障员工权益。该指标主要考核企业员工权益的维护情况。该指标最高得分 100 分，占"企业社会信誉"权重的 20%。具体评估标准如下。

——没有不良记录的，得 60 分。

——受省级以上（包括省级）政府或主管部门表彰的，得 40 分；受省级以下政府或主管部门表彰的，得 20 分。依据企业提供的近两年受政府或主管部门表彰的情况打分。

② 保障消费者权益。该指标主要考核企业保护消费者权益的情况。该指标最高得分 100 分，占"企业社会信誉"权重的 15%。具体评估标准如下。

——没有不良记录的，得 60 分。

——有优良记录的，得 40 分。依据企业提供的近两年受消费者协会表彰的情况打分。

③ 保障债权人权益。该指标主要考核企业保护债权人（供应商）权益的情况，是债权人（供应商）对企业的信用评估。该指标最高得分 100 分，占"企业社会信誉"权重的 20%。具体评估标准为：

选择 3～5 家企业债权人（供应商），采取发函的调查方式，征求债权人（供应商）对企业的意见，满意度分为好、一般、差三个档次，其得分依次为 100 分、60 分、40 分。由考核人员综合后得出分数。

④ 依法纳税。该指标主要考核企业纳税、履行对国家责任的情况。该指标最高得分 100

分，占"企业社会信誉"权重的15%。具体评估标准如下。

——没有不良记录的，得60分。

——受省级以上（包括省级）政府或主管部门表彰的，得40分；受省级以下政府或主管部门表彰的，得20分。依据企业提供的近两年受各级政府、税务部门表彰的情况打分。

⑤ 保护环境。该指标主要考核企业维护公共利益、注重环境保护的情况。该指标最高得分100分，占"企业社会信誉"权重的15%。具体评估标准如下。

——没有不良记录的，得60分。

——受省级以上（包括省级）政府或主管部门表彰的，得40分；受省级以下政府或主管部门表彰的，得20分。依据企业提供的近两年受政府、环保部门表彰的情况打分。

⑥ 社会公益慈善事业。该指标主要考核企业从事公益慈善事业的情况。该指标最高得分100分，占"企业社会信誉"权重的15%。具体评估标准为：

企业从事社会公益慈善事业，实绩突出，受有关部门表彰的，得100分；仅从事一般性的社会公益慈善事业的，得60分；没有从事社会公益慈善事业的，不得分。依据企业提供的受赠单位票据复印件和受表彰的证明复印件打分。

11.2.3　企业合同信用评估指标体系（模板二）

1. 企业合同信用评估指标体系概览（见表11-2）

表11-2　企业合同信用评估指标体系（2）

一级指标	分值	二 级 指 标	分值	自评	复评	评估结果
（1）贯彻执行《合同法》	100	宣传教育	15			
		领导重视合同管理	20			
		学习"守信用重合同"政策	15			
		遵守工商行政管理法规	20			
		执行诉讼和仲裁文书	15			
		兑现向社会公众承诺	15			
（2）企业合同管理	100	制定合同管理制度	15			
		建立合同管理机构	15			
		合同管理人员业务水平	10			
		规范合同条款	10			
		使用合同示范文本	10			
		合同台账档案	15			
		合同纠纷处理	10			
		合同签约率	15			
（3）企业履约能力	100	净资产收益率	15			
		总资产报酬率	15			
		资产负债率	15			
		营业收入增长率	15			
		合同履约率	40			

一级指标	分值	二级指标	分值	自评	复评	评估结果
(4) 企业信用管理	100	信用管理制度	20			
		客户信用档案	10			
		客户风险分类管理	15			
		应收账款管理	15			
		使用征信产品	10			
		运用担保方式	10			
		利用行政管理资源	20			
(5) 企业社会信誉	100	保障员工权益	10			
		保障消费者权益	15			
		依法纳税	15			
		保护环境	10			
		信贷信用	15			
		重大安全	15			
		社会公益慈善事业	10			
		同行业声誉	10			
总得分	500		500			

2. 企业合同信用评估指标体系说明

(1) 贯彻执行《合同法》。该指标满分为 100 分，分为 6 个二级指标。

① 宣传教育。该指标主要考核企业贯彻落实《合同法》基本原则和主要精神的情况。该指标最高得分为 15 分，具体评估标准如下。

——多种形式宣传《合同法》。根据宣传效果按 5 分、3 分、1 分标准打分。

——组织《合同法》培训。根据年度培训次数、受训规模、培训效果，按 5 分、3 分、1 分标准打分。

——企业经营管理人员了解《合同法》。根据了解程度，按 5 分、3 分、1 分标准打分。

② 领导重视合同管理。该指标主要考核企业领导层对合同管理的重视程度。该指标最高得分为 20 分，具体评估标准如下。

——企业领导层重视合同管理、有领导分管合同管理工作。根据领导重视程度，按 10 分、5 分、3 分标准打分。

——企业领导层具有合同管理方面的知识。根据掌握相关知识的程度，按 10 分、5 分、3 分标准打分。

③ 学习"守信用重合同"政策。该指标主要考核企业学习和了解"守信用重合同"活动的政策文件精神情况。该指标最高得分为 15 分，具体评估标准如下。

——了解国家工商总局《关于深入开展"守合同重信用"活动的若干意见》、《"守合同重信用"企业公示办法》等文件主要内容。根据了解程度，按 8 分、5 分、1 分标准打分。

——了解"守信用重合同"企业评估指标及标准。根据了解和掌握程度，按 7 分、5

分、1 分标准打分。

④ 遵守工商行政管理法规。该指标主要考核企业执行有关工商行政管理法律、法规、规章情况。该指标最高得分为 20 分，具体评估标准如下。

——自觉接受工商部门的监督检查。根据掌握的情况，按 5 分、3 分、1 分标准打分。

——按时办理企业年检。根据企业和市场信用分类监管记录，按 5 分、3 分、1 分标准打分。

——没有违法和合同欺诈行为。根据掌握情况，按 10 分标准打分；有违法和合同欺诈行为的，不得分。

⑤ 执行诉讼和仲裁文书。该指标主要考核企业在诉讼和仲裁中执行法律文书的情况。该指标最高得分为 15 分，具体评估标准如下。

——执行人民法院已生效的法律文书。根据执行情况，按 8 分、5 分、1 分标准打分。

——执行仲裁机构已生效的法律文书。根据执行情况，按 7 分、5 分、1 分标准打分。

⑥ 兑现向社会公众承诺。指标主要考核企业的社会信誉情况。该指标最高得分为 15 分，具体评估标准如下。

——兑现商业广告承诺。根据兑现情况，按 8 分、5 分、1 分标准打分。

——兑现向社会其他方面的承诺。根据兑现情况，按 7 分、5 分、1 分标准打分。

(2) 企业合同管理。该指标满分为 100 分，分为 8 个二级指标。

① 制定合同管理制度。该指标主要考核企业合同管理制度的制定和落实情况。该指标最高得分为 15 分，具体评估标准如下。

——制定企业合同管理制度的，得 5 分。

——建立以下企业合同管理基本制度：授权委托制度；合同订立审查审批制度；合同履行检查和纠纷处理制度；合同台账、档案管理制度；考核奖惩制度。每项制度占 2 分，共 10 分。

——企业合同管理制度落实状况。根据制度落实情况，按 5 分、3 分、1 分标准打分。

② 建立合同管理机构。该指标主要考核企业合同管理机构是否健全，职责是否明确。该指标最高得分为 15 分，具体评估标准如下。

——设立专（兼）职合同管理机构的，得 5 分。

——明确合同管理机构职责的，得 5 分。

——合同管理机构发挥职能作用的，得 5 分。

③ 合同管理人员业务水平。该指标主要考核合同管理人员对相关合同法律法规知识的掌握程度。该指标最高得分为 10 分，具体评估标准如下。

——根据《合同法》等相关法律法规和企业合同管理知识的掌握情况，按 5 分、3 分、1 分标准打分。

——合同管理员持证上岗的，得 5 分；否则，不得分。

④ 规范合同条款。该指标主要考核企业的合同签约质量。该指标最高得分为 10 分，具体评估标准如下。

——合同主要条款齐全的，得 5 分。不齐全的，得 1 分。

——合同内容无违反法律法规规定的，得 5 分；有部分内容违反法律法规规定的，得 1 分；有严重违法条款的，不得分。

⑤ 使用合同示范文本。该指标主要考核企业使用合同示范文本，规范合同格式条款的情况。该指标最高得分为 10 分，具体评估标准如下。

——主营业务全部使用合同示范文本的，得 5 分；部分使用的，得 2 分。

——企业使用自制合同格式条款，内容齐全，无违反法律法规规定的，得 5 分；个别条款缺项的，得 2 分；有违反法律法规规定条款的，不得分。

⑥ 合同台账档案。该指标主要考核企业建立管理合同台账和档案的情况。该指标最高得分为 15 分，具体评估标准如下。

——根据合同种类、签订时间等标准建立完整合同台账的，得 5 分；不完整的，得 2 分；没有的，不得分。

——有完整的合同档案，可以随时查阅和有统计的，得 5 分；不完整的，得 2 分；没有的，不得分。

——实行合同台账统计微机管理的，得 5 分；没有实行的，不得分。

⑦ 合同纠纷处理。该指标主要考核企业对合同发生争议的处理能力。该指标最高得分为 10 分，具体评估标准如下。

——主动要求对方申请行政调解。根据实际情况，按 5 分、3 分、1 分标准打分。

——聘请律师或自行起诉应诉。根据诉讼、仲裁效果，按 5 分、3 分、1 分标准打分。

⑧ 合同签约率。合同签约率是指企业本年签订书面合同份数同营业销售笔数的比率。该指标表示企业采用书面形式订立合同的状况。该指标最高得分为 15 分，具体评估标准如下。

——合同签约率达到 80% 以上的，得 15 分。

——合同签约率达到 60% 以上的，得 10 分。

——合同签约率低于 60% 的，得 5 分。

（3）企业履约能力。该指标满分为 100 分，分为 5 个二级指标。

① 净资产收益率。净资产收益率是指企业一定时期内的净利润同平均净资产的比率，体现了投资者投入企业的自有资本获取净收益的能力，反映了投资与报酬的关系，是评估企业资本经营效益的核心指标。该指标最高得分为 15 分，根据实际情况按 15 分、10 分、5 分标准打分。具体计算办法为：

$$净资产收益率 = 净利润 \div 平均净资产 \times 100\%$$

平均净资产是企业年初所有者权益同年末所有者权益的平均数。净利润是指企业的税后利润，即利润总额扣除应交所得税后的净额，是未作任何分配的数额。

② 总资产报酬率。总资产报酬率是指企业一定时期内获得的利润总额与平均资产总额的比率，表示企业包括净资产和负债在内的全部资产的总体获利能力。该指标最高得分为 15 分，根据实际情况，按 15 分、10 分、5 分标准打分。具体计算办法为：

$$总资产报酬率 = 利润总额年末数 \div 平均资产总额 \times 100\%$$

利润总额是指企业实现的全部利润，包括企业当年营业利润、投资收益、补贴收入、营业外收支净额和所得税等项内容，如为亏损，以 "－" 号表示。平均资产总额是指企业资产合计年初数与年末数的平均值。

③ 资产负债率。资产负债率是指企业一定时期负债总额同资产总额的比率，表示企业总资产中有多少是通过负债筹集的，该指标是评估企业负债水平的综合指标。主要考核企业

负债水平及交易偿债风险程度。该指标最高得分为 15 分，根据实际情况，按 15 分、10 分、5 分标准打分。具体计算办法为：

$$资产负债率 = 负债总额年末数 \div 资产总额年末数 \times 100\%$$

负债总额是指企业承担的各项短期负债和长期负债的总和。资产总额是指企业拥有各项资产价值的总和。

④ 营业收入增长率。营业收入增长率是指企业本年营业（销售）收入增长额同上年营业（销售）收入总额的比率，表示与上年相比，企业营业（销售）收入的增减变动情况，是评估企业成长状况和发展能力的重要指标。该指标最高得分为 15 分，根据实际情况按 15 分、10 分、5 分标准打分。具体计算方法为：

$$营业（销售）增长率 = （本年主营业务收入总额 - 上年主营业务收入总额）/$$
$$上年主营业务收入总额 \times 100\%$$

⑤ 合同履约率。合同履约率是指企业本年已履行合同份数同应履行合同份数（因发生不可抗力、对方违约及依法变更、解除的除外）的比率，该指标是"守信用重合同"企业的核心要件。该指标最高得分 40 分，具体评估标准如下。

——合同履约率达到 100% 的，得满分。

——合同履约率达到 70% 以上的，得 20 分。

——合同履约率低于 70% 的，不得分。

（4）企业信用管理。该指标满分为 100 分，分为 7 个二级指标。

① 信用管理制度。该指标主要考核企业的信用管理制度。该指标最高得分 20 分，具体评估标准如下。

——建立以下企业信用管理基本制度：企业信用政策制度；客户调查制度；客户档案制度；授信制度；应收账款管理制度。每项制度 2 分，共 10 分。

——企业信用管理制度落实状况。根据落实情况，按 10 分、7 分、2 分标准打分。

② 客户信用档案。该指标主要考核企业客户档案的完整性。该指标最高得分为 10 分，具体评估标准如下。

企业通过客户调查等方式，建立完整的客户信用档案的，得 10 分；档案不完整的，得 5 分；没有建立的，不得分。

③ 客户风险分类管理。该指标主要考核企业在信用销售中对客户进行风险分类以及授予客户信用额度的情况。该指标最高得分为 15 分，具体评估标准如下。

——在信用销售中，进行客户风险分类的，得 8 分；否则，不得分。

——依据企业信用政策和客户风险分类结果，对客户进行授信并执行的，得 7 分；否则，不得分。

④ 应收账款管理。该指标主要考核企业应收账款管理的水平。该指标最高得分为 15 分，具体评估标准为：

建立完善的应收账款催收和债权管理制度的，得 15 分；制度不完善的，得 5 分；否则，不得分。

⑤ 使用征信产品。该指标主要考核企业在重大经济活动中，使用信用评估机构的征信报告、信用评估等信用产品，降低风险的情况。该指标最高得分为 10 分，根据实际情况按 15 分、10 分、5 分标准打分。

⑥ 运用担保方式。该指标主要考核企业运用担保保障债权的状况。该指标最高得分为 10 分，具体评估标准如下。

——善于运用保证、抵押、质押、留置、定金等担保方式。根据运用情况，按 5 分、3 分、1 分标准打分。

——主动或要求对方当事人及时办理担保登记。根据登记情况，按 5 分、3 分、1 分标准打分。

⑦ 利用行政管理资源。该指标主要考核企业善于利用工商部门的管理资源，保障签订合同的合法有效。该指标最高得分为 20 分，具体评估标准如下。

——签订重大合同前，主动到工商部门请求协查咨询，了解对方当事人主体资格和履约能力。根据掌握的情况，按 10 分、5 分、2 分标准打分。

——签订重大合同后，按有关规定主动办理相关手续。根据实际情况，按 10 分、5 分、2 分标准打分。

（5）企业社会信誉。该指标满分为 100 分，分为 8 个二级指标。

① 保障员工权益。该指标主要考核企业维护员工权益的情况。该指标最高得分为 10 分，具体评估标准如下。

——没有不良记录的，得 7 分。

——受省级以上（包括省级，下同）政府或主管部门表彰的，得 3 分；受省级以下政府或主管部门表彰的，得 2 分。

② 保障消费者权益。该指标主要考核企业在商品质量和商品服务中，保护消费者权益的情况。该指标最高得分为 15 分，具体评估标准如下。

——没有不良记录的，得 10 分。

——有优良记录的，得 5 分。

③ 依法纳税。该指标主要考核企业纳税、履行对国家责任的情况。该指标最高得分为 15 分，具体评估标准如下。

——没有不良记录的，得 10 分。

——受省级以上政府或主管部门表彰的，得 5 分；受省级以下政府或主管部门表彰的，得 3 分。

④ 保护环境。该指标主要考核企业维护公共利益、注重环境保护的情况。该指标最高得分为 10 分，具体评估标准如下。

——没有不良记录的，得 7 分。

——受省级以上政府或主管部门表彰的，得 3 分；受省级以下政府或主管部门表彰的，得 2 分。

⑤ 信贷信用。该指标主要考核企业向银行借款还贷能力及信誉状况。该指标最高得分为 15 分，具体评估标准如下。

——企业按借款合同约定履行还贷义务，没有不良记录的，得 10 分。

——受省级以上银行表彰的，得 5 分；受省级以下银行（信用评估）表彰的，得 2 分。

⑥ 重大安全事故。该指标主要考核企业在防范重大安全事故方面的情况。该指标最高得分为 15 分，具体评估标准为：

企业没有发生重大安全事故的，得 15 分；企业在安全方面有隐患的，得 5 分。

⑦ 社会公益慈善事业。该指标主要考核企业从事公益慈善事业的情况。该指标最高得分为10分，具体评估标准为：

企业从事社会公益慈善事业，实绩突出，受有关部门表彰的，得10分；仅从事一般性的社会公益慈善事业的，得5分；没有从事社会公益慈善事业的，不得分。

⑧ 同行业声誉。该指标主要考核企业在同行业中的经济效益和信誉情况。该指标最高得分为10分，具体评估标准为：

——企业在国内同行业中位居500强的，得10分；

——企业在省（市）内同行业中位居100强的，得5分；

——没有进入国内500强、省内100强的，得2分。

11.3 建筑施工企业合同履约管理评估

11.3.1 评估原则和程序

1. 评估原则

合同履约管理评估是诚信综合评估的一部分，其评估权重占诚信综合评估总权重的20%。合同履约管理评估由企业合同履约管理评估和建设工程项目合同履约管理评估组成，权重各占50%。

2. 评估程序

企业有评估标准中行为之一的，由经办人书面填写评估表，合同履约管理机构负责人签字，报城乡建设委员会建管处审批后，于次个工作日登录诚信综合评估系统完成录入，录入评估信息在网上公示，公示期满后，无异议的项目评估结果有效；有异议的项目，按有关规定办理。

11.3.2 企业合同履约管理评估

1. 评估标准

企业合同履约管理执行《施工企业合同履约管理评估标准》，见表11－3。

表11-3 施工企业合同履约管理评估标准

项目	子项	评 估 标 准
企业不良行为	通报批评	企业因拖欠工程款或农民工工资，受区县（自治县）城乡建委通报批评1次扣3分，受市城乡建委通报批评1次扣5分，受建设部通报批评1次扣10分。文件发布之日起计算，若整改合格，有效期1年；一年之内整改不合格的，有效期至整改合格之日
	拖欠工程款	企业以被拖欠工程款或价格纠纷为由，引发集访、群访的：（1）企业拒绝配合协调、不按应急预案处置的，1次扣5分，若整改合格，有效期1年，一年之内整改不合格的，有效期至整改合格之日；（2）企业积极配合协调、但已造成一定的社会不良影响的，1次扣3分，有效期1年；（3）企业妥善解决的，1次扣1分，有效期1年
	拖欠分包商工程款	企业因拖欠分包商工程款引发农民工集访、群访的：（1）企业拒绝配合协调、不按应急预案处置的，1次扣5分，若整改合格，有效期1年，一年之内整改不合格的，有效期至整改合格之日；（2）企业积极配合协调、但已造成一定的社会不良影响的，1次扣1分，有效期1年；（3）企业妥善解决的，1次扣0.5分，有效期1年

项目	子项	评 估 标 准
企业 不良 行为	拖欠农民 工工资	企业因拖欠农民工工资引发农民工集访、群访的：（1）企业拒绝配合协调、不按应急预案处置的，1 次扣 5 分，若整改合格，有效期 1 年，一年之内整改不合格的，有效期至整改合格之日；（2）企业积极配合协调、但已造成一定的社会不良影响的，1 次扣 1 分，有效期 1 年；（3）企业妥善解决的，1 次扣 0.5 分，有效期 1 年
	合同订立	企业签订"阴阳合同"，经投诉并查证属实的，1 次扣 10 分，有效期 1 年
	逃避监管	企业拒不协助、配合有关合同履约管理机构的日常监督、检查的，1 次扣 1 分，有效期 1 年
	履约投诉	企业有合同履约投诉，经核查情况属实的，1 次扣 0.5 分，有效期 1 年
	其他行为	被记录过其他不良行为的，1 次扣 0.5 分，有效期 1 年

备注：企业因同一事件被通报批评的，只按最高等级扣分。

2. 计分方式

计分方式采用百分制，最高分为 100 分，最低分为 0 分。企业未发生企业评估标准中行为之一的，诚信综合评估系统赋予基准分 100 分。

11.4　建设工程项目合同履约管理评估

11.4.1　评估范围及要求

1. 评估范围

自合同备案之日起至竣工结算完毕的房屋建筑工程和市政基础设施工程。

2. 评估要求

合同履约管理机构利用施工合同履约管理网络信息平台对施工企业工程项目的合同履约情况进行监管，并收集、整理合同履约信息。在一个评估周期（45 天）内，进入诚信综合评估系统对其工程项目合同履约管理进行一次评估。

有下列情况之一的，需由经办人到现场核实并填写评估表，经施工企业工程项目负责人签字确认、合同履约管理机构审核后，于次个工作日登录诚信综合评估系统完成评估。

（1）发生农民工集访、群访事件的；

（2）有合同履约评估相关投诉的；

（3）施工合同履约管理网络信息平台有警示的；

（4）其他需要进行现场评估的。

除上述情况外，工程项目合同履约管理评估由经办人书面填写评估表，合同履约管理机构负责人签字审批后，于次个工作日登录诚信综合评估系统完成评估。录入的评估信息在网上公示，公示期满后，无异议的项目评估结果有效；有异议的项目，按第五条有关规定办理。评估资料由专人负责归档保存，以备核查。

11.4.2　评估标准

建设工程项目合同履约管理评估执行《建设工程项目合同履约管理评估标准》，见表 11-4。

表 11 - 4　建设工程项目合同履约管理评估标准

项目名称：　　　　　　　　　　施工单位（签章）：

合同金额（万元）：　　　　　　　合同工期（起始时间到竣工时间）：

工程进度：

序号	评 分 项 目	查阅依据	扣分分值
	一、施工合同备案		—
1	全部使用国有资金投资或国有资金投资为主的工程建设项目，未采用工程量清单计价，扣 2 分	查阅备案合同	
2	安全文明施工措施费计取未按照我市有关规定执行，扣 2 分		
3	规费和税金计取未按照我市有关规定执行，扣 2 分		
4	合同金额中未将安全文明施工专项措施费单列，扣 2 分		
5	未明确预付工程款的数额，扣 1 分	查阅备案合同	
6	未明确预付工程款的支付时限，扣 1 分		
7	未明确预付工程款的抵扣方式，扣 1 分		
8	未明确合同价款的计价依据，扣 1 分		
9	未明确每计价周期工程进度款的支付比例，扣 1 分		
10	未明确工程进度款的支付时间，扣 1 分		
11	未明确工程施工中发生变更时，工程价款的调整方法或索赔方式，扣 1 分		
12	未明确工程施工中发生变更时，工程价款的调整或索赔的时限要求，扣 1 分		
13	未明确工程施工中发生变更时，工程价款的调整或索赔的金额支付方式，扣 1 分	查阅备案合同	
14	未明确工程施工中工程量清单错项、漏项、计算错误的相应价款调整的计算办法，扣 1 分		
15	采用固定价格的工程，未明确包含的风险范围、风险系数（或风险金额），扣 1 分； 采用可调价格的工程，未明确约定材料价差的调整方法以及各种可调因素，扣 1 分		
16	未明确安全文明施工措施费的预付和支付计划，扣 1 分		
17	未明确安全文明施工措施费的使用要求、调整方式，扣 1 分		
18	未明确工程竣工价款结算编制与核对时限及违约责任，扣 1 分	查阅备案合同	
19	未明确工程结算办理后工程款支付办法、期限，扣 1 分； 工程竣工价款结算约定的支付方式、数额、时限不符合国家和我市的相关规定，扣 1 分		
20	未明确工程质量保证（保修）金的数额、预扣方式及时限，扣 1 分		
21	未明确发生工程价款争议的解决方法，扣 1 分		
22	未明确履行合同、支付价款相关的担保事项，扣 1 分		

续表

序号	评 分 项 目	查阅依据	扣分分值
	二、报送施工合同履约情况		—
23	经合同履约管理机构两次以上督促仍未在规定时限内上报施工合同履约情况，每增加一次，扣 2 分	施工合同履约管理系统记录	
24	报送的施工合同履约情况不属实，经督促仍不改正的，扣 3 分		
	三、中止合同履约情况		—
25	非建设方原因，施工企业单方面中止履行建设项目施工合同，造成不良影响的，扣 5 分	事实认定以驻场监理提供书面资料，项目总监签字，并加盖监理单位公章和建设单位公章后生效	
26	因施工企业自身原因，在工程项目质量、安全、工期等方面不能履行合同，被建设单位清除出场的，扣 10 分	由建设单位出具清除出场的相关文字资料，并加盖监理单位公章和建设单位公章后生效	
	四、农民工工资保障		—
27	工程项目未建立解决拖欠农民工工资或分包款应急预案的，扣 3 分；工程项目建立的解决拖欠农民工工资或分包款应急预案内容不完整的，扣 1 分	现场查阅应急预案	
28	发生农民工集访、群访或群体性事件后，未按应急预案处置造成不良影响或后果的，扣 5 分	管理部门现场应急记录	
29	工地现场未张贴农民工维权公示牌的，扣 2 分	现场巡查公示牌	
30	施工企业未与直接用工的农民工依法签订劳动合同的，扣 3 分；施工企业只与部分直接用工的农民工依法签订劳动合同，扣 1 分	查阅劳务合同和劳动合同	
31	施工企业未督促劳务企业与农民工签订劳动合同的，扣 3 分；施工企业监督不到位，劳务企业只与部分农民工签订劳动合同的，扣 1 分		
32	施工企业在支付劳务企业工程进度款后，未督促劳务企业依法支付农民工工资的，扣 2 分	管理部门的投诉记录和现场问询	
33	施工企业未督促劳务企业建立农民工工资表发放登记册的，扣 3 分	查阅劳务企业本项目工资发放登记册	
34	经有关部门多次协调未果，动用了农民工工资保障金，用于支付施工企业拖欠的农民工工资的，扣 3 分	管理部门记录	
35	动用保障金后，经有关部门三次督促，施工企业不按要求补缴保障金的，扣 3 分		
	五、价款结算		—
36	施工企业无正当理由单方面有意拖延、不按规定或合同约定时限办理工程进度款结算和工程竣工结算的，扣 3 分	管理部门投诉记录	

序号	评　分　项　目	查阅依据	扣分分值
37	非正常重大设计变更等原因引起，工程结算金额与备案合同价差异过大的，扣3分	管理部门结算备案记录	
38	现场施工合同版本与备案合同明显不一致的，扣3分	现场查阅施工合同	
39	现场施工合同中的关键计价条款与备案合同不一致的，扣3分		
	六、工期		—
40	未按合同工期要求制订施工组织措施计划的，扣2分	查阅施工组织措施计划	
41	施工进度因施工方原因滞后合同的，扣2分	监理提供滞后原因和记录	
42	施工进度延滞后未建立有效赶工措施的，扣2分	查阅监理日志	
43	施工进度的修改和调整未得到监理和建设单位同意的，扣2分	查阅监理日志	
	得分汇总（得分＝100－上述所扣分值）		

建设单位人员签名：＿＿＿＿＿＿　监理单位人员签名：＿＿＿＿＿＿　施工企业项目经理签名：＿＿＿＿＿＿

评估人员签名：＿＿＿＿＿＿　评估时间：＿＿＿＿＿年＿＿＿＿＿月＿＿＿＿＿日

合同履约管理机构负责人审批：＿＿＿＿＿＿

11.4.3　计分方式

（1）计分方式采用百分制，最高分为100分，最低分为0分。工程项目未发生工程项目合同履约管理评估标准中行为之一的，诚信综合评估系统赋予基准分100分。

（2）计算日20时前合同履约管理机构上报进入诚信综合评估系统的工程评估评分与当日计算。施工企业所有工程项目合同履约管理评估得分的平均值为其最终得分。

（3）计算日当日无工程项目合同履约管理评估的企业，诚信综合评估系统赋予基准分60分。

（4）汇总得分。合同履约管理评估得分＝企业评估评分×50％＋工程项目评估平均分×50％。

11.4.4　其他事项

（1）合同履约管理机构应建立健全评估管理制度，将职责落实到个人。对疏怠职责、徇私舞弊、评估不公的责任人依法追究行政责任，情节严重涉嫌触犯刑法的，移交司法部门处理。

（2）施工企业对评估结果有异议的，应在评估后3个工作日内向评估机构书面提出并说明理由，附证明材料、照片等。企业工程项目应当评估未被评估的，可向评估机构书面投诉。评估机构收到书面异议后应在5个工作日内查实情况予以处理和答复。企业对答复仍有异议的，可向市城乡建设委员会书面投诉，投诉受理单位应在10个工作日内予以处理和答复。

（3）城乡建设委员会在对工程项目合同履约管理评估工作进行督察时，发现评估情况与实际不符的，可责令改正，必要时予以通报批评。

11.5　企业合同信用评估要件

11.5.1　企业合同信用评估信息表封面

企业合同信用评估信息表

企业名称：＿＿＿＿＿＿＿＿＿＿＿＿＿＿＿＿＿＿＿＿＿＿

联 系 人：＿＿＿＿＿＿＿＿＿＿＿＿＿＿＿＿＿＿＿＿＿＿

联系电话：＿＿＿＿＿＿＿＿＿＿＿＿＿＿＿＿＿＿＿＿＿＿

通信地址：＿＿＿＿＿＿＿＿＿＿＿＿＿＿＿＿＿＿＿＿＿＿

邮政编码：＿＿＿＿＿＿＿＿＿＿＿＿＿＿＿＿＿＿＿＿＿＿

电子邮箱：＿＿＿＿＿＿＿＿＿＿＿＿＿＿＿＿＿＿＿＿＿＿

所在地区：＿＿＿＿＿＿＿＿＿＿＿＿＿＿＿＿＿＿＿＿＿＿

＿＿＿＿＿＿＿＿＿＿信用评估有限公司制

11.5.2　企业合同信用评估承诺书

承　诺　书

本单位申请参加＿＿＿＿＿＿＿年度信用（合同）评估。

本单位承诺，在申请合同信用评估中所提交的证明材料是真实的，复印件与原件内容是一致的，并对因材料虚假所引发的一切后果负法律责任。

本企业符合下列条件：

① 成立满两个会计年度；

② 近两年均有主营业务收入；

③ 企业处于正常经营状态。

法定代表人签字：

单位盖章：

年　　月　　日

11.5.3　企业合同信用评估需提交的材料

企业合同信用评估需提交材料目录

一、企业合同信用评估信息表

1. 企业基本情况

2. 企业合同管理情况

3. 合同履约能力

4. 合同履约状况

5. 合同履约状况基础数据表

6. 企业社会信誉

二、附件

1. 企业法人营业执照复印件（如果是企业自行复印营业执照，应当加盖公章，并标明复印件与原件一致）

2. 企业合同管理工作总结

3. 企业合同管理制度（复印件一套并加盖公章）

4. 最近两个会计年度资产负债表、利润表、现金流量表（复印件一套并加盖公章）

5. 社会信誉有关证书（复印件一套并加盖公章）

11.5.4　企业合同信用评估信息内容

1. 企业基本情况

企业全称			
企业网址			
已获重守 信誉级别	□国家局　　　□省政府　　　□省局　　　□省辖市政府 □市局　　　□县（市、区）政府　　　□县（市、区）局　　　□无		
新申报级别	□国家局　　　□省政府　　　□省局　　　□省辖市政府 □市局　　　□县（市、区）政府　　　□县（市、区）局		
注册地址	市　　区（县）　　路（乡、镇）　　号（村）　　室		
经营地址	市　　区（县）　　路（乡、镇）　　号（村）　　室		
工商注册号		组织机构代码	
成立日期	年　月　日	法定代表人	
企业类型		注册资本	万元
主营业务			
主营业务 所属行业	□农林牧渔业　　　□冶金工业　　　□机械工业 □化学工业　　　□轻工业　　　□电子通信业 □石油石化工业　　　□建材工业　　　□医药工业 □纺织工业　　　□电力燃气工业　　　□其他工业 □土木工程建筑业　　　□建筑安装业　　　□装修装饰业 □对外贸易业　　　□批发业　　　□零售业 □交通运输仓储业　　　□邮政业　　　□住宿和餐饮业 □房地产业　　　□信息技术业　　　□信息、咨询服务业 □投资业　　　□其他服务业　　　□科研院所		

企业负责人（总经理、厂长）情况	姓　　名		总经理从事管理工作年限	
	近五年本企业总经理（厂长）变动人次		获得的个人荣誉	□获得地市级政府及以上嘉奖 □获得县级政府嘉奖 □无
	姓　　名		分管领导从事行业工作年限	
在职员工	总人数	业务人员	技术人员	行政管理人员

注：（1）需提供企业法人营业执照或营业执照复印件一份；

　　（2）"近五年本企业总经理（厂长）变动人次"不包括前任退休变动。

2. 企业信用（合同）管理和经营情况

信用（合同）管理部门				
机构配备	□专职　□兼职　□无		人员配备	□专职　□兼职　□无
信用（合同）管理人员人数	人		其中：受过专业培训人数	人
信用（合同）管理人员学历	研究生人数：_____ 大专人数：_____		本科人数：_____ 中专人数：_____	
使用的合同文本情况	□使用合同示范文本　　□国家或省行业主管部门制定的文本 □行业无合同示范文本，使用文本经工商部门备案审查　　□未使用			
信用（合同）管理电子化情况	□ERP 管理　　　　　　　　　　□信用（合同）管理软件 □办公软件电子化 word \ excel 等制表　　□均无			
违规合同	□有　　　□无		被司法机关认定的无效合同	□有　　　□无
资金筹措情况	政策性银行的贷款	□有　　□无	成功获得产业、项目基金	□有　　□无
	债券发行	□有　　□无	获取风险投资	□有　　□无
	贷款方式	□信用贷款 □担保贷款 □抵押贷款（可多选）	上市公司	□是　　□否

3. 企业合同签订履约情况

单位：万元

合同到期情况		到期书面合同①		到期口头合同②		全部到期合同③	
		份数	金额	份数	金额	份数	金额
当年	收入性合同						
	支出性合同						
上年	收入性合同						
	支出性合同						

合同履约情况		履约合同④		未履约合同			
				不可抗力、对方违约⑤		自身违约⑥	
		份数	金额	份数	金额	份数	金额
当年	收入性合同						
	支出性合同						
上年	收入性合同						
	支出性合同						

说明：（1）上述关系式：③ = ① + ②；③ = ④ + ⑤ + ⑥。

（2）收入性合同：企业获得价款报酬的合同。支出性合同：企业需支出款项的合同。

（3）除金融机构、中介担保机构外的企业，贷款合同、担保合同可不列入计算口径。

4. 企业财务情况

单位：元

项　　目	期初数	期末数	项　　目	上年数	本年数
货币资金			主营业务收入		
短期投资			主务业务成本	—	
应收账款			财务费用		
存货			利润总额		
流动资产	—		净利润		
固定资产原值			经营活动现金流量净额	—	
累计折旧	—		长期应收账款	—	
资产总额			坏账数		
流动负债	—		账款回收平均逾期天数		
负债总额			账款支付平均逾期天数	—	

说明：（1）上述数据根据财务报表数据填写，其中存货、应收账款、主营业务收入填净额数。

（2）本年数是指评估年数，如评估年是2012年，则上年数为2011年的数。

（3）年坏账数：包括实际已核销的坏账和有两年以上账龄的应收账款。

（4）长期应收账款数：指账龄为一年以上、两年以下的应收账款数。

5. 企业社会信誉

	荣誉称号、奖励名称	授予单位	授予时间	荣誉级别
企业优良信誉				
	资助内容	资助对象	资助时间	资助金额范围
企业资助公益事业记录				
	不良信誉记录名称	查处单位	查处时间	级别
企业不良信誉				

说明：

（1）优良信誉主要包括企业在评估年度有效的下列荣誉：① 国务院、国务院部委、省委、省政府及省政府两个以上部门联合授予的各种荣誉；② 著名商标、海关 A 类企业和省政府单独部门和省辖市政府授予的精神文明方面的荣誉；省辖市工商、税务部门的知名商标、纳税信誉 A 类企业；③ 各级政府或县以上工商部门授予的"守合同重信用"企业；④ 银行资信评估 AAA、AA 和 ISO 系列质量认证；⑤ 中国名牌产品；⑥ 建筑房地产开发企业经营资质等级（二级以上）。其中①②③④不包括各类学会、协会等社团组织及政府部门内设机构授予的荣誉。

（2）企业资助公益事业记录：单项资助公益事业 10 万元以上，需提供相应资助证明复印件。

（3）不良信誉主要包括：企业不正当竞争，制售假冒伪劣商品，纳税拖欠，财务会计、统计、物价和环保违规等，由各级政府部门和行业协会对企业不诚信经营活动所进行的查处情况。

（4）企业优良信誉填报事项要附有关证书复印件一份。

11.5.5　合同管理人员业务水平调查问卷

本问卷由企业合同管理人员 2～5 人分别填写后与评估信息表一并提交评估公司。

1. 合同的主体有哪些？
□ 自然人　　　　□ 法人　　　　□ 债权人　　　　□ 其他经济组织

2.《中华人民共和国合同法》的具体适用范围不包括以下哪类合同？
□ 买卖合同　　　□ 借款合同　　　□ 保险合同　　　□ 租赁合同
□ 融资租赁合同

3. 贵公司在哪些地方经常使用授权委托书？
□ 签订合同　　　□ 财务借贷款　　□ 招标事项　　　□_____

4. 贵公司长期授权委托书的委托期限是多久？
□ 一个月　　　　□ 半年　　　　□ 一年　　　　□_____

5. 构成法人的条件有哪些？
□ 必须具有一定的组织机构
□ 必须是自然人

□ 必须能以自己的名义参与经济活动，承担经济责任

□ 必须依照法定程序成立，经国家机关核准登记

□ 必须有独立支配的财产或独立预算

6. 一般由哪些相关部门对合同可行性进行审查？

□ 采购部　　　　□ 销售部　　　□ 技术部或质量部　□ 工程部

□ 财务部　　　　□ 法务部　　　□ 办公室　　　　　□ 总经理室

7. 贵公司在签订合同时，通常需要具备下列哪些条款？

□ 当事人的名称或姓名住所

□ 价（包括价款、费用、酬金、租金等）

□ 履行的地点和方式

□ 违约责任

□ 解决争议方法

□ 标的

□ 数量

□ 履行期限

□ 质量要求

8. 贵公司通过何种途径来对合同对方的资质、履约能力情况进行了解？

□ 对方提供的证明材料

□ 向当地有关部门进行了解

□ 委托中介机构调查

□ 其他_____（请填写）

9. 您认为下列哪种形式的合同为无效合同？

□ 一方以欺诈、胁迫的手段订立合同，损害国家利益

□ 恶意串通，损害国家、集体或者第三人利益

□ 以合法形式掩盖非法目的

□ 损害社会公共利益

□ 违反法律、行政法规的强制性规定

10. 您认为无效合同从哪几方面来加以区别？

□ 从形式上和实际上加以区别

□ 从部分有效、部分无效和全部无效上加以区别

□ 从内容上区分

□ 从履行情况区分

□ 从法律上区分

11. 您认为履行合同应该遵循哪些原则？

□ 实际履行原则

□ 适当履行原则

□ 协作履行原则

□ 诚实信用原则

□ 部分履行原则

12. 合同履约过程中一般通过什么方式了解对方的执行情况？

□ 电话询问　　　　　　□ 发函询问　　　　　□ 实地考察

□ 委托他人代为调查或监督

13. 贵公司在履约过程中，发现对方当事人发生下列何种情况时，可能提出中止合同？

□ 经营状况严重恶化

□ 经营不善

□ 转移财产、抽逃资金，以逃避债务

□ 丧失商业信誉

□ 有丧失或者可能丧失履行债务能力的其他情形

14. 您认为合同在履行过程中如发生违约，哪些情况可以依法免除责任？

□ 不可抗力

□ 由于一方违约使经济合同履行成为不必要时，无过错的一方变更或解除经济合同可不负赔偿责任，且有赔偿请求权

□ 有关法律、行政法规所规定的其他免责条件

□ 合同约定的，变更或解除合同的免责条件

□ 当事人迟延履行后发生不可抗力

15. 您认为合同专用章可使用于哪些经济活动中？

□ 代替行政公章使用　　□ 作为业务公章使用　　□ 签订经济合同使用

16. 在合同履约过程中如果发生争议、纠纷，贵公司会通过何种途径解决？

□ 双方协商解决　　　　□ 提请仲裁　　　　　□ 向法院提出诉讼

17. 贵公司一般每（　　）进行合同汇总分析？

□ 一个月　　□ 二个月　　□ 半年　　□ 一年　　□_____（或填写）

18. 贵公司是否对合同担保方进行详细了解？具体了解哪些内容？通过何种途径了解？

19. 贵公司对合同变更、解除的处理方式及记录方式是怎样的？

20. 结合您的工作内容和职责，谈一下对合同管理的认识。

填表人签字：_____
年　　月　　日

11.5.6　企业经济合同信用调查问卷

您所在企业的基本情况：

企业名称		行　业	
注册资金		所有制形式	
成立时间		法定代表人	
参加"守合同重信用"评选情况			

1. 企业合同主管人员配置情况

A. 有主要领导分管合同管理工作层，并参加过合同管理知识培训

B. 有主要领导分管合同管理工作层，但未参加过合同管理知识培训

C. 无主要领导分管合同管理工作层

2. 企业合同管理机构设置情况

A. 合同管理人员分散于企业内部各个业务部门之中

B. 合同管理部门独立，作为一个整体向业务部门提供合同服务

C. 合同管理部门独立，合同管理人员同时对合同管理部门和业务部门负责

D. 其他_____

3. 企业员工总数为：_____人

其中，合同管理人员总数为：_____人，其中专职_____人。

2008 年和 2009 年两年内，企业共用于企业合同管理的经费支出为_____万元。

4. 企业合同专职管理人员基本情况

项　　目	数　　量
学历构成（按已取得学位计算）	博士研究生及以上：_____人
	硕士研究生：_____人
	本科：_____人
	专科及以下：_____人
性别构成	男性：_____人；女性：_____人
年龄构成	20～30 岁：_____人；30～40 岁：_____人；
	40～50 岁：_____人；50 岁及以上：_____人
在本企业从事合同工作的平均年限	部门经理及以上人员平均：_____年
	部门经理以下合同管理人员平均：_____年

5. 企业是否已制定专门的合同管理办法

A. 是 　　　　　　　　B. 否 　　　　　　　　C. 正在制定

6. 企业合同相关单项管理情况（请在对应栏目内画上"√"）

指　标　单项管理办法	是否已经制定	
	是	否
1. 合同标准文本管理		
2. 合同主体资质/资信管理		
3. 合同谈判管理		
4. 合同审查管理		
5. 合同审批管理		
6. 合同签署授权委托管理		
7. 合同编号管理		
8. 合同专用章管理		
9. 合同档案管理		
10. 合同台账管理		
11. 业务人员合同法律知识培训		

7. 合同管理部门是否参与企业重大合同的谈判?

A. 经常　　　　　　　B. 有时　　　　　　　C. 否

8. 企业跟踪落实合同管理制度的部门是

A. 合同管理部门　　　　B. 财务管理部门　　　　C. 综合管理部门

D. 项目主管部门　　　　E. 其他_____

9. 企业合同履约跟踪管理情况是

A. 合同管理人员及时跟踪检查合同履行情况

B. 分管领导定期或不定期检查合同履约情况

C. 分期履行的合同有履行记录

D. 产、供、销各个环节有合同履约流程管理

E. 其他_____

10. 企业落实相关合同管理制度、流程的合同比率达到

A. 20% 及以下　　　　B. 20% ~ 40%　　　　C. 40% ~ 60%

D. 60% ~ 80%　　　　E. 80% ~ 100%

11. 您认为合同信用管理是否会给企业带来融资的便利和业绩的增长

A. 是　　　　　　　　B. 否　　　　　　　　C. 不确定

12. 2008—2009 年,企业签订合同件数为_____件,合同标的额总数为_____万元。已履行的合同件数_____件,合同标的额_____万元,未履行合同_____件,合同标的额_____万元。

13. 企业生产经营中采用的主要交易方式是(可多选)

A. 订立书面合同　　　　　　B. 无书面合同,现金即时清结交易

C. 无书面合同代购代销或赊销　　D. 网络电子合同

E. 既具有网络电子合同又订立书面合同

_____年,上述交易方式分别占总交易金额的比例为:_____%、_____%、_____%、_____%、_____%。

14. 签订的书面合同主要以_____形式为主。

A. 书面合同　　　　　　　　B. 信函合同

C. 网络电子合同(包括电报、电传、传真、电子数据交换和电子邮件)

D. 既具有网络电子合同又订立书面合同

_____年,上述书面合同分别占总合同金额的比例为:_____%、_____%、_____%、_____%。

15. 企业经常使用的合同种类为(可多选)

A. 买卖合同　　　　B. 供用电、水、气、热力合同

C. 赠与合同　　　　D. 借款合同　　　　E. 租赁合同　　　　F. 融资租赁合同

G. 承揽合同　　　　H. 建设工程合同　　I. 运输合同　　　　J. 技术合同

K. 保管合同　　　　L. 仓储合同　　　　M. 委托合同　　　　N. 行纪合同

O. 居间合同　　　　P. 网络电子合同　　Q. 其他合同

16. 企业目前是否已经使用合同管理信息化平台或系统?

A. 是　　　　　　　　B. 否　　　　　　　　C. 正在建设

17. 企业是否采取了信用管理流程？

A. 是   B. 否

18. 合同示范文本的使用状况是：

A. 业务全部使用合同示范文本

B. 部分使用合同示范文本

C. 使用企业自制合同格式条款

D. 其他＿＿＿＿＿＿＿＿

＿＿＿＿＿＿年，企业制定合同格式文本的总数（包括下属企业）为 ＿＿＿＿＿＿ 种；＿＿＿＿＿＿年，使用合同格式文本＿＿＿＿＿＿份；使用合同示范文本＿＿＿＿＿＿份。

19. 企业所使用的合同格式文本是否确属应到工商行政部门备案的种类？

A. 是   B. 否

如是，使用的是否是已备案的合同格式文本？

A. 是   B. 否

20. 企业使用的合同格式文本是否受到过投诉？

A. 是   B. 否

如是，是否按照《湖北省合同监督条例》的相关要求进行过修改？

A. 是   B. 否

21. 您认为我省企业合同信用状况较往年有好转吗？

A. 非常明显的好转   B. 有好转，但效果不明显

C. 没好转   D. 越来越差

22. 您认为我省企业合同信用状况好转，主要体现在哪些方面？（限选 3 项）

A. 企业管理层合同法律意识强，有打造诚信守约品牌理念

B. 企业合同信用机构、人员配置完善，管理制度健全，并落实到位

C. 无合同失信记录

D. 合同纠纷、合同欺诈行为大幅度减少

E. 合同履约率逐年提高

F. 引入企业信用风险管理，合同管理成本进一步降低

G. 有关合同的法律、法规不断出台并逐渐完善

H. 其他＿＿＿＿＿＿

23. 您认为企业合同信用状况良好，会给企业发展带来什么变化？（可多选）

A. 促进经济持续发展，给企业带来良好的外部环境

B. 企业融资渠道、融资金额、授信额度增加

C. 企业合作伙伴逐年增多，合同订单份额增加

D. 提升企业的公众形象，增加顾客的认可程度

E. 企业效益持续增长

F. 其他＿＿＿＿＿＿

24. 您认为合同信用状况好转原因是（限选 3 项）

A. 政府重视程度提高   B. 监管力度加强

C. 企业自身合同信用意识增强   D. 舆论导向促进

E. 社会整体信用环境好转　　　　　　F. 有关合同的法律制度逐渐完善

G. 其他_____

25. 你认为我省部分企业合同信用状况较差，主要体现在哪些方面？（限选 4 项）

A. 企业法人合同法律意识不强

B. 企业合同自律（企业合同管理）规章制度不健全

C. 企业合同管理人才缺失

D. 对企业合同管理（承办）人员缺少相关法律法规的培训

E. 合同履约率降低　　　　　　　　　F. 企业合同纠纷时有发生

G. 恶意违约现象增多　　　　　　　　H. "三角债"情况严重

I. 赊销合同增加，应收款不能按时入账　J. 其他_____

26. 企业在合同交往中遇到的合同违约行为主要有哪些？（限选 3 项）

A. 单方违约和双方违约　　　　　　　B. 预期违约和届期违约

C. 根本违约和非根本违约　　　　　　D. 合同不履行和不适当履行

E. 一般瑕疵履行和加害履行　　　　　F. 债务人履行迟延和债权人受领迟延

G. 因第三人原因造成的违约和因当事人原因造成的违约

27. 当前哪些行业合同信用问题最为严重？（限选 4 项）

A. 电信服务　　　　B. 房地产　　　　C. 金融、保险

D. 旅游　　　　　　E. 社会服务　　　F. 家政、职介、房屋租赁等中介

G. 医疗卫生　　　　H. 美容、健身　　I. 物业管理

J. 其他_____

28. 当前合同违约行为主要发生在哪些合同种类？（可多选）

A. 买卖合同　　　　B. 供用电、水、气、热力合同

C. 赠与合同　　　　D. 借款合同　　　E. 租赁合同　　　F. 融资租赁合同

G. 承揽合同　　　　H. 建设工程合同　I. 运输合同　　　J. 技术合同

K. 保管合同　　　　L. 仓储合同　　　M. 委托合同　　　N. 行纪合同

O. 居间合同　　　　P. 网络电子合同　Q. 其他合同

29. 您认为采取哪种途径解决合同纠纷问题最有效果？

A. 双方协商解决　　　　　　　　　　B. 向人民法院起诉

C. 仲裁委员会仲裁　　　　　　　　　D. 申请工商部门调解

E. 无结果，形成呆账死账　　　　　　F. 使用暴力或黑恶势力等非法手段解决

_____年企业共追回_____万元货物（货款），收回违约金_____万元。

30. 企业在经济合同交往中曾遇到的合同违法行为有（可多选）

A. 以虚假的财产权利提供合同担保

B. 以虚构的单位或者冒用他人的名义订立合同

C. 利用虚假广告或信息，以高额利润诱使他人订立合同，骗取中介费、立项费、保证金、培训费、设备费等费用

D. 当事人无实际履约能力，采取欺诈手段订立或者履行合同，骗取对方当事人的价款、酬金或者货物

E. 为他人实施合同违法行为提供印章、营业执照、证明、银行账号、凭证及其他便利

条件

　　F．以欺诈、胁迫等非法手段订立合同损害他人利益的行为

　　G．其他_____

31．企业遭受违法合同行为侵害主要发生在哪些合同种类？（可多选）

　　A．买卖合同　　　　　B．供用电、水、气、热力合同

　　C．赠与合同　　　　　D．借款合同　　　E．租赁合同　　　F．融资租赁合同

　　G．承揽合同　　　　　H．建设工程合同　I．运输合同　　　J．技术合同

　　K．保管合同　　　　　L．仓储合同　　　M．委托合同　　　N．行纪合同

　　O．居间合同　　　　　P．网络电子合同　Q．其他合同

32．您遇到过的合同欺诈行为有哪些？（可多选）

　　A．伪造证件：如利用伪造单位、营业执照、海关和商检证明、银行票据、提货单、身份证、工作证、委托书、合同等证明，签订合同，骗取钱财

　　B．诱饵钓鱼：如是以紧俏物品为诱饵，抓住对方急于发财的心理，许以高利，签订合同，侵吞对方预付货款

　　C．利用联营、加盟骗取投资：如以联营、加盟为名，打着优势互补、共同盈利的幌子，取得对方的信任，签订联营合同，骗取对方投资款

　　D．欲擒故纵先予后取：如以先预付款或给付定金为诱饵，给对方一定甜头，打消对方的顾虑，达到骗取对方大量钱财的目的

　　E．恶意串通合演双簧：如两个以上的单位和个人，事先串通，一买一卖，制造商品紧俏气氛，以便推销劣质和滞销商品，骗取货款

　　F．顺手牵羊：如以滞销和积压商品为目标，抓住对方急于推销滞销和积压商品的心理，签订购销合同，顺手取之；货物到手，不付货款

　　G．指山卖磨。如本身无履约能力，无货物，却以现场看货等名义把需方领到码头、货场或仓库，把他人之货说成是自己的，骗取对方信任后签订合同，骗取对方的货款

　　H．混淆定金与订金，使"定金罚则"无法实施

　　I．利用留学中介服务进行合同欺诈

　　J．其他_____

33．由于对方企业合同违约或合同违法，2008年贵企业直接经济损失_____万元，间接损失_____万元；2009年企业直接经济损失_____万元，间接损失_____万元。

34．从外部环境看，您认为目前我国企业诚信问题产生的主要原因是（限选5项）

　　A．法制不健全（缺乏必要的管理制度，定性不清晰、条件和程序不规范、相应的行政激励制度不完备）

　　B．行政部门执法不严、监督不力　　　C．政府地方保护主义

　　D．无法可依　　　　　　　　　　　　E．信息不透明，获取企业信息渠道少

　　F．市场主体职业道德素质不高（尤其是部分民营经济主体行为人素质有待提高）

　　G．媒体不透明，社会监督滞后

　　H．社会转型、经济转轨，使企业得短期行为严重

　　I．缺乏诚信环境（社会风气、缺乏宣传和教育，社会上没有诚实守信的观念）

　　J．消费者的维权意识差　　　　　　　K．现有的法律条文有漏洞可钻

35. 从企业角度看，您认为企业合同履约率不高的主要内因是（限选 4 项）

A. 行业竞争太激烈造成　　　　　　　B. 企业产品或服务供需不平衡造成

C. 企业产品赊销太多造成　　　　　　D. 企业流动资金紧张

E. 企业融资困难　　　　　　　　　　F. 企业市场竞争力不强

G. 企业合同信用意识薄弱　　　　　　H. 企业合同管理不到位

I. 没有采取信用管理等先进管理方式　　J. 企业职业道德素质不高

K. 违法成本较低

36. 您认为企业合同履约率不高的主要原因是（限选 3 项）

A. 当事人法律意识、诚信意识淡薄

B. 当事人维权意识不强，给违约方可乘之机

C. 违约成本低，维权成本高

D. 行政部门执法不严、监管力度不强

E. 法律法规不健全，惩罚措施不到位

F. 其他_____

37. 您认为导致某些领域社会诚信水平下降的主要原因是（限选 3 项）

A. 社会道德水平差　　　　　　　　　B. 对失信行为执法不严惩治不力

C. 遵法守信的人往往吃亏　　　　　　D. 诚信文化建设缺乏

E. 政府信息公开不够　　　　　　　　F. 利益驱动

G. 其他_____

38. 因对方缺乏诚信导致您的权利受损，您会采取法律的手段保护自己的合法权益吗？

A. 会　　　　　　　B. 不会　　　　　　C. 有待考虑

39. 您对依法维权的结果是否满意

A. 很满意　　　　　B. 基本满意　　　　C. 很不满意　　　　D. 不满意

40. 您认为当前依法维权的主要问题是

A. 费时费力，成本太高　　　　　　　B. 举证难

C. 法律法规不健全，因此对处理结果不抱希望

D. 不知道怎样运用法律保护　　　　　E. 司法不公

F. 其他_____

41. 你认为当前合同信用缺失存在什么危害（限选 5 项）

A. 市场交易方式退化，现金交易盛行

B. 由于企业逃废债行为较多，造成放贷紧缩，企业融资困难，难以发展壮大

C. 由于信用的缺失，增加了企业生产成本和投资风险

D. 假冒伪劣产品大行其道，造成人民群众生命财产得不到合法保障

E. 由于相互违约，企业之间"三角债"环环相扣，使整个行业上、下游产业发展困难

F. 由于信用缺失，造成全省资金使用率低，阻碍了全省经济快速发展

G. 由于合同信用整体环境差，造成外商投资和外来投资率低

H. 由于整体信用环境较差，居民消费指数下降

I. 由于信用缺失，造成交易不安全

J. 其他_____

42. 您认为人大在推进企业合同信用建设中应该做到（限选 3 项）

A. 完善法律法规建设，如信用立法、《征信管理条例》等，为信用建设提供法制保障

B. 加大对企业信用体系建设的政策支持力度

C. 发展信用制度，如建立信用标准体系，提高失信成本

D. 发展中介机构，扩大社会监督

E. 改革财务制度，完善会计准则

F. 其他_____

43. 针对当前合同行政执法不到位的现状，您认为人大应该如何在执法监督方面推进企业合同信用建设（限选 4 项）

A. 建立以行政执法责任制为核心的行政执法制度体系

B. 建立行政执法监督网络机制

C. 落实行政执法责任制和执法过错责任追究制

D. 严格依照法律程序进行行政执法监督检查

E. 经常开展执法检查，监督和促进政府及其职能部门严格依法行政

F. 行政执法监督检查工作应当力求实效，不走过场

G. 改进行政执法监督检查方式方法

H. 建立健全人民代表执法监督网络

I. 其他_____

44. 您认为省、市、县各级政府在推进企业合同信用建设中应该做到（限选 4 项）

A. 省人民政府应当建立全省统一、规范、公开的征信体系，制定社会信用建设实施办法

B. 省人民政府应当有组织地开放和培育信用服务市场，对各种评估活动进行清理

C. 各级人民政府应当组织清理政府拖欠的债务，制订偿还债务的具体计划，分期清偿债务

D. 各级人民政府要健全和落实行政执法责任制和行政过错责任追究制

E. 各级人民政府应当以严格依法行政、提高政府公信力为核心，加强政府信用建设

F. 各级人民政府要发挥导向示范作用，转变政府职能，树立诚信政府形象

G. 各级人民政府应当加强信用环境体系建设的领导和督办，建立守信与失信企业的奖惩机制

H. 各级人民政府应当通过媒体曝光、部门联动、文艺宣传、行业示范等多种形式，提高全民信用观念，使信用意识深入人心，树立信用正气

45. 您认为企业在加强合同信用建设中应该做到（限选 5 项）

A. 企业决策者要重视合同信用管理，要建立健全企业合同管理机构和人员

B. 实行客户资信管理制度　　　　C. 建立企业内部授信制度

D. 完善应收账款管理制度　　　　E. 全面提高企业合同管理人员综合素质

F. 积极参加守合同重信用认定公示活动，提升企业信用等级

G. 加强合同履约跟踪管理

H. 通过行业协会等组织提高自我保护及自律能力，依法诚信经营

I. 企业合同执行情况向社会公示

J. 增强质量意识，树立品牌，信誉观念

K. 全面改善在生产经营、税费缴纳、信贷融资、往来账款、财务核算、数据统计等方面的信用状况，塑造良好的形象

L. 其他_____

46. 站在社会大众的角度，您认为加强企业合同信用建设应该从哪些方面努力（可多选）

A. 公民个人应当加强自身道德修养和品行操守，把诚实守信作为基本行为准则

B. 宣传、文化行政部门以及新闻媒体应当大力宣传推广守信誉、讲信用的先进典型，揭露和谴责严重失信行为

C. 充分发挥网络舆论的监督作用，如定期组织网络投票评选诚信或不诚信企业

D. 新闻媒体（主要是报纸、电视）要坚决抵制虚假广告

E. 其他_____

47. 您认为企业应该将合同信用状况向社会公示吗？

A. 应该全部公示　　　　　　　　B. 部分公示

C. 不赞成公示　　　　　　　　　D. 其他_____

48. 若将企业合同信用公示形成制度，您认为应该采取哪些措施来实施（可多选）

A. 与银行信贷评估制度结合，定期发布企业动态资金信用状况

B. 与税务部门信用体系接轨，定期公布税收先进大户及偷漏税企业名单

C. 与工商部门企业信用分类监管相结合，实时更新奖惩信息

D. 与"守合同重信用"单位认定公示活动相结合，鼓励企业主动公示信用状况

E. 人大立法形成合具有强制约束力的合同信用公示制度

F. 建立全省联网的合同信息公开制度

G. 其他_____

49. 您认为工商部门应从哪些方面加强企业合同行为监督和服务（限选6项）

A. 指导企业完善合同管理和服务机构的设置

B. 积极开展合同法律法规宣传，加强合同培训，提高企业合同管理人员素质和办事效率

C. 做好企业合同帮扶工作，指导企业完善合同管理制度，全程跟踪重点企业合同签订—履行的各个环节

D. 加大合同监管执法力度，严厉查处合同违法违规行为

E. 做好合同示范文本推广工作，有效防范和减少合同纠纷

F. 企业、媒体、消费者等相关市场主体积极参与

G. 支持、鼓励企业合同管理行业组织发挥自强、自立、自律精神，营造公平公正的信用环境

H. 政府的支持、肯定和认可（如参与表彰守重企业）

I. 建立企业合同信用档案，引入奖惩机制引导企业合同信用健康发展

J. 加强硬件投入（开发软件、购置设备、服务器维护等）

K. 开展信用巡查，确保信用公示内容真实、完整

L. 推行企业信用分类监管

M. 积极培育民间信用中介机构，逐步取代靠政府权力形成的行业协会、认证机构、资信评估机构等组织，开展市场化的信用服务

N. 其他_____

50. 您认为企业合同信用评估有必要吗？

A. 很有必要　　　　B. 没有必要　　　　C. 无所谓

51. 您认为应以什么为标准对企业合同信用进行评估？（限选 5 项）

A. 领导重视合同管理程度　　　　B. 合同管理制度的制定和实施状况

C. 合同管理机构建立健全状况　　　　D. 所签合同条款的规范状况

E. 合同示范文本的使用状况和格式条款的规范状况

F. 同台账档案　　　　G. 企业履约能力

H. 企业信用管理状况　　　　I. 保障员工权益状况

J. 保障消费者权益状况　　　　K. 保障债权人权益状况

L. 依法纳税情况　　　　M. 保护环境情况

N. 社会公益慈善事业情况　　　　O. 其他_____

52. 您认为政府在企业合同信用评估中应履行的职能是（限选 5 项）

A. 制定出一套统一、全面、可操作性强的合同信用评估标准

B. 鼓励和引导中介组织从事信用评估，弱化行政审批色彩

C. 规范工商等行政管理部门的职责，强化服务和监管职责

D. 加大对信用评估机构行业的管理

E. 完善公示平台，加强各相关部门的信息沟通，及时公示不良信用记录

F. 研究落实信用企业的相关优惠措施，在贷款、招投标等方面予以优先考虑

G. 建立失信惩戒机制，增加失信企业的信用成本

H. 加强教育和执法力度，营造诚信的社会环境

I. 依法把好市场准入关，从源头上消除隐患

J. 完善市场退出机制，限制企业间失信行为

K. 加强对新闻媒体监督言论的保护

L. 其他_____

53. 您认为中介组织应如何对企业合同信用进行评估？（可多选）

A. 建立以数学模型为基础的量化评估体系

B. 采用政府制定的信用评估标准

C. 自觉接受行业主管部门、媒体和合同当事人的监督

D. 其他_____

54. 您认为新闻媒体在企业合同信用评估中应发挥的作用是（可多选）

A. 向社会提供产品质量信息

B. 规范广告的发布和宣传，加大广告的审查力度

C. 公开置疑或曝光企业合同管理状况和财务状况

D. 宣传合同法规条例，提高合同意识

E. 加大对合同违法典型案件的跟踪报道

F. 其他_____

55. 您认为企业应如何提升自身合同信用评估等级？（可多选）

A. 建立现代企业合同信用管理制度

B. 应用先进的合同信用管理技术和方法

C. 培养合同信用管理人才

D. 加强学习培训，增强信用风险防范意识和管理知识

E. 其他_____

56. 你认为企业诚信（信用）评估结果应以什么样的形式公布？（可多选）

A. 将企业信用评估结果于网上公开

B. 将企业信用评估结果于媒体公开

C. 企业信用评估结果有偿索取

D. 行业协会以公文形式公布到相关企业

E. 其他_____

57. 您对工商系统开展的"守合同重信用"企业认定活动的看法是（限选 5 项）

A. 增强了企业的合同法律意识和合同信誉意识

B. 促进了企业的内部管理，提高了企业的经济效益

C. 帮助企业树立了良好形象，增强了市场竞争能力

D. 减少了大量的经济纠纷，改善了合同秩序

E. 形成了遵守信用的激励机制，起到了积极的宣传推动和示范效应

F. 方便企业申请银行贷款，为参加招投标加分

G. 工商部门给予部分"守合同重信用"企业予以年检免检

H. 提高了工商行政合同管理的水平和人员素质，丰富了合同管理手段

I. 没有必要参与，只是一种形式

J. 评比活动加重了企业的负担

K. 其他_____

58. 你认为"守合同重信用"活动应如何改进，才能更具有社会公信力？

A. 要加大宣传力度，提高参与企业的知名度

B. 要改进考核方法，建立科技含量较高的数据化认定公示平台和管理手段

C. 要优化认定标准，加强与银行、税务、电信等征信部门联系，提高认定公信力

D. 其他_____

本章小结

本章主要内容包括企业合同信用评估的背景，企业合同信用评估的指标体系，建筑施工企业合同履约管理评估标准，建设工程项目合同履约管理评估和企业合同信用评估要件。

本章重点是企业合同信用评估指标体系的设计与应用。

本章难点是不同行业企业合同信用评估体系的设计。

✎ **思考题**

1. 企业合同信用评估和企业信用评估有什么区别？

2. 如何设计企业合同信用评估体系？请选择教材中没有提及的行业设计一套企业合同评估体系。

3. 以信用评估机构评估专员的身份开展一次合同信用问卷调查活动。

4. 你认为企业合同信用评估在哪些方面还需要完善？

5. 如何有效发挥第三方评估机构和政府部门合同信用评估的作用？

案例分析

根据自己感兴趣的行业和熟悉的企业，收集相关资料，评估其合同信用。

企业与个人征信

本章主要介绍了征信的含义、特点和作用，对企业征信和个人征信进行详细论述。第一部分为征信概述，第二部分为征信管理体系建设，第三部分为企业征信，第四部分为个人征信。

导读案例

一个真实的故事：看德国的征信

一个初冬的夜晚，下着小雪。德国人凯里抱着侥幸心理驾车闯了红灯，结果被一个睡不着觉的老太太发现。

没隔几天，保险公司的电话就到了："凯里，你的保费，明天开始增加1%。"

"为什么？"

"我们刚刚接到交通局的通知，你闯红灯，按照我们的逻辑，这种人很危险，所以保费要增加1%。"

没过多久，他的太太进来了。"老公，银行突然通知我们购房分期付款从15年改成10年，到底发生什么事了？"

"实在对不起，因为我前几天闯了红灯。"

"啊！闯红灯？我们家已经没有钱了，你还搞这种事情，你自己想办法。"

没多久，他的宝贝儿子从学校回来。"爸，老师叫我把学费现金送过去，说不能分期付款。"当儿子得知这一切都是因为爸爸闯红灯造成的，感到不可思议。

"啊！爸你闯红灯！难怪同学都笑我，下礼拜我不想去学校了，真丢脸。"这位德国人陷入困境，只是因为闯了一次红灯。

问题：保险公司、交通局、银行、学校是如何快速获得凯里违章信息的？

关键词语

征信　企业征信　个人征信　信用报告　信用记录　信用信息　征信模式

12.1 征信概述

12.1.1 征信的含义

征信（credit checking）就是通过一定的机制把分散在不同授信机构、司法机构、行政机构等的能反映个人和企业偿还意愿的信息集中到一个或若干个数据库中，让授信机构在授信决策时能方便、快捷地获得完整、真实的信息，从而大大节约交易费用，降低交易风险的一项信用信息管理活动。

征信有狭义和广义之分。狭义的征信是指调查或验证他人信用。广义的信用还有指"求取他人对自己的信用"之意。

征信就是专业化的、独立的第三方机构为企业和个人建立信用档案，依法采集、客观记录其信用信息，并依法对外提供信用信息服务的一种活动，它为专业化的授信机构提供了一个信用信息共享的平台。

12.1.2 征信的发展

征信活动的产生源于信用交易的产生和发展。信用是以偿还为条件的价值运动的特殊形式，包括货币借贷和商品赊销等形式，如银行信用、商业信用等。现代经济是信用经济，信用作为特定的经济交易行为，是商品经济发展到一定阶段的产物。信用本质是一种债权债务关系，即授信者（债权人）相信受信者（债务人）具有偿还能力，而同意受信者所作的未来偿还的承诺。但当商品经济高度发达，信用交易的范围日益广泛时，特别是当信用交易扩散至全国、全球时，信用交易的一方想要了解对方的资信状况就会极为困难。此时，了解市场交易主体的资信就成为一种需求，征信活动也应运而生。可见，征信实际上是随着商品经济的产生和发展而产生、发展的，是为信用活动提供的信用信息服务。

征信在中国是个古老的词汇，《左传》中就有"君子之言，信而有征"的说法，意思是说一个人说话是否算数，是可以得到验证的。随着现代征信系统的发展，从事经济活动的个人有了除居民身份证外又一个"经济身份证"，也就是个人信用报告。

征信能够从制度上约束企业和个人行为，有利于形成良好的社会信用环境。而我国自古以来就崇尚诚实守信这一美德，并通过道德意义上的批判促进诚信观念的形成。诚信是一种社会公德、一种为人处世的基本准则。

诚实守信对企业和个人都是不可或缺的美德。曾经雄踞华夏商业数百年之久的晋商和徽商能够崛起称雄，一个核心就是树立了"诚信为本"的商业理念。

企业征信在美国的历史和金融发展史上证明是成功的，世界各国也都借鉴美国的经验，相继建起本国的评估机构。穆迪和标准普尔公司已成为全球性的评估机构，其确定的级别在许多国家都是通用的。在中国，企业征信基本上是于1987年与企业发行债券同步产生的。但受制于发育尚不成熟的金融市场，目前仍处于起步阶段。

中国正处于市场经济成型阶段。市场经济是信用经济，又是风险经济，在市场经济下，规避风险、严守信用、确保经济交往中的各种契约关系的如期履行，是整个经济体系正常运行的基本前提。市场经济越发达，各种经济活动的信用关系就越复杂。随着市场经济的发展，建立和完善企业的企业征信和社会监调体系，以保证各种信用关系的健康发展及整个市场经济体正常运行，是一项十分重要的任务。

12.1.3 征信的特点

1. 独立性

征信机构是第三方中介机构，独立于信用交易关系之外，它在采集、整理和分析信息资料，并以此为基础对外提供信息咨询、调查和信用评估等服务时都处于独立的地位。确保征信结果公正、公平、公开。

2. 信息性

征信活动以信用信息为原料，它源于信用信息，也止于信用信息，不参与具体的经济活动，只参与价值的分配过程。

3. 公正性

征信活动涉及国家安全、商业秘密和个人隐私，信息的加工、整理、保存或出售都必须基于客观中立的立场，依据真实的材料，按照一定的评估程序和方法，提供规范的征信产品和服务。

4. 时效性

由于征信对象的信用状况处于不断变化之中，征信评估的结果反映的只是一定时期内的情况，只在一定时期内有效，因此征信数据必须实时更新，以确保征信结果的时效性。

12.1.4 征信的目的与作用

1. 征信的目的

如果向银行借钱，那么银行就需要了解您是谁；需要判断您是否能按时还钱；以前是否借过钱，是不是有过借钱不还的记录等。征信出现前，您要向银行提供一系列的证明材料：单位证明工资证明等；银行的信贷员也要打电话给您单位上门拜访。两星期甚至更长的时间后，银行才会告诉您是否给您借钱。真是银行累，您也烦，借钱可真够麻烦的。

征信的出现让银行了解您信用状况的方式变得简单，它们把各自掌握的关于您的信用信息交给一个专门的机构汇总，由这个专门的机构给您建立一个信用档案（即个人信用信息数据库），再提供给各家银行使用。这种银行之间通过第三方机构共享信用信息的活动就是征信，为的是提高效率，节省时间，快点儿给您办事。有了征信机构的介入，有了信用报告，您再向银行借钱时，银行信贷员征得您的同意后，可以查查您的信用报告，再花点儿时间重点核实一些问题，便会很快告诉您银行是否提供给您借款。银行省事，您省心。在中国，中国人民银行征信中心（以下简称征信中心）是建立您的"信用档案"，并为各商业银行提供个人信用信息的专门机构。

总之，征信的目的主要在于调查借款人、被赊销企业或商务合作方的信用状况，了解其偿债能力与意愿，协助授信银行、赊销企业、投资者等主体规避信用风险。

2. 征信的作用

征信在现代信用管理中越来越重要，其作用也愈加明显。主要表现为：① 增强信用信息的透明度，全面及时掌握客户、供应商、合作企业的风险状况；② 为企业商务交易及信用管理决策提供信息和评估支持；③ 为金融机构等主体与企业间的合作提供资信信息支持；

④ 降低商务和信贷交易成本；⑤ 促进企业信用记录、监督和约束机制的建立等。

12.1.5　征信的好处

1. 节省时间

授信者需要了解的很多信息都在您的信用报告里了，所以就不用再花那么多时间去调查核实您在借款申请表上填报信息的真实性了。所以，征信的第一个好处就是给您节省时间，帮您更快速地获得信用额度。

2. 借款便利

俗话说"好借好还，再借不难。"如果您的信用报告反映您是一个按时还款、认真履约的人，银行肯定喜欢您，不但能提供贷款、信用卡等信贷服务，还可能在金额、利率上给予优惠。

3. 信用提醒

如果信用报告中记载您曾经借钱不还，银行在考虑是否给您提供贷款时必然要慎重对待。银行极有可能让您提供抵押、担保，或降低贷款额度，或提高贷款利率，或者拒绝给您贷款。如果信用报告中反映您已经借了很多钱，银行也会很慎重，担心您负债过多难以承担，可能会拒绝再给您提供贷款。由此提醒您珍惜自己的信用记录，自觉积累自己的信用财富。

4. 公平信贷

征信对您还有一大好处是，帮助您获得更公平的信贷机会。征信中心提供给银行的是您信用历史的客观记录，让事实说话，减少了授信者的主观感受、个人情绪等因素对您贷款、信用卡申请、赊购等的影响，让您得到更公平的信贷机会。

12.1.6　征信的分类

1. 按业务模式可分为企业和个人征信

企业征信主要是收集企业信用信息、生产企业信用产品的机构；个人征信主要是收集个人信用信息、生产个人信用产品的机构。有些国家这两种业务类型由一个机构完成，也有的国家是由两个或两个以上机构分别完成，或者在一个国家内既有单独从事个人征信的机构，也有从事个人和企业两种征信业务类型的机构，一般都不加以限制，由征信机构根据实际情况自主决定。美国的征信机构主要有三种业务模式：

（1）资本市场信用评估机构，其评估对象为股票、债券和大型基建项目；

（2）商业市场评估机构，也称为企业征信服务公司，其评估对象为各类大中小企业；

（3）个人消费市场评估机构，其征信对象为消费者个人。

2. 按服务对象可分为信贷征信、商业征信、雇佣征信以及其他征信

信贷征信主要服务对象是金融机构，为信贷决策提供支持；商业征信主要服务对象是批发商或零售商，为赊销决策提供支持；雇佣征信主要服务对象是雇主，为雇主用人决策提供支持；另外，还有其他一些征信活动，诸如市场调查，债权处理，动产、不动产鉴定等。各类不同服务对象的征信业务，有的是由一个机构来完成，有的是在围绕具有数据库征信机构上下游的独立企业内来完成。

3. 按征信范围可分为区域征信、国内征信、跨国征信

区域征信一般规模较小，只在某一特定区域内提供征信服务，这种模式一般在征信业刚起步的国家存在较多，征信业发展到一定阶段后，大都走向兼并或专业细分，真正意义上的区域征信随之逐步消失；国内征信是目前世界范围内最多的机构形式之一，尤其是近年来开设征信机构的国家普遍采取这种形式；跨国征信这几年正在迅速崛起，此类征信之所以能够在近年得以快速发展，主要有内在和外在两方面原因：内在原因是西方国家一些老牌征信机构为了拓展自己的业务，采用多种形式（如设立子公司、合作、参股、提供技术支持、设立办事处等）向其他国家渗透；外在原因主要是由于世界经济一体化进程的加快，各国经济互相渗透、互相融合，跨国经济实体越来越多，跨国征信业务的需求也越来越多，为了适应这种发展趋势，跨国征信这种机构形式也必然越来越多。但由于每个国家的政治体制、法律体系、文化背景不同，跨国征信的发展也受到一定的制约。

12.1.7　征信法规

征信法规是规范征信活动主体权利义务关系的有关法律规范的总称。从各国经验看，完整的征信法规体系一般包括两部分：一部分是关于征信业管理的法规，其调整对象是征信机构和全社会的征信活动，主要目的是依法规范征信机构运行及其管理，促进征信业健康发展，维护国家经济信息安全和社会稳定；另一部分是关于政务、企业信息披露及个人隐私保护的法规，其调整对象是政府部门、企业和个人，主要目的是提高信息透明度、实现信息共享，保护企业的商业秘密和个人隐私不受侵害。

与此相比，尽管央行推进征信立法进程对促进中国征信业健康发展发挥了积极作用，但法律的缺失仍然是制约中国征信系统发展的最大问题。尤其是近年来，中国在征信领域的建设取得了快速进展，全国统一的企业和个人信用信息基础数据库已经顺利建成，截至 2010 年年底，企业和个人征信系统已经分别为近 1 700 万户企业和 7.77 亿自然人建立了信用档案，企业征信系统累计查询量达到 1.52 亿次，个人征信系统累计总查询量达到 8.12 亿次，个人主动查询自己信用报告的数量从 2006 年的 97 人次迅速上升到 2010 年的 127.5 万人次。

建立企业和个人征信系统是改善我国金融生态、完善金融基础设施的重要举措。企业和个人征信系统数据库信息主要是信贷信息，已经与所有商业银行、政策性银行、信用合作社以及其他金融机构连接，还与公安部的人口数据库联网，实现了个人身份信息真实性在线核查。企业和个人征信系统已经成为商业银行贷前审查的必经环节，在商业银行贷后管理中也发挥着重要作用。根据中国人民银行征信中心调查显示，仅 2010 年第三季度，商业银行利用征信系统，拒绝高风险客户信贷业务申请 661.9 亿元，预警高风险贷款 480.7 亿元，清收不良贷款 47.3 亿元。

与此同时，信用信息基础数据库信息采集的范围和信息服务的范围也在逐步扩大，目前信息采集范围已拓宽至企业参保信息、电信缴费信息、法院诉讼判决信息和执行信息、企业住房公积金缴费信息以及企业环保信息等。（详见附录 A　个人信用信息基础数据库管理暂行办法。）

在此形势下，中国征信活动的不断扩大和深入，使加强和推进中国征信法规建设和制度建设的迫切性日益凸显。法律界人士表示，目前中国的法制建设逐步走向成熟，各种法律法规随着社会发展和经济建设需要应运而生，但征信立法工作仍然滞后。主要表现为：尽管中国在《民法通则》、《合同法》和《反不正当竞争法》中规定了诚信守法的法律原则，在《刑法》中规定了对诈骗等犯罪行为的处罚，但缺少与信用制度直接相关的立法，特别是《信贷征信管理条例》、《个人信息保护法》、《公平信用法》等还没有出台；实际操作中大都按照部门规章来运行，立法层次还不够高；另外，对于现有的信用中介、评估公司等征信企业无完备的法律法规和行业规范约束，对其经营行为，也没有促使其发展的制度框架，这些问题的存在极大地制约了征信活动的开展。

12.2 征信管理体系建设

12.2.1 征信体系的含义

社会信用体系是市场经济发展的必然产物。经过上百年的市场经济发展，发达国家形成了相对完善的社会信用体系。但是，由于各国经济、文化、历史不同，不同国家形成了不同的社会信用体系模式。从国际发达国家的经验看，征信体系模式主要有市场主导、政府主导和会员制三种模式。美国、加拿大、英国和北欧国家采用市场主导型模式，政府主导型模式的代表是法国、德国、比利时、意大利等几个欧洲国家，日本则采用会员制模式。

征信体系指由与征信活动有关的法律规章、组织机构、市场管理、文化建设、宣传教育等共同构成的一个体系。征信体系的主要功能是为借贷市场服务，但同时具有较强的外延性，也服务于商品交易市场和劳动力市场。

12.2.2 征信体系的主要类型

1. 美国的市场主导型

美国的征信业始于1841年，第一家征信所由纽约纺织品批发商刘易斯·塔潘建立。从简单征信服务到比较完善的现代信用体系的建立，美国经历了160多年的时间。"美国模式"是典型的市场主导型，征信业以商业性征信公司为主体，由民间资本投资建立和经营。它们是独立于政府和金融之外的第三方征信机构，按照市场经济的法则和运作机制，以盈利为目的，向社会提供有偿的商业征信服务。

美国的征信服务机构都是独立于政府之外的民营征信机构（或称私人信用调查机构），是按照现代企业制度方式建立，并依据市场化原则运作的征信服务主体。

美国的征信服务机构具有一些很明显的特征。在机构组成上，主要由私人和法人投资组成。它们的信息来源广泛，除来自银行和相关的金融机构外，还来自信贷协会和其他各类协会、财务公司或租赁公司、信用卡发行公司和商业零售机构等，而信息内容也较为全面，不仅征集负面信用信息，也征集正面信息。此外，这些机构面向全社会提供信用信息服务。

提到征信，就必然会涉及法律。美国对征信的立法是由于20世纪70年代征信业的快速发展所导致的系列问题而开始的，走的是一条在发展中规范的立法过程。到现在美国不仅具备了较为完善的信用法律体系和政府监管体系，而且与市场经济的发展相伴随，形成了独立、客观、公正的法律环境，政府基本上处于社会信用体系之外，主要负责立法、司法和执法，建立起一种协调的市场环境和市场秩序，同时其本身也成为商业性征信公司的评估对象，这样就保证了征信公司能确保其独立性、中立性和公正性。

2. 欧洲的政府主导型

欧洲征信业的发展主要采用政府主导型模式，又称公共模式或中央信贷登记模式。这种模式是以中央银行建立的"中央信贷登记系统"为主体，兼有私营征信机构的社会信用体系。其征信系统由两部分组成，一部分是由各国中央银行管理，主要采集一定金额以上的银行信贷信息，目的是为中央银行监管和商业银行开展信贷业务服务；另一部分由市场化的征信机构组成，一般从事个人征信业务。

欧洲对于征信的立法最初是源于对数据、个人隐私的保护，因此与美国相比，欧洲具有较严格的个人数据保护法律。1995 年 10 月，欧洲议会通过了欧盟《个人数据保护纲领》，这是欧盟第一个涉及个人征信的公共法律，该部法律的立法宗旨和基本原则是在保护人权和开放数据之间取得平衡。欧盟于 1997 年 12 月公布了第二个《数据保护指南》。根据欧洲议会通过的法律，欧盟各国对本国的信用管理法律体制进行完善。

欧洲的政府主导型征信模式与美国的市场化模式的差别体现在三个方面：信用信息服务机构是被作为中央银行的一个部门建立，而不是由私人部门发起设立；银行需要依法向信用信息局提供相关信用信息；中央银行承担主要的监管职能。

3. 日本的会员制征信

日本的征信体系明显区别于美国和西欧国家，采用的是会员制征信模式，这主要是由于日本的行业协会在日本经济中具有较大的影响力。这种模式由行业协会为主建立信用信息中心，为协会会员提供个人和企业的信用信息互换平台，通过内部信用信息共享机制实现征集和使用信用信息的目的。在会员制模式下，会员向协会信息中心义务地提供由会员自身掌握的个人或者企业的信用信息，同时协会信用信息中心也仅限于向协会会员提供信用信息查询服务。这种协会信用信息中心不以盈利为目的，只收取成本费用。

目前，日本的信用信息机构大体上可划分为银行体系、消费信贷体系和销售信用体系三类，分别对应银行业协会、信贷业协会和信用产业协会。这些协会的会员包括银行、信用卡公司、保证公司、其他金融机构、商业公司以及零售店等。三大行业协会的信用信息服务基本能够满足会员对个人信用信息征集考察的需求。如日本银行协会建立了全国银行个人信息中心。信息中心的信息来源于会员银行，会员银行在与个人签订消费贷款的合同时，均要求个人义务提供真实的个人信用信息。这些个人信息中心负责对消费者个人或企业进行征信。

同时，日本征信业还存在一些商业性的征信公司，如"帝国数据银行"，它拥有亚洲最大的企业资信数据库，有 4 000 户上市公司资料和 230 万户非上市企业资料。

日本的消费者信用信息并不完全公开，只是在协会成员之间交换使用。对此，以前并没有明确的法律规定，但在银行授信前，会要求借款人签订关于允许将其个人信息披露给其他银行的合同。另外，日本行业协会的内部规定在信用管理活动中也发挥着非常重要的作用。

4. 中国的政府主导模式

中国征信正处在萌芽和初创阶段，政府应发挥主导作用，理由是：其一，征信行业市场自身的发育成熟是一个漫长的过程，而我国现实中涉及征信业的问题亟待解决，其自身的发展不能适应现实需要，政府推动作为重要的外部力量，可以大大加快征信业的发展进程；其二，在现阶段的我国，政府在经济建设中的作用举足轻重，争取政府的大力支持是征信业发展的重要条件。政府在征信业发展中的作用主要有三：一是政府有关部门可以建立某一方面的信用信息管理系统，向社会提供有关信息；二是政府可以整合分散在各管理部门的信用信息，形成信息征集的合力；三是在发展专业化征信机构的初期，政府可与商业银行共同发起设立信用管理公司。在征信业的发展阶段，政府应逐渐从其直接从事的征信业务中淡出，市场机制开始发挥主导作用。政府在征信业发展中的作用主要是作为监管者，制定业务规则，维护市场秩序。

12.3　企业征信

12.3.1　企业征信的内涵及目的

1. 企业征信的内涵

企业征信是指在对企业、债券发行者、金融机构等市场参与的主体的信用记录、经营水平、财务状况，所处外部环境等诸因素进行分析研究的基础上，对就其信用能力（主要是偿债能力及其可偿债程度）所作的综合评价。企业征信在形式上表现为一种对履约能力及其可信程度所进行的一种综合分析和测定，它是市场经济体系不可缺少的中介服务。

在我国，随着资本市场的建立和发展，信用关系日趋复杂，由此产生的信用风险对经济活动的影响也日益深远。特别是加入 WTO 以后，我国将更快地融入全球经济。在这种背景下，只有通过建立与国际接轨的信用保障体系，及时揭示和预警信用风险，才能为我国资本市场的健康发展、与国际市场的进一步接轨创造良好的条件，保证我国经济持续、快速、健康地发展。

具体来说，企业征信可以反映被调查企业以下信息：

（1）对金融部门贷款的按时还本付息情况；

（2）对供应商应付账款的按期支付；

（3）对顾客提供产品和服务的数量、质量、交货期等的保证；

（4）对员工提供各类权益保障的履约情况；

（5）是否能够按时足额纳税；

（6）对国家法律法规的遵守情况；

（7）企业财务报表的真实性；

（8）企业信息披露的真实可靠性。

2. 企业征信的目的

企业征信有利于企业把握客户、合作伙伴的基本信用情况，具体来说，可以帮助企业达到以下目的：

（1）有利于企业寻找潜在客户；

（2）帮助企业与新客户建立业务关系；

（3）了解竞争对手的最新情况，以制定相应的经营策略；

（4）老客户的资料超过一定时限时，更新客户资料；

（5）当客户改变交易方式，可以及时应对；

（6）有重大合作项目时，降低风险；

（7）处理与客户的各种纠纷，包括各种诉讼等。

12.3.2 企业信用信息的来源

企业征信信息的来源包括直接来源和间接来源。

1. 直接来源

企业信用信息直接来源于被征信企业，主要通过面谈访问、实地调查、电话调研等方式获得。

2. 间接来源

企业信用信息间接途径源自行政和司法部门、社团组织、媒体传播机构、与被征信企业存在业务关系的合作企业、金融机构、其他征信机构及被征信企业股东和附属机构等。

（1）行政和司法部门：工商、税务、统计、海关、技监、劳动人事、公安、法院等机关及其他承担行政管理职能的组织机构。

（2）金融机构：银行、证券公司、保险公司、信托投资公司、资产管理公司、金融租赁公司等。

（3）社团组织：行业协会、商会、贸促会等社团组织。

（4）存在业务关系的合作企业：被征信企业的国内外客户、国内外供应商等企业组织。

（5）媒体传播机构：合法设立的媒体传播机构。

（6）其他征信机构：其他依法设立的征信机构。

（7）股东和附属机构：被征信企业的股东、被征信企业的子公司及参股公司。

（8）其他可依法获得的信息来源。如电子商务交易平台等。

12.3.3 企业征信的意义

企业征信是完善的资本市场不可或缺的重要组成部分，一般而言，资本市场发达的国家资信评价也很发达。企业征信大大降低了资本市场的运行风险，是资本运作的重要的参考工具。

企业征信的首要服务对象是投资者。信息的不对称是投资者面临的最大风险。企业征信结果为投资者提供了投资风险和收益的参考信息。有效地降低投资者的投资风险。标准普尔公司对 15 年内的债券违约研究表明，处于投资最高级别（AAA）的违约率仅为 0.5%，而处于投机级别的 CCC 级的违约率达到 17%。

一般来说，中小投资者既无时间也无能力收集处理大量的公司信息，企业征信提供的信息有助于他们作出合理的投资选择。对于大的投资者而言，企业征信结果也是制订投资组合方案的重要依据。从社会角度讲，企业征信提供的信息增加了市场的透明度，有利于公众及私人投资者的参与，有利于市场稳定。对于发债人来讲，企业征信是进入金融市场利用债券等信用工具进行直接融资所不可缺少的步骤。实际上在美国，如果发行者不能取得 BBB 级以上的投资信用级别，就根本无法进入资本市场。对于信用优良的企业来说，取得较高信用等级，可以获得更理想的定价条款，从而可以以较低利率筹集资金，另外，较高的等级也使发行人在与证券承销商的谈判中居于有利地位，大大节省资金成本。如美国公司债券 3A 级与 3B 级之间的利差在 20 世纪 60 年代就达 0.1%，70 年代中期高达 1.78%，而到了 80 年代更扩展到了 2.3% 的巨大差距。信用评估特别有利于那些信用状况很好，但却知名度不高的企业树立知名度，筹集低成本资金。对于那些评估后信用等级不佳的发行者来说，评估结果可以帮助其有针对性地改善自己的信用能力，或者可以选择其他更为合适的筹资方式。

现阶段，伴随着我国社会主义市场经济体制的建立，为防范信用风险，维护正常的经济秩序，企业征信的重要性日趋明显，表现在以下三个方面。

1. 企业征信有助于企业防范商业风险，为现代企业制度的建设提供良好的条件

转化企业经营机制，建立现代企业制度的最终目标是：使企业成为依法自主经营、自负盈亏、自我发展、自我约束的市场竞争主体。企业成为独立利益主体的同时，也将独立承担经营风险，企业征信将有助于企业实现最大的有效经济利益。这是因为，任何一个企业都必须与外界发生联系，努力发展自己的客户。这些客户是企业利益实现的载体，也是企业最大的风险所在。随着市场竞争的日益激烈，最大限度地确定对客户的信用政策，成为企业竞争的有效手段之一。这些信用政策，包括信用形式、期限金额等的确定，必须建立在对客户信用状况的科学评估分析基础上，才能达到既从客户的交易中获取最大收益，又将客户信用风险控制在最低限度的目的。由于未充分关注对方的信用状况，一味追求客户订单，而造成坏账损失的教训，对广大企业都很深刻。另外，由于企业征信是对企业内在质量的全面检验和考核，而且资信等级高的企业在经济交往中可以获得更多的信用政策，可以降低筹资成本，因此既有利于及时发现企业经营管理中的薄弱环节，也为企业改善经营管理提供了动力。

2. 企业征信有利于资本市场的公平、公正、诚信

（1）对于一般投资者，随着金融市场的发展，各类有价证券发行日益增多，广大投资者迫切需要了解发行主体的信息情况，以优化投资选择，实现投资安全性，取得可靠收益。而企业征信可以为投资者提供公正、客观的信息，从而起到保护投资者利益的作用。

（2）可以作为资本市场管理部门审查决策的依据，保持资本市场的秩序稳定。因为资信等级是政府主管部门审批债券发行的前提条件，它可以使发行主体限制在偿债能力较强、信用程度较高的企业。

（3）企业征信也有利于企业低成本地筹集资金。企业迫切要求自己的经营状况得到合理的分析和恰当的评价，以利于银行和社会公众投资者按照自己的经营管理水平和信用状况给予资金支持，并通过不断改善经营管理，提高自己的资信级别，降低筹贷成本，最大限度地享受相应的权益。

3. 企业征信是商业银行确定贷款风险程度的依据和信贷资产风险管理的基础

企业作为经济活动的主体单位，与银行有着密切的信用往来关系，银行信贷是其生产发展的重要资金来源之一，其生产经营活动状况的好坏，行为的规范与否，直接关系到银行信贷资金使用好坏和效益高低。这就要求银行对企业的经营活动、经营成果、获利能力、偿债能力等给予科学的评价，以确定信贷资产损失的不确定程度，最大限度地防范贷款风险。现阶段，随着国有银行向商业银行的转化，对信贷资产的安全性、效益性的要求日益增高，企业征信对银行信贷的积极作用也将日趋明显。

12.3.4　企业征信模式

1. 西方各国的企业征信模式

西方发达国家经过约150年的努力，根据各国的具体情况，逐渐摸索和发展出适合本国特点的企业征信制度，基本形成了相对完善的企业征信管理体系。这些国家的企业征信制度模式概括起来主要有三种类型。

（1）以中央银行建立的中央信贷登记为主体的企业征信制度。

德国、法国等欧洲国家主要采取这种方式。中央银行建立中央信贷登记系统主要是由政府出资，建立全国数据库的网络系统，征信加工的信息主要是供银行内部使用，服务于商业银行防范贷款风险和中央银行金融监管及货币政策决策。企业征信管理机构是非盈利性的，直接隶属于中央银行。征信企业登记的内容包括企业信贷信息登记和个人信贷信息登记等。

（2）以市场化的商业运行形式为主体的企业征信制度。

美国的商业性征信企业、追账公司等是一种典型表现。它们都是从盈利的目的出发，按市场化方式运作。美国目前形成了由美国信用管理协会（NACM）等著名公司为主体的企业征信体系。这些公司的分支机构遍布全国甚至全世界，全方位地向社会提供各种以信用为主的有偿服务，包括资信调查、资信评级、资信咨询、欠账追收等。美国的企业征信制度具有以下特点。

美国的专业征信企业是完全私有的，征信数据库完全由私有公司组织经营，征信服务完全商业化。在美国的信用管理相关法规中，并没有特别针对个人、企业和政府进行数据开放的要求，但由于美国人一般不愿与没有资信记录的客户打交道，征信企业向社会提供信用数据成了市场经济的客观需要。因此，美国的企业普遍建立了信用管理制度。

在美国的信用管理体系中，政府的作用主要有两个方面，即促进信用管理相关立法的出台和强制政府有关部门及社会有关方面将征信数据以商业化或义务形式贡献出来，向社会开放。这样，政府既是征信数据开放政策的保证者——它保护征信企业获取征信数据的权利和其他利益，同时，政府一些部门又是信用管理相关法案的提案人，以及法案的权威解释者。除此之外，政府基本不参与信用管理行业。

作为美国国家信用管理体系的组成部分，美国还存在大量的民间信用管理机构。它们包括各种信用管理协会、追账协会、信用联盟等，其主要功能在于联系本行业的征信企业，为这些征信企业提供交流的机会和场所，替本行业争取利益。行业协会还提供信用管理专业教育，举办从业执照的培训和考试，举办会员大会和各种学术交流会议，发行出版物，募集资金支持信用管理研究课题等。

（3）由银行协会建立的会员制征信机构与商业性征信机构共同组成的企业征信制度。

日本是这种制度的典型代表。例如，日本银行协会建立了非盈利性的银行会员制机构——日本个人信用信息中心，负责对消费者个人或企业进行征信。该中心在收集信息时要付费，在提供信息服务时也要收费，以保持中心的发展，但不以盈利为目的。会员银行可以共享其中的信息。与之并存发展的还有一些社会化的商业征信企业，如帝国数据银行等。

从总体看，发达国家的征信服务通常把国家法律和政府的监督作用有机结合起来，并在全国范围内形成一种合理的失信约束机制，能够对有信用不良记录的企业和个人进行各种处罚，而且这种处罚不会简单地随着个人和公司的破产、停业而终止。这使得他们无法在各种市场上生存，从而达到规范市场秩序、净化市场环境和减少经济犯罪的目的。

2. 我国的企业征信模式

我国征信业随着改革开放的进程从无到有，现在已被越来越多的人关注。我国目前还属于非征信国家，建立我国的信用制度和企业征信模式是当前的重要任务之一。我们应当以建立英、美式的市场化征信模式为目标，但在目前应当采取以政府为主导、市场化运作的过渡模式。

从我国已有的经验来看，大致有以下三种可供参考的模式。① 上海模式。即政府推动、市场运作、先易后难、循序渐进、合作共建。其发展思路是从同业征信入手，向联合征信过渡；从为银行服务开始，逐渐向社会其他行业和个人开放；以建立信用档案为基础，形成信用调查线索查询、个人信用评估、分析评分卡模式、个人资质证明的梯次化发展布局。② 深圳模式。即由市政府组织推动，人民银行协作，政府有关部门作为会员单位参加，建立深圳市个人信用征集和个人资信评级体系。政府并不直接投资，而是委托中介公司筹建，按市场化机制运作，提供服务收取费用。服务对象是先内后外，分期推广。对公司运营的监督管理由各会员单位组成的深圳市个人信用征集及评级监督委员会负责。③ 浙江模式。由政府牵头，人民银行和政府有关部门参加，组成社会信用建设领导小组，财政投资组建社会信用服务中介机构，具体构建企业和个人的信用信息的联合征集体系。信用信息中介机构通过市场化运作机制实现各成员单位之间的信用信息的互联、互通和互用。政府协调相关部门按信用信息征集的内容，定期将信用信息数据通过信用信息中介机构形成公共信息数据库，信用信息服务中介机构主要向成员单位提供信用信息服务。

12.3.5 企业征信报告的种类

1. 简单企业征信报告

主要内容包括：注册资料及股东、企业历史沿革、业务范围、基本经营状况、员工人数、付款记录、诉讼记录、简单财务数据、主要进出口客户、主要经营者履历等信息。

用途：帮助判断企业的合法性，了解企业概貌，适用于小额贸易或合作。

2. 标准企业征信报告

主要内容包括：在资信报告概要的基础上，增加公司组织结构及附属机构、公司领导者素质、最近1年详细财务数据及财务比率分析、业务现状与发展前景、企业实地考察、行业状况、企业对外投资、银行往来等信息，并给出理想信用额度和信用评估。

用途：帮助客户了解企业的经营管理情况、财务状况及其偿债能力，从而确定结算方式和信用额度，适用于交易金额不大、交易次数频繁、相对稳定、持续的贸易关系。

3. 深层次企业征信报告

主要内容：连续3年以上详细财务数据及财务比率分析、详细的行业发展情况、综合经营信息、行业基本状况、企业竞争力分析等资料，同时也包括主要领导人个人信用、竞争对手分析等，并给出对企业的综合评估，主要是在一个较长的历史阶段对企业作出评价。

用途：帮助客户全面了解企业的生产、经营、管理情况，可作为扩大业务、赢得顾客或争取银行贷款的重要参考依据，也适用于大型投资项目可行性分析和企业重大经营活动决策参考。

4. 企业征信后续报告

是对征信报告某些部分的定期更新。更新的部分往往以被调查企业的即期财务报表为主，也包括企业经营、管理层、股东的重大变动情况以及公司地址、电话、法人等注册事项的变更情况。

5. 特殊征信报告

根据客户的特定要求，在遵守相关法律法规的前提下，涉及"简单资信报告"和"深层次资信报告"中没有包括的信息，向客户提供特殊信用信息需求的专项资料，适用于企业生产经营活动中产生的不同专项信用信息需要。

12.4　个　人　征　信

12.4.1　个人征信的含义及作用

1. 个人征信的含义

个人征信是指依法设立的个人信用征信机构对个人信用信息进行采集和加工，并根据用户要求提供个人信用信息查询和评估服务的活动。个人信用报告是征信机构把依法采集的信息，依法进行加工整理，最后依法向合法的信息查询人提供的个人信用历史记录。

个人信用报告目前主要用于银行的各项消费信贷业务。随着社会信用体系的不断完善，信用报告将更广泛地被用于各种商业赊销、信用交易和招聘求职等领域。此外，个人信用报告也为查询者本人提供了审视和规范自己信用历史行为的途径，并形成了个人信用信息的校验机制。

2. 个人征信的作用

中国人民银行个人征信系统（即个人信用信息基础数据库）2006 年 1 月正式运行。目前，在中央银行个人征信系统中，有 7.77 亿人建立了基础数据档案，有信贷记录的人数约为 2.2 亿，系统累计提供 4 亿多次个人信用报告查询服务，其中个人主动查询自己信用报告达到了 127.5 万人次。

各商业银行已建立了依托该数据库的信用风险审查制度，将查询申请人信用报告作为个人信贷审查的固定程序。该数据库在提高审贷效率、方便广大群众借贷、防止不良贷款、防止个人过度负债，以及根据信用风险确定利率水平方面开始发挥积极作用。

（1）有利于商业银行核实借款人真实身份；

（2）有助于银行了解借款人为他人担保情况；

（3）有助于商业银行作出灵活的贷款决策，信用记录良好可简化审批流程、缩短审批时间；

（4）有利于帮助商业银行了解客户在异地、他行的借款以及还款记录，客观判断客户的还款能力或还款意愿，规避潜在风险；

（5）有助于商业银行全面了解客户及其家庭的总体负债情况，客观评价客户的还款能力，规避潜在风险；

（6）有助于防范中小企业信贷业务风险；

（7）有利于促进商业信用活动健康发展。

12.4.2　个人信用信息和个人信用报告

1. 个人信用信息的内容

（1）识别个人身份以及反映个人家庭、职业等情况的个人基本信息；

（2）个人与金融机构或者住房公积金管理中心等机构发生信贷关系而形成的个人信贷信息；

（3）个人与商业机构、公用事业服务机构发生赊购关系而形成的个人赊购、缴费信息；

（4）行政机关、行政事务执行机构、司法机关在行使职权过程中形成的与个人信用相关的公共记录信息；

（5）其他与个人信用有关的信息。

可能影响个人信用风险评分的主要因素有：贷款中曾有逾期还款现象，或者信用卡透支后未按约定期限和应还款额度还款，或有太多的贷款账户和信用卡等。

目前，个人征信业务又进一步向外资银行及非银行领域拓展，与典当、担保、租赁等机构开展了合作，进入了一个全新的发展阶段。

专栏 12 - 1　个人征信知识宣传问答

1. 个人在征信活动中有什么权利？

您作为数据主体，拥有以下权利。

知情权。您有权知道征信机构掌握的关于您自己的所有信息，知晓的途径是到征信机构去查询您的信用报告。

异议权。如果您对自己信用报告中的信息有不同意见，可以向征信机构提出，由征信机构按程序进行处理。

纠错权。如果经证实，您的信用报告中所记载的信息存在错误，您有权要求数据报送机构和征信机构对错误信息进行修改。

司法救济权。如果您认为征信机构提供的信用报告中的信息有误，损害了您的利益，而且在您提出异议后问题仍不能得到满意解决，您还可以向法院提出起诉，用法律手段维护您个人的权益。

2. 什么是异议？

异议是个人对自己信用报告中反映的信息持否定或者不同意见。产生异议的主要原因包括以下几种：一是个人的基本信息发生了变化，但您没有及时将变化后的信息提供给商业银行等数据报送机构；二是数据报送机构数据信息录入错误或者信息更新不及时，使个人信用报告所反映的内容有误；三是技术原因造成数据处理出错；四是他人盗用或冒用个人身份获取贷款或信用卡，由此产生的信用记录不为被盗用者（被冒用者）所知；五是个人曾经与数据报送机构有过经济交易自己却忘记了，因而误认为个人信用报告中的信息有误。

3. 信用报告信息出现错误时，如何提出异议申请？

认为本人信用报告中的信用信息存在错误时，可以向相关商业银行提出书面异议申请，也可以向人民银行征信中心、各征信分中心提出书面异议申请，提出异议申请时，只需持本人有效身份证件原件及复印件，到相关商业银行、人民银行征信中心、各征信分中心、县支行征信管理部门提交《个人信用报告异议申请表》即可。如果您委托代理人提出异议申请，代理人需提供委托人和代理人身份证原件及复印件，委托人的个人信用报告、具有法律效力的委托授权书。如果想详细了解提出异议申请的地址，可登录中国人民银行征信中心官方网站 http：//www. pbccrc. org. cn/或拨打电话 4008108866。

4. 异议申请多长时间能解决？

您提交的个人信用报告异议申请通常会在 15 个工作日内得到回复。如经核实，确系错误信息，报送错误信息的商业银行应及时上报更正后的正确信息，信息更正修改后，人民银行征信中心或人民银行分支机构征信管理部门会通知您领取异议回复函，并向您提供更正后的信用报告。

5. 异议申请人对异议处理结果仍有争议怎么办？

异议申请人如果对商业银行、征信中心、征信分中心的异议处理结果仍有争议时，可以就近到人民银行征信中心或征信分中心提出不超过 100 字的个人声明添加到本人信用报告内，也可以到人民银行征信管理部门进行投诉，还可以通过司法途径解决。

6. 哪些情况下可以使用"个人申明"？

在某些情况下，逾期既不是您本人原因造成的，也不是商业银行等数据报送机构的过错，这时可以使用"个人申明"对相关情况进行说明。比如，个人购房办理按揭贷款后因其他原因退房，开发商退还首付款后并没有将银行按揭贷款办理结清，从而形成负面记录，此时，您可以申请添加个人申明。有些情况如由于出差、工作忙等个人原因造成的逾期，则不能发表个人申明。

7. 如何更新自身信息？

客户基本信息变更，尤其是家庭住址和手机号码变更，一定要及时通知与您有业务关系的金融机构。如果您的地址或电话变更了又没有通知金融机构，您就收不到相关提示信息，容易造成还款不及时或不足额，形成不良记录。

8. 如何防止个人信用财富被盗？

居民身份证件及身份信息被盗用，给当事人信用档案产生负面信用的事情屡屡发生。因此，应妥善保管好各种有效身份证件及其复印件，不要轻易将这些身份证件借与他人。向他人提供身份证复印件时，最好在身份证件复印件有文字的地方标明用途，同时加上"再复印无效"字样；定期查询个人信用报告，关注自己的信用记录；一旦发现自己身份证被盗用，应采取有效措施或立即向公安机关报案。

9. 如何获得更多这方面的信息？

中国人民银行征信管理局组织编写了许多关于征信及相关金融知识的宣传资料，如《百姓征信知识问答》等，如需获得，请登录中国人民银行征信中心网站：http://www.pbccrc.org.cn/。

2. 个人信用报告

个人信用报告是全面记录个人信用活动、反映个人信用状况的文件，是个人信用信息基础数据库的基础产品。为了结构清晰，根据信息类别不同将信用报告内容划分为多个部分，每个部分为一个段，并将每一段进一步划分为多个子段。个人信用报告由信用报告名称和信用报告内容组成。信用报告内容包括信用报告头、信用报告主体、信用报告说明三个部分。

（1）信用报告头。

信用报告头主要包括报告编号、报告时间、查询信息等内容。

（2）信用报告主体。

信用报告主体由基本信息、信用交易信息、特殊交易信息、特别记录、本人声明、查询记录六段组成，主要展示了被征信人的基本信息和信用信息。

① 基本信息。包含被征信人的个人身份信息、居住信息、职业信息三个子段。

• 个人身份信息：姓名、证件类型、证件号码，三者结合形成标识项，能够唯一地标识被征信人。性别、出生日期，能够辅助识别被征信人。最高学历和最高学位，说明被征信人的受教育程度，作为衡量该人还款能力的参考指标。通信地址、邮政编码、住宅电话、单位电话、手机号码、电子邮箱，提供了被征信人的多种联系方式。户籍地址，是在公安部门登记的被征信人户口所在地的地址，提供了联系该人的另外一种途径。婚姻状况，能够在一定程度上反映被征信人生活的稳定程度。配偶姓名、配偶证件类型、配偶证件号码、配偶工作单位、配偶联系电话，是为了找到被征信人的配偶，进而了解该人家庭的经济状况，同时也提供了联系该人的另外一种途径。

• 居住信息：居住地址、邮政编码和居住状况，反映被征信人的住址情况和居住状况，由此可以判断该人的生活稳定程度，同时可以展示该人的房产拥有信息。

• 职业信息：工作单位名称、单位地址、邮政编码、单位所属行业、职业、职务、职称、本单位工作起始年份，反映被征信人的工作稳定程度及职业的分类，同时提供了了解该人信息的渠道，在一定程度上反映了该人的还款能力。年收入是指被征信人向商业银行提供的本人年收入的金额。

• 具体数据项包括姓名、性别、证件类型、证件号码、出生日期、学历、地址、配偶姓名等数据项。

② 信用交易信息。记录被征信人的信用交易历史和现状，包括汇总信息和明细信息，反映了信用卡、贷款两类业务和为他人贷款担保的总体情况和明细情况。信用交易信息段包含银行信贷信用信息汇总、信用卡汇总信息、准贷记卡汇总信息、贷记卡汇总信息、贷款汇总信息、为他人贷款担保汇总信息和信用卡明细信息、贷款明细信息、为他人贷款担保明细信息九个子段。

③ 特殊交易信息。用于描述被征信人在商业银行发生的特殊信用交易的总体情况，包括展期（延期）、担保人代还、以资抵债等情况。

④ 特别记录。用于描述数据上报机构上报的应引起特别关注的信息（特别是负面信息），如欺诈、被起诉、破产、失踪、死亡、核销后还款等信息。

⑤ 本人声明。用于描述消费者本人对信用报告某些内容的解释和说明。

⑥ 查询记录。显示何人（或机构）在何时、以何种理由查询过该人的信用报告。

（3）信用报告说明。

信用报告说明是对信用报告内容的一些解释信息和征信服务中心对信用报告所涉及的权利和责任的说明。

3. 个人信用报告查询

个人或委托他人到征信分中心查询本人的信用报告，其中被委托人称为代理人。

（1）本人查询信用报告。

携带本人有效身份证件原件及一份复印件（其中复印件留给征信分中心备查），到中国人民银行各地分支行、征信分中心查询。目前，征信中心不通过电话和互联网提供信用报告查询服务。

有效身份证件包括身份证（第二代身份证须复印正反两面）、军官证、士兵证、护照、港澳居民来往内地通行证、台湾同胞来往内地通行证、外国人居留证等。

（2）委托他人查询信用报告。

需要携带的材料有委托人及代理人双方的身份证件原件及复印件、授权委托书。其中身份证件复印件和授权委托书留给征信分中心备查。

另可自备填写完成《个人信用报告本人查询申请表》，格式见表 12 - 1。

表 12 - 1　个人信用报告本人查询申请表

编号：　　　　　　　　　　　　　　　　　　　　　　　信用报告编号：

申请信息（必填）					
申请人姓名		证件类型		证件号码	
出生日期		性别		户籍地址	
手机号码		固定电话		电子邮箱	
学历	□研究生及以上　□本科　□大专　□技术学校　□高中　□初中及以下				
学位	□名誉博士　□博士　□硕士　□学士　□其他				
婚姻状况	□未婚　□已婚　□丧偶　□离婚				
单位名称			单位地址及邮编		
职务	□高级领导　□中级领导　□一般员工　□其他				
住宅地址及邮编					
查询原因（请选择）：	□ 了解本人信用记录　　　　□ 申请信用卡被拒，需查询 □ 异议申请需要　　　　　　□ 为他人担保被拒，需查询 □ 申请贷款被拒，需查询　　□ 其他原因，请注明：				
领取方式（请选择）： □当场领取 □于_____日内到查询机构领取 □电子邮件　电子邮箱_____ □邮寄　　　通信地址_____邮编_____					
代理人信息					
代理人姓名		证件类型		证件号码	
手机号码		固定电话		电子邮箱	
申请人或代理人签名					
申请人或代理人（签字）：		领取人（签字）：		领取日期：　　年　月　日	
以下由查询机构工作人员填写					
查询机构	人民银行征信中心 北京市分中心		查询机构联系人		
查询机构联系电话	4008108866，6855.9206		查询机构邮箱		PBCbjyy1. @ pbcc. org. cn
查询机构地址及邮编	北京市西城区月坛北街 26 号 恒华国际大厦 810 房间 100045				
受理人（签字）：		受理日期：　　年　月　日			

本章小结

本章首先对征信进行了概述，描述了征信及征信业的发展，介绍了征信的含义、特点、目的与作用、征信的种类，比较了中外征信模式，对企业征信和个人征信的情况进行了详细介绍。

本章的重点是对征信及征信业的认识，了解有关征信的基本知识，认识征信在企业经营管理和贸易、个人生产生活中的重要性。

本章难点是认识什么是征信，如何进行征信，中国征信的现状是怎样的，应该如何加快开展征信工作。

学习资料

中国人民银行征信中心官方网站 http：//www. pbccrc. org. cn/。

思考题

1. 企业和个人征信需要获取哪些方面的信息？
2. 企业征信和个人征信中信用信息渠道有什么不同？
3. 征信机构在征信业发展中的地位和作用是什么？
4. 对发展我国征信业有什么好的建议？

案例阅读

个人征信系统建设在提高大学生信用意识、促进国家助学贷款政策实施方面的典型案例

编者按： 国家助学贷款是国家对高校经济困难学生的一种资助，也是商业银行发放的一种信用贷款。人民银行个人信用信息基础数据库（以下简称个人征信系统）正式运行后，为每一位贷款学生建立了信用档案，如实记录学生的借、还款等信息，通过制度约束提高了广大学生的信用意识，促使其诚实守信、按约还贷；通过制度创新帮助商业银行更有效地防范国家助学贷款业务中的信用风险，保障了国家助学贷款政策的顺利实施。

第一类案例：征信宣传提高学生的信用意识。

（1）中行某分行在个人征信系统正式运行后，到某大学进行了多次大规模的个人征信知识宣传活动。通过对个人征信系统运行前后毕业学生还款情况的比较，发现 2006 届毕业生在离校后 1 个月内将联系函寄到中行的比例达到 34%，是 2005 届毕业生在毕业后一年内将联系函寄到中行比例的 2 倍；2006 届毕业生首次还款日按时还款的比例为 68.8%，是 2005 届毕业生还款比例的 1.6 倍。另外，2006 届毕业生主动打电话到银行询问贷款偿还情况的人数明显超过以前的毕业生。

（2）学生张某在交行申请了一笔国家助学贷款，即将毕业进入还款期。他从相关报道中得知贷款违约情况将记录在个人征信系统中，对其以后的工作和生活会产生影响。该学生意识到个人信用记录的重要性，为避免毕业后因疏忽等原因出现不良信用记录，主动打电话联系贷款行，商议还贷计划。该学生还向其他贷款学生宣传个人征信知识，提醒他们按约还贷，以免造成逾期留下不良信用记录，影响以后的工作和生活。

（3）学生贾某于 2004 年在中行某支行申请了一笔 6 000 元的国家助学贷款。该学生于2005 年毕业。毕业前夕，中行到该生就读大学进行了个人征信知识的宣传，使该生了解到个人信用记录的重要性。该生毕业后工作虽不理想，但为避免出现不良信用记录，仍坚持拿出一半的工资还贷。

第二类案例：征信系统发挥威慑功能，督促有能力还贷而不还者，主动还贷。

（1）2000 年 12 月，学生梁某在工行某支行办理了一笔 1.17 万元的国家助学贷款，首次还款日 2003 年 12 月 20 日。该学生毕业后一直没与工行联系，也未偿还过贷款。截至2004 年 12 月，累计逾期①13 期。2006 年，梁某得知个人征信系统已全国联网运行后，担心其在征信系统内的助学贷款逾期记录会影响其日后的房贷等信贷活动，于是在 2006 年 1 月主动到贷款行一次性还清贷款本息 1.25 万元。

（2）工行某客户黄某上大学期间在该行贷了一笔金额为 8 800 元的国家助学贷款，至今未还。近日，该客户收到贷款行发出的催收函，函中明确告知其违约情况已被记录到个人征信系统，将对其今后的借贷活动和经济生活产生一定影响。得知此消息后，黄某意识到按约还款的重要性，立即联系贷款行补齐了欠款，并表示保证今后将按约还贷。

（3）2002 年，学生王某在中行某支行申请了一笔 1.5 万元的国家助学贷款。2004 年毕业后一直拖欠贷款，对该支行的多次催收及法律诉讼置之不理。近日，王某由于工作关系需要申办信用卡。在办卡过程中，王某了解到个人征信系统记录了自己助学贷款的违约情况，并得知自己的拖欠行为不仅会影响信用卡的审批，还可能对今后的经济生活产生影响，于是主动与贷款行联系，还清了全部的拖欠款项。

第三类案例：征信系统发挥惩戒功能，迫使有能力还贷而不还者，被迫还贷。

（1）工行客户胡某大学毕业进入国家助学贷款还款期后，不仅未履行偿还义务，而且杳无音信，致使工行对逾期的 3 347.95 元本息无法进行正常催收。2006 年 8 月，该客户突然主动与贷款行联系，要求归还全部贷款。经了解，该客户在另一城市办理住房按揭贷款时，因信用报告中有拖欠国家助学贷款的违约记录而遭拒。在此情况下，该客户不得不还清了拖欠的国家助学贷款。

（2）学生李某在大学期间申请了国家助学贷款 1.2 万元。2005 年 5 月，该客户在另一城市向工行申请 12 万元的住房按揭贷款。该行通过查询个人征信系统，发现该客户在大学时申请的国家助学贷款尚有 6 000 多元未还，存在违约记录。该行向该客户告知了他的信用记录，并积极向他宣传国家助学贷款政策和个人征信系统作用，该客户得知情况后后悔不已，积极配合贷款行偿还了原积欠的国家助学贷款。

（3）客户何某向工行某分行申请一笔期限 10 年、金额 11 万元的住房贷款。该客户申请资料显示其拥有私家车 1 辆，具有一定的经济实力。该行查询个人征信系统，发现该客户在交行办理的一笔国家助学贷款尚有 3 500 元余额未还，且逾期时间较长，表现出较明显的恶意拖欠国家助学贷款的意图。该行随即拒绝了其贷款申请。何某得知情况后，后悔不已，不仅还清了欠交行的国家助学贷款，还保证今后不会存侥幸心理，故意拖欠贷款不还。

（4）2005年11月，客户刘某向交行某分行申请个人住房贷款50万元。经审查，申请人本身无贷款且收入稳定，具备一定还款能力。但是，通过个人征信系统的查询，发现其未婚夫作为本笔贷款的参贷人（所购房产同属两人名下），在交行某分行的一笔国家助学贷款，截至2005年11月，已累计逾期20期。该行判定其未婚夫的个人信誉存在问题，提出拒贷意见。后其未婚夫多次承认自己的错误，并主动还清全部贷款。考虑到其认错态度诚恳，且夫妻二人目前工作、收入情况良好，该行后同意受理，批准放款。

（5）2004年，客户丁某在中行办理了一笔6 000元的国家助学贷款。2005年7月该客户毕业后，认为自己已远离所在学校，新的工作环境中谁也不知道其有过国家助学贷款，父母也已移居，银行联系不到他本人和家人，自己不还国家助学贷款，银行也拿他没办法，于是连续一年没还款也没和贷款行联系。2006年3月，公司准备派其去外地学习培训，丁某前往银行申请办理信用卡，准备在外地学习期间使用。当丁某把申请表交到银行后，被告知：因其有拖欠国家助学贷款的记录，银行拒绝为其办理信用卡。丁某大吃一惊，得知个人征信系统已在全国联网运行，这才意识到按约还贷的重要性。事后丁某马上与贷款行联系，把拖欠贷款本息全额结清。

第四类案例：征信系统发挥定位功能，协助贷款银行追踪借款人。

学生罗某2001年5月至2002年12月在工行某支行累计申请国家助学贷款7 800元，不仅一直拖欠未还，而且杳无音信。银行通过个人征信系统查询到罗某在某城市开立工资卡时留下的最新联系方式，遂打电话催收，并向其宣传征信系统的作用和影响。目前，罗某每季按时偿还到期贷款。

备注： 逾期，指到约定还款时间而借款人未能及时还款。每一"期"指在分期还款情况下，在约定的还款日期如果借款人未能及时足额偿还当期应还款金额，商业银行一般将其视为逾期一期或逾期一次。

摘自：中国人民银行征信中心官网．www.pbccrc.org.cn.

附录 A　个人信用信息基础数据库管理暂行办法

（中国人民银行令〔2005〕第 3 号）

根据《中华人民共和国中国人民银行法》等有关法律规定，中国人民银行制定了《个人信用信息基础数据库管理暂行办法》，经 2005 年 6 月 16 日第 11 次行长办公会议通过，现予发布，自 2005 年 10 月 1 日起实施。

行长：周小川

二〇〇五年八月十八日

第一章　总　　则

第一条　为维护金融稳定，防范和降低商业银行的信用风险，促进个人信贷业务的发展，保障个人信用信息的安全和合法使用，根据《中华人民共和国中国人民银行法》等有关法律规定，制定本办法。

第二条　中国人民银行负责组织商业银行建立个人信用信息基础数据库（以下简称个人信用数据库），并负责设立征信服务中心，承担个人信用数据库的日常运行和管理。

第三条　个人信用数据库采集、整理、保存个人信用信息，为商业银行和个人提供信用报告查询服务，为货币政策制定、金融监管和法律、法规规定的其他用途提供有关信息服务。

第四条　本办法所称个人信用信息包括个人基本信息、个人信贷交易信息以及反映个人信用状况的其他信息。

前款所称个人基本信息是指自然人身份识别信息、职业和居住地址等信息；个人信贷交易信息是指商业银行提供的自然人在个人贷款、贷记卡、准贷记卡、担保等信用活动中形成的交易记录；反映个人信用状况的其他信息是指除信贷交易信息之外的反映个人信用状况的相关信息。

第五条　中国人民银行、商业银行及其工作人员应当为在工作中知悉的个人信用信息保密。

第二章　报送和整理

第六条　商业银行应当遵守中国人民银行发布的个人信用数据库标准及其有关要求，准确、完整、及时地向个人信用数据库报送个人信用信息。

第七条 商业银行不得向未经信贷征信主管部门批准建立或变相建立的个人信用数据库提供个人信用信息。

第八条 征信服务中心应当建立完善的规章制度和采取先进的技术手段确保个人信用信息安全。

第九条 征信服务中心根据生成信用报告的需要，对商业银行报送的个人信用信息进行客观整理、保存，不得擅自更改原始数据。

第十条 征信服务中心认为有关商业银行报送的信息可疑时，应当按有关规定的程序及时向该商业银行发出复核通知。

商业银行应当在收到复核通知之日起5个工作日内给予答复。

第十一条 商业银行发现其所报送的个人信用信息不准确时，应当及时报告征信服务中心，征信服务中心收到纠错报告应当立即进行更正。

第三章 查 询

第十二条 商业银行办理下列业务，可以向个人信用数据库查询个人信用报告：

（一）审核个人贷款申请的；

（二）审核个人贷记卡、准贷记卡申请的；

（三）审核个人作为担保人的；

（四）对已发放的个人信贷进行贷后风险管理的；

（五）受理法人或其他组织的贷款申请或其作为担保人，需要查询其法定代表人及出资人信用状况的。

第十三条 除本办法第十二条第（四）项规定之外，商业银行查询个人信用报告时应当取得被查询人的书面授权。书面授权可以通过在贷款、贷记卡、准贷记卡以及担保申请书中增加相应条款取得。

第十四条 商业银行应当制定贷后风险管理查询个人信用报告的内部授权制度和查询管理程序。

第十五条 征信服务中心可以根据个人申请有偿提供其本人信用报告。

征信服务中心应当制定相应的处理程序，核实申请人身份。

第四章 异议处理

第十六条 个人认为本人信用报告中的信用信息存在错误（以下简称异议信息）时，可以通过所在地中国人民银行征信管理部门或直接向征信服务中心提出书面异议申请。

中国人民银行征信管理部门应当在收到异议申请的2个工作日内将异议申请转交征信服务中心。

第十七条 征信服务中心应当在接到异议申请的2个工作日内进行内部核查。

征信服务中心发现异议信息是由于个人信用数据库信息处理过程造成的，应当立即进行更正，并检查个人信用数据库处理程序和操作规程存在的问题。

第十八条 征信服务中心内部核查未发现个人信用数据库处理过程存在问题的，应当立即书面通知提供相关信息的商业银行进行核查。

第十九条 商业银行应当在接到核查通知的10个工作日内向征信服务中心作出核查情

况的书面答复。异议信息确实有误的，商业银行应当采取以下措施：

（一）应当向征信服务中心报送更正信息；

（二）检查个人信用信息报送的程序；

（三）对后续报送的其他个人信用信息进行检查，发现错误的，应当重新报送。

第二十条　征信服务中心收到商业银行重新报送的更正信息后，应当在 2 个工作日内对异议信息进行更正。

异议信息确实有误，但因技术原因暂时无法更正的，征信服务中心应当对该异议信息作特殊标注，以有别于其他异议信息。

第二十一条　经过核查，无法确认异议信息存在错误的，征信服务中心不得按照异议申请人要求更改相关个人信用信息。

第二十二条　征信服务中心应当在接受异议申请后 15 个工作日内，向异议申请人或转交异议申请的中国人民银行征信管理部门提供书面答复；异议信息得到更正的，征信服务中心同时提供更正后的信用报告。

异议信息确实有误，但因技术原因暂时无法更正异议信息的，征信服务中心应当在书面答复中予以说明，待异议信息更正后，提供更正后的信用报告。

第二十三条　转交异议申请的中国人民银行征信管理部门应当自接到征信服务中心书面答复和更正后的信用报告之日起 2 个工作日内，向异议申请人转交。

第二十四条　对于无法核实的异议信息，征信服务中心应当允许异议申请人对有关异议信息附注 100 字以内的个人声明。个人声明不得包含与异议信息无关的内容，异议申请人应当对个人声明的真实性负责。

征信服务中心应当妥善保存个人声明原始档案，并将个人声明载入异议人信用报告。

第二十五条　征信服务中心应当对处于异议处理期的信息予以标注。

第五章　安全管理

第二十六条　商业银行应当根据中国人民银行的有关规定，制定相关信用信息报送、查询、使用、异议处理、安全管理等方面的内部管理制度和操作规程，并报中国人民银行备案。

第二十七条　商业银行应当建立用户管理制度，明确管理员用户、数据上报用户和信息查询用户的职责及操作规程。

商业银行管理员用户、数据上报用户和查询用户不得互相兼职。

第二十八条　商业银行管理员用户应当根据操作规程，为得到相关授权的人员创建相应用户。管理员用户不得直接查询个人信用信息。

管理员用户应当加强对同级查询用户、数据上报用户与下一级管理员用户的日常管理。查询用户工作人员调离，该用户应当立即予以停用。

第二十九条　商业银行管理员用户、数据上报用户和查询用户须报中国人民银行征信管理部门和征信服务中心备案。

前款用户工作人员发生变动，商业银行应当在 2 个工作日内向中国人民银行征信管理部门和征信服务中心变更备案。

第三十条　商业银行应当制定管理员用户和查询用户的口令控制制度，并定期检查口令控制执行情况。

第三十一条 商业银行应当建立保证个人信用信息安全的管理制度，确保只有得到内部授权的人员才能接触个人信用报告，不得将个人信用报告用于本办法第十二条规定以外的其他用途。

第三十二条 征信服务中心应当制定信用信息采集、整理、保存、查询、异议处理、用户管理、安全管理等方面的管理制度和操作规程，明确岗位职责，完善内控制度，保障个人信用数据库的正常运行和个人信用信息的安全。

第三十三条 征信服务中心及其工作人员不得违反法律、法规及本办法的规定，篡改、毁损、泄露或非法使用个人信用信息，不得与自然人、法人、其他组织恶意串通，提供虚假信用报告。

第三十四条 征信服务中心应当建立个人信用数据库内部运行和外部访问的监控制度，监督个人信用数据库用户和商业银行用户的操作，防范对个人信用数据库的非法入侵。

第三十五条 征信服务中心应当建立灾难备份系统，采取必要的安全保障措施，防止系统数据丢失。

第三十六条 征信服务中心应当对商业银行的所有查询进行记录，并及时向商业银行反馈。

第三十七条 商业银行应当经常对个人信用数据库的查询情况进行检查，确保所有查询符合本办法的规定，并定期向中国人民银行及征信服务中心报告查询检查结果。

征信服务中心应当定期核查商业银行对个人信用数据库的查询情况。

第六章 罚 则

第三十八条 商业银行未按照本办法规定建立相应管理制度及操作规程的，由中国人民银行责令改正，逾期不改正的，给予警告，并处以三万元罚款。

第三十九条 商业银行有下列情形之一的，由中国人民银行责令改正，并处一万元以上三万元以下罚款；涉嫌犯罪的，依法移交司法机关处理：

（一）违反本办法规定，未准确、完整、及时报送个人信用信息的；

（二）违反本办法第七条规定的；

（三）越权查询个人信用数据库的；

（四）将查询结果用于本办法规定之外的其他目的的；

（五）违反异议处理规定的；

（六）违反本办法安全管理要求的。

第四十条 商业银行有本办法第三十八条至第三十九条规定情形的，中国人民银行可以建议商业银行对直接负责的董事、高级管理人员和其他直接责任人员给予纪律处分；涉嫌犯罪的，依法移交司法机关处理。

第四十一条 征信服务中心工作人员有下列情形之一的，由中国人民银行依法给予行政处分；涉嫌犯罪的，依法移交司法机关处理：

（一）违反本办法规定，篡改、毁损、泄露或非法使用个人信用信息的；

（二）与自然人、法人、其他组织恶意串通，提供虚假信用报告的。

第四十二条 中国人民银行其他工作人员有违反本办法规定的行为，造成个人信用信息被泄露的，依法给予行政处分；涉嫌犯罪的，依法移交司法机关处理。

第七章　附　　则

第四十三条　本办法所称商业银行，是指在中华人民共和国境内设立的商业银行、城市信用合作社、农村信用合作社以及经国务院银行业监督管理机构批准的专门从事信贷业务的其他金融机构。

第四十四条　本办法由中国人民银行负责解释。

第四十五条　本办法自 2005 年 10 月 1 日起施行。

附录 B 个人信用报告（个人查询版样本）

报告编号：2008030700000156789×××	查询时间：2008.03.08 09：50：17	报告时间：2008.03.07 09：52：20

查询信息

被查询者姓名	被查询者证件类型	被查询者证件号码	查询者	查询原因
张三	身份证	35260119661127	中国人民银行某市中心支行	本人查询

个人身份信息

姓名	性别	证件类型	证件号码	出生日期	最高学历	最高学位
张三	男性	身份证		1966.11.27	未知	未知
通信地址	邮政编码	户籍地址	住宅电话	单位电话	手机号码	电子邮箱
××××	123456			1		—
婚姻状况	配偶姓名	配偶证件类型	配偶证件号码	配偶工作单位	配偶联系电话	获取时间
已婚	—	—	—	—	—	2008.02.19

报送单位

中国银行

居住信息

编号	居住地址	邮政编码	居住状况	报送单位	信息获取时间
1		000000	按揭	中国银行	2008.02.19
2		364000	自置	重庆银行	2008.01.27

职业信息

编号	工作单位名称	单位地址	邮政编码	单位所属行业	职业
1	—	—	—	未知	未知
2	—	—	—	未知	办事人员和有关人员

职务	职称	年收入	本单位工作起始年份	报送单位	信息获取时间
一般员工	高级	—	—	中国农业银行	2008.02.19
一般员工	中级	—	—	中国建设银行	2007.12.04

信用交易信息

信用卡明细信息

编号	卡类型	发卡机构名称	担保方式	币种	开户日期	信用额度	共享授信额度	最大负债额	透支余额/已使用额度
1	准贷记卡	中国银行龙岩分行	信用/免担保	人民币	2006.09.24	5 000	5 000	4 998	4 968

续表

信用卡明细信息									
2	贷记卡	中国民生银行	信用/免担保	人民币	2006.03.07	5 000	5 000	0	0
	账户状态	本月应还款金额	本月实际还款金额	最近一次实际还款日期	当前逾期期数	当前逾期总额	准贷记卡透支180天以上未付余额	贷记卡12个月内未还最低还款额次数	信息获取时间
1	正常	0	0	2006.03.07	0	0	—	0	2008.02.19
2	正常	0	0	2007.11.07	0	0	—	0	2008.02.19

信用卡最近24个月每个月的还款状态记录												
编号	24	23	22	21	20	19	18	17	16	15	14	13	结算年月
1	/	/	/	/	/	/	/	/	*	1	1	1	2007.12
2	1	2	3	1	2	1	2	3	1	2	3	1	2007.10
3	/	/	*	*	*	*	*	*	*	*	*	*	2007.12
编号	12	11	10	9	8	7	6	5	4	3	2	1	
1	*	1	1	1	1	1	1	1	1	1	1	1	
2	2	1	N	1	2	1	2	1	2	1	2	3	
3	*	*	*	*	*	*	*	*	*	*	*		

还款状态说明:

准贷记卡:

/ – 未开立账户	* – 本月没有还款历史,也就是本月未透支	N – 正常,是指准贷记卡透支后还清
1 – 表示透支 1～30 天	2 – 表示透支 31～60 天	3 – 表示透支 61～90 天
4 – 表示透支 91～120 天	5 – 表示透支 121～150 天	6 – 表示透支 151～180 天
7 – 表示透支 180 天以上	C – 结清的销户	G – 结束(除结清外的,其他任何形态的终止账户)
# – 账户已开立,但当月状态未知		

贷记卡:

/ – 未开立账户	* – 本月没有还款历史,即本月未使用	N – 正常,是指当月的最低还款额已被全部还清或透支后处于免息期内
1 – 表示未还最低还款额 1 次	2 – 表示连续未还最低还款额 2 次	3 – 表示连续未还最低还款额 3 次
4 – 表示连续未还最低还款额 4 次	5 – 表示连续未还最低还款额 5 次	6 – 表示连续未还最低还款额 6 次
7 – 表示连续未还最低还款额 7 次及以上	C – 结清的销户	G – 结束(除结清外的,其他任何形态的终止账户)

贷款明细信息												
编号	贷款种类	贷款机构名称	担保方式	币种	账户状态	还款频率	还款月数	贷款发放日期	贷款到期日期	贷款合同金额	贷款余额	信息获取时间
1	农户贷款	××省信用合作联合社	保证	人民币	逾期	季	15	2006.11.16	2007.10.16	50 000	0	2008.01.27
编号	剩余还款月数	最近一次实际还款日期	本月应还款金额	本月实际还款金额	当前逾期期数	当前逾期总额	累计逾期次数	最高逾期期数	逾期31~60天未归还贷款本金	逾期61~90天未归还贷款本金	逾期91~180天未归还贷款本金	逾期180天以上未归还贷款本金
1	0	2007.10.17	1	0	1	1	1	1	0	0	0	0

贷款最近24个月每个月的还款状态记录												
编号	24	23	22	21	20	19	18	17	16	15	14	13	结算年月
1	/	/	/	/	/	/	/	/	/	/	*	N	2007.12
2													2007.12
编号	12	11	10	9	8	7	6	5	4	3	2	1	
1	*	*	N	*	*	1	2	3	1	1	1	1	
2	/	/	/	/	/	/	/	/	/	*	*	N	

还款状态说明:

/-未开立账户	*-本月没有还款历史,还款周期大于月的数据用此符号标识,还款频率为不定期,当月没有发生还款行为的用*表示;开户当月不需要还款的也用此符号表示	N-正常(借款人已经按时归还该月应还款金额的全部)
1-逾期1~30天	2-逾期31~60天	3-逾期61~90天
4-逾期91~120天	5-逾期121~150天	6-逾期151~180天
7-逾期180天以上	D-担保人代还(表示借款人的该笔贷款已由担保人代还,包括担保人按期代还与担保人代还部分贷款)	Z-以资抵债(表示借款人的该笔贷款已通过以资抵债的方式进行还款。仅指以资抵债部分)
C-结清(借款人的该笔贷款全部还清,贷款余额为0。包括正常结清、提前结清、以资抵债结清、担保人代还结清等情况)	G-结束(除结清外的,其他任何形态的终止账户)	

为他人贷款担保明细信息				
编号	被担保人姓名	被担保人证件类型	被担保人证件号码	为他人贷款合同担保金额	被担保贷款实际本金余额
1	李四	身份证		80 000	80 000
2	王五	身份证		100 000	100 000

续表

			个人结算账户信息				
编号	开户银行 代码	开户日期	销户日期	电话号码	居住(通信) 地址	邮政编码	信息获取 时间
1	10240504301600	2005.02.12	—	—	—	—	2006.06.08
2	10240504206400	2003.03.14	—	—	—	—	2006.06.08

结算账户总数	8

个人住房公积金信息

编号	个人 账号	单位 名称	开户 日期	初缴 年月	缴至 年月	最近一次 交缴日期	单位缴存 比例	个人缴存 比例	月缴存额	信息获取 时间
1			1999.09.09	199909	200711	2007.11.22	12	12	502	2007.12.27

最近 24 个月交缴状态

编号	24	23	22	21	20	19	18	17	16	15	14	13
1	N	N	N	N	S	N	N	N	N	N	N	N
	12	11	10	9	8	7	6	5	4	3	2	1
2	N	N	N	N	N	N	N	N	N	N	N	N

还款状态说明:

/-未开立账户;

*-当前已开户,但尚未开始缴纳;

M-账户已开始缴纳,但当月没有缴款(包括正常缴纳和补缴);

N-正常(缴款人已经按时缴纳该月应缴纳金额的全部);

S-补缴(缴款人当月没有按时缴纳当月应缴公积金,但之后月补缴了当月的欠缴公积金);

K-封存。

个人支付信用信息

查询记录

编号	查询日期	查询者	查询原因
1	2008.03.06	福建省信用合作联合社	担保资格审查
2	2008.03.06	中国银行龙岩分行	信用卡审批
3	2008.03.06	中国银行龙岩分行	贷款审批

**************************** 报告结束 ****************************

报告说明

1. 除本人声明、查询记录和异议标注外所有的信用信息均是从各家银行或其他各类机构采集所得,征信中心承诺保持其客观、中立的地位,并保证将这一原则贯穿于信息汇总、加工、整合的全过程中。

2. 本人声明是客户对本人信用报告中某些无法核实的异议所作的说明,征信中心不对本人声明的真实性负责。

3. 本报告的生成依据是截至报告时间的个人信用信息基础数据库从商业银行和其他部门采集到的有关信息。

4. 本报告中的币种为账户开立时所使用的币种。无论账户以何种币种开立,金额类数据已由各上报单位折算成人民币金额,所采用的汇率是离报文产生当日最近的国家外汇管理局公布的人民币基准汇价。所有数值型数据都为各上报单位上报时取整所得,金额精确到元。

5. 信息获取时间是指该信息被加载入个人信用信息基础数据库的时间。

6. 对于用"斜体"展示的数据,属于不符合某些规则,数据项之间存在矛盾的数据。在使用时需特别关注。

7. 如本人对信用报告中的内容有异议,可以联系数据报送单位或当地中国人民银行分支机构征信管理部门或中国人民银行征信中心。

参 考 文 献

[1] 张美灵，欧志伟．信用评估理论与实务［M］．上海：复旦大学出版社，2004.

[2] 石新武．资信评估的理论和方法［M］．北京：经济管理出版社，2002.

[3] 洪玫．资信评级［M］．北京：中国人民大学出版社，2006.

[4] 朱荣恩．资信评级［M］．上海：上海财经大学出版社，2006.

[5] 李振宇，李信宏，邵立强．资信评级原理［M］．北京：中国方正出版社，2002.

[6] 林汉川，夏敏仁．企业信用评级理论与实务［M］．北京：对外经济贸易大学出版社，2003.

[7] 夏敏仁，林汉川．企业信用评级［M］．上海：上海财经大学出版社，2006.

[8] 朱顺泉．企业资信评级方法创新及运用［M］．成都：西南财经大学出版社，2002.

[9] 邹建平．信用评级学［M］．北京：中国金融出版社，1994.

[10] 欧志伟，萧维．中国资信评级制度建设方略［M］．上海：上海财经大学出版社，2005.

[11] 托马斯等．信用评分及其应用［M］．北京：中国金融出版社，2005.

[12] 陈建．信用评分模型技术与应用［M］．北京：中国财经经济出版社，2005.

[13] 刘戒骄．个人信用管理［M］．北京：对外经济贸易大学出版社，2003.

[14] 李曙光．个人信用评估研究［M］．北京：中国金融出版社，2008.

[15] 石庆焱，秦宛顺．个人信用评分模型及其应用［M］．北京：中国方正出版社，2006.

[16] 杜金富，张新泽，李跃等．征信理论与实践［M］．北京：中国金融出版社，2004.

[17] 安贺新．我国信用制度建设研究［M］．北京：中国财政经济出版社，2005.

[18] 潘金生，安贺新，李志强．中国信用制度建设［M］．北京：经济科学出版社，2003.

[19] 张亦春等．中国社会信用问题研究［M］．北京：中国金融出版社，2004.

[20] 钟楚男．个人信用征信制度［M］．北京：中国金融出版社，2002.

[21] 龙西安．个人信用\征信与法［M］．北京：中国金融出版社，2004.

[22] 李曙光．中国征信体系框架与发展模式［M］．北京：科学出版社，2006.

[23] 龚朴，何旭彪．我国上市公司内部信用风险评级方法研究［EB/OL］．http：//www.doc88.com.

[24] 邹小芃，余君，钱英．企业信用评估指标体系与评价方法研究［J］．数理统计与管理，2005（1）.

[25] 宋宸刚．信贷资产证券化信用评级方法选择与风险控制［J］．社会科学辑刊，2008（5）.

[26] 徐鼎．工业企业资信评估方法与应用研究［J］．科学管理研究，1998（2）.

[27] 苏锡坤，刘永清．证券信用等级评估［J］．技术经济与管理研究，1997（5）.

［28］艾洪德，蔡志刚. 个人信用制度：借鉴与完善［J］. 金融研究，2001（3）.

［29］顾伟. 关于构建我国个人信用体系的建议［J］. 财经研究，2000（7）.

［30］张明. 中小企业信用评级问题研究［J］. 武汉金融，2008（2）.

［31］山东省企业合同信用评价指标体系［ED/OL］. http：//www. wfaic. gov. cn.

［32］中国人民银行征信中心 http：//www. pbccrc. org. cn.

［33］信用中国网 http：//www. creditcn. com/.

［34］中国市场信用网 http：//www. cmcma. org. cn.

［35］大公国际资信评估有限公司 http：//www. dagongcredit. com.

［36］浙江禾晨信用管理有限公司 http：//www. winaaa. com/.

［37］安博尔中诚信信用评级 http：//www. abeaaa. com/.

后 记

本书以信用评估理论和实务操作为中心，收集了国内外相关信用评估理论、模型及实践经验，系统地介绍了信用评估的含义、信用评估的必要性、信用评估的特点、信用评估的意义、信用评估的特点及特殊性，重点是信用风险评估模型和评估指标体系、机构、债项和个人信用评估实务。

本书可作为金融学专业、管理学专业、经济贸易专业、信用管理专业等在校本科学生的专业教材，也可作为从事信用评估、资信评级、信用管理从业人员的培训教材，可以作为从事信用管理的组织和人员提高专业水平和管理能力的学习资料，还可作为广大的社会公众深入了解社会信用体系建设的参考资料。

本书被纳入"十二五"规划教材进行管理，编者在借鉴国内外信用评估经验的基础上，结合多年来从事信用管理教学与研究工作的成果，统筹编撰而成。全书共分 12 章，既有对信用评估发展历史和理论的阐述，也有对信用评估模型的介绍和应用，更有对信用评估实务操作的详细介绍，极大地丰富了本书的内容。

本书编撰过程中，得到了领导、同事和家人的帮助与支持，同时出版社赵彩云编辑也付出了辛勤的劳动，在此表示衷心感谢！

由于时间仓促和作者的水平原因，书中难免有不妥之处，对新型企业如网上商店、软件服务公司、餐饮企业、房产中介公司、物流公司、文化用品公司、教育培训机构等的信用评估指标体系尚没有涉及，敬请读者指正。

编 者
2011 年 10 月于山城